북한 사회 변화의 동력,
장마당 세대

김기연 金琪淵

부산대학교 경제과 졸업/ 부산대 행정대학원 졸업(석사)/ 공군장교 전역 /
한국도로공사 퇴임 / 2021년 통일인문학 박사 학위 취득(건국대학교)/
탈북청년 사역(2017-2023, 6월 현재)

북한 사회 변화의 동력, 장마당 세대

초판 인쇄   2023년 6월 5일
초판 발행   2023년 6월 15일

지은이 김기연
펴낸이 박찬익
편 집 정봉선
펴낸곳 패러다임북 | 주소 경기도 하남시 조정대로45 미사센텀비즈 8층 827호
전 화 031) 792-1195
홈페이지 www.pjbook.com | 이메일 pijbook@naver.com
등   록 2014년 8월 22일 제2020-000028호

ISBN 979-11-92292-13-7 93340

* 값 28,000원

북한 사회 변화의 **동력,**
장마당 세대

김기연

패러다임북

우리는 오늘 현재 통일의 중심에 서 있다. 통일에 대한 회의적인 시선, 이 대로가 좋다는 현실 안주의 자세, 불가능하다는 비관적인 시각, 그럼에도 불구하고 통일의 시간은 다가오고 있다. 현 세기에 한반도의 통일과 한민족의 통합은 반드시 이루어진다고 확신한다. 나누어진 것은 합해지고 합해진 것은 나누어지는 것이 역사의 흐름이고 역사를 주관하시는 자의 뜻이기 때문이다. 이 책은 통일이 가까운 날에 반드시 이루어진다는 믿음으로 탈북청년, 특히 장마당 세대를 통한 통일의 이야기이다.

탈북민은 한국 사회에서 가장 이질적인 집단이면서도 우리 사회가 함께하고 포용해야 할 존재들이다. 이들의 존재는 남북의 분단의 증거임과 동시에 남과 북의 거리를 극복할 수 있는 잠재적 자원이라는 특수한 위치를 가지고 있다. 그들 중 특히 탈북청년은 체제의 반대편에서 가난과 억압, 절망의 삶에서 벗어나기 위하여 어린 나이에 탈북하여 한국 사회에 정착하였다. 작게는 새로운 존재자의 삶을 살아가는 그들의 아픔을 함께하는 사회적인 공존, 크게는 한반도 통일의 길잡이, 협력자로서의 그들의 역할에 대한 긍정적인 이야기이자, 북한 사회 변화의 동력인 장마당 세대에 관한 이야기이다.

오늘날 한반도를 둘러싼 동북아 정세는 1900년대 구한말 중국, 러시아의 대륙 세력과 일본, 미국의 해양 세력의 각축에 의해 일본에게 국권을 빼앗기었던 시대와 비슷한 국제 정세 양상을 띠고 있다. 특히 중국의 팽창 정책과 미국의 대중 포위 정책은 동아시아 지역에서 첨예하게 대립하고 있다. 이러한 미중 패권 경쟁, 제4차 산업과 과학기술 혁명을 포함한 미, 중 기술전쟁은 한반도의 미래에 절대적인 영향을 미치고 있다. 미국과 중국은 인공지능, 반도체, 전기차 배터리, 희토류, 의약품 등 모든 산업 영역에서 맞서고 있다. 한편 한반도의 분단은 북한의 핵 무력 완성, 남북한의 교류와 협력의 단절, 남한 내의 정치 사회적 갈등 등으로 더욱 강화되고 있으며, 한국의 2030 청년 세대는 통일에 매우 회의적 시선을 갖고 있다. 이러한 열강들의 패권에서 벗어나고 한반도의 미래 세대들에게 평화와 번영을 보장하는 가장 확실한 길은 남북한의 통일과 통합이다. 이러한 점에서 옅어지는 통일 의식을 고취하고, 청년 세대의 통일 의지를 다시 일으키고, 통일의 길을 열고자 하는 뜻으로 이 책을 출간하게 되었다. 이 저서는 통일인문학적 시각에서 향후 한반도 통일과 한민족 통합을 위한 탈북청년들의 트라우마 치유와 남한 사회 속에서 공존에 관한 이야기이다. 약 30년 전 고난의 행군 시대의 북한을 현재의 북한으로 인식하는 남한 주민들에게 오늘날 북한의 현실을 재인식시키고, 우리의 삶 속으로 깊이 들어와 있는 탈북민의 아픔을 우리 민족의 아픔으로 받아들이고 함께 더불어 살아가는 공존의 길을 열고자 함이다.

어떤 사회이든 그 사회의 구조와 문화체계는 사회구성원의 가치관에 영향을 미치며, 사회 구성원의 가치관의 변화 또한 사회 구조의 변화를 일으킨다. 이 과정에서 특정한 시간과 구체적 장소에서의 다양한 체험들은 개인의 지식 창고에 어떤 정태적인 합으로서가 아니라 융합적으로 축적된다. 어떤 특정한 체험이 개인사에서 가지는 비중은 이전의 경험과 연관되며, 동시에 특정한 지향 체계로서 이후의 삶의 실천과 행위에 영향을 미친다. 즉 과거의 역사는 '지금, 이곳'(now and here)에서의 행위에 대해 어떤 지향적인 의미규준으로 작용한다. 또한 현재의 새로운 체험들에 의해 이제까지의 의미지향이 변하게 되고, 그에 따라 '과거'의 경험은 새롭게 조명될 수 있고, 동시에 '미래'에 대한 상이 새롭게 형상화되기도 한다. 이러한 관점에서 남북한의 근대사에 있어, 북한의 사회주의 체제를 근본적으로 흔들고 아노미(anomie)적인 혼란을 가져온 역사적 사건은 1990년대 중반 북한의 '고난의 행군 시기'이다. 이 시기에 출생하여 김정은 집권 초기에 탈북한 탈북청년을 대상으로 그들의 구술을 통하여 북한 사회의 변화, 탈북 트라우마, 그들의 정체성 변화를 분석하고, 현재적 삶에서의 사회적 갈등에 대한 치유와 남한 사회 속에서의 공존 문제를 고찰하였다. 김정은 시대 탈북청년들에 대한 연구는 계속 변화하고 있는 북한 사회의 실상을 볼 수 있게 하였고, 우리 사회의 중요한 집단으로 부상하고 있는 탈북민에 대한 정밀한 고찰을 가능하게 하였다. 궁극적으로는 '사람의 통일'이라는 새로운 통일담론에 근거하여 남북한 주민의 소통·치유·통합의 길을 예측하고 대안을 강구할 수 있다는 점에서 유의미하다고 할 수 있다.

김정은 시대의 탈북청년은 김일성과 김정일 시대의 북한 주민과는 가치관과 생활 양태에 있어 반대항의 특징을 보여준다. 북한에서 탈북 주민이 급증하던 김정일 시대와는 달리 김정은 시대의 가장 큰 특징은 '장마당 시장의 활성화'이다. 이들은 북한에서부터 그리고 중국 불법

체류 경험에서 이미 자본주의에 대한 인식을 가지고 한국에 입국하였다. 이러한 특징 자체가 탈북 동기 및 남한 사회에서 경험하는 갈등 양상 등에 결정적인 영향을 미치고 있다. 김정은 시대 탈북청년은 일명 "장마당 세대"이고 "MZ세대"이다. 장마당 세대는 북한 인구의 약 32%를 차지하는 세대로서 현 북한 사회의 변화를 대표하는 실질적인 존재들이다. 그리고 변화에 빠르게 대응하고, 새로운 세상을 꿈꾸는 세대적인 특징으로 북한 사회의 변화 가능성을 함의한 세대라고도 할 수 있다. 이들에 대한 연구는 곧 북한 사회의 미래에 대한 새로운 관점을 가능하게 한다. 또한 본 연구에서 주목한 장마당 세대인 탈북청년들은 대부분 대학교에 재학 중이다. 이들은 고등교육을 받은 대한민국 국민이라는 점에서 향후 남북관계에 새로운 주체가 될 수 있고, 남북한 사회 문화 통합에 중심적인 역할을 할 주역들로 성장할 것이라고 본다.

이 연구를 위해 김정은 시대에 탈북청년들을 A, B 2개 그룹으로 나누어 그들의 삶을 주제로 집단 토론회를 장기간으로 진행하였다. A그룹의 탈북청년을 '가족지원형' 탈북과 '단신탈출형' 탈북으로 구별하여 개별적 심층 인터뷰를 진행하였고, 탈북 전 과정에서 발생한 트라우마와 그에 대한 생존 전략으로서 정체성 변화 양상을 분석하였다. B그룹의 대상자는 〈남북청년공동체〉 모임에서 4년 이상 함께한 탈북청년으로, 남한 청년들과 관계 속에서 충돌하고, 소통하면서, 멘토의 지도를 받은 〈남북청년공동체〉의 일원이다. 이들을 대상으로 탈북청년의 치유와 공존 문제를 연구하였다.

이러한 구술자료를 바탕으로 본 연구는 우선 세대적 특징을 중심으로 김정일 시대 탈북민과 비교하며 그 차이점을 규명하였다. 이들은 탈북 동기에서부터 큰 차이를 보였다. 김정은 시대 탈북청년들은 이전 세대와 달리 자본주의를 경험했다는 점이 탈북의 큰 요인으로 작용한다. 이전 세대는 기아에서 벗어나 생존하기 위해 탈북을 하였다면, 이들은 자본주의적 가치관과 외부 정보에 대한 접촉이 계기가 되어 가난과 사회적 부조리에서 벗어나고자 탈북을 선택한 것이다. 이들의 탈북에 가장 큰 문제는 '탈북 경비'였다. 이 시기의 탈북은 국경 수비가 강화됨에 따라 자본의 논리가 그대로 탈북 과정의 안정성과 직결되었다. 탈북 자금의 유무에 따라서 각종 위험에 노출되는 정도가 달라졌다. 이 연구에서는 탈북 경비 조달을 기준으로 '가족지원형 탈북'과 '단신탈출형 탈북'으로 구분하였다. 전자는 가족들의 탈북 경비 지원으로 탈북이 비교적 신속하게 안전하게 이루어져 단기간에 한국으로 입국하지만, 후자의 경우에는 탈북과 동시에 중국에 팔려 가는 인신매매, 강제 결혼, 성적 유린 등 인간성 상실의 고통을 겪고, 탈북 기간도 장기화되었다.

　　따라서 탈북 트라우마를 '탈북 이전 북한에서의 삶 - 탈북 노정 - 탈북 이후의 삶' 등 이들의 생애 전반에 걸친 문제로 바라보았다. 북에서 생활하면서 겪었던 가난과 폐쇄적인 북 체제의 통제와 억압에서 받은 상처, 중국을 비롯한 제3국에서의 탈북 노정에서 겪은 상처와 공포, 국내 입국 후 정착 과정에서 겪게 되는 갈등 등을 포괄하면서 생애 전반에 걸쳐 반복·재생산되는 문제로 고찰하였다. 이러한 포괄적 개념으로 접근함으로써 탈북청년들이 살아온 삶의 경로에 따라 외상을 추적할 수 있고, 고향을 떠나올 수밖에 없었던 이유와 함께 체제 반대편인 남한 사회에서의 갈등도 함께 연계하여 그 상관관계를 파악할 수 있었다.

특히 '단신탈출형'의 탈북청년은 탈북 브로커에 의한 폭력과 억압, 중국에서 인신매매와 강제 결혼 등의 상처를 안고 있다. 탈북하자마자 자신이 팔려 간다는 공포와 함께, 다시는 가족들이 있는 고향으로 돌아갈 수 없다는 현실을 알게 되면서 이들의 상처와 충격은 더해지는 것으로 확인되었다. 그리고 이들의 상처는 현재 남한 사회에서 불안과 우울증, 대인관계에서의 강한 경계심과 불신 등의 트라우마 징후로 표출된다.

북한에서의 삶 및 탈북 과정에서의 외상은 트라우마 징후를 나타내고, 이에 남한 생활에서의 적응 스트레스가 가중되어 이들의 정체성은 다양한 모습으로 분화된다. 즉 집단적 정체성인 이중정체성, 이방인정체성, 가족정체성과 개별적 정체성인 New-Being(새로운 존재자)정체성 등으로 나타난다. New-Being 정체성은 탈북을 통하여 생애의 전환을 꿈꾸고, 탈북 과정의 상처로 얼룩진 예전의 '나'가 아닌 새로운 '나'로 태어나는 새로운 존재자(New-Being)의 개념이다. 특히 단신탈출형 탈북청년들의 생존의 근원적인 힘은 '새로운 사람으로 거듭남'에 있었으며, 집단적 정체성의 다양한 분화는 바로 이 New-Being 정체성에 근원을 두고 있다고 할 수 있다.

탈북청년들은 살아온 삶의 경로에 따라 그 정체성 변화에 차이를 보이고, 또 그에 따라 한국 사회 정착 과정에서 서로 다른 사회적 갈등을 경험한다. 갈등 양상은 체제의 차이에 의한 이념 및 체제적 갈등, 분단에 의한 생활 문화적 갈등, 가족 해체로 인한 정서적 갈등, 신자유주의 경쟁 체제에서의 경제적 갈등 등으로 나타나며, 갈등을 인식하고 그것에 대응하는 방식은 각각 다르다. 김정은 시대 탈북청년들은 이전 세대와 비교할 때 체제나 생활문화 차이에 의한 갈등은 크지 않는 것으로 조사되었다. 그러나 새로운 존재자(New-Being)정체성이 확고한 이들에게는 이전 세대보다 행복이나 삶의 질에 대한 갈망이 더 커서 경제적이고 정서적인 영역에서 갈등이 깊었다. 그리고 '가족지원형'과 '단신탈출형'의 탈북 유형에 따라 갈등은 세부적인 면에서 그 강도와 양상에 차이를 보였다. '단신탈출형'의 경우는 의지할 수 있는 가족이 없다는 점에서 경제적 문제와 정서적인 문제의 어려움을 호소하는 경향이 더 컸다. 이러한 어려움은 탈북청년 개인이 감당할 수 없는 사회적인 문제라고 할 수 있으며, 우리 사회의 적극적인 정책이 필요한 문제라고 할 수 있다.

본 연구는 이에 대한 방안으로 김정은 시대 탈북청년들의 치유와 공존 방안을 모색하였다. 연구자는 4년 이상 함께한 〈남북청년공동체〉 모임의 사례 연구를 통해 치유와 공존의 가능성과 구체적 방안을 검토하였다. 이 모임은 탈북청년들이 지속적으로 남한 청년들과 접촉하고 멘토들의 지원과 관심 속에서 관계 맺음과 소통이 가능한 공간이었다. 여기에서 탈북청년들은 남한 청년들과 지속적으로 만나면서 서로 다른 신체들과 부딪힘 속에서 자신과 자신을 둘러싼 세계를 새롭게 인식하는 과정을 겪는다. 또한 탈북 트라우마의 가장 큰 원인이 되는 경제적인 문제, 정서적인 문제를 해소할 수 있는 적극적인 지원이 이루어진다. 이러한 교류와 접촉이 탈북 트라우마 극복과 균형 잡힌 정체성 형성에 큰 힘이 될 수 있음을 확인하였다.

이들에 대한 치유와 공존의 전략들은 크게는 남북한 주민의 소통, 치유, 통합의 길에 이정표를 제시할 수 있다고 보았다. 탈북 트라우마의 문제를 그들만의 문제로 보지 않고 우리의 역사적 아픔으로 인식하고 공감할 때 우리 사회에서 차별받지 않고 공존할 수 있다는 가능성이 발견되었기 때문이다. 이에 대하여 본 연구는 탈북청년을 초국적 연결 망을 통한 통일 담지자, 통일에 대한 강한 열망을 지닌 리더, 남북 사회 통합의 중간 역할자로 상정하여 남북한 주민간의 소통과 치유의 통로 역할을 제시하였다. 즉 탈북청년의 치유와 공존 전략이 곧 현 분단체제 에서 남북한 주민의 이질화된 가치·정서·문화의 통합을 통해 '사람의 통일'을 이루는 현실적인 기반이 될 수 있다고 생각한다.

또한, 탈북청년들의 세대적 특징은 북한의 새 세대인 장마당 세대이 고 MZ세대라는 점이다. 오늘날 MZ세대는 세계 도처에서 사회 변혁의 중심에 서 있다. 한국 사회에서 MZ세대가 사회변화의 기폭제 역할을 한 것과 마찬가지로 북한에서도 MZ세대의 등장은 북한 사회 변화의 시작을 알리는 기표이며, 향후 장마당 세대는 북한 사회 변화의 중심이 될 것이라고 본다. 그러나 본 연구는 아직 자료와 사례가 제한적이고, 탈북 트라우마와 정체성 변화, 사회적 갈등의 현재적 문제들을 보다

유기적으로 고찰할 수 있는 방법론이 체계적이지 못한 한계를 가지고 있다. 하지만 통일의 미래를 준비하는 일에 있어서 가장 중요한 미래 세대들에 주목하였다는 점에서 그 의의가 있다고 생각한다.

생의 여정에서 사람의 생애는 전혀 예상치 못한 방향으로 삶의 전환을 겪기도 한다. 나의 인생 후반기가 그러하였다. 삶의 크고 작은 굴곡 속에서 대학원 졸업 후 학문에 손을 놓은 지 40년이 되었다. 그리고 신앙의 길로 들어서게 되었다. 신앙의 길은 통일과 선교의 길로 연결되었고, 그 길은 다시 학문 연구의 길로 이어졌다. 그 결과 세상 나이 칠십을 앞두고 다시 공부를 시작하여 박사학위를 받게 되었다. 이렇게 나의 인생에 새로운 길, 인생 제3막의 꿈을 열어주신 것은 오로지 하나님의 인도하심이다. 하나님은 이 부족한 자가 예측할 수 없는 방법으로, 현실적으로 불가능한 것을 가능한 것으로 만들어 주셨고, 늘 겸손과 온유로 저를 훈육하셨다. 이 연약한 자를 통하여 이루시고자 하는 하나님만의 꿈이 있다고 믿는다. 하나님께 감사드린다.

또한, 논문을 준비하고 심사하는 과정에 부족한 사람을 지도 학생으로 받아 물심양면 이끌어 주신 김성민 교수님께 머리 숙여 감사드린다. 논문의 개념 정리와 전체 흐름을 꼼꼼히 살펴 봐주신 이병수 교수님과 논문 기획에서 완성까지 함께 고생하시고 중도에 포기할까 봐 독려해주신 김종군 교수님께도 깊은 감사를 드린다. 논문 전체 문장을 검토해주고 완성도를 높여준 박재인 교수님과 논문 심사본부터 최종 수정본까지 편집하고 수정해 준 남경우 박사님께도 고마움을 전한다. 인생의 끝을 바라보는 나이지만 이번 논문 심사 과정을 겪으면서 사람은 결코 혼자서 할 수 있는 일이 아무것도 없다는 것을 새삼 깨닫게 되었다. 지금까지는 자신을 위해 살아왔다면 이제는 이웃을 위해 살아야겠다는 생각을 하게 되었다. 여기까지 인도해주신 그분의 뜻이 헛되지 않도록 하겠다.

이 책을 먼저 세상을 떠난 아버지와 칠십을 바라보는 아들을 늘 염려하시는 구십을 넘은 어머니께 바친다. 부부의 인연을 맺고 평생을 함께하면서 고생하고, 그래도 늘 남편의 생각을 존중해 주는 아내 은선희, 사랑하는 딸 시영, 아영, 사위 아론, 준성에게 감사하고, 손녀 라은, 손자 믿음에게 박사 할아버지가 될 수 있어서 고마울 따름이다.

마지막으로 난삽한 글을 곱게 편집하여 책으로 출판해 주신 패러다임의 박찬익 대표님께 깊은 감사를 드린다.

2023년 5월 김 기 연 삼가 적다

차 례

제1부
통일의 길목에서

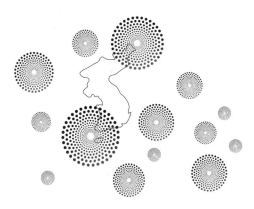

제1장 통일의 걸림돌

한반도 통일은 한민족이 21세기에 반드시 이루어야 하는 역사적 사명이다. 통일의 궁극적 목적은 한반도의 평화, 민족의 통합, 남북한 주민들의 좀 더 나은 생활, 즉 국민의 행복(well-being)에 있다. 한반도 통일은 국제적으로는 세계질서의 변동을 초래할 것이고, 국가적으로는 국가와 한민족의 도약을 가져올 것이며, 국내적으로 남북한 주민들의 가치관과 삶의 변화를 가져올 것이다.

그렇지만 통일에 있어 가장 큰 장애는 70년 이상을 서로 다른 체제에서 살아온 남북한 주민들의 이질화이다. 즉 통일 과정과 통일 이후 남북한 주민들이 하나의 사회 속에서 살아가게 될 때 어떤 문제들이 나타날 수 있으며, 그것을 어떻게 해결할 수 있는가 하는 것이다. 이러한 점에서 우리는 남한사회에 들어와서 함께 살아가는 탈북민에 주목한다. 탈북민은 남북한의 분단민족으로서의 역사성과 이념적 특수성, 지리적 이주의 특성을 지닌 존재들이다. 우리는 이들에게서 단절된 북한사회에 대한 생생한 정보를 얻을 수 있을 뿐만 아니라, 이들의 삶에서 미래 통일사회의 남북한 주민들이 겪을 수 있는 다양한 문제들을 예측할 수 있다. 그래서 이들에 대한 연구는 통일 미래를 준비하는 일에 중요한 의미를 지닌다.

그러나 한반도 통일은 남북한 주민들의 통일에 대한 열망과 의지로만 이루어지지 않는다는 점에서 어려움이 있다. 오늘날 분단된 한반도의 통일은 우리의 염원만으로 이루어질 수 있는 한민족에 국한된 사안이 아니고 세계질서의 맥락에서 볼 때 피할 수 없는 국제적인 성격을 띠고 있다. 한반도는 지정학적 특수성으로 인해 역사적으로 대륙세력과 해양세력의 각축장이 되어왔다. 1900년도 구한말 중국, 러시아의 대륙세력과 일본, 미국의 해양세력의 각축 속에서 일본에게 국권을 빼앗기었고, 2차 대전이 끝나자 해방과 함께 찾아온 것은 38도선을 경계로 한 영토 분할이었다. 미소 냉전의 결과 한국전쟁이 일어났고 1953년 정전협정 체결 후 남과 북은 서로 다른 정치경제적 체제에서 70년 이상을 분단체제로 살아왔다.

분단체제에서 남북한의 정권은 공히 통일을 국가정책의 제1순위로 삼았다. 1972년 7.4 남북공동성명을 시작으로 지속적으로 남북교류를 시도하였다. 1992년 남북합의서, 2000년 6.15 남북공동선언을 채택했고, 2018년 4.27 판문점 남북정상회담을 기점으로 한반도 비핵화를 위한 세 차례의 남북정상회담, 두 차례의 북미정상회담이 개최되었지만 남북한 교류의 문은 열리지 않았다.

또한 국제질서는 소련의 붕괴이후 러시아와 중국의 부상으로 재편되어가고 있다. 1991년 소련의 붕괴로 탈 냉전시대가 되었고, 중국은 1972년 미중수교 이후 세계 2위의 경제력을 바탕으로 미국과 세계패권 다툼을 하고 있으며, 러시아는 옛 소련의 부활을 현실화하고 있다. 미국의 인도-태평양 전략과 중국의 일대일로 전략은 세계 도처에서 충돌하고 있으며, 미국과 중국의 무역전쟁 및 기술전쟁으로 "투키디데스의 함정"1

---

1 투키디데스의 함정((Thucydides trap)은 급부상한 신흥강대국이 기존의 세력 판도를 흔들면 결국 양자의 무력 충돌로 이어진다는 뜻으로, 지난 500년간 지구상에서 발생한 투키디데스의

으로 나아가고 있다. 이렇게 한반도를 둘러싼 국제정세는 지난 냉전시대를 떠올리게 하는 격변의 현장이라고 할 수 있다.

이러한 국제정세 여건에서 통일의 시기는 더욱 멀어지고 통일의 가능성은 희박해진다고 볼 수 있다. 프랑스의 '기 소르망'은 한반도 통일은 불가능하며, 10년 후에도 한반도는 현재의 분단 상태가 유지될 것이라고 전망한다. 한국 국민이 더 이상 통일을 열망하지 않고, 미국·일본·중국·러시아 등 어느 주변국가도 통일된 한국을 원하지 않는다고 진단한다.[2] 또한, 국내적으로 통일에 대한 국민의 역량이 결집되지 못하고, 이념의 대립으로 남남갈등이 증폭되어 국력의 결집보다는 정치적, 이념적으로 분열이 격화되고 있는 실정이다.

이러한 국내외적 정세변화는 한반도 통일방안에 대해 새로운 통일담론을 제기한다. 해방 이후 지속되어 온 분단체제의 고착화는 통일에 대한 긍정적 시각보다 부정적 시각을 강하게 한다. 한반도 통일을 장기적 안목으로 바라보아야 하고 남북한 주민의 사회문화적 차이와 이질화는 더욱 확대될 것이다. 이러한 관점에서 통일담론은 분단체제의 강화라는 결과를 가져온 기존의 '체제 중심의 통일'보다는 분단체제를 완화하는 '사람 중심의 통일'로 패러다임의 전환이 필요하다고 본다.

'사람의 통일'은 '체제의 통합'을 넘어 '민족의 통합'으로서, 새로운 민족공동체를 창출하는 것이고 한반도 통일의 새로운 패러다임이다. 즉,

---

함정은 16차례였고, 이 중 12차례는 전면전으로 이어졌고, 4차례는 평화적 세력 전이로 실현됐다(폴 케네디, 『강대국의 흥망성쇠』, 한국경제신문사, 1997).

2 기 소르망, 「통일에 대한 전망」, 『매일경제신문사』, 2018년 4월 18일.

'사람의 통일'은 삶과 소통하는 인문정신의 관점에서 통일을 사유함으로써 남북 주민들의 몸과 마음에 새겨진 적대적인 가치·정서·문화를 극복하는 것을 의미한다. 정치 경제적 체제통합 이전에 가치·정서·문화적인 차원에서 '사람의 통일'이 필요한 것은, 그것이 정치 경제적 통합을 떠받치는 바탕이자, 통일을 진정한 사회적 통합으로 만드는 근본적인 힘이기 때문이다. 남북한 주민의 가치·정서·문화의 분단문제를 분단 아비투스3, 분단 트라우마4, 민족공통성(national commonality)의 새로운 개념화를 통하여 정서적 신체적 분단을 극복하고, 통일의 사회적 신체, 즉 민족공통성을 창출해가는 과정이 새로운 통합의 패러다임이고 통일의 과정이라고 본다.5

---

3 부르디외의 아비투스 개념을 원용한 분단 아비투스는 분단이라는 역사가 만들어 내는 신체와 사물의 아비투스와 장의 관계를 통하여 이루어지는 '분단질서', '분단구조'의 지배체계가 상징폭력에 의해 '신체'에 아로새겨지는 성향과 믿음의 체계를 말한다. 이것은 의식과 무의식 모두를 포괄한다(박영균, 「분단의 아비투스에 관한 철학적 고찰」, 『분단의 아비투스와 남북 소통의 길』, 경진출판, 2015, 106~107쪽).

4 프로이드에 의하면 트라우마는 "심각한 기계적 충격, 철도사고, 그리고 생명이 위협받을 수도 있는 기타사고를 겪은 후에 발생"하는 것으로, 과도한 위험과 공포, 스트레스가 유발하는 심각한 심리적 충격을 의미한다. 이런 심리적 충격은 본능을 충족시킬 수 없는 사태, 즉 '좌절'과 이 좌절을 초래하는 규제인 '금지'에 따른 '박탈'에 의해 유발되는 것이다. 분단 트라우마는 한반도의 분단과 한국전쟁, 이후의 분단체제가 지속되는 가운데 자행된 살상과 폭력, 국가의 통제가 개인에게 가한 상처를 의미한다. 통상 '외상 후 스트레스 장애(PTSD)'를 의미하는 트라우마라는 정신의학적 용어를 분단이라는 역사적인 사건과 결부시킨 것이다(김성민 외, 「분단의 트라우마에 관한 시론적 성찰」, 『분단 트라우마와 치유의 길』, 경진출판, 2015, 31쪽; 김종군, 「구술을 통해 본 분단 트라우마의 실체」, 『분단 트라우마와 치유의 길』, 경진출판, 2015, 166쪽).

5 통일인문학은 '사람의 통일'을 주창하며 가치·정서·문화의 분단 문제를 극복하는 인문학적 방안들을 마련해 왔다. 우리 삶의 분단 문제들을 분단 아비투스와 역사적 트라우마 등의 개념으로 분석하고, 소통치유통합의 길로 그 극복 방안을 모색해 왔다. 즉, 민족공통성 창출은 남북소통의 장애물인 분단 아비투스를 해체하는 '소통의 길', 분단 트라우마 치유와 분단 서사를 극복하는 '치유의 길', 차이들의 접속과 공명을 통해 민족공통성을 창출하는 '통합의

그러나 남북한은 분단 이후 이념의 대립, 전쟁, 체제경쟁 등 극단적인 갈등 관계와 적대적 관계를 벗어나지 못했다. 남북한의 교류가 거의 단절되어 왔으며, 이로 인한 남북한의 사회문화적 이질화와 적대감은 가장 큰 통일의 장애로 지적되고 있다. 따라서 통일을 준비하는 과정에서 남북한 사람들의 이질화와 적대감을 극복하고 서로 조화롭게 하나의 공동체를 형성하는 방안이 최우선적으로 모색되어야 한다. 이러한 가운데 제한적이나마 남한 주민들과 함께 어울려 살고 그에 따른 문제점과 해결 방법을 연구할 수 있는 기회로 주어진 것이 남한에 들어와 살고 있는 탈북민이다. 이들 탈북민은 북한 전체 인구에 비해 극히 적은 수이지만, 북한에서 태어나 북한에서 교육을 받고 살아온 사람들로서 남한 사회에 들어와 남한 사람들과 함께 살아가는 '먼저 온 미래이자 통일'이다.

2021년 12월 말 기준으로 한국 사회에 들어온 탈북민은 약 33,800명에 달한다. 1990년대 중반 북한의 '고난의 행군 시기', 북한 주민은 식량을 구하기 위해 중국 등으로 탈출하는 대량 탈북이 본격화되기 시작했다. 그 이전의 탈북민은 분단체제의 상징으로, 남한 정권은 탈북민을 이데올로기적 선전도구로 활용하였고, 탈북민은 북한에 타격을 준 '영웅'이자 남한의 체제적 우월성을 재확인할 수 있게 하는 존재로 부각되었다. 그러나 1990년대 중반 이후의 탈북민은 경제적 이주민, 난민, 소외된

길', 정서적 신체적 분단을 극복하고 통일의 사회적 신체를 미래 기획적으로 창출해가는 과정을 의미한다(이병수, 「민족공통성 개념에 대한 고찰」, 『시대와 철학』 22-3, 한국철학사상연구회, 2011; 박영균, 「코리안 디아스포라의 민족공통성 연구방법론」, 『시대와 철학』 22-2, 한국철학사상연구회, 2011, 130쪽).

이웃 등으로 한국 사회가 목도하고 있는 다양한 "타자들" 중의 하나로 인식되고 있다.

2000년 초 국내유입 탈북민은 연간 1000명 이상으로 증가하여 2006년을 기점으로 매년 2000명 이상이 되었고, 2009년에는 약 3000명으로 증가하였다. 2011년 말 김정일 사망 시까지 연간 약 2500명의 탈북민이 국내에 유입되었으며, 2012년 김정은 집권이후 국경수비 강화와 플러스 경제성장으로 탈북민의 숫자는 약 1500명으로 점차로 감소하여 2019년에는 약 1,100명이 되었다. 2020년에 들어서는 코로나 펜데믹으로 인한 방역강화와 국경봉쇄로 탈북민은 격감하여 국내 유입 탈북민은 2020년에는 약230명, 2021년은 약 63명 정도 파악되고 있다.[6]

그러나 탈북민은 탈북 시기에 따라 탈북 배경과 탈북 동기가 다르며 탈북 과정도 다르다. 이점에서 그들이 겪는 트라우마, 정체성 변화, 남한 사회에서 경험하는 사회적 갈등 양상도 달라진다. 김정일 시대의 '고난의 행군시기'는 북한 사회의 모든 부분을 변화시켰으며, 이러한 변화는 탈북에 지대한 영향을 미쳤다. 그러나 김정은 시대의 탈북은 김정일 시대와는 다른 모습을 띠고 있다. 김정일 시대의 탈북민이 먹고 살기 위한 생존형, 비자발적 유형의 탈북이었다면 김정은 시대에는 새로운 유형의 탈북민이 한국 사회에 들어오기 시작했다. 즉 사전에 준비한 기획탈북 및 자발적 탈북으로 더 나은 삶을 위하여 혹은 자신의 발전을 위하여 탈북하였다. 이러한 기획, 자발적 탈북은 김정은 체제가 시작된

---

6 통일부, 「북한 이탈주민 입국현황」, 2021, 12월 말 기준.

2012년부터 본격화되기 시작했다. 김정은 정권 초기에는 어느 정도의 경제 회복으로 기아 사태는 벗어났으나, 대북 제재 강화로 경제는 여전히 어려운 상황이었고 북한 주민들은 생존을 장마당에 의존할 수밖에 없었다. 북한 사회의 구조적 모순은 장마당 세대들을 탈북으로 이끄는 배경이 되었고, 사회구조의 부조리에 대한 반감 또한 탈북의 동기가 되었다.

오늘날 탈북민 3만 명의 시대에서 그들과 화합하고 공존하기 위해서, 한국 사회는 탈북민에 대한 인식의 변화가 필요하고, 또한 탈북민은 그들의 사회적 위치의 제고와 사회적 역할의 변화에 대한 노력이 수반되어야 한다. 탈북민 수의 증가는 탈북민을 한국에 이주한 다양한 이주그룹의 하나로 재인식하는 계기가 되었다. 또한, 한국 사회의 일상에 뿌리 깊게 작동되고 있는 분단이데올로기의 아비투스는 이들을 이주자 그룹 중에서도 "가장 이질적인 타자(The most distant other)"로 인식하게 한다. 이제 탈북민는 개인이 아닌 구분적인 집단(categorical group)으로 인식되면서, 가장 이질적인 집단이면서도 한국사회에 동화되어야 할 대상으로 위치 지워지는 이중적 상황에 직면한다. 그러나 이들의 존재는 한국 사회에서 가장 먼 타자이지만 남북의 분단의 증거임과 동시에, 남과 북의 거리를 극복할 수 있는 잠재적 자원이라는 특수한 위치를 가지고 있다.[7]

탈북민에 대한 연구는 연간 수천 명의 탈북민이 한국사회에 유입되었

---

7 김성경, 「분단체제가 만들어 낸 '이방인', 탈북자」, 『북한학연구』 10-1, 동국대학교 북한학연구소 2014, 45쪽.

던 2000년 초부터 본격화되었다. 이 연구들은 대부분 김정일 시대의 탈북민을 대상으로 한 것이었고, 탈북시기와 세대적 차이를 고려하지 않았다. 그러나 김정은 시대의 탈북민들은 그 이전의 탈북민에 비해 다른 생활경험을 하였고, 그 결과 남한사회에 대한 태도 역시 차이점을 보이고 있다. 특히 한국사회에 유입된 탈북민들 가운데 28.4%가 20대 장마당 세대들이고,[8] 이러한 인적구성 비율은 장차 이들이 탈북민 사회의 중심적인 세력으로 성장할 것이라고 예견된다. 따라서 이들에 대한 깊이 있는 연구가 필요하며, 특히 이들 장마당 세대인 탈북청년들의 탈북 상처의 치유와 공존에 대한 연구는 기존 탈북민 연구와 다른 관점에서 시작되어야 한다고 본다. 즉, 통일인문학에서 말하는 '사람 중심의 통일'의 견지에서 이들의 탈북 트라우마, 그 정체성 변화, 그리고 한국사회 정착과정에서 발생하는 사회적 갈등에 대한 연구는 향후 남북한의 사회적 통합에 나침판이 될 수 있다. 이 점에서 본 연구는 김정은 시대의 탈북청년들을 대상으로 치유와 공존 문제를 실증적 차원에서 논의한다.

'김정은 시대'의 탈북청년을 연구대상으로 선택한 것은, 첫째 북한의 사회구조에 있어 '김정일 시대'와 '김정은 시대'가 다르다는 점이다. 즉, 김정은 시대는 장마당의 활성화로 북한의 사회구조 내부에 자본주의적 요소가 깊이 자리 잡았다. 둘째 이들은 북한의 장마당 세대이고 MZ세대라는 점이다. 장마당 세대가 북한의 인구구성비율에 있어 전체 인구의 약 32%[9]를 차지한다는 것은 향후 새로운 변화의 세대로서 북한사회

---

8 통일부, 「북한 이탈주민 입국현황」, 2020, 12월 기준.

변화의 시발점이 될 가능성이 있다는 점이다. 즉, 시대 변화와 세대교체에 따른 북한사회 변화의 가능성을 보여주는 세대이다. 특히 탈북청년들은 북한에서 어느 정도 고등교육을 받았고 한국에서 최고의 교육혜택을 받고 있다. 졸업을 하고 한국사회에서 한 분야의 전문가로서 사회적 위치를 확보할 때 이들은 남북관계의 새로운 주체로서 남북한 사회통합의 길잡이 역할이 가능하다고 보기 때문이다. 셋째, 이들은 북한의 시장화의 변화를 직접 경험한 세대로 기획 또는 자발적 탈북과정을 거쳐 한국에서 새로운 삶을 꿈꾸는 청년들이다. 이들의 삶 자체는 남북한 주민이 함께 살아갈 미래의 갈등과 충돌을 예측하게 하며, 그 해결 방안에 대한 실마리를 제공해준다고 보기 때문이다.

그러나 이들을 대상으로 한 연구결과가 탈북민 전체 또는 북한사회 전체에 보편적으로 적용된다고 볼 수 없으며, 또 계속 변화하고 있는 탈북유형에 따라 적용의 한계점은 분명히 존재한다. 연구대상들이 대부분 북한 국경도시 출신이라는 점에서 지역적 한계가 있으며, 경제적으로 극빈층이라는 점에서 사회경제적인 한계가 있다. 연구대상자 중 탈북자금이 없어서 브로커에게 팔려간 경험을 가지고 있는 다수의 탈북청년들도 있다. 그럼에도 본 연구가 이들에게 주목한 까닭은 탈북청년이 다른 탈북민보다 남한사회에서 생존하고 공존하기 위해 가장 현실적인 사회직 갈등을 경험하고 있기 때문이다. 비록 탈북청년이 탈북민 선체를

9 박경숙, 『북한사회와 굴절된 근대: 인구, 국가, 주민의 삶』, 서울 대학교출판문화원, 2013; 「북한인구와 인구센서스 분석」, 통계청, 2011; 김주섭, 『경제사회 환경변화에 따른 인적자본 형성, 활용정책의 개선과제』, 한국노동연구원, 2015, 20쪽.

대신할 수 없지만, 이들에게서 발견된 치유의 힘과 갈등해결의 실마리는 남북한 주민의 사회문화적 통합의 기초가 될 수 있다고 본다.

제2장 연구방법

이 글에서 실증적 연구는 김정은 시대에 탈북하여 한국 사회에 정착한 탈북청년 10명을 대상으로 하였다. 이들의 집단토의 방식의 구술자료, 그들 중 5명의 생애사 구술자료, 남북청년공동체 활동의 추적분석자료, 연구자의 관찰과 인터뷰 자료를 1차 자료로 삼고, 탈북민의 정착실태 연구문헌, 각종 언론매체의 북한 및 탈북민에 대한 기사 등을 2차 자료로 활용하였다. 그리고 연구 자료의 분석은 구술 생애사 연구방법을 원용하였으며, 통일인문학의 관점에서 이들의 정체성 변화와 탈북 트라우마 치유와 공존의 문제에 주목하였다. 즉, 통일인문학의 통일담론은 본 연구의 기본 전제이자 궁극적인 목적에 해당하며, 탈북청년들의 구술생애담을 분석하는 이론적 근거가 되고, 구술 생애사 연구방법은 구술자료의 질적 분석방법이다.

이제까지 진행되어 온 통일담론은 정치경제적인 체제통합에 중점을 두었으며 '사람의 통일'에 관한 문제를 도외시하였다. 남과 북의 국가권력은 통일문제에 대하여 서로의 정통성을 내세우고 상대를 적대시함으로써 분단체제를 더욱 공고하게 만드는 결과를 가져왔다. 즉, 사람의 갈등과 충돌이 통일과제의 큰 걸림돌이 될 수 있음을 간과하고 있다.

예컨대, 독일과 예멘의 통일은 사회문화적 통합과정이 선행되지 않을 경우 통일로 인한 엄청난 사회적 갈등이 야기됨을 보여주고 있다. 따라서 진정한 통일과 사회적 통합은 '사람의 통일'이 전제되어야함을 함축하고 있다. 분단체제의 극복과 통일의 과제는 단순한 체제통합의 문제로만 설명될 수 없다. 이전까지 다루어졌던 통일 방식에 대한 논의를 넘어서 '통일 한반도의 정신, 가치, 문화의 상' 등을 연구하는 방향으로 전환되어야 한다는 것을 의미한다. 이러한 '통일 한반도의 정신과 가치, 문화의 상'은 남북 어느 한쪽에 의해서 만들어져서는 안 되는 것이다. 어느 한쪽 입장에서 구성해 간다면 그것은 상대를 대결과 경쟁의 대상으로 삼는 분단국가주의의 한계점에 매몰되는 일이 되기 때문이다. 이 점에서 통일담론에는 평화 공동체를 위한 소통·치유·통합의 이야기들이 필요하다. 체제의 통일을 넘어 남북 주민의 가치·정서·문화를 중시하는 '사람의 통일'이 전제되어야 함을 의미한다. 통일에 관한 이론적 연구는 남북의 적대적 대립을 극복하고 사회적 실천이 추동되는 실천적인 연구여야 하며, 당위적 구호를 넘어 현실적인 문제로 접근하는 실천적 대안 제시로 나아가야 한다. 이 지향점이 통일인문학에서 통일과정과 통일 이후까지를 사유하며 '과정으로서의 통일', '사람 중심의 통일'에 집중한 까닭이라고 할 수 있다. 즉, 이제 한반도 통일은 '체제 중심의 통일' 담론에서 '사람 중심의 통일'담론으로 패러다임이 전환되어야함을 의미한다. 또한, 통일을 한반도라는 지형적 범주로만 한정할 것이 아니라, 19세기 초 일제강점기 이래 중국·만주·러시아·미국·일본으로 흩어진 코리안 디아스포라를 포괄하는 범위로 확장할 필요가 있다. 통일이 '민족적 사회 통합'이자, 통일 한반도의 정신과 가치, 문화의 상을 만들어가는 것이라고 한다면, 통일의 연구대상은 단순히 '북의 정치 경제적 체제'나 '북한 사회'만이 아니라 남한을 포함하여 750만의 해외 코리언까지를 포함하는 것이어야 한다. 따라서 한반도 통일은 체제의 통합뿐만 아니라 사람의 통합으로서 새로운 민족공동체를 창출하는 작업인 것이다.

'사람의 통일론'은 분단이 체제 대립으로 환원될 수 없으며, 통일 역시 체제 통합만으로 이해할 수 없다는 단순하고도 명백한 사실에서 출발한다. 분단이 체제 대립으로 환원될 수 없는 이유는 남북의 각 체제 속에서 살고 있는 구성원들의 가치 · 정서 · 문화의 분열을 가져왔기 때문이다. 그렇기 때문에 통일 역시 단순히 체제의 통합만이 아니라 남북 주민이 하나의 공동체를 이루며 살아가는 사회문화적 통합이어야 한다. '사람의 통일'은 남북의 평화공존이 절실한 지금의 현실에서 필요할 뿐만 아니라, 사회통합의 새로운 과제에 직면하게 될 통일 이후의 미래 문제를 위해서도 필요하다고 본다. 통일의 과정은 예측 불가능하기 때문에 체제 통합이 먼저 이루어질 수도 있다. 하지만 체제 통합은 남북한 구성원들 사이의 가치 · 정서 · 문화의 소통과 통합이 전제되어야 한다. 사람의 통일은 통일을 앞당기는 동시에 통일 이후를 대비한다는 의미를 내포하고 있다.

이러한 관점에 따라 통일인문학에서는 남북 주민들의 몸과 마음에 새겨진 적대적 가치·정서·문화를 극복하고자, 분단 문제를 분단의 아비투스와 분단 트라우마로 분석하고,[10] 그 대안으로 소통 · 치유 · 통합의 길을 제시한다.

분단 아비투스는 분단의 '사회적 신체'를 형성하는 기제들과 상징체계들의 내면화를 통해 남북 주민들의 사회적 행태로 드러나는 것을 말한다.[11] 즉 남과 북의 적대적 공생의 관계가 어떻게 생활과 신체 속에 체현되고 반복적으로 재생산되는지를 보여주는 개념이다. 분단 트라우마는 한반도의 분단과 한국전쟁 이후 지속된 분단체제 하에서 자행된 살상과 폭력, 국가의 통제가 개인에게 가한 상처, 외상 후 스트레스를 말한다. 분단 트라우마는 개인의 실존적 상처를 넘어 남북 주민에게 증오와 공포를 유발하는 집단적 사회심리이다. 즉, 분단 아비투스와 분단 트라우마는 사람들의 신체와 마음을 통해 작동하는 분단체제의 메커니즘, 혹은 남북의 합리적 소통을 가로막는 '마음의 장벽'인 것이다.[12]

따라서 통일의 새로운 패러다임 '사람의 통일'은 남북한 주민의 가치 · 정서 · 문화 등의 분단 문제를 극복하고, 통일의 사회적 신체를 미래적 기획적으로 만들어가는 민족공통성을 창출해가는 과정이다. 민족공통성 창출은 남북한 소통의 장애물인 분단 아비투스를 해체하는 '소통의 길', 분단 트라우마를 치유하고 분단서사를 극복하는 '치유의 길', 차이들의 접속과 공명을 통해 민족공통성을 창출하는 '통합의 길'을 통해서 생성된다.

---

10 건국대 통일인문학연구단, 『통일인문학, 인문학으로 분단의 장벽을 넘다』, 알렙, 2015, 78쪽.

11 부르디외의 아비투스 개념을 원용한 것으로 분단의 적대성이 우리의 신체에 아로새겨져 내면화된 믿음의 체계를 의미한다(김성민 · 박영균, 「통일학의 정초를 위한 인문학적 비판과 성찰」, 『통일인문학논총』 56, 건국대 인문학연구원, 2013, 97쪽).

12 건국대 통일인문학연구단, 『통일인문학, 인문학으로 분단의 장벽을 넘다』, 알렙, 2015, 88쪽.

첫째, '소통의 패러다임'은 '사람의 통일'이라는 문제의식에서 출발한다. 서로의 대화와 소통은 새로운 인간관계 맺음의 필수요건이고, 마찬가지로 다양한 소통적 관계맺음은 적대적 남북관계의 긴장감을 해소하고 남북의 평화로운 공존을 확보하는 기초이다. 소통은 마음의 장벽을 뚫고 서로의 차이를 인정하면서 그 차이를 '가르치면서 배우는' 대화의 과정을 말한다. 이런 점에서 소통은 '타자의 타자성'으로부터 출발한다. 소통은 '자기 안의 타자'가 아니라 '타자의 타자성'이 되어야 함을 의미한다. 그리고 대화는 말하고 듣는 것이 아니라 타자의 타자성을 전제하고 가르치고 배우는 것이 되어야 한다. 즉 '사람의 통일'은 차이의 인정과 소통을 통한 '상생의 패러다임'인 것이다.[13]

그러나 남북의 소통적 관계맺음이 이루어지지 않는 이유는 그것이 하나의 민족이라는 환상을 우직하게 고집하고 있기 때문이 아니라, 오히려 그 환상이 서로의 '차이와 다름'을 부정함으로써 각자의 관점, 가치, 태도 속에서 드러나는 민족적 리비도의 흐름을 억압하거나 좌절시키기 때문이다. 남북 간의 소통은 서로의 '차이와 다름'에 대한 이해로 과거의 상처를 어루만지고 보듬어가는 '치유의 과정으로서의 소통'이 되어야 한다. 즉 남과 북의 소통은 '다름'을 배제하는 것이 아니라 오히려 '가르치고 배우는 과정'을 통하여, '다름'을 새로운 미래의 민족적 활력으로 바꾸어 놓는 소통적 관계맺음이 중요하다. 이런 점에서 남북의 소통은 '가르치고 배우는 비대칭적 의사소통'을 기본적인 소통의 원리로 한다.

---

13 김성민, 「통일의 인문학적 비전: 소통, 치유, 통합의 통일인문학」, 『한국민족문화』 63, 부산대학교 한국민족문화연구소, 2017, 24쪽.

둘째, '치유의 패러다임'은 분단의 문제를 단순히 두 체제 간의 적대 문제로만 보는 것이 아니라 '분단의 상처'에 근거한 '분단된 사회적 신체'의 생산에 있다고 보고 이를 극복하기 위한 '분단 트라우마'의 치유방안을 모색하는 것이다.[14] '사람의 통일'을 위한 분단 트라우마를 치유한다는 것은 분단의 역사를 민족적 리비도의 역사로 받아들이고, 그것은 너 혹은 나 어느 일방의 아픔만이 아니라 코리언 전체가 공통적으로 지닌 고통이며 아픔이라는 점을 인정하는 것이 필요하다. 이 경우 우리는 서로에 대한 공감적 연대감에 기초한 소통을 시작할 수 있으며, '분단의 아비투스'를 '통합의 아비투스'로 바꾸어갈 수 있다. 분단 아비투스를 통합의 아비투스로 전환한다는 것은 상호 적대성을 공존의 논리로 전치시키는 새로운 환상체계를 구성하는 것이다. 따라서 분단 트라우마의 치유는 스스로가 온전한 민족이 아니라 분열되어 있다는 점을 받아들이고 나아가 미래 통일 한반도로의 전이를 통해 민족 리비도가 민족적 활력이 되도록 하는 것이다. 이것은 분단의 역사 속에서 분단서사를 통합서사로 전환시키는 것을 의미한다.[15] 즉, 한반도의 통일은 단지 갈라진 남북을 합치는 데만 있지 않고, 나아가 분단된 두 국가에 남북한 주민들의 몸과 마음에 새겨진 배타성과 적대성을 치유할 때 비로소 가능해질 수 있다고 본다.

셋째, '통합의 패러다임'은 한반도의 통일을 위해 소통 및 치유의 과정

---

14 김성민, 「통일의 인문학적 비전: 소통, 치유, 통합의 통일인문학」, 『한국민족문화』 63, 부산대학교 한국민족문화연구소, 2017, 25쪽.

15 건국대학교 통일인문학연구단, 『통일인문학, 인문학으로 분단의 장벽을 넘다』, 알렙, 2015, 217~218쪽.

과 함께 공존과 연대를 바탕으로 한 남북의 공통적 가치·정서·문화를 창출하는 것이다. 통일은 갈등을 극복하고 상처를 치유하고 궁극적으로 공존과 연대를 만들어가는 과정이다.[16] 이러한 남북의 소통을 가로막는 분단 아비투스, 분단 트라우마에 의해 형성된 사회문화적 차이를 소통하고 적대적 감정을 치유, 완화하는 것이 민족공통성의 창출이다. 민족공통성은 분단 이전의 동일성에 근거한 민족동질성의 회복이 아니라 코리언들의 다양한 차이와 다수성에 근거하여 이들의 접촉과 교류를 통해 미래적으로 생성되는 '공통의 가치·정서·문화'를 의미한다. 여기서 '공통적인 것'은 둘 이상의 신체가 서로 만나 부딪치면서 상호 변용시키고 변용되는 과정을 통해 형성되는 것을 말한다. 이는 스피노자의 공통개념을 의미한다. 즉 'common'은 신체와 신체가 만나 서로를 변용시키고 변용되면서 형성되는 '공통의 것'으로 규정한다.

민족공통성 개념은 "하나의 공통분모로 수렴되는 지점을 찾는 것이 아니라, 오히려 그들이 처한 각각의 독특한 사회역사적 환경 속에서 응전해 온 문화적 차이들을 이해하고 그 '차이'를 해명함과 동시에 그것의 변용과 창조적 변종들의 활성화를 통하여 접속과 공명, 연대의 지점을 찾아가기 위한" 방안이라고 할 수 있다.[17] 즉, 코리언 전체의 민족적 협력 창출은 구성원들이 공유하고 있는 것을 미리 상정하지 않고, 그들의 만남, 대화, 교류의 과정에서 일어나는 상호 이해와 시행착오의 모든

---

16 김성민, 「통일의 인문학적 비전: 소통, 치유, 통합의 통일인문학」, 『한국민족문화』 63, 부산대학교 한국민족문화연구소, 2017, 26쪽.

17 이병수·김종군, 「코리언 정체성의 연구의 관점과 방법론」, 『코리언의 민족정체성』, 선인, 2012, 38쪽.

관계맺음의 산물들이 곧 새로운 한반도에서 살아갈 사람들의 삶의 원리로 보는 것이다. 이러한 미래 기획적인 생성적 민족정체성으로서 '민족공통성'은 단순히 과거 지향적인 민족공동체를 위한 동질적인 정체성 구성과는 성격을 달리한다. 즉 동일성의 원리에 기반을 둔 민족정체성이 아닌, 차이와 다수성의 원리에 기반을 둔 민족공통성인 것이다.[18]

이러한 통일인문학의 통일담론은 본 연구의 기본 전제이자 궁극적인 목적에 해당하며, 탈북청년들의 구술 생애담을 분석하는 이론적 근거가 된다. 특히 탈북청년들의 살아온 이야기에서 드러난 상처를 일반적인 트라우마가 아닌 한반도의 역사로부터 시작된 사회구조적인 의미를 함의한 역사적 트라우마로 바라본다면, 이들의 정체성 변화는 분단체제의 양쪽을 경험한 개인의 문제를 넘어 사회적 문제로 본다는 점에서 또한 그러하다. 그리고 이들의 갈등 문제와 그 조정 방안에 대하여 '치유와 공존' 문제로 풀어내려는 까닭도 역시 통일인문학에서 말하는 소통·치유·통합의 원리로 설명할 수 있기 때문이다. 이들의 삶에서 발견한 생존의 전략들은 남과 북이 자유롭게 만날 수 있는 통일 미래의 소통·치유·통합의 실증이 될 수 있다.

구술 자료를 분석하고 연구하는 생애사 연구방법은 사회학의 고전적인 이분법의 문제를 넘어설 수 있는 사회학 방법론이라 할 수 있다. 즉 생애사 연구는 생애사를 매개로 하여 개인과 사회, 주관과 객관, 행위와 구조 등 사회학의 고전적인 데카르트식 이분법을 넘어서 사회구조를

---

18 박영균, 「코리언디아스포라의 민족공통성 연구방법론」, 『시대와 철학』 22-2, 한국철학사상
연구회, 2011, 122쪽.

재구성할 수 있는 하나의 사회학 방법론이다.19 사회변동과 생애체험에 있어 한 사회의 구성원은 사회 변화에 적응해야 하는 수동적 주체일 뿐만이 아니라 해당 사회를 추동하는 적극적인 행위주체이기도 하다. 사회변동을 경험한 사회구성원의 생애 체험은 사회변동의 동인과 전개과정, 그리고 개인의 행위지향의 변화를 이해할 수 있는 단서를 제공한다. 생애사 연구는 바로 이와 같은 개인과 사회의 불가분적 구성물인 생애사에 주목한다. 이를 통해 특정한 개인의 삶의 이력 그 자체가 아니라, 그것을 통하여 드러나는 사회구조를 재구성하고자 하는 것이다.

구술 생애사 연구방법은 전형적인 질적 연구에 속한다고 할 수 있다. 양적 연구방법론은 19세기 근대학문이 성립되는 과정에서 발전해 왔다. 근대가 열리면서 시장이 대중화되고, 민주주의가 국가의 작동원리가 되면서 국가나 기업은 대중적 정당성을 필요로 했다. 따라서 대중의 행위, 동기, 행위방식을 파악해 이를 국가나 기업 활동의 정당성이나 아이디어에 연결해야 하고, 이때 더 많은 사람들을 동원해야 했다. 양적 연구방법론, 즉 사회조사방법론은 좀 더 많은 사람의 행위방법이나 태도 등을 파악하기 위한 목적으로 발전했다. 그리고 20세기 중반에 이르러 양적 연구방법론은 근대 인문사회과학계의 대세로 되면서, 그 방법론을 통해 다양한 조사기법이 발전했다. 그러나 사람과 사회적 관계를 숫자로 대변하게 되면서 심연의 동기나 심층구조를 발견하기 어려워졌다. 특히 권력관계가 불균형적인 인간관계에서 피지배층이나 일반 시민들

---

19 이희영, 「사회학방법론으로서의 생애사 재구성」, 『한국사회학』 39-3, 한국사회학회, 2005, 121~122쪽.

은 자신의 동기를 제대로 드러내지 않음으로써, 문제의 원인이나 사람들의 동기를 파악하기는 어려웠다. 그러한 과정에서 미국에서는 1960년대 이후, 한국에서는 1990년대 이후에 구술사 방법론을 적극 수용하기 시작했다.[20]

두 방법론은 인문사회과학 방법론의 대표적 방법론이고 상호 보완적이지만 대체하기는 어려운 방법이다. 연구대상의 빈도수, 양, 경향성을 조사할 때는 양적 방법이 적합하지만, 동기나 원인을 조사할 때는 질적 방법이 적합하다. 즉, 개인이나 집단행위의 동기나 구조적 측면을 파악할 때는 양적 방법으로는 어렵고, 행위 결과나 빈도 등을 파악하는 데는 질적 방법이 어렵다. 이와 같이 질적 방법은 인간관계나 사회관계에서 빚어진 다양한 현상을 구체적으로 파악할 수 있다는 점에서 유용하다고 본다.

그러나 생애사 연구는 개인의 지나간 역사에 대한 구술 자료를 통해 과거 역사의 누락과 왜곡을 수정하거나 역사 복원을 시도하는 구술사학적 목적에 한정되지 않는다. 구술 생애사 텍스트를 통해 사회와 개인의 상호 작용에 의해 과거로부터 현재까지 구성된 행위지향의 형식을 재구성하는 작업은 사회변화의 발생적 과정을 이해하고 그에 대한 사회학적 설명을 가능하게 한다. 기존의 구술사와 생애사 연구에서의 성과는 이전 '큰 사회사' 속에서 소외된 다양한 계층, 집단의 경험 사례를 연구영역 안으로 끌어들이는 데 의미가 있었다. 그러나 이제는 이러한 성과를

---

20 김귀옥, 『구술사 연구방법과 실천』, 한울아카데미, 2014, 81~82쪽.

넘어 구술 생애사 자료의 주관적 서술성이 갖는 생애사적 의미를 과거 사건의 사실성과 연관하여 적극적으로 해석하여, 사회 변화의 동력과 그 발생 과정을 읽어내는 작업이 보다 중요해졌다.

즉, 생애사 연구를 통해 한국사회 변화의 발생과정을 재구성할 수 있는 가능성은 식민지 경험과 분단, 정치적인 이념 대결로 인한 전쟁과 폭력으로 각인된 한국 사회의 복합적인 현상을 사회구성원의 경험의 차원에서 이해할 수 있는 길을 제공한다. 또한, 생애사 연구는 한국 사회의 구조적인 문제인 분단체제가 이론적 차원에서만이 아니라, 사회 구성원의 생애사 속에서 어떻게 복합적으로 관철되는지, 그리고 이 생애 사적 전개 과정에서 각 행위자는 어떻게 적극적으로 자신의 행위를 조직 하는지를 보여줄 수 있는 것이다.[21]

구술 생애사연구방법의 특징은 사회학적 행위이론의 연구 성과를 원 용한다는 점이고, 다른 하나는 구술 생애사연구방법이 트라우마 치유의 효과가 있다는 점이다. 행위이론의 연구 성과를 원용한다는 점에서 생 애사연구방법론은 개인과 사회의 구성물로서의 생애사, 생애사의 본원 적 사회성, 생애사의 구체적 일반성에 이론적 근거를 두고 있다.

첫째, 생애사연구의 출발점은 생애사가 개인과 사회의 상호작용에 의한 구성물이라는 전제이다. 개인은 생애시간 동안 직면하게 되는 사 회적 실재를 자신의 행위를 통해 나름대로 해석하고 이에 대응함으로써 자신의 삶의 이력, 즉 생애사를 만들어간다. 주체와 세계, 개인과 사회의

---

21 이희영, 「사회학방법론으로서의 생애사 재구성」, 『한국사회학』 39-3, 한국사회학회, 2005, 144쪽.

불가분의 상호 관련성은 미드의 자아 형성의 기원에 대한 이론에서 잘 드러난다. 미드는 '말하기'라는 상징적 의미 전달과 구성의 매개체를 분석의 출발점이자 사회적 행위의 모델로 삼아, 행위자(I)와 사회적 질서(Me)의 상호작용에 의한 정체성(Identity)의 구성 과정을 보여준다.[22] 즉, 생애사란 생애시간 동안 수많은 행위와 경험들로부터 창발적으로 형성되는 생의 전략들이자 행위 규준들의 특정한 구성물이라 할 수 있다. 특정한 사회의 개인과 해당 사회적 질서가 만들어 낸 창발적 구성물인 생애사는 바로 개인과 사회, 혹은 내부와 외부를 통합하는 매개물이라 할 수 있다. 생의 과정에서 특정 개인의 변화하는 사회적 경험, 역할, 지위, 신분 등은 개인화의 표현이자 동시에 사회구조적인 사회화의 내용을 보여준다. 생애사연구는 바로 이와 같은 개인과 사회의 불가분적 구성물인 생애사에 주목한다. 이를 통해 특정한 개인의 삶의 이력 그 자체가 아니라, 그것을 통하여 드러나는 사회구조를 재구성하고자 하는 것이다.[23]

둘째, 생애사는 본원적 사회성을 가지고 있다. 미드가 중요하게 지적하는 또 하나의 강조점은, 모든 개인의 행위 이전에 전제되어 있으며 개인적인 행위로 환원될 수 없는 사회성이다. 미드는 사회성이 시간적 논리적으로 개인에 선행한다고 전제한다.[24] 행위이론에서 개인주의적

---

22 Mead, G. H, The genesis of the self and social control, *International Journal of Ethics* 35, 1924, pp. 251~277. 재인용.

23 이희영, 「사회학방법론으로서의 생애사 재구성」, 『한국사회학』 39-3, 한국사회학회, 2005, 129~130쪽.

24 Mead, G. H, *Geist, Identiat und Gesellschaft.* Frankfurt/M: Suhrkamp, 1968(1934), p.

관점들이 행위를 기본적으로 개인적인 것으로 간주하고 사회적 행위를
그 특수한 사례로 파악하는 것에 비해, 생애사 연구방법은 개인적 행위
를 행위의 한 유형으로서가 아니라 그 행위를 포괄하는 복합적인 집단적
활동으로 이해한다.[25] 즉 개인은 사회적으로 주어진 행위의 선 규범들을
받아들여 자신의 인식 틀로 재구성하고, 그것에 의해 적극적, 또는 수동
적으로 자신 삶을 형상화한다. 이와 같이 개인이 수시로 처하게 되는
생애사에 대한 서술행위를 통해 현재에 기반을 두고 시간적으로 구조화
되는 고유한 개인의 상이 구성된다. 개인이 서로 다른 배경과 상황에서
생애사 서술을 통해 자기 삶에 대해 구체적 질서를 부여하고, 나아가
과거 경험에 기초하여 새로운 요소를 생성하는 것은 바로 미드가 강조한
행위의 '본원적인 사회성'에 기초하며 그것의 표현이다. 이러한 재해석
과 새로운 서술 과정을 통해 또한 과거의 생애사적 경험 연관과 행위지
향으로부터 새로운 지향과 가치 연관이 생성되는 것이다. 이런 관점에
서 생애사는 개인의 사회적 행위에 있어 지향적인 기능을 수행하는 생애
체제라고 할 수 있다.[26]

셋째, 생애사는 '구체적 일반성'을 재현하고 있다. 생애사는 개인이
삶의 과정에서 사회적 상호 작용을 통해 수행한 노력의 결과물이다.
이 생애사는 지나간 인생 경험의 연관 규칙들을 지시하며, 동시에 이전
생의 경험을 바탕으로 '현재 여기서' 경험을 하게하고, 나아가 의식적,

---

186. 재인용.

25 Joas, Hans, *Die Kreativitat des Handelns*, Frankfurt/M: Suhrkamp, 1996, pp. 277-278:
   신진욱 옮김, 『행위의 창조성』, 한울아카데미, 2002.
26 이희영, 「사회학방법론으로서의 생애사 재구성」, 『한국사회학』 39-3, 2005, 131쪽.

무의식적 변형과 일반화 작업을 통해 '미래'의 기대지평을 형상화하는 과정을 드러낸다. 즉, 생애사 지식으로서의 체험의 층위는 비가역적이기도 하다. 그러나 그것은 이후 새로운 체험을 통해 재해석될 수도 있다는 점에서 가역적이기도 하다. 이 과정에서 특정 개인이 '살았던 생애사'(a life as lived)가 특정한 방식으로 '체험'(experienced)된다. 이것은 동시에 사회적 의미구조와 틀이 생애사 속으로 흘러들어가는 과정이기도 하다. 그러므로 재해석을 통해 생애사가 구성되는 과정은 임의적이지 않다. 그것은 개인이 사회적 행위를 통해 관계하는 특정 사회의 의미망 속에서 상호적으로 제한된다. 예컨대, 동독사회에서 장벽이 세워지고 난 뒤 태어난 1960년대 출생자들의 생애사와 한국 사회에서 1960년대에 태어난 구술자들의 생애사를 통해 볼 수 있는 서로 다른 개인 행위의 지평과 행위 규준들은 개인사를 뛰어넘어 해당 사회의 구조적 특성을 보여준다. 이와 같이 생애사 연구가 추구하는 바는 생애사를 통해서 드러나는 특정 사회의 '구체적 일반성'을 재구성하는 것이다.

따라서 생애사 연구는 개인과 사회의 상호성, 행위의 본원적 사회성, 합리성으로 환원되지 않는 행위라는 기존의 행위이론 분야의 성과를 기반으로 수행됨을 보여준다. 이 질적 연구방법은 개인과 사회의 발현적 특성에 의해 구성된 생애사를 매개로 하여 사회 현상의 '구체적 일반성'을 재구성한다.

생애사 연구방법의 또 하나의 특징은 트라우마를 치유, 완화할 수 있는 구술치유 능력이 있다는 점이다. 트라우마란 과거에 경험했던 위기, 공포와 비슷한 일이 발생했을 때 당시의 감정을 다시 느끼면서 심리적 불안을 겪는 증상을 말한다. 특히 '외상 후 스트레스(PTSD)'는 생명을 위협할 정도의 극심한 정신적 스트레스(정신적 외상)를 경험하고 나서 발생하는 심리적, 신체적 증상이다.[27] 트라우마를 얻은 상태에서 오랜 세월이 흐르면 이러한 PTSD 문제에 따른 스트레스가 누적되어 인성이나 태도, 습관 등과도 결합하면서 최초 원인을 발견하기 어렵게 되어 치유하기는 더욱 어려워진다. 정신과 의사들은 트라우마가 고치기는 어렵지만 불가능하지 않다고 말한다. 그리고 외상적인 사건을 제거함으로써 PTSD를 가장 잘 예방할 수 있다고 한다. 그러나 PTSD는 개인적인 노력만으로 해결될 수 있는 것이 아니고 사회구조적 노력이 함께 병행되어야 한다는 점에서 사회적 성격을 띤다.

구술치유는 대상자의 삶 전반에 대한 이야기 속에서 트라우마를 확인하고 구술행위에서 비롯한 자기 삶에 대한 이해 과정 및 사회적 담론화를 통해 트라우마의 치유를 꾀하는 방법론이다. 구술치유는 구술자가 말하는 서사 자체에 집중한다는 점, 자신의 상처에 대한 주체적 말하기를 가능하게 한다는 점, 구술자의 삶 전체를 다루고 있다는 점, 역사적·민족적·집단적 문제를 다루고 있다는 점에서 여타 인문적 치료 방법과는 구별된다.[28]

구술치유에 있어서 중요한 것은, 첫째 연구자는 구술자를 상대로 신뢰를 형성하는 일이다. 트라우마가 심한 구술자는 구술하기 어려워하고,

---

27 주디스 허먼, 최현정 옮김, 『트라우마(Trauma and Recovery)』, 플래닛, 2007, 5쪽.
28 김종군, 「구술생애담 담론화를 통한 구술치유 방안-『고난의 행군시기 탈북자 이야기』를 중심으로」, 『문학치료연구』 26, 한국문학치료학회, 2013, 107~134쪽.

구술에 참여하면서도 연구자를 못 믿어 끊임없이 의심스러워하며, 조금 전에 구술한 것조차 무위로 돌리는 일을 서슴지 않게 한다. 이런 경우 구술자가 구술 상황에 임한 것만으로도 일정한 치유가 시작될 가능성이 있는 것이다. 즉 구술자가 자신의 삶을 나름의 맥락 속에서 말할 수 있게 되는 것은 치유의 시작이다. '말하기'는 생애에 대한 기억을 재구성하는 과정에서 이해의 범위 밖에 있던 사건이나 과정을 이해할 수 있게 된다.29 이것은 구술자에게 영향을 미치던 트라우마가 그 삶의 서사 속에서 새로운 의미를 갖게 되는 것을 의미한다. 이것은 주디스 허먼이 이야기하는 상처에 대한 애도의 기능을 한다.30

둘째, 구술조사를 하는 과정에서 연구자와 구술자는 인격적 관계를 형성한다. 구술자의 신상을 지켜주는 일은 신뢰를 형성하는 길이며, 구술자가 구술로 말미암아 새롭게 스트레스를 받지 않도록 하는 길이다. 또한 구술자가 구술 증언을 하고도 '안전감'을 느낄 수 있게 하는 것이 구술자를 치료하는 데 있어 중요하다. 안전한 상황의 조성은 연구자와 구술자 사이의 정서적 공감대 형성을 통해 이루어지고, 정서적 공감대 형성은 연구자의 경청의 자세에 달려있다.

셋째, 연구자와 구술자의 신뢰 형성에 따라 구술자가 자신의 문제를 객관적으로 바라볼 수 있도록 연구자가 도울 수 있다는 점이다. 구술 증언 과정에서 구술자는 문제가 자신의 불운이나 잘못, 또는 타인의

---

29 김종군 외, 「탈북 트라우마에 대한 인문학적 치유 방안의 가능성-구술치유방법론을 중심으로」, 『통일문제연구』 29-2, 통일문제연구소, 2017, 221쪽.
30 주디스 허먼, 최현정 옮김, 『트라우마(Trauma and Recovery)』, 플래닛, 2007, 313~315쪽.

탓만이 아님을 깨닫고, 자신의 문제를 객관적으로 조망해 사회구조적, 시대적 원인에서 발생했음을 깨닫는 가운데서 죄책감이나 불운의 악순환에서 벗어나는 데 도움을 받을 수 있다.[31]

이러한 구술치유는 탈북민의 트라우마의 치유에도 유용하다. 탈북과정의 고통, 한국 정착과정에서 겪는 차별과 배제의 경험의 구술은 '해원의 서사'로 기능하며, 자신을 차별하고 배제하는 남한 주민이 그럴만한 이유가 있었다고 이해하는 구술은 '포용의 서사'라고 할 수 있으며, 탈북이라는 사건에 긍정적 의미를 부여하고 남한주민과 공존과 상생을 말하는 구술은 '통합의 서사'로 기능한다고 볼 수 있다.[32] 그러나 탈북의 상처는 한반도의 분단 역사에서 발생한다는 점에서 역사적이고 집단적 성격을 갖는다. 따라서 탈북 트라우마에 대한 구술치유는 개인의 구술행위를 넘어 사회적 아픔으로 확산되어야 하고, 이들의 분단과 분열을 통합시키는 통합서사적 발언들이 사회적으로 확산될 때 탈북의 상처는 온전히 치유될 수 있고, 남한주민과 공존과 상생이 가능하다고 본다.

제3장 연구대상

탈북청년의 생애사 구술자료를 바탕으로 한 생애사 연구는 전형적인 질적 연구방법이라고 할 수 있다. 구술을 통하여 개인의 탈북 동기,

---

31 김귀옥, 『구술사 연구방법과 실천』, 한울아카데미, 2014, 142~146쪽.
32 김종군 외, 「탈북 트라우마에 대한 인문학적 치유 방안의 가능성-구술치유방법론을 중심으로」, 『통일문제연구』 29-2, 통일문제연구소, 2017, 229쪽.

탈북과정의 상처, 트라우마의 징후, 그로 인한 정체성 변화와 사회적 갈등을 포착할 수 있으며, 그들의 이야기를 통하여 탈북 트라우마 치유의 단초도 발견할 수 있는 것이다. 또한 생애사는 개인과 사회의 불가분적 구성물이라는 점에서 구술을 통하여 북한사회의 변화와 남한 내 탈북민들의 사회경제적 상황을 파악할 수 있다.

이 논문의 연구대상자인 탈북청년들은 북한사회에 순응하여 살아갈 수 있음에도 불구하고 보다 나은 삶을 찾거나, 자신의 발전을 위하여 자발적으로 탈북한 유형이다. 기존 탈북민이 식량난민의 성격을 지닌 생계형의 탈북이었다면, 이들은 먹고사는 문제를 떠나 자아실현이나 자유를 갈구하는 이주형 탈북의 성격을 띤다. 이들은 한국 사회에 진입하는 그 순간부터 과거의 존재자인 '나'로부터 '새로운 존재자'로 거듭나야 한다는 강한 정체성의 변화를 겪게 된다. 한국 사회에 던져진 존재인 그들의 삶의 원동력은 '새로운 존재자'가 될 수 있다는 가능성에 뿌리를 두고 있다.

이 연구의 구술조사는 집단토론방식과 개인적인 생애담을 구술하는 방식으로 이루어졌다. 조사기간[33]은 6개월이며, 월 2회, 전체 8회의 정기적인 모임을 가졌다. 연구대상자들 중 생애사 구술조사는 구술을 자원한 소연 · 아진 · 시은 · 정인 · 해인(이상 가명)의 5명을 대상으로 2020년 2월 9일부터 3월 30일까지 진행되었다.

정기적인 조사모임은 집단토론방식으로 진행하였으며, 조사자[34]가

---

33 조사기간은 2019년 10월 1일부터 2020년 3월 30일까지다.
34 조사자는 연구자와 지도교수가 함께 참여하여 진행하였다.

선정한 주제를 중심으로 자유롭게 이야기를 풀어가면서 조사자가 필요 시 질문을 던지고, 그에 대한 답변을 듣는 방식으로 진행되었다. 주제는 사전에 배포하지 않고 당일 제시함으로써, 조사에 참여한 탈북청년들의 동조현상, 다른 연구자의 설문조사에 참여한 경험에 의한 피상적 답변, 선입감에 의한 의도적인 생각을 배제하고, 그들이 겪은 실제적인 체험과 갈등, 마음 깊은 곳에 묻어놓은 아픔, 기억하기 싫은 상처를 자연스럽게 이야기할 수 있게 하였다. 6개월 동안의 정기적인 만남은 연구자와 조사 대상들 사이의 라포 형성을 더욱 강하게 하였다. 그 결과 탈북의 전 과정을 그대로 재현하는 개별적 생애담 구술도 가능하였다. 탈북 체험 과 경험담에는 탈북 전 북한의 실상(탈북배경), 탈북동기, 탈북과정, 인 신매매, 한국 사회의 차별과 편견 등이 그대로 녹아 있었다.

구술조사의 일정과 내용은 다음과 같다.

(표1) 구술조사 일정과 내용

회차	일시	주 제	비고
1	2019. 10. 13.	① 남북한 근본적 차이점	
2	2019. 10. 27.	② 한국 정착상의 근본 문제점 ③ 경제적인 문제	
3	2019. 11. 10.	④ 문화적 갈등, 충격 ⑤ 정서적 외로움(트라우마) ⑥ 제도적, 이념적 차이	
4	2019. 11. 24.	⑦ 장래에 대한 확신 ⑧ 생존을 위한 전략적 선택 ⑨ 입국 전 기대와 입국 후 현실과의 차이점	
5	2019. 12. 08.	⑩ 정체성 ⑪ 차별 및 편견	

		⑫ 북한의 생활 수준 ⑬ 탈북민 호칭 ⑭ 탈북제도 개선사항 (기초생활수급비, 정착금지원, 도우미제도 등)	
6	2019.12.29.	⑮ 최근 북한의 상황 ⑯ 경제상황(서민의 생활비, 중산층의 생활비, 소득획득방법) ⑰ 경제적 송금 ⑱ 가족해체 요인 ⑲ 탈북 상황 ⑳ 한국문화정보 획득 ㉑ 건강상태	
7	2020.01.05.	㉒ 생존전략 ㉓ 명절 전 대북 송금 ㉔ 통일에 대한 전망	
8	2020.01.19.	㉕ 한국 사회에 대한 지식 정도 ㉖ 사회관계망의 형성 정도 ㉗ 북한 사람이라 오픈하는 것 ㉘ 탈북자의 자존심 ㉙ 연구참여에 대한 소감, 생각의 변화 ㉚ 위축, 두려움	
9-10	2020.02.09.-03.30.	개인 인터뷰	시은·아진·소연·정인·해인

(표1)에서 보는 바와 같이 제1회 차부터 제8회 차까지는 집단토론회 형식으로 이루어졌고, 총 30개 항목에 대한 구술조사가 진행되었다. 그리고 제9회 차와 제10회 차는 탈북과정에 대한 개별적 생애담 구술을 실시하였다. 주제를 내용적으로 분류하면, 탈북 전 북한의 실상, 탈북의 사회구조적 환경, 탈북할 수밖에 없는 개인적 사유, 탈북과정, 탈북으로 인한 정체성 변화, 한국사회 적응상의 갈등, 통일에 대한 전망, 북한가족

에 대한 책임감 등으로 나눌 수 있다. 이러한 주제 선정은 그들의 탈북과 정과 한국사회정착의 경험을 통일과정, 통일 후의 남북한 주민들의 사회문화적 통합을 위한 미래지향적이고 긍정적 자산으로 활용하는 것에 초점을 둔 기획이었다.

이 조사에서 집단토론회 형식과 개인의 생애담 구술방식을 이원화한 까닭은 두 조사 방법의 한계점을 보완하기 위한 것이다. 우선 집단토론회의 경우, 개인 기억이 지닌 한계점을 보완할 수 있었다. 10명의 탈북청년이 특정 주제에 자유롭게 토론하면서 서로의 기억을 교차 점검할 수 있고, 기억의 공백이나 왜곡을 보완하는 작업이 가능하기 때문이다. 그리고 구술조사 현장에서는 '이야기를 잘 할 수 있는 화자'의 역량이 중요하기 때문에 기초조사를 통하여 탈북에 대해 풍부한 구술이 가능한 화자를 선별하는 것이 중요하다. 이 점에서 집단토론회는 탈북청년으로 살아온 이야기를 잘 구술할 수 있는 유능한 화자를 선별하는 기초조사의 기능을 한다.

그러나 집단토론회는 탈북청년들의 공통 기억이나 보편적 경험에 대한 자료를 확보할 수 있는 장점이 있지만, 개인들의 내밀하고 민감한 화제를 다루기는 어렵다. 가령, 이 연구에서 다룬 인신매매 및 (성)폭력 문제 등과 같은 이야기나 가정의 문제 등은 다수가 참여하는 집단토론회에서 구술하기 쉽지 않기 때문이다. 그래서 본 연구는 집단토론회를 통하여 유의미한 구술이 가능한 화자를 선별하고, 이들을 대상으로 개별적 심층인터뷰를 따로 진행한 것이다. 집단토론회 때 거론된 화제들을 중심으로 화자가 자신의 살아온 이야기를 자연스럽게 이야기하는 시간을 마련한 것이다.

이 논문에서 연구대상으로 삼은 탈북대학생의 구술자료는 탈북민에 대한 보편적 적용에 한계가 있다는 것을 전제한다. 그 한계는 그들의 출신 지역이 압록강, 두만강 인근의 국경 지역에 편중되어 있고, 그들의 나이가 대부분 20대이고, 탈북 전 북한에서 사회경제적 위치에서 빈곤층에 속한다는 점, 성별 비중에 있어 여성의 비중이 높다는 점 등이 그 한계로 작용한다.

이런 한계를 가지고 있음에도 이들의 구술자료가 갖는 유용성이 더 크다고 판단하여 연구 텍스트로 적극 활용하였다. 우선 탈북사건 자체가 특수한 현상이라는 점을 고려하면, 지역적 편중에 있어 압록강 국경도시(혜산) 및 두만강 국경도시(회령, 무산, 온성, 길주) 출신의 탈북청년들이 90%, 내륙지방 출신이 10% 정도이다. 그리고 내륙지방 출신의 조사대상도 혜산에 1년 동안 살면서 탈북을 계획하였다. 이처럼 탈북민 구술조사 대상이 대체로 국경도시 출신인 까닭은 지리상 이곳들이 중국과 연결되는 탈북의 창구가 되는 공간이 되기 때문이다. 또한, 국경 밀무역이 성행하고, 이로 인하여 외부세계의 문물과 정보를 접할 가능성이 높다. 이러한 국경도시의 여건은 탈북의 동인으로 작용한다. 둘째, 탈북민의 인적구성비율에 있어 20-30대 탈북청년이 전체 탈북민의 57.5%[35]로 그중 20대는 28.4%이다. 이들은 태어나면서부터 시장경제를 경험한 장마당 세대이고 다른 연령층에 비해 남한사회의 적응이 빠르게

---

35 인적 구성 비율에 있어 20대 28.4%, 30대가 29.1%이다(통일부, 「북한이탈주민 입국현황」, 2020,12).

이루어져 남북한 주민통합의 구체적 사례로 삼을 수 있다는 점이다. 셋째, 북한의 사회계층 중 탈북청년들은 소득이 가장 낮은 빈곤층이 대부분이다. 특별한 정치적 이유로 탈북을 행하는 특수한 경우를 제외하고 이들의 구술을 통해 북한의 일반서민들의 경제적 상황, 사회문화적 실상을 파악할 수 있다. 넷째, 탈북민 전체 중 여성비율이 72.1%[36]를 차지하는 것과 마찬가지로 연구대상자의 여성비율은 80%이다. 이 점은 북한의 남성은 감시와 통제의 대상이 되어서 탈북이 어렵지만 상대적으로 여성의 탈북은 쉬운 편이고, 여성이기 때문에 한국사회에 적응과 정착이 빠르고 가족에 대한 강한 애착을 가진다. 이런 점을 종합적으로 고려하면 이 연구에서의 탈북청년의 한국사회적응과 사회적 갈등의 사례는 통일과정에서, 통일 후 남북한 주민의 분단 트라우마의 치유와 공존을 확보하는 연구의 표본 집단으로서 유용하다고 본다.

한편, 탈북민의 호칭 문제에 있어 탈북민들은 그들을 구분하는 어떠한 호칭도 거부하고, 특히 탈북청년들은 호칭에 더욱 민감하게 반응한다. 그럼에도 그들을 지칭하는 명칭은 시대적 상황에 따라 다양하게 변화해 왔다. '월남귀순자'에서 '월남귀순용사'로, 또 '귀순북한동포'로, '북한이 탈주민'으로 호명되었다. 냉전시기 한국정부의 탈북민의 우대정책은 남한 체제의 우월성을 증명하는 이데올로기적 필요성에 따라 탈북민은 '월남귀순자, 월남귀순용사'로 호명되었다. 그리고 90년대 전후 탈냉전, 그리고 90년대 중반 이후 대량탈북시기에는 체제경쟁의 의미를 상실하

---

36 통일부, 「북한이탈주민 입국현황」, 2020년 12월 기준.

면서 탈북민은 정착지원의 차원에서 '귀순북한동포, 북한이탈주민'으로 호명되었다.[37] 또한, 정부에서는 '북한이탈주민'으로 부르다가 새로운 이름의 공모가 이루어져 '새터민'이라고 호명하였으나 탈북민들이 거부 감을 표출하면서 '북한이탈주민'이 공식적인 명칭이 되었다. 그 후 이들의 국내정착 지원을 위해 1997년 '북한이탈주민의 보호 및 정착지원에 관한 법률'이 제정되었다.

여기서는 북한을 탈출하여 국내나 해외에 거주하는 사람들을 '탈북민'으로 명명하고자 한다. '북한이탈주민'는 북한을 벗어났다는 객관적인 사실만을 부각한다는 이견이 있으며, '새터민'은 단순히 먹고 살기 위한 목적으로 북을 버리고 나왔다는 부정적인 인상이 강하며, 해외에 거주하는 이들을 포괄할 수 없다는 단점이 있다. 이 논문에서는 탈북을 감행한 이들의 의도가 무엇이든 탈출 의도를 가진 주체적인 존재로 인정하고, 탈북과 국내 정착과정에서 겪은 상처들에 주목하여 '탈북민'이라는 용어를 사용하고자 한다.[38]

이 논문의 연구대상자는 김정은 시대에 탈북한 청년들이다. 김정일 시대와 김정은 시대의 시기 구분은 본 연구에 있어 중요한 의미를 가진다. 김정은 시대는 김정일 시대와 다른 통치 형태를 띠고 그 통치 형태는 탈북민의 사회적 행태에 직접적인 영향을 미치기 때문이다. 김정은은 김정일 사망으로 2011년 12월 공식적으로 권력을 승계했지만, 실질적으

---

37 이병수, 「탈북자 정체성의 이해와 민족의 평등한 대우」, 『코리언의 민족정체성』, 선인, 2012, 111~112쪽.
38 김종군, 「탈북민의 시기별 유형과 탈북 트라우마의 양상」, 『식민·이산·분단·전쟁의 역사와 코리언의 트라우마』, 선인, 2015.

로는 2010년부터 권력승계가 진행되었다.[39] 따라서 김정은 집권은 2010년부터 시작된 것으로 볼 수 있으므로 2010년부터 탈북한 북한주민을 김정은 시대의 탈북민으로 볼 수 있다.

이 연구의 조사대상은 두 개의 집단으로 구성되어 있으며, A그룹은 탈북청년들만 모여 있는 집단이며, B그룹은 남북한 청년들이 포함된 집단이다. A그룹의 집단토론회에서는 단기간의 조사로 주로 김정은 체제 이후의 북한의 경제사회적 실상, 탈북동기, 탈북과정, 탈북 트라우마, 탈북에 의한 정체성 변화, 사회적 갈등 등에 대한 구술조사를 실시하였다. B그룹은 장기간에 걸친 추적연구의 대상이고 구성원은 남북한 청년이라는 점, 그리고 탈북청년들과 남한주민과의 치유와 공존 방안에 대한 실증연구의 대상이라는 점에서 차이가 있다.

두 그룹 연구대상자는 모두 '남북청년 공동체'에 소속된 탈북청년들이다. 연구대상자를 A, B그룹으로 구분하는 이유는 수년 간 탈북청년들과 주 1회의 정기적 만남을 통해 대화, 접촉, 소통의 관계형성이 이루어짐에도 불구하고 형식적인 관계만 지속되고 정서적 공감대가 형성되지 않았다. 그들의 심리적 정서적 상태를 이해할 수 없는 상황에서 그들의 사회적 갈등에 대한 치유와 공존방안의 연구는 추상적 결과만 가져오기 때문이다. 실제로 탈북대학생들은 공개적인 모임에서는 개인의 아픔이나 심리적 억압, 회피 등 이중의식을 드러내지 않는다. 따라서 별도의

---

39 김정일의 뇌졸중으로 김정은은 2008년부터 후계자 수업을 받기 시작하여, 2009년 1월 후계자로 내정되었고, 2010년부터 우상화 작업 및 권력승계가 진행되어 주요 정책 결정에 참여하였다. 2011년 12월 김정일의 사망으로 공시적인 권력승계가 이루어졌다.

연구대상자(A그룹)을 선정하여 상호 신뢰 하에 집중적으로 구술조사함으로써 그들의 탈북의 동기, 탈북의 상처와 트라우마, 그들의 정체성 변화 등을 사실적으로 확인할 수 있기 때문이다.

'A그룹'에 속한 탈북청년은 10명이다. 이들은 2019년 10월부터 2020년 3월말까지 6개월 동안 본 연구프로젝트에 참여하였다. 이 연구기획에 참여한 탈북청년들은 김정은의 집권초기인 2011년부터 2016년에 걸쳐 탈북하였다. 연령은 19세부터 27세까지이고 현재 대학에 재학 중이며, 여학생 8명과 남학생 2명으로 구성되어 있다. 서울과 수도권 지역에 거주하고 있으며 남한에 탈북가족이 있는 학생은 4명이며, 나머지는 6명은 가족이 없는 단독탈북이다.

(표2) 연구대상자 인적 사항(A그룹)   (2020.03.30. 현재)

구분	성명[40]	성별	출생년도	탈북년도	입국년도	출신지역	재학기간	전공	가족[41]
인 적 사 항 (10명)	① 송희	여	1999	2016	2017	회령	1년	사회복지	무
	② 은혜	여	1999	2016	2017	혜산	2년	사회복지	무
	③ 정인	여	1997	2016	2016	청진	2년	경 영	유
	④ 시은	여	1998	2013	2017	사리원	1년	피부미용	무
	⑤ 아진	여	1996	2013	2016	혜산	2년	사회계열	무
	⑥ 나희	여	1997	2011	2017	혜산	3년	경 영	무

⑦ 소연	여	1996	2011	2014	혜산	2년	중문학	무
⑧ 수철	남	1994	2011	2012	길주	3년	경 영	유
⑨ 재성	남	1997	2011	2011	혜산	3년	경 영	유
⑩ 해인	여	1991	2011	2012	온성	졸업	식품 영양	유

이들은 입국 후 대안학교[42]에서 3년간 고등학력 과정을 이수하고 대학에 입학하였다. 그러나 그들 각자는 탈북 전 북한에서의 생활 여건이 다르고, 탈북 동기가 다르며, 탈북과정이 다르다. 따라서 (표2)의 연구대상자의 인적정보를 공통적 특성, 탈북유형의 특성, 개별적 특성으로 나누어 개개인의 탈북 생애사의 기본적 차이점을 확인할 필요가 있다.

공통적 특성으로 첫째, 그들 모두 김정일 시대 1990년대 출생으로 고난의 행군 시기를 경험하고, 유소년기를 북한의 가장 어려운 경제적 고난 속에서 보냈다. 그들의 살아온 삶 자체가 북한의 사회적, 경제적 실상을 상징적으로 보여준다고 할 수 있다. 둘째, 이들은 장마당을 통해 직 간접적으로 시장경제를 경험하였다. 셋째, 이들의 탈북 시기는 김정은 정권 초기에 집중되어 있고, 태국수용소, 국정원, 하나원 등의 공통된 경로를 거쳐 한국에 입국하였다. 그리고 조사 대상의 일부는 실제 태국

---

40 성명은 가명이다. 이들의 신변 보호와 탈북과정의 개인적 상처를 보호하는 차원에서 이름(second name)만 표시한다. 대부분 입국 후 북한에서 사용하던 이름을 개명하였다.

41 한국에 함께 거주하는 가족, 부모, 형제자매 유무이다.

42 서울 및 수도권에 있는 대안학교는 여명학교, 남북사랑학교, 하늘 꿈 학교, 우리들 학교 등이 있다. 탈북청년들을 위한 대안학교는 인가된 학교와 비 인가된 학교로 나누어진다. 후자의 경우는 검정고시를 합격해야 학력이 인정된다.

수용소에서 함께 생활하여 강한 유대감을 형성하고 있다. 넷째, 이들의 고향은 국경도시로, 비교적 외부정보 유입이 많았기 때문에 탈북 이전부터 한국 문화 등을 접한 경험이 있다. 다섯째, 이들의 한국 입국 시기는 대체로 비슷하여 갈등양상이나 적응정도가 유사한 모습을 보인다. 여섯째, 유소년기에 탈북을 하게 되어, 탈북과정에서 사춘기를 겪거나 어린 몸으로 불법 체류의 경험을 겪었다는 공통된 특성이 있다.

다음은 탈북유형에 따른 특성이다. 한 유형은 먼저 탈북한 가족의 지원으로 한국으로 직행한 경우이고, 다른 유형은 탈북자금이 없어 인신매매의 과정을 거쳐 중국에서 3-5년 체류하다가 한국에 입국한 경우이다. 한국으로 직행한 '해인·송희·은혜·정인·수철·성재'는 북한국경을 넘어 중국, 라오스를 거쳐 태국난민수용소에서 약 40일 정도 수용소생활을 한 후 한국으로 왔다. 먼저 탈북한 부모나 친척이 사전에 기획하여 탈북시킨 경우이다. 중국에 수년간 불법 체류한 '나희, 소연, 시은, 아진'는 인신매매형 탈북으로 중국에서 3-5년간 불법 체류자로서 억류되어 있다가 도망하거나 몸값을 청산한 후 한국에 입국하였다. 두 유형으로 구분하는 것은 탈북과정에서 겪은 경험과 상처가 확연이 다르기 때문이다.

개별적 특성에 있어, 송희와 은혜의 경우는 2016년 10월에 탈북하여 2017년 초에 한국에 왔으며 한국에 먼저 온 친척에 의한 기획 탈북이었다. 구술조사에는 4회 차부터 참여하였고, 탈북에서 한국 입국까지 기간이 짧아 비교적 북한의 최신 정보를 알려줄 수 있는 화자였다. 그런 반면에 한국 사회에서의 갈등경험은 제한적이었고, 구술조사 전 과정에

참여하지 않아 심층 인터뷰까지 진행할 수 없었다.

나희는 2011년 탈북하여 중국에 5년 정도 생활하다가 2017년 한국에 입국하여 대안학교에서 고등학교 과정을 이수하고 2018년에 서울 소재 일반 대학에 입학하였다. 캐나다에 10년 전에 탈북한 삼촌이 살고 있고 한국에는 친인척이 없으며, 북한에는 부모님과 동생이 있다. 교회 선교부에서 자금을 지원하여 입국한 최초의 탈북대학생이라는 상징성이 있으나, 본인의 탈북과정에 대해서는 이야기를 기피하여 탈북 동기, 탈북 과정, 중국에서의 체류 생활 등의 구술자료를 채록할 수 없었다. 본인의 탈북과정이 자세하게 알려지는 것을 경계하여 4회 차 이후에는 스스로 참석하지 않았다. 다른 탈북대학생에 비하여 많이 접촉하고, 깊은 대화를 나누었지만 경계의 벽을 넘지 못하였다.

시은은 앞쪽43 황해도 사리원에 살다가 국경도시 혜산으로 이사 와서 탈북한 특별한 경우이다. 사리원에서 부자로 살았으나 아버지 사업의 실패로 부모님과 함께 혜산으로 이주하여 1년 동안 살았다. 부모의 반대에도 불구하고 중국에 가면 돈을 벌 수 있다는 막연한 생각으로 중국생활에 대한 정보를 전혀 모른 체 브로커를 통해 중국에 팔려간 경우이다. 중국 한족에게 인신매매되어 결혼생활을 하던 중 도망쳐서 한국으로 입국하였다.

소연는 국경도시에서 중산층으로 아파트에 살 정도로 생활의 궁핍함은 없었다. 그런데 14살 때 부모의 가정불화로 어머니와는 연락이 단절

---

43 북한에서는 휴전선에 가까운 지역을 앞쪽이라 부르고 남한을 아랫동네라 칭한다.

되고, 아버지가 밀수사업 중단으로 가정이 어려워져 가족의 생계를 책임져야 하는 소녀가장이 되었다. 또 아버지가 다른 여성과 동거하여 가족 간의 갈등이 심해지고 생활이 너무 어려워져서 탈북을 하게 되었다.

아진은 11살 때 어머니가 지병으로 사망하고, 아버지의 실직으로 수입이 없어서 가족의 생계를 위해 장마당에서 장사를 하여 하루 벌어서 하루 먹고 살았다. 게다가 아버지가 다른 여자와 동거하면서 가족 간의 갈등이 증폭되어 자살을 시도하기까지 하였다. 진아에게 유일한 탈출구는 탈북이었다. 그래서 인신매매를 당하는 줄 알면서도 선택의 여지가 없었다고 한다.

정인의 경우는 부모가 이혼하고 어머니가 2012년에 탈북하여 한국에 먼저 정착하였다. 외할머니와 함께 살면서 엄마가 보내주는 돈으로 생활하다가 엄마의 주선으로 기획 탈북하여 2016년에 한국에 들어왔다. 브로커가 사전에 탈북노선을 준비해 놓아서 다른 사람들보다는 큰 어려움 없이 직행으로 입국하여 엄마와 함께 살고 있다.

해인은 함경도 출신으로 여동생과 함께 두만강을 깡도강[44]하여 대기하고 있던 브로커를 통해서 한국에 들어왔다. 언니가 6개월 전에 먼저 탈북하여 한국에 와서 동생들을 탈북시켰다. 어머니는 병중이고, 아버지는 제대로 수입이 없어 10살 때부터 장마당에서 장사를 하면서 소녀가장이 되어 학교는 거의 가지 못했다. 15살 때는 이 지역 저 지역으로 다니면서 물건을 사고팔았다. 극심한 가난으로 새로운 삶을 찾아서 탈

---

[44] 사전에 브로커의 도움 없이 국경경비대의 교대하는 시간에 중국으로 도강하는 것을 말한다. 발각될 시 발포당하는 위험을 감수하는 목숨을 건 도강이다.

북했다고 한다.

　수철과 재성은 2011년에 탈북하여 수철는 2011년에, 재성은 2012년에 한국에 입국하였다. 두 사람은 모두 어머니가 먼저 탈북하여 아들을 탈북시킨 경우다. 남자이기 때문에 탈북과정의 상처는 여성에 비해 적은 편이다. 한국에서 정규고등학교를 나와 대학교에 입학하였다. 한국 생활이 약 10년 정도 되었지만 사회적응에 있어서는 여성보다 적응력이 약한 면을 보이고 있다. 수철은 한국을 떠나고자 하는 유랑의식을 강하게 지니고 있다. 2019년 7월에 필리핀에 3개월 체류하였고, 2020년 1월에 일본에 working holiday 비자로 인턴실습을 갔다. 재성은 일반대학 2학년이지만 남한친구와의 관계에 있어 마음의 벽을 넘지 못하고 있다고 소통의 어려움을 이야기한다.

　이와 같이 연구대상자의 개별적 특성을 규명하는 것은 그들이 북한에서 살아온 환경, 각자의 상이한 탈북과정, 탈북과정에서 발생한 트라우마의 정도가 다르기 때문이다. 이러한 각자의 탈북과정에서 겪은 고통은 그들의 삶에 내재화되어 정체성 변화를 초래하고, 한국 사회의 정착과정에서 겪는 사회적 갈등에 있어서도 차이를 가져온다.

　B그룹의 연구대상자에 대한 사례분석은 탈북대학생과 남한주민과의 치유와 공존, 나아가서'사람의 통일'를 위한 소통 · 치유 · 통합을 현실에 적용하기 위한 실증분석을 목적으로 한다.

(표3) 연구대상자 인적 사항(B그룹)　　　　　　　(2017.03.30. 현재)

구분	성명	성별	출생년도	입국년도	출신지역	대학	전공	가족
윗동네 (10명) : 탈북청년	① 최○○	여	1999	2016	회령	2년	사회복지	유
	② 이○○	여	1997	2017	혜산	3년	경 영	무
	③ 한○○	여	1993	2016	혜산	고졸	직업훈련	유
	④ 이○○	남	1994	2012	혜산	3년	소방학과	유
	⑤ 장○○	여	2000	2014	혜산	고3		유
	⑥ 한○○	여	1992	2015	혜산	2년	아랍어	무
	⑦ 양○○	남	1997	2015	혜산	3년	경 영	유
	⑧ 안○○	여	1997	2016	혜산	2년	경 영	유
	⑨ 이○○	남	1998	2016	평양	3년	수 학	무
	⑩ 박○○	여	1992	2016	혜산	2년	중국어	무
아랫동네 (2명)	⑪ 박○○	여	2000		서울	3년	사회복지	유
	⑫ 박○○	남	1992		부산	졸업	경영	유

　(표 3)의 연구대상자들은 '남북청년 공동체'의 일원이고 연구자는 이들의 멘토로서 4년간을 함께 했으며, 이들을 대상으로 탈북청년의 국내 적응을 추적 분석하였다. A, B그룹의 연구대상자는 모두 '남북청년 공동체'의 일원이지만 두 대상자의 차이점은, 전자는 단기간의 구술사례의 대상이고 후자는 4년에 걸친 추적분석의 대상이라는 점이다. (표 3) 연구대상자의 일반적 특징은 다음과 같다.

　첫째, 연령은 만 19세에서 27세로 한국 학생들의 입학 연령에 비하면 실제로 3-5세가 많은 편이지만 모두 대학에 재학 중이다. 취업보다는 대학 진학을 선택한 것은 한국사회에서 대학을 나와야 좋은 직장을 얻을 수 있고 경제적으로 자립할 수 있다는 현실적인 이유 때문이라고 한다. 둘째, 출신지역이 압록강 인근 국경도시인 혜산에 집중되어 있으며, 두만강에 인접한 국경도시인 회령출신이 1명, 평양출신이 1명이다. 이들은 중국 국경에 인접한 지역에 살았기 때문에 다른 지역보다 탈북하기가 유리했다. 셋째, 성별에 있어 여성이 7명, 남성이 3명으로 탈북민 전체의 여성비율(70%)과 대체로 유사한다. 남북대학생 공동체에는 실제적으로 여성이 90% 이상을 차지한다. 넷째, 가족관계에 있어 한국에서 부모나 형제, 자매와 함께 사는 탈북대학생이 6명이다. 이것은 이들이 사전에 기획하여 탈북한 것을 의미하며, 향후 탈북은 먼저 탈북한 가족에 의한 기획탈북이 주가 될 것임을 시사하고 있다. 다섯째, ⑤번 탈북청년은 고등학교 3학년이고 ⑨번 탈북대학생은 수학전공을 선택했다. 이들을 제외하고는 사회에 진출하여 바로 자립할 수 있는 전공을 택하고 있다. 경영학을 전공한 학생들이 다수인 것은 졸업하면 바로 직장을 구할 수 있다는 현실적인 이유 때문이라고 본다. 아랍어와 중국어를 선택한 학생들은 특별한 경우라고 생각하지만, 그 나름대로의 목표가 있었다. ⑥번 학생은 아랍어를 배워 중동 선교의 꿈을 갖고 있었고, ⑩번 학생은 중국어를 배워 중국에 가서 유아교육원을 세우는 꿈을 가지고 있었다.

(표3)의 탈북청년들은 (표2)의 탈북청년과 마찬가지로 김정은 시대에 탈북한 장마당 세대이고, 경제적 목적과 자신의 미래를 위하여 한국행을 선택하였다. 한국에 오면 대학진학도 가능하고, 임대 아파트와 생활비를 지원해준다는 탈북민 보호정책을 사전에 알고 있었다. 이들 모두는 북한에 가족이 있으며, 가족과 수시로 통화하고 가족들에게 부정기적이지만 일정 금액을 송금하고 있다. 부족한 생활비를 충당하고 북한 가족에게 돈을 보내기 위하여 모두 아르바이트을 하고 있으며, 경제적 문제

에 예민하게 반응한다. 현실적응력과 목적지향성이 강하고 미래에 대한 확실한 비전을 가지고 있다. ⑪, ⑫번 학생은 남한 대학생이다. ⑪번 학생은 신학대학교에 다니고 있는 여학생으로 중국 유학을 계획하고 있으며, ⑫번 학생은 대학졸업 후 독일에 유학하던 중 입국하여 1년 정도 국내에 있는 동안 이 구술조사에 참여하였다.

2017년 1월 초 이들과 처음 만났을 때, 탈북청년들은 무표정과 무반응을 보이는 경계하는 낯선 자이고, 각자 타인이 넘을 수 없는 장벽을 쌓고 있었다. 겉으로 친해지는 데 1년의 시간이 걸렸고, 그들이 고향과 가족에 관한 이야기를 하는 데는 다시 1년이 걸렸다. 탈북민의 관계에 있어 금기사항은 '개인의 신상과 탈북 동기'에 관한 것을 질문하지 않아야 한다는 것이다. 3년이 되어서야 이들은 마음의 문을 열고 북한 이야기, 개인의 신상, 탈북 동기 등을 조금씩 이야기하기 시작했다. 이런 과정을 거쳐 그들과 소통하기 시작하면서 자연스러운 대화와 만남, 상담, 경제적 지원을 통하여 심리적 공감대가 형성되기 시작하였다. 만남의 공간이 확보되고 끊임없는 접촉, 대화를 통해(소통), 마음의 문이 열리고(치유), 공존과 연대성 확보(통합)가 가능하다는 것을 보여주었다.

제2부
통일담론과 탈북민

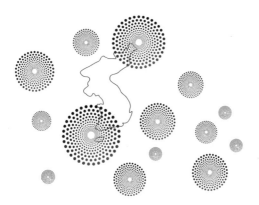

제1장 한반도 통일과 국제 질서

1. 한반도의 지정학적 특수성과 지 전략

소련의 해체로 냉전이 끝나면서 미, 소 세력균형에 의한 양극체제가 무너지고 초강대국 미국이 세계를 주도하게 되었다. 이러한 미국주도의 탈냉전 시기는 오래가지 못했다. 중국, 인도, 러시아 등의 부상 및 재등장으로 미국과 함께 다극화된 탈, 탈냉전[45]의 시대가 도래 한 것이다. 냉전시기가 미,소 세력균형에 의한 양극체제, 탈냉전시기가 유일 초강대국 미국주도하의 단극체제였다면, 현재와 같은 탈, 탈냉전의 국제질서는 다자간 세력균형에 따른 다극화시대에 들어선 것으로 보고 있다.[46]냉전이 끝나면 자유주의 제도가 확산되고 초국가적 협력이 확대될 것이라는 기대와는 달리, 미국, 중국, 러시아 등 강대국 간의 외교적, 군사적 분쟁은 또 다시 고조되고 있다.[47]이러한 국제정세는 제2차 대전이후 미국이 주도한 자유주의 시장질서가 흔들리고 있다는 것을 의미한다.

현재 국제정세의 특징을 세 가지로 요약하면, 첫째 제2차 세계대전 이후 미국이 주도한 자유주의 국제질서가 끝나고 있다. 둘째 리처드 닉슨 방중 이후 이어온 미국의 대중 관여정책은 끝났다. 셋째 미국의 향후 역할에 대한 불확실성이 역내 안보 불안의 요소가 되고 있다는

---

45 Thomas L. Friedman, "The post-post-Cold War", the New York Times. May 10, 2006

46 조성렬, 「신국제 질서의 태동에 대한 미국의 인식과 전략」,『국제문제연구』. 제12권1호, 2012, 봄호

47 조성렬,「동북아시아 국세정세와 미국 : 한국의 시각」,『동북아 정세와 한중관계』. 성균관대학교 출판부 2016, 180쪽.

점이다. 미국 제 45대 트럼프 미국대통령은 미국이 공공재로서 제공해온 안보와 시장에 값을 매기고 있었다. 왜 미국 돈으로 한국과 일본의 안전을 지키느냐고 한다. 미국 세계전략의 뿌리를 흔드는 발상인 것이다. 또한 트럼프는 중국과의 패권경쟁을 선언했다. 2017년 12월 미국의 안보보고서와 2018년 1월 국방보고서에서 중국을 '전략적 경쟁자'로 명시했다. 2020년 5월 중국의 대표 정보기술(IT)기업 화웨이에 미국의 첨단기술과 장비를 제공하지 못하게 했다. 중국이 일당독재를 하는 한, 국가와 기업을 구분하는 것이 무의미하다고 본 것이다. 오늘날 미, 중 갈등은 '미국역사상 처음으로 다른 문명과 싸움을 시작한 것이다'고 볼 수 있다. 트럼프 대통령은 중국이 더 크기 전에 '투키디데스의 함정' 문제를 해결하려는 의도였다. 트럼프에 이어 미국 제 46대 대통령에 취임한 바이든의 대외정책은 민주주의 연대와 동맹 간 결속 강화였다. 그러나 중국에 대한 압박과 견제는 트럼프보다 더 정교하게 인권문제를 포함하여 다층적으로 전개되고 있다.

오늘날 동아시아에서 강대국들의 각축은 130년 전 제국주의 국가들끼리 침략전쟁을 벌이던 시기와 비슷한 양상을 보이고 있다. 동아시아에서는 해상관할권 및 항행의 안전을 둘러싸고 역내 국가들 간의 대립이 격화되고 있다. 이러한 동아시아에서의 대립과 갈등은 중국의 부상과 미국의 동아시아 정책이 충돌하기 때문이다. 중국은 축적된 경제력을 바탕으로 군사력을 키우며 미국주도의 기존 동아시아 질서에 대한 현상변경을 도모하고 있다. 미국은 아시아를 중심으로 동맹국가들과 협력하여 대 중국 공동대응을 본격화하고 있고, 최근에는 중국을 겨냥하여 베트남에 대해 살상용무기 수출을 허용하는 등 군사협력을 강화하고 있다.

미국은 중국포위구상인 인도-태평양 전략차원에서 유엔사확대강화를 꾀하고 있다. 이는 한미연합군의 전시작전통제권이 우리 군으로 전환되면 연합사는 한국군이 주도하는 미래연합사로 개편되는 것과 연관된다. 전시에 유엔사는 후방기지를 통해 한반도로 집결할 병력을 미래연합사에 제공하는 역할을 한다. 하지만 미국은 미래연합사의 전시대비 능력이 충분치 않을 경우에 대비해 강화된 유엔사를 활용해 전작권을 행사하는 방안을 검토하고 있는 것으로 보인다. 인도- 태평양전략 차원에서 한반도의 전략적 위치는 중국, 러시아와 국경을 맞대고 있고, 양국가의 해양진출을 방어하는 요충지이다. 미국은 유엔사를 확대강화하면서 독일과 일본을 참여시키는 "동아시아판 나토"를 구상하고 있는 것이다. 미국의 "동아시아판 나토구상"은 일본을 인도-태평양전략의 주축으로 삼고 일본의 군사력 재무장을 국제적으로 인정함을 의미한다. 이로써 일본은 정상국가로 재부상하고 동아시아의 세력재편을 촉진하는 결과를 가져올 수도 있다.

일본의 '정상국가론'은 제 2차 세계대전의 결과물인 평화헌법에 억눌린 비정상적인 일본을 헌법수정을 통하여 제자리에 돌리려는 것이다. 이번 한국의 강제징용배상판결에 대한 2019년 7월 일본의 경제보복은 헌법수정강행에 앞서 꼭 끊어내야 할 과거굴레를 돌파하기 위한 것이다. '전후레짐(체제)의 탈피'인 신헌법 제정을 위해선 종군위안부, 징용근로자 등 일제강점기, 2차 세계대전과 같은 과거사와 연관된 논란에 종지부

를 찍어야하기 때문이다. 다른 한편 일본의 수출규제는 한국의 경제주
도권에 위협을 느껴 '투키디데스의 함정" 에 빠진 것이라고 볼 수 있다.
당시 아베정권의 수출규제는 선거방략이자 한국경제의 중추인 반도체
산업의 미래를 꺾는 경제전술이며, 전쟁을 할 수 있는 정상국가로 나아
가려는 거시적 국가전략이기도 했다.[48] 미국이 중국에 대한 수출규제로
중국의 부상을 막으려고 하는 그 전략을 일본은 한국에 그대로 적용한
것이다.

　일본의 숙원은 평화헌법의 폐기를 위한 헌법 개정이다. 전쟁이 가능
한 일본으로 만들기 위해서는 북한의 전쟁위협이 사라져서는 안 되는
것이다. '전쟁 없는 한반도'는 일본의 꿈을 꺾는 결정타가 될 수 있다.
평화헌법 9조는 '전쟁과 무력의 행사를 영구히 포기 한다'는 내용을 담고
있다. 일본정부는 어떻게든 이 조항을 개정하여 자위대 존재근거를 마
련하고자 하는 것이다. 따라서 일본은 한국에 대한 수출규제를 통하여
한일관계의 근간을 바꾸고, 우경화, 군사대국화를 가속화하여 한반도에
서 자신의 영향력을 극대화 하려는 것이다. 헌법개정을 위한 명분과
여론을 조성하려면 한반도의 완전한 비핵화 실현과 북미관계의 정상화
는 절대 이루어져서는 안 되는 것이다. 한국에 대한 수출규제를 단행하
면서 교묘하게 확전을 유도하고 있는 것이다.

　한국은 서쪽으로는 중국과 러시아에 동쪽으로는 일본과 미국의 세력
권 사이에 놓여있다. 현재는 북위 38도선을 따라 남북으로 분단되어

---

48 윤평중, 「징비록을 다시 읽으며」, 조선일보 칼럼, 2019, 7, 12

있지만, 지리상으로 실질적인 분단은 동쪽과 서쪽이다. 반도의 서쪽 지형은 동쪽보다 훨씬 완만하며 인구의 다수도 여기에 살고 있다. 동쪽은 북한에는 함경산맥이 남쪽에는 태백산맥이 남북으로 누워있다. 한반도를 절반으로 가로 지르고 있는 비무장지대도 부분적으로 임진강 및 한강의 물길을 따라가지만 이 물길이 남과 북의 천연장벽이 되지 못한다. 통합된 지리적 공간 안에 있는 하나의 하천에 불과하다. 한반도는 지리적으로 침략하는 적을 방어할 수 있는 완충지역이 없다. 북쪽에서 내려오면 압록강을 건너서 해상까지 진출하는데 걸림돌이 되는 지리적 천연장벽은 거의 없다. 반대로 해상에서 육로로 진입한다 해도 역시 천연장벽은 없다. 이런 배경에서 몽골, 명나라, 만주족의 청나라, 그리고 일본이 수차례 침입했다.

이러한 지정학적 특수성으로 한반도는 20세기 이후 제국주의의 세력이 부닥치고 균형을 이루는 지점, 즉 세계강대국의 힘의 충돌하는 지역이 되었다. 오늘날의 한반도를 둘러싼 국제정세는 1900년 한말의 역사를 재현하고 있다. 한반도 문제는 국제정세 역학관계의 중심에 있기 때문에 문제는 풀 수 없고, 그냥 관리만 하는 방법 외는 다른 대안이 없다고 한다. 말레이시아에서 러시아의 블라디보스토크 항에 이르는 지역 전체는 남북한의 문제가 폭발하면 인접국들이 말려들고 그 여파가 당장 경제적 피해로 이어진다는 것을 세계는 알고 있다.

중국은 북한의 행위 때문에 전쟁이 일어나는 것을 바라지 않지만 그렇다고 통일한국의 국경, 즉 자신들의 코앞에 미군이 주둔하는 것은 더욱 바라지 않는다. 미국도 남한을 위하여 싸우고 싶은 마음은 없지만 우방을 저버리는 짓을 할 수도 없다. 한반도 개입에 있어 오랜 역사를 지닌 일본은 어떤 사태가 벌어지더라도 방관할 수 없는 입장이기에 조심스럽게 행동 한다. 동북아의 아킬레스건은 한반도 문제이다. 전쟁이 일어나거나 북한이 갑자기 붕괴한다면 이 국면은 국경을 넘는 전쟁, 테러리즘, 난민 등의 사태를 초래한다. 그렇게 되면 그 후폭풍은 다음 세대의 몫으로 넘겨질 것이다.

오늘날 한반도지 전략에 있어 특히 고려해야 할 사항은 미중관계이다. 시진핑 중국 국가주석은 2015년 9월 미, 중 정상회담에서 미국과 중국은 '투키디데스의 함정(Thucydides trap)'[49]에 빠져서는 안 된다고 말하면서 신형대국관계의 성립을 주장하고 있다. 중국은 미, 소 양극체제 하에서는 다극체제를 주장했지만, 세계 2위의 경제대국으로 성장한 후에는 사실상 양극체제를 의미하는 신형대국관계를 요구하고 있는 것이다. 이러한 요구는 중국이 현재의 미,중 관계를 패권경쟁으로 인식하고 있음을 드러낸 것이다. 그러나 미국은 제조업의 부활, 세일가스의 생산, 금융업의 재기, 군사혁신의 성과, 외교 리더쉽의 회복 등으로 "미국의 귀환(Return of the U.S)"을 통해 자국주도의 새로운 세계질서를 구축하고자 하고 있다. 나아가 미국은 아시아 재 균형정책을 통해 미국 주도의 질서를 인정하도록 중국을 압박하고 있다.[50]일본은 대외적으로

---

49 투키디데스의 함정((Thucydides trap) : 급부상한 신흥강대국이 기존의 세력판도를 흔들면 결국 양측의 무력충돌로 이어진다는 뜻. 지난 500백년간지구상에서 발생한 투키디데스의 함정은 16차례였고, 이중 12차례는 전면전으로 이어졌고, 4차례는 평화적 세력전이로 실현 됐다.: 폴 케네디,『강대국의 흥망성쇄』, 한국경제신문사, 1997

50 조성렬,『전략공간의 국제정치』, 서강대학교 출판부, 2016, 6-7쪽.

평화주의를 내걸면서 재무장을 합법화하기위한 헌법 개정을 서두르고 있다. 중국과 긴 국경을 맞대고 있는 북한은 무역의존 90%가 넘는 취약한 상황 속에서 핵무기보유와 자강력 제일주의라는 고립주의를 통해 동북아 질서재편과정에 대응하고 있다. 이러한 일련의 변화된 국제정세는 한국의 통일정책에 커다란 영향을 미치고 있는 것이다.[51]

이와 같은 국제정세 속에서 한반도의 기존의 통일정책은 재검토해야하는 시점에 와 있다고 본다. 지금까지는 통일의 국제적 환경에 있어 미국, 중국, 러시아, 일본 등의 강대국 관계를 일정정도 상수로 고려해왔다. 그러나 인도, 파키스탄, 이스라엘 등의 신흥 핵보유국의 등장을 막지 못한 제2차 핵시대에 있어 한반도를 둘러싼 국제질서는 더 이상 상수가 아니라 한국과 강대국이 포함된 역내 국가들의 전략적 상호관계로 보아야 한다. 따라서 동북아 국제질서는 우리나라가 어떻게 하느냐에 따라 달라질 수 있는 변수이다. 이런 차원에서 한반도 통일정책은 북한의 핵문제의 해결과 한반도 평화체제구축을 포함한 패러다임의 전환이 필요하다.

2. 한반도 비핵화와 동북아 평화질서

지금 미국과 중국 사이에는 '신냉전(New Cold)'이 전개되고 있다. 미 백악관은 2017년 12월 발표한 「2017 국가안보전략보고서(NSS 2017)」에서 중국을 수정주의 세력이자 전략적 국가로 규정하고 군사적으로 압도하기 위해 첨단 핵무기개발에 나설 것임을 공언하였다.[52]이러한 미국의

---

51 조성렬, 『전략공간의 국제정치』, 서강대학교 출판부, 2016, 12쪽,

정책결정배경에는 중국의 부상, 즉 중국을 전략적 경쟁자로 받아들인다는 것이다. 시진핑 주석은 '중국몽'을 실현하기 위해 일대일로, 중국제조 2025 및 군비확장 등에 총력을 기울여 왔고, 국가주석 임기제한 철폐와 국내통제강화로 미국에 대응하기 위한 체제구축을 본격화 하였다. 미국의 대 중국 '신 냉전' 선포에 대해 중국의 대외확장을 우려해온 일본, 호주, 인도가 미국의 입장을 지지하고 있다.

미, 중국 간의 신 냉전의 일환인 미, 중의 무역전쟁은 한반도 정세에 커다란 영향을 미치고 있지만, 이에 못지않게 한반도 정세의 변화도 동아시아 정세에 큰 영향을 미치고 있다. 한반도 정세변화의 결정적 요인은 북한의 핵무기 포기여부이다. 2018년 3월 5일 북한 김정은 위원장의 조건부 핵 포기 의사를 밝힌 뒤, 세 차례의 남북 정상회담과 두 차례의 미,북 정상회담 및 2019년 6월 30일 트럼프 대통령의 한국방문 중 판문점에서 깜짝 미,북 정상회담이 개최되었지만, 여전히 실질적인 북한 비핵화조치는 진전이 없는 상황이다. 그러나 북한의 핵 포기와 이에 따른 상응조치에 관한 원칙적인 합의와 논의는 있었다. 남북관계의 회복과 미,북 대화의 본격화 등 한반도를 중심으로 벌어지고 있는 정세변화는 주변 국가들의 외교안보전략에 일정한 영향을 미치고 있는 것이다.

미국의 인도-태평양 전략에 있어 중국은 아시아에서 미국에 장기적인 전략적 위협이다. 이 주도권 싸움에서 아주 중요한 전략적 지역이 한반

52 조성렬, 『한반도 비핵화 리포트』, 백산서당, 2019, 407쪽.

도이다. 중국은 서서히 하지만 확실하게 북한에 대한 전략적 영향력을 키워가고 있다. 중국이 북한과 연결한 철도는 남한의 두 배가 넘는다. 중국은 남북경협이 중단된 동안에도 북한과 연결되는 새로운 교량들을 건설하고 있었다. 중국은 일대일로 사업과 관련하여 북한에 재정지원을 하고 있는 것으로 보인다. 지난 2019년 6월 북, 중 정상회담에서 중국은 김정은에게 주민을 잘 통제하는 수단으로 안면인식 및 생체측정과 관련된 기술을 소개하기도 하였다. 이와 같은 북, 중 관계 하에서 한반도 통일에 대한 중국의 영향력을 배제할 수 없는 것이 현실이다. 통일한국의 토대는 북한의 완전한 비핵화와 이에 상응하는 제재완화이다. 그러나 통일의 토대는 중국에 의해 좌우되지 않으면서 미국 등 동맹국의 장기적인 이해관계와 맞아 떨어져야 가능한 것이다.[53]

이러한 국제정세 하 한반도 문제는 동아시아 정세와 무관하게 움직일 수 없는 상황이 되었다. 냉전시대의 유산인 정전체제를 해체하고 한반도 비핵화, 평화체제구축은 동아시아 정세에 큰 영향을 미치지 않을 수 없다. 한반도의 평화체제의 구축은 단지 한국전쟁을 법적으로 종결짓는 것일 뿐만 아니라 동아시아의 기존질서를 변경하는 것이기 때문에 유관 국가들의 협력이 필요한 것이다. 미, 중의 신 냉전이 장기적으로 치달을 가능성이 높기 때문에 유관 국가들과의 협력이 원만히 이루어지지 않을 가능성도 배제할 수 없다. 한국정부의 한반도 신경제구상, 신북방정책을 중국의 일대일로 구상과 연결하려는 시도가 있었지만, 미국

---

53 빅터차,미 전략국제문제연구소(CSIS) 한국석좌. 「한국진보, 철지난 포용이론으로 미국 설득할 수 없다」, 조선일보, 2019, 7, 13일

은 일대일로를 중국의 패권도전 전략으로 인식하고 있다. 미국이 한국을 인도-태평양 전략에 편입시키고자 할 경우 한반도 평화프로세스는 새로운 국면에 봉착할 수도 있다.

이처럼 한반도 비핵화와 평화체제의 구축이 동아시아 평화질서의 토대가 될 수도 있지만, 동아시아 평화질서가 만들어지지 않으면 역으로 한반도 평화프로세스가 제대로 진행되지 않고 평화체제의 구축도 어려움을 겪을 수도 있다. 이런 점에서 남,북,미 3자가 주도하는 한반도 비핵화와 평화프로세스는 주변 국가들의 협력이 필수적이며, 주변 국가들의 협력 하에 동아시아 평화질서를 만드는 과정을 함께 진행해야한다.

제2장 통일 패러다임의 전환

1. 새로운 통일 패러다임의 정립

이제까지 진행되어온 통일담론은 거시적 측면에서 두 개의 분단국가를 하나로 합치는 정치경제적인 통합의 관점에서 통일문제를 다루어왔으며, 미시적 관점에서 이 땅에 살고 있는 사람의 통일이라는 문제는 도외시 하였다. 그 결과 남과 북 두 개의 국가권력이 통일의 문제에 집중하면 할수록 두 개의 분단국가는 서로의 정통성을 내세우고 적대시하여 분단체제는 더욱 고착화 되었다. 독일과 예멘의 통일에서 보듯이 평화적, 합의에 의한 통일이라고 할지라도, 사회문화적 통합과정 즉, 사람의 통일이 없었기 때문에 통일이후 사회적 갈등과 분열은 엄청난 사회적 비용을 초래하였고 진정한 통일이 이루어졌다고 볼 수 없는 것이다.

한반도의 경우는 그 지정학적 특수성, 민족적 특수성, 북한의 핵무력 완성 등 여타 분단국가의 통일과는 또 다른 형태를 띠고 있다. 통일방식에 있어서도 한반도의 특수성을 고려한 통일 담론, 즉 기존의 체제통합 중심의 통일담론에서 사람중심의 통일담론, 결과를 중시하는 정치적 통일담론에서 과정을 중시하는 비정치적 통일담론, 북한의 비핵화를 담보하는 통일담론으로서의 한반도 통일의 패러다임의 전환이 필요하다고 본다.

일반적으로 '통일'은 unification 또는 'reunification', '統一'이라는 말로, '하나' 또는 '한 줄기'로 합쳐지는 것을 의미한다. 이와 같은 통일의 언어적 용법은 통일을 ' 핏줄, 영토, 문화의 근본적으로 하나'라는 의미에서 그 집단의 이질성을 극복하고 '동질성(homogeneity)'을 회복하거나 민족의 원형이라고 상징되는 것으로 되돌아감을 내포하고 있다. 이러한 통일의 관념은 통일이 아니라 분단국가주의를 반복하는 결과를 가져올 수도 있다. 그것은 '단일민족의 신화'나 '순수한 민족문화'를 전제하면서 자신이 생각하는 '전통'을 기준으로 하여, 상대가 가진 차이들을 '이질(heterogeneity)' 또는 '변절(deterioration)'로 단절하는 배제와 폭력을 낳는 관념적 원천이 되기 때문이다.[54]

에릭 홉스봄에 의하면 한민족은 "역사적 국가(historical states)"라는

---

[54] 김성민, 박영균, 「통일학의 정초를 위한 인문학적 비판과 성찰」, 『통일인문학논총』 제56집, 2013, 100쪽.

전통을 가지고 있다고 한다. 이것은 서구의 민족국가가 근대의 산물이라는 점에서, 그와 다른 한민족이 가지고 있는 특성이다. 한민족이 가지고 있는 한민족의 내적 응집력, 동질성이나 동일성을 향한 욕망이 강력하며 이것이 한민족의 강한 결집력과 통일을 향한 '민족적 리비도(national libido)'를 만들어 낸다. 한민족의 정치공동체로서의 민족국가에 대한 열망은 일본제국주의 지배와 8.15해방 이후 분단으로 인해 좌절됨으로써 '민족적 리비도'의 좌절이 야기한 억압의 상처는 한민족 모두에게 내재화되어있다. 민족적 리비도의 좌절이 만들어내는 '에로스와 타나토스의 변증법'은 '민족은 하나다'라는 민족동질성과 원형으로의 회귀를 생산하는 '퇴행적 민족주의', '원초적 민족주의'를, 다른 한편에서는 그것을 북에 대한 증오와 적대감으로 바꾸어 놓는 네오 파시즘적 '반북주의', '호전적 국가주의'를 생산하면서 남쪽 내부사회의 분열을 가속화하기도 한다.[55] 이런 점에서 동일성의 신화, 동질성 대 이질성이라는 이원적 대립의 프레임을 벗어나서, 통일 한민족의 건설과정에 민족적 구성원 전체가 참여하는 새로운 관점에서의 통일의 비젼을 담은 통일담론의 정립이 필요하다.

70년 이상의 한반도 분단은 남북 간에 신체적, 정신적, 사회문화적으로, 또한 구조적으로 강고한 단절과 이질성을 생산하고 있다. 한반도의 지정학적 역학관계, 남북한의 더욱 고착화되어가는 분단체제, 북한의 핵 보유, 남한사회의 이념적 갈등 등 과거, 현재, 미래로 이어지는 한반

---

55 김성민, 박영균, 「통일학의 정초를 위한 인문학적 비판과 성찰」, 『통일인문학논총』 제56집, 2013, 101쪽.

도의 시공간 속에서 새로운 민족공동체 형성을 위한 통일담론이 정립되어야한다. 즉, 정치경제적인 "제도의 통일"을 넘어 남북주민의 가치, 정서, 문화를 포함하여 삶과 제도 모두를 통일하는 "사람의 통일"을 위한 담론이어야 한다. 또한, 통일에 관한 "이론적 연구"는 남북의 적대적 대립을 극복하고 사회적 실천이 추동되는 "실천적 연구"로, "당위적 구호"를 넘어 남과 북이 현실적으로 수용할 수 있는 정치적 대안과 협력관계를 제안하고, 이를 구현할 수 있는 "실천적 대안"을 제시해야 한다. 통일과정, 통일이후 까지를 상정한 통일연구, 국가 간의 법, 제도의 통일연구, 인문학, 사회과학, 자연과학의 학제적이고 융합적인 연구로 통섭적, 융복합적 통일연구의 선도적 모델이 제시되어야한다. 한반도라는 지형적 통일만이 아니라, 19세기 초 일제강점기 이래 중국, 만주, 러시아, 미국, 일본으로 흩어진 코리안 디아스포라, 단절된 남북한 주민을 통합할 수 있는 민족적 내적통합, 민족연대성을 뿌리에 두고 미래지형적인 사회문화적 통합을 이루어가는 민족공통성의 형성, 이런 차원에서 한반도의 통일에 대한 패러다임의 전환을 검토할 필요성이 제기되는 것이다.

통일이 '민족적 사회통합'이자, 통일한반도의 정신과 가치. 문화의 상을 만들어가는 것이라고 한다면, 통일의 연구대상은 단순히 '북의 정치경제적 체제'나 '북한사회'만이 아니라 남쪽을 포함하여 약 750만의 해외 코리언까지를 포함하는 것이어야 한다. 즉, 한반도 통일은 '국가의 통합 뿐만 아니라 '민족의 통합으로서, 새로운 민족공동체를 창출하는 작업인 것이다.

2. 정치, 경제적 통일담론

기존의 정치경제적 체제통일을 주장하는 통일담론에는 크게 두 가지 흐름이 있다. 통일의 당위성을 주장하는 통일론과 통일을 해야 하느냐 하는 통일회의론이 있다. 전자에는 남북관계를 정상적인 국가대 국가 (two Korea)로 볼 것인가 아니면 적대와 공존이 교차하는 민족내부의 특수관계(one Korea)로 볼 것인가에 따라 국가담론과 민족담론의 두 가지 패러다임이 있으며, 후자에는 탈 민족주의론, 통일 비용론, 평화우선론 등이 있다.

국가우선주의적 패러다임은 하나의 민족국가의 틀을 통해서만 민족집단이 민족으로서 존재가치를 유지, 실현할 수 있다는 전제를 기초로 한다. 따라서 통일은 체제경쟁에서 승리한 어느 한쪽이 다른 한쪽을 흡수하는 것으로 간주한다. 그런 과정에 있어 통일정책은 내부발전과 국민통합을 위한 민족주의적 동원기제로 사용된다. 통일이 체제선택의 문제가 되는 이상 통일정책은 북한과의 제로섬 게임의 틀 속에서 수립될 수밖에 없다는 입장을 취한다.[56]

분단이후 남북은 표면적으로는 "민족주의적 언술을 사용하면서도 실제로는 국가주의의 원칙하에 민족주의를 억제"[57]하면서 국가중심 패러다임을 토대로 통일문제를 다루어 왔다. 이러한 현상은 남북의 국가수립과정에서 이미 그 씨앗이 배태되었다. 해방 3년 동안 남북 모두 선

---

56 김동성 「바람직한 통일논의의 방향모색」, 『한국국제정치학회 통일학술회 발표논문』, 1977
57 김동춘, 「국제화와 한국의 민족주의」, 『역사비평』, 계간27호(1994년 겨울호), 49쪽.

(先)정부수립 후(後)통일론 주장하는 정체세력이 외세의 지원을 받아 권력을 장악함으로써 배타적인 분단국가주의가 통일 민족주의를 삼켜 버렸다. 그 결과 분단국가의 당사자인 북한이 먼저 남한을 무력으로 흡수통일하려고 전쟁을 일으켰다. 한국전쟁이후 남북 양쪽은 냉전체제 하에서 남한은 승공통일과 무력통일을, 북한은 민주기지론을 내세우면서 각각 자신의 이념과 체제로 상대방을 흡수, 병합하려는 통일전략을 구사하였다.[58]

민족우선주의적 패러다임은 종족적, 역사적, 문화적 단일성과 정체성을 유지해온 한민족의 존속과 번영을 국가체제 보다 우위의 가치로 삼는 입장이다. 이 패러다임에 기초할 때 분단 그 자체는 남북국가의 체제모순에 의한 것이므로 분단해소를 통해 진정한 민족발전이 가능하며 민족국가의 성립과 발전은 민족통일을 통해서만 의의를 갖는다는 것이다.[59] 이 패러다임에서 북한은 흡수와 타도의 대상보다는 공존공영의 대상이다. 여기서 상정하는 통일은 자주적이고 평화적인 방법으로 민족공동체를 수립하고 남북이 하나의 국가로 통합되어 진정한 근대 국민국가를 만드는 것을 의미한다. 남북관계를 국가 대 국가의 국제관계로 보지 않고 민족내부의 특별한 관계로 규정한다.

국가담론의 틀에서 보면 남북관계는 국제관계의 틀로 규정된다. 이 틀에서 보면 남북은 같은 민족이면서도 서로 다른 국가 정체성 때문에 정치적 대결과 경쟁을 하는 갈등과 극복의 대상이다. 반면 민족담론의

---

58 박순성, 『통일논쟁, 12가지쟁점, 새로운 모색』, 한울아카데미, 2015, 26쪽.
59 김동성, 「바람직한 통일논의의 방향모색」,『한국국제정치학회 통일학술회 발표논문』, 1977

입장에서 보면 남북은 민족내부의 특수한 관계이고, 별개의 국가 정체성보다는 하나의 민족에 방점을 두면서 사실상 하나의 민족공동체와 국가를 지향하는 한시적 측면의 두 국가 정체성이 강조된다. 남북은 동일한 혈연, 언어, 역사문화를 공유한 공존공영의 대상인 것이다.

지금까지 남북의 통일문제에 관한 합의서 중에 대표적인 것이 1991년 12월의 「남북사이의 화해와 불가침 및 교류협력에 관한 합의서」와 「6.15남북공동선언」이다. 이 합의서는 두 개 국가론을 명확하게 인정하기보다는 사실상 하나의 민족, 국가를 더 중시하는 내용을 담고 있다. 남북관계를 두 개의 국가론(국가중심담론)을 출발점으로 하느냐, 아니면 민족내부의 특수한 관계를 부각시켜 하나의 국가론(민족중심담론)을 중심으로 하느냐에 따라 통일논의와 방향이 달라질 수밖에 없는 것이다.

통일회의론의 하나인 탈 민족주의론은 20세기 중반 에릭 홉스봄의 『만들어진 전통』, 베네틱트 앤더슨의 『상상의 공동체』의 탈 민족주의 영향으로 주장되었다. 한국인이 고대로부터 혈연, 지연, 언어 공동체로서 하나의 민족을 형성했다는 것은 허구적인 신화에 불과하다. 따라서 이러한 '종족적'민족개념을 해체할 것을 주장하는 것이다. 백두산, 단군 신화 등 '한민족'의 정체성과 관련된 상징은 역사적 기원의 측면에서 볼 때, 당대의 정치적 유용성을 위해 구성(발명, 상상)된 '근대의 산물'이며, 신화의 상상물인 단일민족으로부터 통일의 당위성을 이끌어내는 것은 부당하다고 주장한다. 종족적 민족개념은 실천적 기능면에서도 억압과 차별을 가져왔다. 민족주의 이념자체는 대외적 배타성과 대내적 획일성을 내재한 동일화 이데올로기이기 때문에 그 비이성적 속성이

변할 수 없다고 비판한다.[60]

통일비용론은 독일의 흡수통일을 모델로 하여 북한사회를 한국사회식으로 개조한다는 전제에서 막대한 통일비용이 필요하고, 한국이 경제적 비용을 부담을 져야한다는 현실적인 인식이 통일기피심리를 확산시키는 것을 말한다. 통일비용은 통일이후 남북 간의 격차를 해소하고 이질적인 요소를 통합하는데 치러야할 정치, 경제, 사회, 문화적 비용을 의미한다. 통일이 되면 한국주민의 삶의 질이 나빠진다는 '통일비용론'이 통일을 기피하게 하는 것이다.

1972년 '자주, 평화, 민족 대단결'의 3대 통일원칙을 합의한 '7.4남북공동성명'이후, 한국의 공식적 통일방안은 '평화통일론'이었다. 평화통일론은 무력이 아닌 평화적 방법에 의한 통일을 의미하는 것으로 이때 평화는 통일이라는 목적 가치를 실현하기 위한 수단으로 사용되었다. 평화는 통일과 다른 독자적인 영역을 지닌 목적가치가 아니라 민족의 지상과제인 통일을 위한 수단적 가치로 여겨졌다. 그러나 1990년 한국 시민사회의 성장에 따른 평화의 중요성에 대한 관심이 높아져 평화와 통일을 바라보는 기존의 관점에 중대한 변화가 초래되었다. 평화는 통일의 수단이 아니라 통일과는 다른 보편적인 가치이며, 따라서 평화와 통일의 과제가 반드시 일치하지 않는다는 인식이 점차 확산된 것이다. 통일이 안 되어도 평화공존이 가능하다거나 평화를 앞세워 통일을 유보하거나 선택적 과제로 여기는 평화우선론적 경향이 등장하였다. 양자의

---

60 이병수·정진아, 「한국인의 민족정체성 이해와 대한민국중심주의의 극복」, 『코리언의 민족정체성』, 선인, 2012, 63쪽.

분리는 '보편적인 것으로 평화'와 특수한 것으로서 통일'이라는 이분법적 사고를 낳았고, 평화로운 공존 속에서 두 국가의 분리와 분단의 현상유지라는 부정적 사고를 확대할 가능성도 또한 높아졌다.[61] 평화우선론은 "평화가 통일 보다 더 중요한 가치라는 주장," "평화를 지향하는 '탈 분단'으로 그 담론적 지형을 바꾸자는 주장" 등 그 논리적 근거들이 다양하지만 분단 상황에서도 남북의 공존이 가능하며, 두 개의 국가로 공존하는 조건을 만드는 것이 우선되어야 한다는 믿음을 공유하고 있다.

그러나 한반도에서의 평화와 통일은 각기 독립적으로 존재하는 것이 아니라 긴밀히 연결되어 있다. 한반도 현실에서 평화는 궁극적으로 분단구조를 해체하지 않는 한 이룩할 수 없고, 통일역시 평화적인 방법을 통해서만 성취되어야하기 때문에 양자를 대립적 가치로 인식하기보다는 '평화를 위한 통일'과 '통일을 위한 평화'라는 변증법적 관계로 파악되어야 한다.[62]

체제와 이념이 현격하게 다른 남북의 현실적인 통일논의는 통일이 반드시 단일국가체제를 수립하는 것만을 의미하는 것이 아니라는 인식의 전환이 있을 때만 가능한 것이다. 일방의 소멸로 이어질 수 있는 정치경제적 체제통일을 전제로 하는 국가통합보다는 비교적 용이하게 공동이익과 융합의 공간을 만들 수 있는 사회문화와 경제영역의 통합을 통한 민족공동체의 건설을 통일로 보는 것이다. 즉 남북한 주민의 통일,

---

61 정영철, 「한반도의 평화와 통일: 이론의 긴장과 현실의 통합」, 『북한연구학회』 제14권 제2호, 2010, 201쪽.

62 정영철, 「한반도의 평화와 통일: 이론의 긴장과 현실의 통합」, 『북한연구학회』 제14권 제2호, 2010, 189쪽.

사람의 통일을 우선적으로 이루어가는 것이다. 이러한 통일담론이 보편화된다면 분단체제는 서서히 허물어 질것이고, 일정영역에서 두 분단국가가 동의할 수 있는 수준의 민족공동체를 만들 수 있는 것이다. 현 수준에서 "남북한이 선택할 수 있는 대안은 시장의 논리와 민족공동체의 논리를 변증법적으로 종합하는 길이다"[63]

3. 인문학적 통일담론

정치경제적 통일담론을 벗어나 인문학적 차원에서 분단과 통일문제를 사유하는 인문학적 통일담론은 1970년대 이후 문학, 역사, 철학의 영역에서 시도되어왔다. 인문학적 통일담론의 선구적 역할 및 이론적 근거의 제공은 강만길의 분단시대론, 백낙청의 분단체제론, 송두율의 경계인의 철학이다. 강만길은 한반도의 통일문제를 인문학의 영역으로 가져왔고, 백낙청은 "과정으로서의 통일"을, 송두율은 "사람중심의 통일"을 주창하였다.

강만길의 '분단시대론'은 분단현실의 모순을 극복하고 통일을 민족사의 절실한 과제로 부각시키려는 실천적 문제의식에서 출발한다. "20세기 전반기의 민족사가 식민지통치를 벗어나는 일을 그 최고차원의 목적으로 삼은 시대라면, 20세기 후반기 즉 해방 후의 시대는 민족분단의 역사를 청산하고 통일민족국가의 수립을 민족사의 일차적 과제로 삼는

---

63 함태영, 「남북한 통합과정 모델 비교분석」, 『한국과 국제정치』, 제14권 제2호, 1998, 196쪽.

시대로 보지 않을 수 없으며, 이와 같은 역사의식을 바탕으로 하는 경우 이 시기는 「분단시대」, 「통일운동의 시대」로 이름 하지 않을 수 없는 것이다"[64]. 강만길은 분단극복을 위한 역사인식의 방향으로 '민족통일전선론'을, 분단극복을 위한 지도이념으로 '통일민족주의론'을 주장하였다. 민족통일전선론은 분단극복을 위한 역사인식의 방향을 제시한다. 일제식민시기를 분단의 근원으로 보고 식민지시기를 집중적으로 연구하게 되었다. 일제강점기 시대의 사회주의 계열의 운동을 "공산주의 운동으로만 인식할 것인지, 민족해방운동의 일환으로 할 것인지"의 문제에 대해 강만길은 사회주의 계열의 운동을 민족해방운동에 포함시켰다. 이러한 이유는 민족해방운동은 민족국가건설을 위한 통일전선형성과정이며, 이것은 분단시대의 통일운동으로 이어진다고 생각하기 때문이었다. 즉 분단극복을 위한 역사인식의 방향이 식민지시대, 분단시대를 막론하고 좌우를 아우르는 민족통일전선과 통일된 민족국가건설에 있다는 그의 통합된 역사관을 보여주고 있다. "상해임시정부가 처음 출발할 때 좌우합작정부"이며, 신간회운동은 "상해임시정부 운동이 침체된 상황에서 해외전선에서 일어난 민족유일당 운동의 국내판"이며, 1932년의 "좌우합작운동인 한국통일전선동맹운동"이 "좌우합작을 더 공고히 해서 1935년에 성립되는 것이 조선민족혁명당"[65]으로 보는 등 일제강점기 민족통일전선의 과정을 실증적으로 보여주는 연구를 수행하였다.

또한, 강만길은 통일전선운동은 일제 강점기를 거쳐 해방 3년의 좌우

---

[64] 강만길, 『분단시대의 역사인식』, 창작과 비평, 1978, 14-15쪽.

[65] 강만길, 「나의 역사연구」, 366-367쪽

합작운동과 남북협상으로 이어졌다고 보았고, 민족통일전선이 20세기 우리역사의 주류임을 역설하였다. 그가 민족통일전선 운동의 연속선상에서 일제강점기 민족해방운동과 해방직후의 좌우합작운동과 남북협상을 이해했다. 이점은 분단시대를 극복하는 역사인식의 방향이 일제 강점기이래 전개되어 온 좌우협상의 민족통일전선운동을 통한 근대적 민족국가수립에 있음을 의미한다. 즉 과거 일제식민 통치에 저항한 민족해방운동이나 오늘날 분단시대를 허물어뜨리는 통일운동은 기본적인 목표에서는 차이가 나지만 민족통일전선을 통한 근대적 민족국가수립을 지향한다는 점에서 역사적 연속성을 지닌다는 것이다.[66]

강만길의 통일민족주의론에 의하면 분단극복을 위한 지도이념으로서 통일민족주의는 분단을 극복하고 통일을 달성하는데 이바지할 수 있는 한국사회의 올바른 지도적 이념이다. 그는 민족해방운동의 주된 흐름을 통일전선운동의 관점에서 일관되게 바라보았으며, 나아가 남북의 이데올로기적 대립을 극복하는 분단시대의 통일운동 역시 식민지시대의 이래의 통일전선 운동의 연속선상에 있는 것으로 보았다. 식민지 시대의 민족해방운동이나 분단시대의 통일운동의 밑바탕에 민족주의 이념이 면면히 흐르고 있다고 보았다.

통일과정에서 필수적인 남북사이의 다방면에 걸친 교류와 대화를 지탱할 수 있는 사상적 지주는 자본주의 대 사회주의라는 체제 경쟁적 이념이 아니라 민족공통의 이해를 추구하는 통일민족주의이다. "7천만

---

66 김성민외,『통일인문학, 인문학으로 분단의 장벽을 넘다』,건국대학교 통인문학연구단, 2015, 45-46쪽

한반도 주민전체를 하나의 역사공동체, 문화공동체로 인식하고, 그것을 바탕으로 민족의 평화적, 호혜적, 대등적 통일의 길을 열어가는 이데올로기로서의 통일민족주의를 회복해 가는 것이 분단시대 역사인식의 최대과제"[67]라고 주장한다.

강만길의 사론(史論)은 무엇보다도 인문학 내부에서 처음으로 남북의 정통성 경쟁 속에서 내면화된 '분단의 인문학'을 넘어서 분단과 통일의 문제를 학적대상으로 초점화한 점에 그 의의가 있다. 그는 우리가 처해 있는 분단현실이 극복되어야 할 대상이라는 점을 부각시키기 위해 역사적 안목에서 분단시대로 규정하고, 한반도 전체를 하나의 역사로 보면서 민족통일을 역사적 과제로 삼는 사학을 제창하였다. 그리하여 분단시대의 강요된 이데올로기로부터 자유롭지 못한 '분단사학'을 돌파하고 '통일역사학'의 주춧돌을 놓았다.[68] 또한, 식민지 시대를 집중적으로 연구함으로써 한국근대사의 인식체계를 근본적으로 바꾸어 놓았다. 특히 통일운동전선이란 큰 흐름 속에서 그동안 냉전논리에 의해 망각되었던 일제하 사회주의 운동을 처음으로 민족해방운동에 포함시켰다. 기존의 독립운동사가 갖는 분단국가주의적 요소를 비판하면서 통일전선 운동에 주목한 강만길의 문제제기와 연구는 그 동안 반공주의의 장벽에 가로 막혔던 민족운동사 연구의 불완전성을 극복할 수 있는 계기를 마련하였다.[69]

---

67 강만길, 『21세기의 서론을 어떻게 쓸 것인가』, 삼인, 1999, 144쪽.
68 김성민외, 『통일인문학, 인문학으로 분단의 장벽을 넘다』, 건국대학교 통인문학연구단, 2015, p49
69 김정인, 「민족해방투쟁을 가늠하는 두 잣대: 독립운동사와 민족해방운동사」, 『역사와 현실』 62, 2006, 257쪽.

나아가 근대적 민족국가 수립이라는 관점에서 식민지시대와 분단시대를 통합적으로 이해함으로써 20세기 민족사적 과제의 연속성을 강조하였다. 일제강점기와 분단시대의 민족운동을 민족국가수립을 지향하는 민족통일전선 운동의 연속선상에 있는 것으로 파악하면서 민족국가수립운동이 20세기를 통해 지속적으로 이어지고 있다는 점에 주목하였다. 이러한 역사인식으로부터 남북의 대립과 갈등을 극복하는 하나의 방법론으로 민족통일전선 전통의 계승을 의미하는 평화적, 대등적 통일론을 주장하였다.

그러나 한국 근현대사에 대한 통합적 이해에 바탕을 두고 분단사학 극복의 커다란 방향을 제시하였지만 강만길의 사론은 몇 가지 점에서 한계를 지닌다고 본다. 첫째, 통일을 근대의 완성으로 여김으로써 근대 담론의 틀에 갇혀있다는 점이다. 오늘의 현실에서 통일은 미완의 민족국가건설이라는 과제의 실현이기도 하지만 동시에 체제대립의 문제를 해결하는 새로운 공동체 건설과 근대의 모순을 극복하는 탈근대의 과제의 실현이기도 하기 때문이다. 즉 통일은 미완의 근대화를 완성하는 동시에 근대 이후의 방향을 예비하는 이중의 과제를 안고 있다.[70]

둘째, 분단극복의 이념적 지도원리라 할 수 있는 '통일민족주의'가 민족적 동일성에 대한 믿음에 뿌리를 두고 있다는 점이다. 단일한 역사적, 문화적 공동체로서 민족적 동질성만을 강조하면 이것은 또 다른 배타성과 차별화를 초래하여 통합이 아니라 분열을 가져온다. 셋째, 식

---

70 이병수, 「통일의 당위성 담론에 대한 고찰」, 『시대와 철학』 제21권2호, 한국철학사상연구회, 2010, 201쪽.

민지 시대와 분단시대를 아우르는 통사적 연구에 치중하여, 사론의 측면에서 분단극복의 방향성을 제시할 뿐, 남북의 적대적 상호 의존성 등 복잡성을 지닌 분단구조를 구체적으로 다루지 않았다. 또한 민족사적 측면에서 북한을 어떻게 인식해야 할지에 대하여 명확히 답하고 있지 않으며 대북문제, 대미문제 등 민족문제를 둘러싼 중층적 변수들에 대한 분석을 소홀히 하였다는 한계가 있다.[71]

한편, 백낙청의 분단체제론은 1970년의 I, Wallerstein의 세계체제론(World-system)[72]을 차용하여 남북의 분단현상을 해명하려는 시도였다. 분단체제는 세계체제의 하위체제로서 남북 두 체제를 아우르는 하나의 분단체제로서 남북 두 분단국가의 상위체제이며, 남북내부에서 일어나는 사회적, 정치적 현상은 분단체제와의 관련을 떠나서는 파악할 수 없다는 것이다. 분단체제는 세계체제라는 상위체제와 남북의 두 국가체제라는 하위체제사이에 존재하는 중간체제로 설정되어 있다. 즉 자본주의 세계체제와 남과 북의 두 분단국가 체제사이에 존재하는 독자적인 체제를 말한다.[73]

분단체제는 일정한 독자성을 가지며 자기 재생산의 힘을 가지고 있

---

71 김정인, 「분단과 통일에 대한 인문학적 성찰」,『우리안의 보편성』, 한울, 2006, 276-277쪽.

72 I,Wallerstein의 세계체제론(World-system) : 세계체제론는 단위국가대신 세계체제를 분석대상을 삼아야하며, 중심부와 주변부사이의 비대칭적인 상호관계의 분석이 단위국가내부의 분석보다 선행되어야한다고 주장한다. 자본주의 세계체제는 19세기 후반 지배적인 세계체제로 확산되었고, 이 세계자본주의체제는 불평등한 교역관계로 서로 연관되어있는 중심부, 반주변부, 주변부의 3가지 국가군으로 구성되어있다고 보았다.

73 백낙청,『한반도식 통일, 현재진행형』, 창비 2006, 81쪽,『민족문학의 새 단계』, 창비, 1990, 83쪽.

다. 분단체제 역시 한반도의 분단구조를 재생산하기도 한다. 즉 이데올로기에 기반하고, 남북주민의 일상생활에 뿌리를 내리고 있으며, 남북 기득권세력사이에 일정한 공생관계를 가지고 재생산의 기반을 지니고 있다는 것이다. 백낙청의 분단체제론의 주요내용은 이중과제론, 변혁적 중도주의, 시민참여형 통일론으로 구성되어있다.

백낙청은 세계체제론적 근대론에 입각하여 근대적응과 근대극복의 이중과제를 제기한다. 이중과제론은 근대화를 일방적으로 긍정하는 근대론에도 반대하고, 근대의 적응을 통해 성취되어야할 성과를 소홀히 하는 탈 근대론에도 반대한다. 분단체제론은 분단체제극복이 바로 근대 이후를 실현한다고 믿지 않는다는 의미에서 근대성의 일정한 성취를 빼버린 탈근대론과 다르며, 분단체제극복이 자본주의 세계체제변혁의 중요한 계기가 될 수 있다는 점에서 근대 극복론이다. 분단체제극복은 세계체제의 변혁과 남북내부의 개혁운동의 중간 항이며 두 차원을 이어주는 연결고리에 해당한다.

따라서 통일은 통일지상주의가 아니라 분단체제보다 나은 체제를 한반도에 건설하는 문제로서 남북 각각이 삶의 개선을 지속하는 단기적 목표와 세계체제전체를 좀 더 나은 체제로 만드는 장기목표사이의 중간목표의 성격을 지닌다.[74] 분단체제의 변혁은 세계체제로부터의 이탈은 아닐지라도 세계체제에 타격을 줄 수 있다는 점에서 세계사적 의의가 있다고 주장한다.

---

[74] 백낙청, 『한반도식 통일, 현재진행형』, 창비, 2006 ,97쪽.

변혁적 중도주의는 한국사회를 중심으로 한 분단체제의 극복방법론이다. 2000년 남북정상회담을 계기로 다양한 세력들을 수렴하는 변혁적 중도주의, 분단체제의 변혁은 남북주민의 삶이 향상되는 방식의 통일, 현재보다 나은 사회를 한반도에 건설하는 것이다. 분단체제를 그대로 둔 개혁, 예컨대 북의 강성대국론, 남의 선진화론은 남북현실을 분단체제와 관련시켜 보지 않기 때문에 불가능하며, 바람직하지도 않다는 것이다. 분단체제의 극복이 광범위한 대중이 참여하는 평화적이고 점진적 과정이라면, 이에 적합한 것이 바로 광범위한 중도세력의 결집이라는 것이다. 즉 성찰하는 진보와 합리적 보수의 만남을 통해 폭넓고 줏대 있는 중도세력을 형성해야한다고 주장한다.[75]

분단체제변혁의 중도주의적 실천주체의 형성문제는 시민참여형 통일과 관련된다. 정부 당국자나 통일운동가들 위주의 이념적 통일운동이 아니라, 분단체제와 관련된 삶의 현장의 문제를 고민하고 해결하려는 광범한 시민들의 일상적 실천이 분단체제극복의 중요 동력이라고 보는 것이다.

시민참여형 통일이 가능하다고 보는 것은 2000년 6,15공동선언이다. 6.15공동선언으로 시민참여의 가능성이 열렸다. 즉, 남북교류가 활발해질수록 남북정권의 통제력과 외세의 지배력이 그 만큼 약해지고 대중들의 능동성과 창의력이 발휘될 공간이 확대될 가능성이 열렸기 때문이다. 6.15공동선언 제2항이 국가연합 등 중간단계를 통일과정의 1차 목표로

---

75 백낙청, 『어디가 중도이며 어째서 변혁인가』, 창비, 2009, 279-280쪽.

설정한 점, 동시에 그 이상의 명쾌한 규정을 안 한 것 자체가 시민참여의 양과 질에 따라 달라질 여지를 남겨놓았기 때문이다. 자유민주주의 통일이냐, 사회주의 통일이냐의 근본문제를 미리 결정하지 않고 남북교류를 통해 '시민참여의 양과 질에 따라 달라질 여지를 남겨놓는 것' 자체가 민주적 방식이다.[76]

특히 시민운동의 역할이 빛을 발할 기회는 남북의 점진적 재통합과정을 관리할 수 있는 정치적 연합형성과 관련된다. 분단체제극복을 통해 우선 도달해야 할 국가형태가 국가연합이라고 보기 때문이다. 국가연합은 일종의 과도기적 국가형태이다. 강력한 군사력에 의하지 않고는 유지하기 힘든 불안전한 체제에서 파국적 혼란의 유일한 대안이다.[77] 전쟁과 혼란의 위험성을 관리하는 정도의 국가연합만 달성해도 더 높은 수준의 통일을 향한 움직임이 불퇴전의 단계에 안착하여 통일과정에서 발생할 수 있는 온갖 위험을 관리할 요긴한 장치가 마련된다는 것이다.[78]

국가연합에서 더 진전된 정치공동체의 형성은 민중의 지혜를 모아 건설되는 새로운 , 복합형 국가여야 한다고 본다. 단일형 국민국가보다는 다민족사회를 향한 개방된 복합국가이다.[79] 그러한 복합국가의 구체적 형태는 '과정'과 '종결점'의 구분자체가 모호한 상태에서 그 과정의 실상에 따라 "통일"이라는 목표의 구체적 내용마저 바뀔 수 있는 개방적

---

76 백낙청, 『어디가 중도이며 어째서 변혁인가』, 창비, 2009, 104쪽.

77 백낙청, 『한반도식 통일, 현재진행형』, 창비, 2006, 86쪽.

78 백낙청, 『어디가 중도이며 어째서 변혁인가』, 창비, 2009, 108쪽.

79 백낙청, 『한반도식 통일, 현재진행형』, 창비, 2006, 83쪽.

통일과정에 의해 결정된다.[80] 국가의 최종형태를 열어두는 이유는 남북 정권이 결코 합의할 수 없는 현실주의적 고려가 작용하기 때문이며, 무엇보다도 시민참여를 중시하기 때문이다.

분단체제론의 의의는 1980년대 이래 한국 사회운동의 실천적 과제를 꾸준히 성찰하는 과정에서 변혁적 중도주의, 시민참여형 통일론과 같은 분단체제극복을 위한 구체적이고 실천적인 방향과 방법론을 제시했을 뿐만 아니라. 이를 근대 적응과 극복의 이중과제론, 동양적 지혜론과 같은 거대담론과 결합시킴으로써 한국의 인문학적 사유의 지평을 넓힌 점에 있다.[81] 또한 백낙청은 분단을 남과 북, 반외세의 측면에서만 단순화하는 관점을 벗어나 세계체제, 분단체제, 두 개의 분단국가체제라는 세 가지 층위들의 복잡한 지형 속에서 읽을 수 있도록 했다는 점. 분단이 단순히 동서냉전체제의 일부가 아니라 그보다 복잡하고 중층적인 성격을 지닌다는 그의 통찰은 동서대립은 물론이고 미국의 패권주의적 지배 등 한반도 수준을 넘어 자본주의 세계체제가 작동하는 구체적인 양상뿐만 아니라, 남북의 정치, 사회현상의 상호의존성을 이해하는 데 기여하였다.[82]

그러나 분단체제론은 분단이 남북 두 국가의 적대적 상호의존을 강화시키는 체제적 성격을 지닌다는 점을 통찰했지만, 남북 주민의 일상적

---

80 백낙청, 『어디가 중도이며 어째서 변혁인가』, 창비, 2009, 69-70쪽.
81 김성민외, 『통일인문학, 인문학으로 분단의 장벽을 넘다』, 건국대학교 통인문학연구단, 2015, 59쪽.
82 김성민외, 『통일인문학, 인문학으로 분단의 장벽을 넘다』, 건국대학교 통인문학연구단, 2015, 60쪽.

삶에 내면화된 사회심리와 상처를 분석하지 못했다. 남북 분단이 일정한 체제적 성격을 가졌다는 것은 분단구조가 남북주민 모두의 일상생활에 내재화되었다는 것을 의미한다. 분단체제가 단순한 정치군사적 차원에서만 작동하는 것이 아니라 우리의 몸과 마음에 분단아비투스가 형성되었다는 점은 자각했지만, 분단체제가 일상의 신체들에 뿌리내리는 심리와 가치-문화들을 구체적으로 분석하지 않았다. 과정으로서의 통일을 제시하면서 국가연합과 변혁적 중도주의를 주장하는 데 그쳤고, 분단의 상처가 남북한 주민의 무의식에 까지 내재화된 것을 고려하지 못했다는 한계가 있다.[83]

송두율의 "경계인"의 철학, 분단극복과 통일에 대한 송두율의 사상은 남과 북을 동시에 사유하는 것이다. 그는 남과 북의 연대를 추동하는 힘을 경계인의 사유에서 찾는다. DMZ는 남과 북의 대립과 적대를 상징적으로 보여줄 뿐만 아니라, 같은 민족으로서 서로 무관심할 수 없는 '경계체험'을 제공한다. 이러한 '경계체험'은 남북의 관계가 "남 속에 북이 들어있고 북 속에 남이 들어있는"[84] '타자로서의 나' 즉 '내안의 타자'의 타자와 같다고 본다. 따라서 경계인의 사유는 '남이냐 북이냐'의 양자택일의 이분법적 논리가 아니라 '남' 속에서 '북'을 '북'속에서 '남'을 발견하면서 남북의 경계를 허물고 틈을 만드는 사유, 즉 서로를 적대하고 배제하는 분단구조를 해체하는 사유라고 할 수 있다.[85]

---

83 김성민외, 『통일인문학, 인문학으로 분단의 장벽을 넘다』,건국대학교 통인문학연구단, 2015, 60쪽.

84 송두율, 『민족은 사라지지 않는다』, 한겨레 신문사, 2000, 181쪽.

85 김성민외, 『통일인문학, 인문학으로 분단의 장벽을 넘다』,건국대학교 통인문학연구단, 2015,

또한 '경계인의 철학'은 남과 북의 경계를 한반도 차원만이 아니라 오늘날 지구화시대의 보편적 과제와 연관시켜 사유한다. "경계인은 민족분단으로 생긴 '남과 북'사이에, '동양과 서양' 사이에 그리고 '부국과 빈국'사이에 있는 '경계'에 살고 있다는 세 가지 의미를 담고 있다." 따라서 한반도의 통일된 민족국가 형성과제를 고수하면서도 이를 민족적 동질성에 입각한 전통적인 민족주의가 아니라 오늘날 지구화 시대의 철학적 사유의 보편성과 결합시키고 있다.[86] 그가 생각하는 통일은 민족국가를 형성하는 작업인 동시에 보편적 사유의 지평을 개척하는 작업이다. 우리 민족의 분단극복의 문제는 동과 서, 남과 북이라는 세계 전체와의 연관을 떠나서 파악될 수 없기 때문이다.

분단을 '경계인'의 관점에서 사유하는 것은 상대방의 경험세계를 무시하는 것이 아니라 서로를 '내안의 타자'로 인식하면서 남북의 소통과 연대를 만들어 가는 것을 의미한다. 즉 남북관계를 '내안의 타자'로 인식함으로써 남북의 경계를 허물고 "연대성 속에서" "집합적 단수로서의 우리"[87]를 확인하고 남과 북의 공통분모를 만들어 갈수 있다고 한다. 비록 분단 77년 동안 적대적 대립을 거듭하고 서로 다른 가치, 정서, 생활문화를 형성해 왔지만 같은 민족, '집단적 단수'로서 오랜 역사를 함께 해온 특수한 타자이기 때문이다.

송두율은 남북을 '내안의 타자'로 인식함으로써 상호 대화와 소통을

62쪽.

86 송두율, 『민족은 사라지지 않는다』, 한겨레 신문사, 2000, 127쪽.

87 송두율, 『전환기의 세계와 민족지성』, 한길사, 43쪽.

통해 남북의 연대와 공통분모를 만들어내기 위해 필요한 방법론으로 내재적, 비판적 해석과 해석학적 순환을 제안하고 있다. "내재적-비판적 접근방식"은 타자의 이해를 위해서는 우선 타자의 본질을 타자의 내부에서 찾아야만 하지, 선험적으로 구성된 가치체계를 절대화해서 타자에게 그것을 받아들이도록 강요해서는 안 된다는 것이다.[88]남한의 가치체계를 준거로 북의 역사와 사회를 선험적으로 규정하던 그 동안의 북한인식을 비판하고 북한의 체제, 가치관과 행위규범을 북한의 역사와 사회내부의 경험으로부터 이해하자는 것이다.

그는 타자에 대한 내재적 해석만으로는 남북의 소통이 이루어지지 않기 때문에 "해석학적 순환"을 제안한다. 해석학적 순환은 타자를 통해 나를 보고 나를 통해 타자를 보는 것이며, "내가 원하는 것을 네가 해준다면, 네가 원하는 것을 내가 해준다"라는 역지사지(易地思之)의 방법이다.[89] 내재적-비판적 방법과 해석학적 순환은 남과 북을 비판적으로 해석하면서 두 개의 분단국가를 넘어 민족적 차원에서 대화와 교류의 가능성을 제공하고 있다.

그는 독일통일을 직접 목격하면서, 통일은 일회적인 '사건'이 아니라 지속적인 '과정'으로 보고 있다. '과정'으로 본다는 것은 남북의 "두 체제가 상당기간 공존하는 것을 전제"하는 것이다. 그러한 공존 속에서 남과 북의 '일치점', '공통분모'를 점진적으로 만들어 내는 것이 '과정으로서의 통일'을 의미한다. 독일통일에서 가장 큰 문제점이 동서독 사람사이의

---

88 송두율, 『통일의 논리를 찾아서』, 한겨레신문사, 1995, 242쪽.
89 송두율, 『경계인의 사색』, 한겨레신문사, 2002, 104-105쪽.

'마음의 장벽'이라고 한다면, 동족상잔의 전쟁을 겪은 한반도의 경우 더 깊은 마음의 장벽이 가로놓여 있다고 본다. 따라서 '과정으로서의 통일'은 무엇보다도 마음의 장벽을 허무는 작업인 것이다. 송두율은 마음의 장벽을 허무는 강령적 입장에서 6개의 테제를 제시하고 있다.

즉, "전쟁이 있어서는 안 된다"는 평화의 철학, "함께 변화하는 변증법적인 성격"을 가지는 대화의 철학, "연대성 속에서 집합적 단수로서 우리를 확인"하는 연대의 철학,"실체가 아닌 관계를 통해 변화를 모색하는 "과정의 철학, "과거의 고향으로의 단순한 회귀가 아니라 미래를 끌어당기는 "희망의 철학, 미래세대에 대한 책임을 성찰하는"책임의 철학이다.[90]

"마음의 장벽"을 허물기 위해서는 "단순히 경제의 논리로만 해결할 수 없고", "현재 식량위기에 처한 북을 돕는 행위"등을 정당화하는 "사회, 문화적인 논리를 개발"해야 하며, 이러한 이론적 차원만이 아니라 정치, 경제, 사회, 법률 등 다양한 분야에 걸쳐 남과 북의 "각계 각층의 폭넓은 접촉과 대화"가 이루어져야 한다고 주장한다.[91] 민간차원의 '폭넓은 접촉과 대화'를 통해 '남 속에 들어있는 북'과 '북 속에 들어있는 남'의 내용을 확인함으로써 남과 북의 공통분모를 부단히 만들어 가는 노력이 동반될 때 '마음의 장벽'은 서서히 해소될 수 있다고 보는 것이다,

또한, 마음의 장벽을 허물기 위해서는 남과 북이 "평화와 연대를 위한 계몽"활동을 강화해야한다고 한다. 냉전적 사고를 철폐하기 위한 지적

---

90 송두율, 『전환기 세계와 민족지성』, 한길사, 38-46쪽.
91 송두율, 『민족은 사라지지 않는다』, 한계레신문사. 188-189쪽.

인 노력 없이는 내외적인 요건의 변화에 따라 주동적으로 남북 간의 '결합'을 변화시킬 수 없기 때문이다. 이러한 계몽활동에서 송두율은 학계와 언론계의 역할, 특히 남한 시민운동의 "자발성과 공개성"에 기대를 걸고 있다. 동서냉전이 끝났다고 해도 아직은 냉전이 지속되고 있는 한반도의 특수한 정치, 군사적 상황에서 통일운동과 결합된 시민운동은 "극단적 상호불신을 넘어서 진실한 남북 상호이해를 확충하는 바탕이 된다"고 보고 있다."[92]

이와 같이 통일에 대한 송두율의 '경계인의 철학'은 통일을 인문학적으로 성찰함에 있어 많은 시사점을 제공하고 있다. 그는 이분법적 적대를 재생산하는 '동질성 대 이질성'이라는 전통적인 틀을 벗어나, '경계인'의 사유를 통해 차이와 다양성을 적극적으로 수용하고 있다. 분단 이후 남과 북의 가치, 정서, 생활문화의 차이를 부정해야 할 이질적인 것으로 보지 않고 오히려 남북 소통과 연대의 필수적인 계기로 보았다. 단순히 차이의 인정에 머무는 것이 아니라 차이들의 접속을 통해 "차이와 다양성의 비폭력적 통일"을 만들고자 하였다. 또한 경계인의 사유를 통해 통일의 과정이 마음의 장벽을 허무는 데 있으며, 이를 위해 사회문화적 논리가 개발되어야 하는 점을 강조하였으며, 통일을 과거의 복원으로 보는 것과 달리 경계인의 사유를 통해 아무도 밟지 못한 미래의 고향을 만들어 가는 일로 보았다.

또한, 분단극복과 통일의 문제를 한반도 차원에만 국한하지 않고 오늘

---

92 김성민외 , 앞의 책, 68쪽

날 지구화시대의 보편적 과제와 연관시켜 사유하였다. 즉, 분단극복과 통일은 한반도의 특수적 문제이면서도 그 안에 보편적 문제를 가지고 있다고 보았던 것이다. 그는 울리 벡(Ulrich Beck)이 말하는 위험사회[93]를 극복하는 세계사적인 과제와 한반도의 특수성으로서의 분단사회를 극복하는 과제를 분리하지 않고 이 두 과제를 함께 해결하는 방향에서 통일을 사유한다.[94]

송두율은 통일을 남북 간의 소통과 연대, 과정으로서의 통일, 통일을 지구화 시대의 보편적 과제와 연관시켜 사유함으로써 인문학적 통일론의 기반을 제공했지만 다음과 같은 한계점을 지니고 있다고 본다.

첫째, 분단이 남북주민 신체에 아로새긴 삶의 양식들과 체화된 문화들을 구체적으로 다루지 있지 않다는 점이다. 마음의 장벽을 허무기 위해서는 사회문화적 논리의 개발이 필요하다고 보았지만, 그것이 지적인 계몽활동에 국한된다는 한계가 있다. 냉전적 사고를 극복할 수 있는 시민의 각성을 위해 계몽활동을 강조하고 남북사이의 합리적 소통이 이루어지지기를 원했지만, 분단국가의 상징적 폭력에 의해 몸과 마음에 아로 새겨진 성향과 믿음들이 유발하는 인식적, 실천적 장애를 과소평가하였다.

---

93 Ulrich Beck의 위험사회 : 독일의 사회학자 울리백이 제시한 개념으로, 위험이 사회의 중심현상이 되는 현대사회를 말한다. 과거의 위험은 자연재해나 전쟁 등에서 비롯한 불가항력적인 위험이었으나, 현대사회의 위험은 정치, 경제, 사회적인 요소가 결합하여 나타나는 인위적인 위험이라고 주장한다. 그는 사회가 산업화되어 발전할수록 위험과 그로 인한 불안이 증대되는 위험사회가 될 것이라고 전망하였다.

94 박영균,「분단을 사유하는 경계인의 철학: 송두율의 통일담론에 대한 비판적 검토」,『철학연구』제114집, 대동철학회논문집, 2010, 71쪽.

둘째, 그의 '내재적-비판적 방법과 해석학적 순환'은 북이라는 타자가 가지고 있는 근본적인 '타자의 타자성'을 사유하지 않고 있다. '내안의 타자'는 내가 이해할 수 있는 타자이고, 내가 이해할 수 없는 타자가 아니다. 그러나 한국주민에게 북은 '내안의 타자'가 아니라 이해 불가능한 매우 낯설고 기괴한 존재, 내밖에 있으면서 끊임없이 나를 위협하는 타자로 인식된다는 점이다. 이것은 분단 77년이 우리의 몸과 마음에 각인시킨 믿음과 성향 그리고 분단의 적대성이 내가 이해할 수 있는 합리적인 의식의 차원을 넘어 비합리적인 무의식의 차원에 작동하고 있기 때문이다. 송두율은 의식차원의 합리적 소통만 강조할 뿐 이러한 무의식 차원에서 작동하는 타자성을 깊이 사유하지 못한 한계가 있다.

이와 같이 통일인문학의 이론적 정초로서 강만길은 '분단시대', 백낙청은'분단체제', 송두율은 '경계인의 철학'의 담론을 제시하였다. 이 담론들은 강조점의 차이는 있지만 현재 남북한의 사회문화적 통합을 중시하고, 통일은 일회성의 사건이 아니라 '과정으로서의 통일'을 지향한다는 점에서는 동일한 맥락이다. '과정으로서의 통일'은 남북긴장완화와 교류의 확대, 화해협력을 통해 무력이 아닌 평화적 과정으로서의 통일이라는 원칙적 방향성을 가지고 있다. 또한 장기간에 걸친 평화적 과정이라는 통일과정의 과도기적 시간성과 평화적 방법의 측면에 초점을 두고 있다.[95]

강만길은 '과정으로서의 통일'이란 말 자체를 특별히 강조하지는 않았

---

95 김성민외,『통일인문학, 인문학으로 분단의 장벽을 넘다』, 72쪽.

지만, '남북기본합의서'의 정신에 입각하여 남북의 사상적, 이념적 차이를 극복하는 평화적, 호혜적, 대등적 통일론을 통일의 방법으로 제시하였다. 백낙청은 시민의 참여가 보장되고 확대되는 과정을 중시하고, 통일방안의 측면에서 평화 공존에서 국가연합의 단계를 거쳐 복합적 국가로 나아기는 과정으로 이해하였다. 송두율은 '과정으로서의 통일'의 핵심을 마음의 장벽을 허무는 과정으로 보았다. 이들은 '과정으로서의 통일"의 원칙적 방향성에 대해서는 동의하면서도 '과정으로서의 통일'이라는 개념을 명료하게 정초하지 못한 한계가 있다. 왜냐하면 '과정으로서의 통일'에서 해체되어야 할 대상과 새롭게 창조되어야 할 대상을 제시하지 못했기 때문이다.[96]

'과정으로서의 통일'에서 해체되어야 할 대상은, 그것은 분단체제가 한반도 주민의 일상적 삶 속에 각인시킨 가치, 정서, 문화 혹은 사람들의 신체와 마음을 통해 작동하는 분단체제의 매커니즘이다. 강만길은 분단체제를 재생산하는 사람들의 성향과 믿음 그리고 적대성에 대한 문제의식이 불충분했으며, 백낙청은 이를 지각하기는 했지만 마음의 병이라는 추상적인 수준에 멈추었으며, 송두율은 의식적인 계몽활동을 통해 충분히 극복할 수 있는 냉전적인 잔재로 보았다. 그러나 분단의 세월동안 강화되어온 남북의 적대성과 불신, 공포 등은 의식의 차원을 넘어 무의식적으로 우리의 몸과 마음에 새겨져있기 때문에 의식적으로 쉽게 극복될 수 있는 것은 아니다. 즉 합리적 인식과 의지적 결단, 혹은 계몽과

---

96 김성민, 박영균,「인문학적 통일담론과 통일인문학 : 통일패러다임에 관한 시론적 모색」,『철학연구』제92집, 2011, 151쪽.

활동을 통해 간단히 해소 될 수 있는 성격의 것이 아니기 때문이다. 분단의 극복과정에서 우리의 인식적, 실천적 장애가 되는 이러한 가치, 정서, 생활문화가 어떤 성격을 지니며, 어떻게 작동하고 있는지에 대한 구체적 분석이 필요하다.

'과정으로서의 통일'에서 창조되어야 할 것은, 그것은 동질성과 이질성이라는 대립적인 틀을 넘어 남과 북, 해외 디아스포라들이 다양하게 변용시켜온 사회문화적 차이들의 접속을 통해 생성되는 통일한반도의 새로운 가치, 정서, 문화라는 공통규칙이다. 강만길, 백낙청, 송두율은 '과정으로서의 통일'에서 창조되어야 할 대상을 설득력 있게 제시하지 못하였다. 강만길은 남북을 포괄하는 한반도 전체적인 시각을 강조하기는 했지만, 민족동질성과 이질성이라는 인식론적인 틀을 전제하면서, 통일과정을 과거부터 이어져 내려온 민족동질성의 회복으로 보는 전통적 민족주의의 시각에 머물러 있었다. 백낙청은 통일한반도의 미래상을 미리 결정하지 않고, 남북교류의 진전과 함께 시민참여의 양과 질에 따라 달라질 여지를 넘겨놓고 있지만, 가치, 정서, 문화적 차이에 대한 분석을 누락하고 있기 때문에 서로 다른 가치관이나 정서 그리고 욕망들이 부딪히면서 어떻게 통일한반도의 새로운 공통규칙을 창출할 수 있는지에 대한 사유를 생략하였다. 송두율은 동질성과 이질성의 틀을 부인하고 남북의 서로 다른 가치관과 욕망의 부딪힘을 적극적으로 수용하면서 '미래의 고향'을 만드는 사회문화적 통합을 사유하였지만, '집단적 단수'로서 오랜 세월을 함께 해온 특수한 타자(내안의 타자)에 과도하게 집착한 나머지, 남북의 타자성을 온전히 사유하지 못하고, 결과적으로 민족동질성과 이질성의 인식론적 틀을 완전히 해체할 수 없었다. 그렇기 때문에 '과정으로서의 통일론'은 기존체제중심의 통일담론의 문제점을 인식하기는 하였지만, 그 한계를 충분히 성찰하지 못했으며, 또한 새로운 대안적 통일담론을 제시하지 못했다. 다시 말해 '과정으로서의 통일'론은 기존 통일패러다임의 전환을 충분하게 이루지 못했다고 할 수 있다.[97]

따라서 '과정으로서의 통일'론의 문제점을 의식하고, 그 불충분성을 숙고함으로써 체제중심의 통일담론을 극복할 수 있는 새로운 통일패러다임으로 제시된 것이 '사람의 통일'론이다. '사람의 통일'론은 분단이 체제대립으로 환원될 수 없으며, 통일 역시 체제통합만으로 이해할 수 없다는 사실에서 출발한다. 분단이 체제대립으로 환원될 수 없는 이유는 남북의 '각 체제 속에서 살고 있는 구성원들의 가치, 정서, 문화의 분열을 가져왔기 때문이다. 그렇기 때문에 통일 역시 단순히 체제의 통합만이 아니라 남북주민이 하나의 공동체를 이루며 살아가는 사회문화적 통합일 수밖에 없다. '사람의 통일'과정은 남북의 평화공존이 절실한 지금 당장의 현실에서 필요할 뿐만 아니라, 사회통합의 새로운 과제에 직면하게 될 통일이후의 미래문제를 위해서도 필요하다. 통일의 과정은 예측 불가능하기 때문에 체제통합이 먼저 이루어 질수도 있다. 하지만 체제통합이 진정한 통일이 되기 위해선 남북한 구성원들 사이의 가치와 정서, 문화의 소통과 통합이 전제되어야 한다. 사람의 통일은

---

97 김성민외,『통일인문학, 인문학으로 분단의 장벽을 넘다』, 72쪽.

통일을 앞당기는 동시에 통일이후를 대비한다는 의미를 내포하고 있다.[98]

　즉, 인문학적 통일담론은 삶과 소통하는 인문정신의 관점에서 통일을 사유함으로써 새로운 통일의 패러다임을 정립한다. 남북주민들의 몸과 마음에 아로새겨진 적대적인 가치, 정서, 문화를 극복하는 "사람의 통일"을 지향한다. 정치경제적 체제통합이전에 가치-정서-문화적인 차원에서 '사람의 통일'이 필요한 이유는, 그것이 정치경제적 통합을 이루는 원동력이자, 통일을 진정한 사회적 통합으로 만드는 근본적인 힘이기 때문이다. 따라서 통일에 관한 인문학적 성찰은 '사람의 통일'이라는 관점에서 소통, 치유, 통합의 패러다임을 학문적으로 사유하는 것이다. 이처럼 통일인문학은 체제중심의 기존 통일패러다임을 넘어서는 새로운 관점에 입각하여, 기존의 통일담론 틀 내에서 그동안 간과되어 왔던 인문학적 성찰을 시도하는 차원에 머무는 것이 아니라 통일담론 자체를 근원적으로 재구성하는 학문적 시도인 것이다. 통일인문학의 핵심개념인 '민족 공통성(national commonality)', '분단 아비투스(habitus of division)', '분단 트라우마(trauma of division)' 등은 기존 통일 패러다임 속에서 찾아볼 수 없는 새로운 개념으로 학문적 모색의 산물이다.[99]

98　김성민외,『통일인문학, 인문학으로 분단의 장벽을 넘다』, 77쪽.
99　김성민외, 『통일인문학, 인문학으로 분단의 장벽을 넘다』, 78쪽.

제3장 통일의 시금석, 탈북민

통일한국의 사회통합은 남북의 상호차이를 인정하고 존중하면서 공동의 가치와 연대성을 형성하는 과정으로 본다면, 제도와 구조의 통합보다는 미시적이고 문화적인 통합이 특히 중요한 문제로 부각된다.[100] 즉 거시적으로 정치, 경제적 체제의 통일을 지향하면서 미시적으로 사람과 그 문화적 배경을 중요시해야함을 의미하는 것이다. 따라서 통일이 단순히 영토상의 문제가 아니라 '사람의 통일'이라는 측면에서 탈북민과의 공존과 연대는 남북한 사회문화통합의 시금석역할을 한다. 즉 통일이후 이질화되어 있는 남북한 주민들이 함께 살게 될 때 나타나는 사회문화적 갈등문제들을 탈북민을 통해서 미리 볼 수 있으며, 그에 대한 대책을 세울 수 있다. 특히, 20대 탈북청년들은 사회문화적 적응이 빠르고, 대부분 이미 북한에서 한국의 문화를 접촉한 경험이 있다. 남북한 문화를 모두 체험한 이들이 남북한의 이질화의 완충역할을 한다면 한민족의 미래지향적인 민족공통성이 창출되고 형성될 것이라고 본다.

1989년 독일통일의 교훈에서 보았듯이 정치경제적 체제통일은 그 후에도 여전히 사회적 갈등과 경제적 문제가 남아 있었고, 그것을 치유하고 회복하는데 30년 이상의 세월이 걸렸지만 여전히 동, 서독은 갈등의 벽을 넘지 못하고 있다. 이런 점에서 한반도의 통일은 체제의 통일도 중요하지만 '과정으로서의 통일', '사람 중심의 통일'이 더욱 중요한 것이

---

100 전영선,「통일문제의 생태주의적 인식과 문화번역의 가능성」,『분단생태계와 통일의 교량자들』, 한국문화사, 2017, 322-343쪽.

다. 독일의 경우에 비해 남북한의 문제는 보다 복잡하다. 무엇보다도 동서독 간에는 전쟁이 없었고 동서독은 분단 40년간 꾸준히 교류가 증대되어 왔다. 이에 비해 남북한은 전쟁이 있었고 지난 77년간 냉전체제하에서 서로 적대시 하였고, 교류도 거의 없었고 북한은 아직도 외부에 대해 폐쇄적이다. 인간적인 정서적인 삶의 공유된 바가 거의 없었다는 것이다. 북한은 냉전체제의 최악의 그리고 최후의 상징이며, 군사적으로, 정치적으로, 실제적으로 위협적이고 복잡한 국가이다.   따라서 통일은 어려운 과정이 될 수밖에 없는 것이다. 동독의 경우 서구세계의 체제와 문화에 대해 오랫동안 이미 노출되어 있었다. 동유럽의 경우, 헝가리에서는 자유경쟁체제가 일찍부터 점차적으로 수용되어 왔고, 폴란드에서는 오랫동안 정치적 반대세력이 활동해왔다. 그러나 북한에서는 이런 경험이 거의 없다. 결국 북한의 변화는 북한주민에 의해 이루어져야 하며 이러한 "주민"의 "성향"이 북한의 미래를 결정할 것이라고 본다.[101]

우리는 실패한 통일을 피하기 위해, 통일과정이 잘 준비되어져야 한다. 정치, 외교, 군사, 행정, 경제 등에 대한 통일, "땅의 통일" 내지 정치적 통일에 대한 준비도 필요하지만, 인간적인 사회문화적 문제, 즉 "사람의 통일"에 대한 준비가 보다 중요한 것이다. 북한 사람들이 변화를 구축할 역량이 있는가, 지향하는 가치는 무엇인가, 문제를 해결할 수 있는 융통성, 지식이 어떠한가, 정서적으로 안정되어 있는가 하는 것이

---

101 민성길외,『탈북자와 통일준비』, 연세대학교 출판부, 2002, 4쪽.

다. 동시에 그들의 상대방인 남한사람은 어떠한가도 연구되어야 한다.

"사람의 통일'은 남북한 사람들의 인격과 인격의 만남, 의식구조와 감정의 충돌, 그에 따른 긴장, 방어, 조정, 타협, 적응, 그리고 화해의 과정 등이 포함된다. 이를 위해서는 남북한 사람들이 모두 통일의 필요에 동감하고, 통일에 대한 열정, 통일하려는 상대방의 다름에 대한 이해와 용납, 즉 함께 어울려 살려는 의지, 양보와 노력을 할 의도가 있어야하며, 실제로 그럴 수 있는 정신적 능력도 있어야 한다.[102] 남북한 주민들의 적대적 대결, 교류의 단절 등의 이런 상태가 개선되지 않은 채 통일과정이 진행된다면 통일이후에 사회적 문제가 발생하여 통일과정이 실패로 끝날 수 있다. 이러한 가능성은 남한사회 내에서 이미 지역감정, 계층갈등, 이념갈등 등으로 내부혼란, 분열양상이 상당한 지경에 이른 것으로 보아 쉽게 예측할 수 있는 것이다.

이러한 측면에서 북한사람들에 대한 연구는 단순한 문제가 아니다. 현실적으로 북한 현지에서 실제 사람들을 만나고 장기간 생활하면서 연구하는 것이 불가능하기 때문이다. 이러한 가운데 제한적이나마 남북한 주민들이 함께 어울려 살고 그에 따른 문제점과 해결책을 제시해 볼 수 있는 기회로 주어진 것이 남한에 들어와 살고 있는 탈북민이다. 이들 탈북민는 북한 전체인구에 비해 극히 적은 수이지만, 북한에서 태어나 교육받고 살아온 사람들로서 남한사회에 들어와 남한사람들과 함께 살아가는 경험을 하고 있다. 자유롭게 자신들의 경험과 생각을

---

102 민성길외,『탈북자와 통일준비』, 연세대학교 출판부,2002, 6쪽.

이야기할 수 있다는 점에서 중요한 의미를 가진다. 또한 통일여건의 변화에 따라 탈북민에 대한 인식과 탈북민의 사회적 위치도 변화되고 있다. 그들은 한국사회에서 가장 먼 타자이면서도 이들의 존재는 남북의 분단의 증거임과 동시에 남과 북의 거리를 극복할 수 있는 잠재적 자원의 위치를 가지고 있다. 즉 민족의 이름으로 더 풍요한 삶과 자유를 찾아 분단의 경계를 넘어 한국사회에 진입한 탈북민과 공존적 삶을 이루어가는 것이 한반도의 통일을 이루어 가는 바탕이 되는 것이다. 그들을 통하여 북한주민들과 민족적 공통성을 창출할 수 있고 실질적인 통일을 이루어 갈 수 있다. 이들의 적응과정이 향후 도래 할 통일 후 북한주민들의 적응에도 그대로 적용될 수 있다고 보고 '미리 온 통일의 역군', 특히 탈북청년들은 '미리 온 통일세대'로 특별한 의미를 부여하고 있다. 또한 그들과 공존의 삶을 이루어간다는 것은 다른 의미에서는 우리들에게 통일연습의 파트너이기도 하다.

비록 간접적인 연구지만 탈북민에 대한 연구는 탈북민이 통일사회에 남북한 주민들이 함께 어울려 살 수 있는 환경이 어떻게 조성될 수 있을 것인지에 대한 표본집단으로서 유용한 의미를 가진다고 본다.

제3부
장마당 세대의 탄생

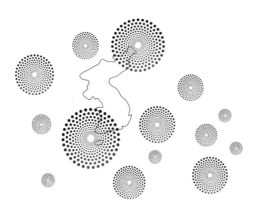

제1장 북한의 장마당 세대란?

북한 김정은 국방위원장의 권력승계는 이제 10년차가 되었다. 이어서 새로운 10년이 시작된다. 첫 10년은 3대 세습정권의 정당성 확보, 경제 위기의 극복, 인민의 생활향상을 통하여 체제의 안정을 기하려고 노력한 기간이었다고 본다. 그 결과 빠른 시간 내에 권력기반을 굳혔고 '김정은 주의'란 용어가 사용되고 '수령'호칭이 다시 등장한다. 그러나 2차례에 거친 미,북 정상회담의 실패, 국제사회의 강력한 대북제재, 코로나 팬데믹으로 인한 국경봉쇄, 시장화로 인한 북한주민들의 자본주의적 생활양태 등 국내외적 요인으로 북한사회는 구조적 모순과 변화의 과정에 있다. 그 중에서도 특히 북한의 2030 장마당세대는 기존 사회주의 질서를 깨드리면서 사회변화를 촉발하는 비사회주의 세대로 제 2사회[103]를 아래로부터 형성하고 있다. 최근 국내외 주요 언론매체들은 북한의 장마당세대, MZ세대를 북한사회 변화의 동인으로 주목하고[104], 국내에서도 이에 관한 연구논문이 다수 발표되고 있다.

사회학자 카를 만하임은 부루주아와 프롤레타리아의 계급적 배경을 뛰어 넘는 '시대의식(Zeitbewusstsein)'에 기초하여 유사한 의식과 행동을 수행하는 집단을 '세대'로 규정한다.[105] 어느 사회이건 특정세대는

---

103 제2사회 : Hankiss의 제2사회의 개념은 소련 및 동구사화주의체제의 붕괴 원인을 사회학적으로 분석한 개념 중 하나가 제2사회 개념이다. 제2사회는 사회주의체제의 공식사회와 공존하면서 형성되어진 비공식사회로서 결국은 공식사회를 전복하는 사회주의권 반체제운 운동인 시민사회운동을 말한다.

104 「북한 2030 장마당 세대가 희망」, 『한국일보』, 2015년 4월 25일; Washington Post, " The Hopes of North Korea's 'Black Market Generation'", 2014년 11월 21일.

그 사회의 미래의 거울이자 방향타이다. 2021년 4월 서울과 부산의 시장 보궐선거에 있어서 한국사회의 MZ세대[106]는 '스윙보터'[107]로서 정치적 지형을 바꾸었다고 언론은 평가하고 있다. 이로써 MZ세대는 정치적, 사회문화적 측면에서 기성세대와 구분되는 특정세대로 관심의 대상이 되었다. 이 세대는 진보, 보수의 프레임에 갇히지 않고 개인주의적, 실용주의적 성향이 강하고, 노력한 만큼 보상을 원하는 공정을 중요시하는 청년세대이다.

　이러한 세대적 현상은 비단 한국뿐만 아니라 글로벌 현상으로, 북한사회에서도 일어나고 있다. 노동당과 수령의 통제가 약화되고 개인주의적이고 사적이익을 추구하는 비사회주의 존재로서의 MZ세대이자, 동일한 출생코호트인 장마당세대는 북한사회 변화의 추동자로 떠오르고 있다. 특히 2010년 중동과 북아프리카에서 '아랍의 봄', 젊은이들의 반정부, 민주화 시위로 정권교체가 일어난 것을 본 북한지도부는 체제의 위기를 느끼고 있다고 한다.[108] 이것은 장마당 세대의 가치관과 그들의 반 사회주의적. 비사회주의적 행태가 북한사회의 변화를 초래하고 김정은 체제에 위협이 된다고 예단하기 때문이다.

---

105 Karl Mannheim, 이남석 옮김, 『세대문제』, 책세상, 2013.

106 MZ세대는 1980년초-1990년 중반에 출생한 밀레니엄세대와 1990년 중반-2000년 초에 출생한 Z세대를 아우르는 말이며, 20세- 35세의 청년세대를 말한다. 북한의 장마당세대는 MZ세대에 해당한다(「공정, 실리 우선하는 MZ세대 '스윙보터'로 떴다」, 『중앙일보』, 중앙일보사, 2021년 4월 10일).

107 스윙보터(swing voter)는 floating voter이라고 한다. 선거에서 지지정당이 없는 유권자를 말하며 부동층에 가까우며 대개 중도성향이다. 경합이 팽팽할수록 승패를 좌우하는 '캐스팅 보터'를 쥐게 될 가능성이 크다.

108 「북 MZ세대 보고서」, 『조선일보』, 조선일보사, 2021년 6월 11일.

장마당세대는 과거 사회주의적 의식을 체화한 배급세대와 반대 항에 있는 세대로 비사회주의적 의식과 생활양식을 공유하고 있는 세대이다. 사회주의적이고, 주체사상적이며, 조직생활에 충실한 기성세대와는 '다른' 집단으로 상징된다.[109] 이 세대는 '고난의 행군시기'라는 역사적 사건 경험, 시장화에 의한 가치관의 변화, 한류 등 외부문화 유입, 코로나 팬데믹에 의한 역사의 가속화 등의 역사적 전환점을 공유하는 출생코호트를 구성한다. 또한 비사회주의적 의식과 생활의 '엔텔리키'를 공유한다는 점에서 '장마당세대'라는 특정세대를 형성하고 있다. 이렇게 '장마당'세대로 명명되는 집단은 연령적으로 20-35세이고, 출생년도는 1980년대 중반에서 1990년대 후반이다. 유아기 혹은 초기 아동기에 '고난의 행군시기'를 겪은 집단으로 어릴 적부터 시장을 중심으로 사회화를 경험한 세대로 북한인구의 약 32%[110]을 차지한다.

이러한 점에 주목하여 '북한의 청년세대'에 대한 연구는 2000년대 이후 시작되었으며, 2007년 이인정의 『북한 '새 세대'의 가치지향 변화』, 2013년 조정아 외 『새로운 세대의 탄생: 북한 청소년의 세대경험과 특성』, 2015년 김성경 외 『북한청년들은 새 세대인가?』 등을 들 수 있다. 이인정의 '북한 새 세대의 가치지향 변화'에 대한 연구[111]는 북한의 14세

---

109 김성경, 「북한 청년층과 세대문제: 쟁점과 본 연구의 설계」, 『북한 청년들은 "새 세대"인가?』, 경남대학교출판부, 경남대학교 극동문제연구소, 2015, 27쪽.

110 박경숙, 『북한사회와 굴절된 근대: 인구, 국가, 주민의 삶』, 서울 대학교출판문화원, 2013; 「북한인구와 인구센서스 분석」, 통계청, 2011.; 김주섭, 『경제사회 환경변화에 따른 인적자본 형성, 활용정책의 개선과제』, 한국노동연구원, 2015, 20쪽.

111 이인정, 『북한 '새세대'의 가치지향 변화』, 한국학술정보, 2007.

-30세까지의 학생 청소년과 근로 청소년들을 대상으로 하는 김일성 사회주의 청년동맹 기관지 『청년전위』 기사분석을 통해 북한 '새 세대'의 가치관의 변화를 연구하였다. 고난의 행군시기 전후 1983년, 1988년, 1993년, 1998년의 기사내용을 분석하는 간접적인 방법을 통해 고난의 행군시기 '새 세대'의 사상성, 사회경제적 가치관, 문화적 가치관 등의 변화추세, 즉 기성 혁명세대와 상이한 혁명의식 약화와 일탈, 개인주의, 소유주의적 사회경제적 관념, 자율적이고 비교적 개성적인 행태, 황색바람[112] 등의 가치관 변화의 추세를 분석하였다.

조정아의 북한 청소년의 세대경험과 특성에 관한 연구[113]는 1980년 중반-1990년 중,후반에 태어난 탈북민을 대상으로 심층면접과 생애사연구 등 질적연구방법을 활용하여, 북한 청소년들의 생애경험과 생애경험의 주관적 수용, 해석에 영향을 미치는 정치경제적 거시적 환경을 분석하고, 이러한 정치, 경제, 사회문화적 공간 속에 위치한 '새로운 세대'의 미시적 경험세계를 규명하고 있다. 1990년대 고난의 행군시기의 북한청소년의 세대경험을 육체적 경험, 언어적 경험, 장소와 사물의 경험, 문화적 전략, 관계문화 등의 관점에서 분석하였으며, 이 연구를 통해 북한의 새로운 세대의 세대경험과 특성을 정리하고, 이러한 특성이 향후 북한사회의 변화에 영향을 미칠 것이라는 점을 시사하고 있다.

---

112 소련 및 동유럽의 사회주의 붕괴 후 이들 나라에 확산된 마피아, 포르노, 매춘, 알코올 중독, 마약들을 '황색문화'라하며, 북한당국은 이러한 "제국주의자들이 퍼뜨리는 반동적이며 반혁명적인 부르죠아 사상과 퇴폐적이며 말세기적인 부르죠아 생활양식과 풍조"를 황새바람이라고 한다(이인정, 『북한 '새 세대'의 가치지향 변화』,, 한국학술정보(주), 20007, 249-251쪽

113 조정아 외, 『새로운 세대의 탄생:북한 청소년의 세대경험과 특성』, 통일연구원, 2013

김성경은 북한사회의 변화의 동력으로써 북한 청년들의 가능성에 초점을 두고 있다. 최근에 탈북한 20-35세의 청년들을 대상으로 설문조사 방법을 통하여 장마당세대의 의식과 행동양식을 정치, 경제, 사회문화, 젠더의 영역으로 나누어 검토하여, 이들 장마당세대는 북한의 인적구성 비율에 있어 인구학적으로도 사회주도세력이 될 조건을 갖추고 있고, 비사회주의적 삶의 양태를 내면화하고 있는 코호트적 특징을 공유한다는 점에서 사회변화의 주도 세력이 될 것이라고 추론하고 있다.

그러나 선행연구는 김정은 집권 전후의 북한사회의 변화가능성을 분석했다는 점에서 의의가 있으나 김정권 집권 10년차의 북한사회의 변화를 담지 못하고 있다. 따라서 현재 북한사회의 새로운 변화를 촉발하는 주체로서 장마당세대, 그들의 가치관의 변화, 이들 세대에 의한 북한사회의 변화의 가능성의 관점에서 이들의 사회적 행태가 주목된다.

만하임은 세대 정의에 있어 기존의 생물학적 세대론과 역사주의적 세대론을 통합적으로 접근한다. 생물학적 세대론이 30년을 주기로 세대를 구분하는 실증주의적 접근에 바탕을 둔다면 역사주의적 세대론은 역사적 경험 공동체로서의 세대를 강조한다.[114] 역사주의적 세대론은 개인들의 공통된 경험을 바탕으로 하며, 이 경험은 생애주기에서 가장 예민한 시기인 청소년기에 축적되어야 하고, 이러한 공통적 경험이 역사적으로 주요 사건에 의해 계속적으로 '각인'되어야하며 연령, 역사적 맥락, 세대위치 등의 중요성을 강조한다.

---

114 Jaeger, Hans, "Generations in History; Reflections on a Controversial Concept", History and Theory. 24(3),1985, pp275-276

만하임의 정의에 따르면 생물학적으로 비슷한 연령대(출생코호트 혹은 인접연령코호트)는 세대를 구성하기위한 객관적인 조건인 '세대상황'이 된다. 하지만 이는 잠재적인 가능성에 불과하고 동일한 세대상황에 놓인 개인은 각자의 '세대위치'에 따라 다른 구성원과 공통된 의식을 공유하면서 세대를 구성하게 된다. 출생코호트는 세대위치의 기본조건이 되지만 "역사적-사회적 통일성이라는 공동 운명에 대한 참여"가 없다면 결코 '실제 세대'로 구성될 수 없다고 한다.[115] 비슷한 시기에 출생한 개인들이 세대라는 '집단'으로 묶여지기 위해서는 "새로운 엔텔리키[116]"를 만들어 내야하고, 만약 특정 연령집단이 그것을 구성하지 못한다면 "그러한 세대들은 이전 세대에 기생하거나 더 어린 세대에 기생하는 경향"이 존재한다.[117] 강력한 엔텔리키를 구성한 특정세대가 상당기간 동안 사회의 주요 세력이 될 수 있는 이유는 대항적인 '새로운 엔텔리키'를 구성하지 못한 인접 연령집단이 그들만의 엔텔리키를 통하여 응집된 특정세대에 수렴되기 때문이다.

이러한 시각은 북한의 장마당세대를 기성세대와 비교할 때 고려해야

---

115 만하임의 연구에서 당시 독일의 도시와 시골의 청년들이 같은 시기에 살았더라도 같은 실제 세대가 될 수 없음을 주장한다. 이는 단순히 지리적인 공간의 차이뿐만 아니라 공간이 구성하는 사회적 위의 차이에서 기인한다고 본다.

116 엔텔리키(enteleechie)는 통일된 의도의 중심, 형성적 원리의 의미이다. 엔텔리키는 라이프 니츠의 〈모니드론 단자론〉에서 언급된 단순한 지각만을 가진 실체이다. 세대단위를 '엔텔리키'로 해석한다면 세대단위들의 구체적인 의사표시는 보다 상위 개념인 '세대'를 통하여 표현된다고 한다. 이것은 세대단위 유전자, 세대개체로 비유할 수 있다. 서로 다른 성향을 가진 유전자가 모여서 개체를 이루고 유전자들의 의도가 개체를 통해 표현되듯이 세대 단위와 세대의 관계는 이와 같다고 본다.

117 만하임 카를 , 이남석 옮김, 『세대 문제』, 책세상, 2013, 77쪽.

할 지점이다. 즉 '고난의 행군시기'라는 극도의 트라우마를 거친 장마당 세대의 경우[118] 강력한 엔텔리키를 구성했다는 점에서, 새로운 엔텔리키를 구성하는 기존 사회 담론에 대항하는 사회적 환경과 문화적 자원이 선행되었다는 점에서 특정세대인 장마당세대가 형성된다고 본다.

북한사회의 세대연구는 지금까지의 정치, 군사, 경제 위주의 북한연구를 행위주체의 영역으로 확장시키려는 시도이고, 냉전 이데올로기적 시각에서 벗어나 아래로부터 만들어지는 새로운 가능성과 변화의 조짐 그 자체를 북한사회 변화의 출발점으로 바라보려는 시각이다.[119] 이러한 관점에서 북한사회의 세대는 기성세대와 그 반대 항에 있는 장마당세대로 대분할 수 있다. 북한사회에서 공식적인 세대구분은 역사주의적 세대론의 입장에서 혁명역사를 기준으로 혁명 1세대(빨치산 세대), 혁명 2세대(6.25전쟁과 전후세대), 혁명 3세대(1970년대 3대혁명소조운동과 3대혁명 붉은기쟁취운동), 그리고 혁명 4세대('고난의 행군'세대)로 구분할 수 있다.[120] 북한의 기성세대는 혁명 1세대, 2세대, 3세대로 구성되며, 혁명1세대는 해방전후 북한 사회주의 국가를 수립한 세대이다. 전후 1950년대와 60년대, 70년대 북한사회는 사회주의적 개조가 진행되면서 현재와 같은 국가사회주의 시스템이 형성되어가는 시기였다. 1958년 농

---

118 김기연, 「김정은 시대 탈북대학생의 트라우마와 정체성 변화연구」, 건국대학교 대학원 박사학위논문, 2021, 43-94쪽.

119 김성경, 「북한 청년층과 세대문제: 쟁점과 본 연구의 설계」, 『북한 청년들은 "새 세대"인가?』, 경남대학교출판부, 경남대학교 극동문제연구소, 2015, 4쪽.

120 남한에서의 세대를 중요한 역사적 사건을 기점으로 구분하면, 해방세대, 전후세대, 4.19세대, 유신세대, 광주세대, 6.10세대, IMF세대, 촛불세대 등 9개의 세대로 정의한다(심광현, 「세대의 정치학과 한국현대사의 재해석」, 『문명/과학』 62호, 2010, 17-71쪽).

업협동화가 완료되고 1961년을 전후하여 통치체제 전반의 개편이 이루어진 후 현재의 북한 체제가 형성되었으며, 오늘날 북한체제가 당면하고 있는 문제점도 이때 함께 배태된 것이다. 이 기간은 전후 국가재건과 북한식 사회주의 건설에 앞장선 혁명 2, 3세대가 주축이었다. 이 세대들은 북한식 사회국가건설이라는 '역사적 과업'과 그 과업을 수행하는 신세대의 '세대위치'에 있었다. 이들은 역사적 사건을 통해 동일연령집단의 공유된 의식과 습속을 뛰어넘는 '사회주의적인 '엔텔리키'를 형성하였다.

이에 반하여 장마당세대는 과거 사회주의적 의식을 체화한 배급세대와 대척점에 있는 세대로 비사회주의적 의식과 생활양식을 공유하고 있는 세대이다.[121] 이 세대는 북한 청년세대를 호명하는 또 다른 주요 담론으로 최근 남한과 서양의 주류 언론에 등장한다.[122] 담론으로 구성되는 '장마당세대'는 그 반대 항에 존재하는 사회주의적이고, 주체사상적이며, 조직생활에 충실한 기성세대와는 '다른' 집단으로 상징된다. 이 세대는 자본주의적 사적이익을 추구하고, 개인주의적이고, 수령과 당에 대한 충성심이 약화된 비사회주의적 세대이다. 고난의 행군시기'라는 역사적 사건 경험과 연계된 시장화에 의한 가치관의 변화, 한류 등 외부문화 유입, 코로나 팬데믹에 의한 역사의 가속화 등의 역사적 전환점을 공유하는 출생코호트를 구성한다. 이렇게 '장마당'세대로 명명되는 집단

---

121 김성경, 「북한 청년층과 세대문제: 쟁점과 본 연구의 설계」, 『북한 청년들은 "새 세대"인가?』, 경남대학교출판부, 경남대학교 극동문제연구소, 2015, 27쪽.

122 「북한 2030 장마당 세대가 희망」, 『한국일보』, 2015년 4월 25일; Washington Post, " The Hopes of North Korea's 'Black Market Generation'", 2014년 11월 21일 검색; 「북 MZ세대 보고서」, 『조선일보』, 조선일보사, 2021년 6월 11일; 「공정, 실리 우선하는 MZ세대'스윙보터'로 떴다」, 『중앙일보』, 중앙일보사, 2021년 4월 10일.

은 연령적으로 20-35세이고, 출생년도는 1980년대 중반에서 1990년대 후반이다. 유아기 혹은 초기 아동기에 '고난의 행군시기'를 겪은 집단으로 어릴 적부터 시장을 중심으로 사회화를 경험한 세대이다.

제2장 장마당 세대 탄생 배경

1. 역사적 배경

1990년대 전후 소련 및 동구사회주의 국가들의 몰락과 중국으로부터의 식량수입의 감소는 북한 경제의 붕괴로 이어졌다. 러시아와의 교역은 1/10로 급감하여 북한의 공업부분의 붕괴를 가져왔고, 중국 동북지방의 옥수수 생산 감소는 식량문제에 영향을 주었다.[123] 기간산업의 가동률은 40%로 이하로 떨어져서 내부적으로 경제침체가 심화되고 있었으며, 1990년대 들어서는 국유기업의 가동률이 20-30%로 떨어졌다.[124] 따라서 북한 전 지역은 '고난의 행군시기'로 빠져 들어 국가배급제도는 무너지고 북한주민들은 생존을 위해 시장으로 나오게 되었다. 배급중단은 북한 주민들에게 시장에 대한 인식의 변화를 가져오게 되었고 자구적인 생계활동으로 농민시장은 활성화되었다. 이로 인하여 이전에 비해 사적 경제활동이 많이 확대되었고 농민시장과 암시장이 결합된 종합시

---

123 이석 외, 『북한 계획경제의 변화와 시장화』, 통일연구원, 2009, 93쪽.
124 김영윤, 「북한 에너지난의 실상과 전망」, 『북한 경제난의 현황과 전망』, 민족 통일연구원, 1997, 37쪽.

장 형태의 장마당이 생겨났다.

이러한 북한의 최대의 위기상황을 '고난의 행군시기'라 하며 이 기간은 1994년-1998년 까지 지속되었다. 이 기간 동안의 극심한 식량난은 사회주의건설, 사회주의체제에 대한 불신, 건전한 사상의식에 대한 부정적 영향과 일탈, 북한 체제의 붕괴로 이어질 정도로 주민의 불신은 증대했다. 수많은 북한주민이 기아로 죽었고, 북한 정권은 한국전쟁 이후 최대의 체제위기 상황이 되었다. 그 결과 북한사회주의 체제는 고난의 행군시기를 거치면서 구조적 변화를 겪게 되었고, 북한주민 또한 국가를 의지하지 않고 각자 생존의 방법을 찾지 않을 수 없었다. 김정일 정권은 이러한 체제위기를 극복하기위해 새로운 정치방식을 제시할 필요성이 있었고, 그 결과 군의 정치, 경제, 사회적 선도역할을 반영하는 선군정치가 등장하였다.

김정일 정권은 "고난의 행군"원인을 사회주의 국가몰락, 제국주의의 압박, 불가항력적인 자연재해 등의 외부적 요인으로 돌리고, 위기의 책임이 국가에 있지 않다는 점을 강조하였다. 2000년에 들어서 "고난의 행군"이라고 명명한 것은 국가의 기획에 의한 명칭으로 고난의 행군을 극복하고 승리했다는 점을 선전선동 함으로써 여전히 해결되지 않은 경제적 위기를 극복할 수 있다는 심리적 동원기제로 활용해왔다. 또한 북한정권은 국가의 어떠한 위기상황 속에서도 사회주의국가 건설과 혁명과업 달성이라는 이름으로 북한주민을 위한 정책보다는 체제유지를 목적으로 인민대중을 동원하여 왔다. 1950년 후반 농업협동화운동, 천리마 운동, 1960년대 주체사상의 확립 등과 같이 '고난의 행군'을 체제유지의 동원기제로 활용하였다.

　'고난의 행군시기'에 장마당은 북한의 경제 위기를 벗어나는 중요한 역할을 하였다. 중앙집권적 계획경제 기능이 붕괴되고 배급제도가 중단되었을 때 장마당은 주민들의 생존의 기반이 되었다. 장마당의 확산은 북한주민들의 생존보장, 더 나아가 소비재시장 및 생산재 시장의 확장으로 이어지고 장마당에서 얻은 재정은 시장에서 소비하는 선순환구조가 형성되었다. 사회주의 계획경제에서 점차로 자본주의 시장경제의 모습을 보이고 있으며, 시장에서 자본을 축적한 신흥세력인 돈주가 등장하고, 사회주의에서 볼 수 없는 빈부격차가 심화되고 있었다. 시장은 북한 사회주의 국가경제시스템 밖에서 이루어지던 경제활동이었으나, 이제는 공식적인 영역에 들어와 영향력이 커지고 있다. 주민들의 생활수준도 향상되었다. 예컨대, 소비재 물품 중 흑백TV는 거의 사라지고 컬러TV를 갖고 있으며 전기밥솥을 사용하고 있다. 이동전화 가입자가 2015년 현재 약 324만으로 증가하였다. 이동전화로 지역 간의 정보가 전달되고 시장가격이 안정화되고 있으며, 이로 인하여 배달 문화가 확산되면서 지역 간의 격차가 완화되는 결과를 가져오기도 하였다.[125]

　북한 사회주의 경제구조 속에서 권력층과 비 권력층의 계층이 존재하였지만 권력층의 시장에 대한 영향력은 크지 않았다. 그러나 배급체계의 붕괴로 권력층의 시장에서의 영향력은 더욱 커지게 되었고 권력층은

---

[125] 통계청, 『북한통계: 이동전화 가입자 수』 ; 2016년 북한의 주요 통계지표(최민혁, 「북한 장마당이 경제와 체제에 미친 영향에 대한 실증분석 연구」, 가천대학교 대학원 박사학위논문, 2016).

부의 축적을 이루었다. 기득권층인 권력층의 시장을 통한 부의 가속화는 더욱 커지고 사회분열과 부정부패 역시 가속화 되고 있었다. 2002년 '7.1경제관리 개선조치'이후 사회적 불평등과 빈부격차가 커지자 화폐개혁을 통해 빈부격차와 시장화를 막으려했지만 화폐개혁은 실패로 돌아갔다. 이미 시장화는 주민들에게 깊숙이 파고들었다.

이러한 사회경제적 구조 속에서, 장마당에서 태어나고 성장하고 살아온 장마당세대들은 돈의 위력을 육체로 체험한 개인주의적이고 실리적인 세대가 되었다. 기성세대와는 달리 집단주의 이념에 구속받지 않는 가치관의 소유자가 되었다. 즉 사상이 아닌 물질의 중시, 집단보다 중요한 개인의식 대두, 국가와 공동체에 대한 불신, 의식의 퇴행 등 북한주민의 기존가치관(수령, 당, 인민의 유기체적 심리)을 흔들었다.

2. 북한의 경제 사회적 배경

특정세대 코호트 구성원의 생의 경험은 개인의 사회적 경험, 역할, 지위, 신분 등의 개인화의 표현이자 동시에 사회구조적인 사회화의 내용을 보여준다. 생애사 연구는 바로 이와 같은 개인과 사회의 불가분적 구성물인 생애사를 통해 특정한 개인의 삶의 이력 그 자체가 아니라, 그것을 통하여 드러나는 사회구조를 재구성하고 사회변동의 동인을 분석하는 것이다.[126]왜냐하면 생애사는 본원적 사회성을 가지고 있으며,

---

126 이희영, 「사회학방법론으로서의 생애사 재구성」, 『한국사회학』 39-3, 2005, 129-130쪽.

그것은 모든 개인의 행위 이전에 전제되어 있으며 개인적인 행위로 환원될 수 없는 것이기 때문이다.[127]

이 점에서 장마당세대는 그들이 태어나고 성장한 북한의 경제사회적 환경과 불가분의 관계에 있다. 그들의 가치관의 변화를 이해하기 위해서는 '고난의 행군시기'와 장마당의 활성화로 인한 북한사회의 경제적, 사회적 변화에 대한 분석이 전제되어야 한다. 여기서는 김정은 시대의 경제사회적 변화에 한정하여 검토하고자 한다. 왜냐하면 김일성 시대의 1980년대의 경제침체는 김정일 시대 1990년대의 '고난의 행군시기'로 이어지고, 이로 인한 북한사회의 구조적 변화 양상은 김정은 시대에 들어서 누적적으로 드러났다고 보기 때문이다.

경제적 구조변화에 있어서, 북한 경제는 국가의 식량거래독점으로 모든 경제주체의 소비생활이 직접 국가에 의하여 통제되는 경제제도를 유지하였다. 그러나 1990년 이후 이러한 전일적 배급제는 사실상 붕괴되었으며, 국가배급제와 광의의 시장[128]이 공존하고 경제주체의 소비생활이 상당부분 국가의 계획 영역 밖에서 이루어졌다. 김정은 정권은 시장을 거의 통제하지 않았다. 북한주민들은 이것을 새로운 집권자인 김정은의 경제정책으로 받아들이고 과거와 같이 북한당국의 적극적인 시장 활동 규제가 없을 것으로 인식하였다.[129] 북한주민의 생계는 현실적으로 장마당에 의존하게 되었고, 북한내부 장마당 세력은 이제 인위적

---

127 Joas, Hans, *Die Kreativität des Handelns*, Frankfurt/M : Suhrkamp, 1996, pp 277-278
 : 신진욱 옮김,『행위의 창조성』, 한울아카데미, 2002
128 개인적 식량생산과 거래를 허용하는 것을 말한다.
129 이석,『북한의 경제변화와 지속』, 체제통합연구회, 명인문화사, 2015, 117쪽

으로 제어하기 어려울 정도로 성장했으며, 돈만 있으면 시장에서 다양한 물품을 구매하는 것이 가능해졌다. 이러한 김정은 집권 초기의 정책변화에 따른 북한의 경제사회적 환경변화는 실질적으로 북한주민들 사이에서 인식되고 있었음을 탈북청년의 구술을 통해 확인할 수 있다.

> 김정은이 금방 직위에 올랐을 때에요. 경제적 상황은 그냥 잘사는 사람은 잘 살고 못사는 사람은 못살았던 것 같아요. 제가 올 때까지만 해도 굶어죽는 사람은 별로 없었던 것 같아요. 먹고살 정도는 되었어요. 탈북 당시 꽃 제비[130]는 많아도, 굶어죽는 사람은 없었어요.(아진)

김정은 집권초기에는 플러스 경제성장으로 북한주민의 기대는 컸고, 김정은 체제에 대한 평가도 우호적이었던 것으로 보인다. 구술에 의하면 탈북청년들은 김정은 집권 초기의 경제사회적 변화를 직접적으로 느끼면서 긍정적으로 평가하고 있다.

그러나 경제적 변화양상에 있어, 북한의 경제체제는 사회주의 계획경제제도와 자본주의 시장경제가 얽혀있는 특이한 경제구조가 되었다. 장마당이라는 공식시장 및 비공식시장 약 1000개의 시장이 북한경제를 지탱하고 있다. 또한 '와크'[131]라는 개별경제주체(돈주)가 등장하여 경제

---

130 북한에서 집없이 떠돌면서 구걸하거나 도둑질하는 어린아이들을 지칭하는 은어. '꽃제비'라는 용어는 1900년대 들어 식량배급제도의 붕괴영향으로 부랑자가 급증하게 시작한 1994년부터 북한주민들에게 유행한 신조어이다.

131 '와크'란 세 가지 의미가 포함되어있다. 첫째는 해외의 특정물품을 교역(수출)할 수 있는 권리, 다시 말하면 정부로부터 허가된 라이센스라는 의미이다. 둘째는 이들 물품을 어느 정도교역(수출)할 수 있는가 하는 것을 의미하는 허가량 또는 쿼터이다. 셋째는 이들 물품을 생산하기 위해 국내의 특정지역 또는 권역에서 해당되는 자원을 동원할 수 있는 권한이다.

영역을 '와크'와 정치적 권력기관이 분할하여 경제적 수익을 공유하는 특이한 형태의 경제운용방식을 취하고 있다. 김정은 정권 이후 주요 정치세력의 숙청은 언제나 경제적 이권과 연결되어있고, 정치와 경제의 혼합현상이 일반화되어 있다.[132] 북한의 장마당 의존도는 약 70%이상으로 추정되며, 소련붕괴 직전 일반가정의 시장의존도는 약 23%였다. 북한의 시장의존도는 소련말기나 중국, 베트남의 개혁, 개방초기보다 높은 편이었다.

> 장마당에서 하루 벌어서 하루 먹고살아요. 배급은 고난의 행군이후로 안준다고 보면 되고요. 배급은 1년에 한번 정도 감자나 잡곡 주는데 몇 킬로 정도 주어요, 아버지들은 직장에 매이고 이름만 걸고 다녀요. 남자들은 다들 직장에 매어서 일을 하지만 월급이 안 나와요.
> 군인들은 배급이 나오지만 일반직장인은 돈이 안 나와요.(재성)

위 구술은 북한 주민들의 생존방식을 보여준다. 배급은 1년에 한번 정도 나오는 직장도 있지만 대부분 배급이 나오지 않는다. 아버지들은 직장에 매여 있지만 월급이 나오지 않아 집에서 무위도식하는 사람으로 취급된다. 생계는 장마당에 의존하여 살아간다. 배급제로 식량과 옷을 준다고 하지만 일반직장인은 배급이 중단되었다. 따라서 특권층이 아닌 일반북한주민들은 배급도 없고 월급도 받지 못하므로 장마당에서 하루 벌어서 하루 먹고 산다. 따라서 북한은 권력층, 신흥계급인 돈주, 가난한 일반주민이 신분상 구분되어 있는 계급사회의 형태를 띠고 있다.

---

132 이석,『북한의 경제변화와 지속』, 체제통합연구회 ,2015, p121

한편, 사회문화적 변화 양상에 있어, 북한의 사회구조적 변화는 근본적으로 경제적 구조의 변화에 기인한다. 시장화는 북한의 사회주의적 시스템의 변화를 가져와 의도치 않는 사회적 문제를 초래하고 있다. 즉 불법행위의 일상화, 뇌물의 만연, 마약의 유통, 빈부격차, 가정의 해체 등 사회의 부조리가 기존의 사회구조를 흔들고 있다. 주민 각자는 살기위해서는 불법행위를 해서라도 돈을 벌어야 하는 사회행태가 일반화되어 있다. 권력층과 결탁한 돈주는 밀무역 등 불법장사를 해서 자본을 축적하고, 중간 장사꾼은 거의 불법거래를 통하여 돈을 벌고, 일반주민들은 생존하기위해 불법행위를 할 수밖에 없다.

불법으로 돈을 버는데, 차 밑에다가 구리 등을 싣고 위에는 옥수수로 위장하여 짐을 운반해요. 남자들은 돈을 벌면 크게 벌수 있고 아니면 하나도 못 벌어요. 돈을 많이 버는 것은 구리, 은 등이며 금장사하는 사람들이 돈을 잘 벌어요. 아빠는 금 광산회사의 책임자로 근무하면서 불법적으로 금을 조금씩 빼왔어요. 금을 조금 가져와도 중국 돈으로 200-300원하여 한 달 동안 먹고 살아요.(아진)

저희는 북한 법으로 따졌을 때 다 범죄를 하고 살고 있고, 장사도 범죄고 심지어 옷을 팔아도 범죄가 되요. 그렇게 안하면 살 수 없으니까. 북한에서는 모두가 범죄자이에요. 엄마는 동, 철, 은 등을 밀수하고, 그러면 엄마가 나르는 일을 할 때, 아이들은 조사를 잘 안하기 때문에 저도 학생 가방에 넣어서 나르고 했어요. 그러면 저도 아동범죄이잖아요. 엄마는 밀수를 하다가 선이 끊겨서 그 중간 다리 역할을 했고. 아빠도 밀수를 했어요. 그렇게 몰래몰래 하는 일에 익숙해졌어요.(소연)

북한에서 생활자체가 불법의 연속이라고 한다. 정상적인 소득의 확보가 불가능하기 때문에 불법에 의한 소득획득이 일상화되어 있다. 북한법으로 보면 장마당 장사는 원천적으로 불법이다. 생계유지를 위한 상행위 자체가 불법의 연속인 것이다. 큰돈을 벌려면 밀수를 해야 하고 유통이 금지된 금, 은, 구리 등을 중국에 밀무역해서 자본을 축적하기도 한다. 구술에 의하면 몰래 몰래 숨어서 하는 일들이 일상화되어 있다. 심지어 탈북하기 위하여 도강하는 것도 어렵지 않게 생각한다. 무엇을 해도 숨어서 몰래 하는 것에 익숙해져 있기 때문이다.

생활자체가 불법의 연속이기 때문에, 이러한 불법적인 행위에 대한 묵인과 그 대가로 권력층에게 뇌물을 제공하고 이익을 공유하는 행태가 관행으로 정착한다. 대체로 북한사회는 뇌물사슬로 연결된 사회구조가 되어 뇌물이 들어가지 않으면 움직이지 않는 사회가 되었다고 한다. 심지어 병원진료도 돈이 들어가야 순서가 빨라지고, 학교도 잡부금을 잘 내어야 공부할 수 있다고 한다.

> 북한에 있을 때는 집이 잘 살았습니다. 아빠는 불법사업을 하고 있었어요. 엄마 친구도 불법적인 일을 해서 엄마가 친구를 아빠에게 붙여 주었어요. 그러던 중 아빠가 엄마 친구와 혜산에 한 달 동안 일 때문에 갔다가 서로 눈이 맞아서 바람을 피우게 되었고, 헤어지는 과정에서 그 여자가 신고를 해서 아빠가 잡혀갔어요. 집에 있는 재산을 다 주고 풀려났지만 집안은 망하게 되었고, 그래서 혜산으로 이사 갔어요.
> (시은)

구술에 의하면 북한에서 개인사업은 주로 밀수품 등을 취급하는 불법

사업인 경우가 많다. 그 과정에서 권력층의 비호를 받을 수밖에 없고, 불법행위가 발각되면 뇌물로서 해결한다. 시은의 아버지도 불법사업의 발각으로 뇌물을 주어 풀려났지만 결국 망하게 되었고 그 결과 영희의 탈북으로 이어졌다.

> 북한에서 의료비는 무료이지만 실제로 병원에 약이 없어요. 의사에게 주는 진료비는 뇌물성격이고, 담배라도 주면 진료순서가 바뀌어요. 개인이 약을 사와야 하고, 없는 약은 중국에서 사와야 해요. 돈이 없으면 죽어요.(정인)

> 말로만 무료지 토끼가죽, 꼬마계획 등 잡부금으로 내는 것이 더 많아요. 학기 전에 페인트칠 한다고 하면 모두가 돈을 내야 해요. 페인트칠 비용을 내지 못하는 친구들은 독촉을 당해요. 가방은 학교에 두고 집으로 돈을 가지러 보내기도 합니다. 어릴 적에는 그런대로 넘어가지만 고등학생이 되면 남녀공학인데, 여학생 앞에서 그렇게 독촉을 받으면 반항심이 생겨 학교에 가지 않아요.(나희)

북한에서 의료비와 학비는 무료이다. 그러나 현실적으로 진료비를 주어야 진료가 가능하다 병원에서 급여가 잘 나오지 않기 때문에 진료비는 의사의 수입으로 가져간다. 학교 잡부금의 경우, 고난의 행군시기에 교사들은 급여가 나오지 않아 학생들의 잡부금으로, 또는 장마당에 장사를 하면서 생활을 해왔다. 김정은 체제하에서도 여전히 교사는 학생들의 잡부금으로 생활을 하고, 학교시설 및 운영도 잡부금에 의존한다. 꼬마계획, 군대지원사업 등으로 잡부금이 제도화 되어가고, 나아가 잡부금은 뇌물성격을 띠고 있다.

한편 일반 주민들은 삶 자체가 힘들어서 독주와 담배가 생활문화로 자리 잡았고, 심지어 마약도 일반적으로 유통되고 있는 실정이다.

> 근데 안 피우면 살기가 힘드니까요. 담배만 피우면 다행이에요. 최근에 들어서는 마약 같은 것을 많이 해가지고 애들이 다 볼 수 있을 정도로 심해요. 집에 가면 아빠도, 동거하는 아줌마도 마약을 피워요. 저희 집에서도 기타 안을 열면 빙두가 있어요. 저희들은 그냥 생각 없이 봐요.(소연)

북한에는 약이 부족하여 마약이 복통, 치통, 신경통, 부인병을 다스리는 만병통치약이 되었다. 잠을 쫓고, 뇌졸중을 예방하고 미용과 신체능력을 높이는데도 사용되고 있으며, 북한주민의 30% 이상이 아편, 빙두 등 마약을 상용한다고 한다.

> 북한의 가정이 깨어지고 해체되는 근본적 원인은 바람인 것 같아요. 돈이 있으면 남자만 바람을 피우는 것이 아니라 여자들도 바람 피워요. 북한에서는 가정을 가지고 있어도 남자나 여자나 바람피우는 것이 일반화 되었어요.(소연, 아진, 나희, 시연)

경제적 문제와 생활의 스트레스는 도덕적 해이를 초래하여 성의식이 낮아지고 사회적으로 불륜은 묵과되고 있다고 한다. 그 결과 가정은 깨어지고 자녀들을 장마당으로 내 몰리고 있다. 이러한 경제사회적 환경 속에서 성장한 장마당세대는 혁명적 수령관과 주체사상으로 무장된 기성 혁명세대와는 상반된 가치관을 가질 수밖에 없고, 이들 세대는 자기중심적이고 사적이익을 추구하는 새로운 세대로 형성되어갔다.

제3장 장마당 세대, 탈북청년의 가치관 변화

생애사는 본원적 사회성을 가지고 있기 때문에 개인의 생의 경험은 개인화의 표현이자 동시에 사회구조적인 사회화의 내용을 보여준다. 이 점에서 탈북청년들의 가치관은 그들이 태어나고 성장한 북한의 경제 사회적 구조와 불가분의 관계에 있다. 여기서는 김정은 시대의 탈북청년들의 가치관의 변화를 이념 및 체제 가치관, 경제적 가치관, 사회문화적 가치관을 중심으로 살펴보고자 한다.

김정은 시대 탈북청년들은 '고난의 행군시기'라는 역사적 사건의 경험과 1990년대의 출생코호트를 공유한다. 이들은 비사회주의적 의식과 생활의 '엔텔리키'를 공유하는 특성을 가지고 있다. 북한 기성세대의 사회주의 가치관은 '집단주의 원칙', '주체의 혁명적 인생관', '공산주의적 새 인간형'을 기반으로 한다.[133] 이러한 북한의 사회주의 가치관은 북한 주민의 가치관과 삶의 방식을 결성해왔다. 그러나 북한주민의 가치관과 삶의 방식에 결정적 변화를 가져온 것은 김정일 시대의 '고난의 행군시기'의 식량난과 경제위기였다. 이들은 생존하기 위해 장마당을 통해 식량을 구하거나 중국으로 탈북을 감행할 수밖에 없었다. 이러한 요인으로 북한사회의 구조적 변화, 개인적 가치관과 삶의 변화가 일어나기 시작했다. 즉 이들은 장마당을 통해 사회주의체제에 살면서 자본주의적 생활을 경험하게 되었다.

---

133 오원환, 「탈북청년의 정체성연구: 탈북에서 탈남까지」, 고려대학교 대학원 박사학위논문, 2011, 67쪽.

사회주의체제 안에 있는 자본주의, 안에서 자본주의를 형성하고 있
는 느낌. 한국은 크게 자본주의를 만들었잖아요. 북한은 겉은 사회주의
이고 안은 자본주의가 퍼져 나가는 느낌이에요.(소연)

구술에 의하면, 이들의 탈북 시 연령은 14세-17세로 사춘기 나이였다.
그들의 삶에는 아름다운 꿈이 아니라 "어떻게 하면 잘 살 수 있나" 하는
생각만 가득하였다고 한다. 그들은 성장하면서 북한에서 살아가기 위해
서 '돈'이 있어야 한다는 현실을 철저히 체득하게 되었다. 자본주의사회
보다 더한 돈에 의하여 움직이는 세상에 살았던 것이다.

정치적 이념에 있어, 북한사회주의 국가를 오늘날의 북한체제로 확립한
기성세대(혁명세대)는 사회주의 이념에 투철한 세대이고, 노동당과 수령
의 지시에 복종하는 것이 인민과 국가를 위한 것이라는 사회주의 이념이
내재화된 세대이다. 그들은 '하나는 전체를 위하여 전체는 하나를 위하여
존재한다'는 집단주의 가치관으로 개인의 사적이익을 추구하는 것은 '국가
에 대한 반역행위'라 생각할 정도로 북한 사회주의 국가건설의 주축이
되었다. 이에 반하여 탈북청년들은 사회주의 경제체제를 사실상 경험하지
못하고 장마당에서 사회화를 경험하게 되면서 물질주의와 시장적 가치를
내면화한 집단이다. 또한 비 사회주의적이고 반 사회주의적 성향이 강하
여 당의 통제가 잘 작동되지 않는 세대이다. 이들은 식량난과 배급제의
붕괴로 경제위기를 경험하면서 시장에서 생활했던 세대로 학교에 가기보
다는 부모님과 장사를 하며 생활하였기에 사상교육을 제대로 받지 못하였
으며, 국가로부터 어떤 혜택이나 보상을 받지 못했기 때문에 국가에

대한 충성도 또한 낮다. 또한, 김일성에 대한 기억이 없고, 국가로부터 혜택을 받지 않고 성장한 세대이기 때문에 국가에 대한 무조건적인 충성심과 수령에 대한 믿음이 약화된 세대이다.[134]

> 고향은 혜산이라고 생각해요. 북한이라는 생각 안 해요. 특정 지역을 이야기하지 국가라는 인식을 버려요. 북한은 언젠가 내가 가야하는 고향일 뿐이에요.(성재)

탈북청년들은 심지어 북한을 고향이라 하지 않고 그들이 살아온 특정 지역을 고향이라고 지칭한다. 그들의 삶을 지켜주지 못하고 가족을 떠나 탈북을 해야 할 정도로 무책임한 북한을 국가로 인정하지 않겠다는 탈 체제적 성향을 보여준다. 이념 및 체제에 있어서 탈북청년들은 기성세대와는 가장 큰 차이점을 보이고 있다. 탈북의 동기가 탈 이념적 색채를 띠었고, 이들은 더 나은 삶, 자기발전을 위해 자발적으로 탈북한 세대이다. 이와 같이 장마당세대는 이념적 체제적인 것에서 벗어나 남북한의 적대적인 이념과 체제에 대한 갈등을 갖지 않고 있으며, 존재 조건과 활동영역 모두에서 이념적 틀을 넘어서고 있다.

둘째, 경제적 가치관에 있어, 이들은 장마당을 통한 사적 자율성의 확대와 '돈이면 다 된다'는 자본의 위력을 경험한 세대이다. 기본적으로 화폐경제에서 생존하는 법과 통용되는 화폐가치에 대한 감각을 가지고 있으며, 중국에 체류하는 동안 자본주의사회의 생존의 노하우를 체득하였다.

---

134 최민혁, 「북한 장마당이 경제와 체제에 미친 영향에 대한 실증분석 연구」, 가천대학교 대학원 박사학위논문, 2016, 115-120쪽.

북한에서 어디 한번 갈려고 하면 진짜 너무 힘들어요. 특히 국경지대로 갈 때는 심각하게 어려워요. 그렇지만 돈을 쓰면 그렇게 어려운 것들도 쉽게 할 수 있어요. 모든 것을 돈으로 쉽게 할 수 있고 그런 걸 보면 한국도 비슷한 것 같아요. 아무리 공부를 잘해도 통하지 않아요. 돈이 없으면 안돼요. 북한은 돈만 있으면 좋은 대학이나 좋은 학교에 갈 수 있어요.(정인)

구술에 의하면, 북한에서는 통행의 자유가 제한되지만 돈을 주면 통행증을 만들 수 있고, 돈이 있으면 해결안 되는 것이 없다고 한다. 학교에서도 돈이 있으면 좋은 대학에 갈수 있다고 한다. 따라서 이들에게는 돈이 최고라는 배금주의 가치관이 어릴 적부터 배태되어 있다.

경제적 의식과 행태에 있어 기성세대와 비교하면, 김일성 시대의 '혁명세대'는 해방 이후 토지개혁과 함께 진행한 계획경제정책으로 그들의 생활은 어느 정도 안정되어 있었다. 국가가 완전한 의식주를 책임지고 주민들의 개인 물물교환까지도 통제하며 계획경제 내에서 시장을 운영하였다. 이 시기에 북한 주민들의 의식변화는 거의 없었으며 체제에 순응하였고, 자본주의적 요소인 사적이익추구, 부의 축적 등 경제적 행태도 거의 없었다.

그러나 '고난의 행군시기'에 태어나 시장에서 살아온 장마당세대는 경제적 의식과 행태에 있어 물질중심주의 자본주의적 행태를 띠고 있다. 북한사회주의체제를 이끌어 나가는 동력이자, 주민 생존의 원천인 배급제도의 붕괴되었기 때문이다. 이로 인해 주민의 사적경제활동공간이 확장되고 사유화를 확대시키면서 북한체제의 근간인 집단주의 가치관은 약화되었다. 사상이나 군인정신보다는 '돈과 시장'에 가치를 두었고,

돈은 북한에서 생명을 유지시켜주고 원하는 것을 얻을 수 있는 것으로 자리 잡았다. 즉 이들의 의식은 "이념"중심에서 "돈"중심으로 가치관이 바뀌게 되었다.

셋째, 북한의 경제적구조의 변화, 시장화는 의도치 않는 사회적 문제를 초래하고 있다. 불법행위의 일상화, 마약의 유통, 빈부격차, 가정의 해체 등 사회문화적 부조리는 탈북청년들의 사회문화적 가치관의 변화를 가져왔다. 이들은 이미 북한사회에서 자본주의 문화를 체험했으며, 한국의 MZ세대처럼 구속받지 않는 자유를 추구하고 노력에 대한 정당한 보상을 요구하는 실리적인 세대로 변화되었다.

한국에 오니 달라도 너무 달라요, 상상 밖이어요. 남한에는 노력에 대한 보상이 있고, 하고 싶은 것은 다 할 수 있어 너무 좋아요. 북한에는 아무리 노력해도 보상이 없어요. 저녁에 다니는 것도 자유롭고, 어디에 나가도 구속받는 북한이 싫었어요.(시은)

남한사회는 자유가 있어 좋지만 보다 중요한 것은 노력의 보상이 주어지고, 하고 싶은 것을 할 수 있기 때문이라고 한다. 이들은 탈북 전 북한에 살면서도 한국 등 외래문화에 영향을 받아 자유, 공정, 실리를 추구하는 비사회주의적인 삶을 살고 있었다.

돈뎃고 구역, 달리기 구역이 있듯이 CD, TV, USB를 취급하는 구역이 있어요. 사람들이 그 구역을 알고 찾아와요. 한국영화는 USB로 팔기도 하고 혜산에서는 친구들이 돌려가면서 보기도 해요. USB 하나에 20-30 위안 정도 해요. 심지어 앞쪽 사람들도 혜산에 와서 한국드라마, 영화

를 사가요.(소연)

　　북한에서 청바지를 입고 싶어도 입을 수가 없어서 밤에 청바지 입고
골목으로 다녀요. 치마도 짧게 입고 몸에 맞게 피칭해요. 걸리면 미제
식이라 하여 청바지를 찢어요. 통제를 받으면서 할 건 다해요. 그러다
가 걸리면 돈을 들여서 빠져 나오고 해요.(정인)

　이들은 최근 한류 등 외래문화를 동경하고 개인주의에 익숙한 세대이
다. 이미 북한 사회에서 자본주의 문화의 상징인 청바지를 입고 다니고,
한국 드라마나 영화에 나오는 유행에 따라 짧은 치마, 옷도 피칭하여
입고 나름대로 자신의 개성을 표출하면서 살았다. 그러다가 보위부에
단속되어도 돈을 주면 빠져나올 수 있다는 북한사회의 통념에 익숙해져
서 단속도 두려워하지 않는다.

　그러나 장마당세대는 국가나 사회에 대해 상당히 모호하고 혼종적인
모습을 보이고 있다. 이들은 국가가 허용하는 범위 내에서 적절하게
장마당에 의존하여 살고자 한다. 사회의 주도 세력이 되기에는 출생코
호트적인 세대위치에서 이들의 경제적 위치가 아직 제한적이고, 기존
사회문화적 구조가 그들에게 그렇게 개방적이지 않고 견고하기 때문이
다. 이런 측면에서 이들은 자신들의 사회적 위치를 정확하게 간파하면
서 그 속에서 최대한 살아남으려고 노력하는 '전략적 세대'이다. 즉 사회
주의적 문화와 자본주의적 문화사이, 국가와 시장사이, 집단주의와 개인
주의, 적극적 행위주체와 수동적 군중사이에 양면적으로 존재하는 '사이
(in-between)세대'로서의 경향성을 띠고 있다. 따라서 이들이 향유하는
사회문화적 실천은 기존의 문화양식과 외부의 영향, 국가와 시장, 기성

세대의 가치와 청년세대의 변화 등 다양한 힘이 복합적으로 얽혀 구성된다.[135]

이런 맥락에서 이들은 어느 쪽에도 완전히 '소속되지 못한 자'들의 혼란함과 불안의 심리, 그리고 그만큼 혼종적인 가치를 내면화하고 있다. 그럼에도 이들은 문화적 측면에서 좀 더 자유주의적이고, 남한의 대중문화에 더 많이 노출되어 있으며 외부세계에 대한 정보와 유행에 민감하게 반응한다. 이처럼 장마당세대들은 한류 등 외부문화를 경험하면서 점차적으로 구속받지 않는 자유를 알게 되며, 장마당을 통해 생존한 역사적 경험과 2000년대 이후 한류(k-wave)의 확산 속에서 자본주의적 풍요와 자유를 엿본 세대이다.

이들이 기성세대와 또 다른 특징은 남한에 대한 인식의 변화와 초보적인 시민의식이 나타나고 있다는 점이다. 남한에 대한 인식의 변화는 과거의 적대적 관점에서 호의적인 관점으로 변화된 비율이 약 84%이다.[136] 이는 과거 통제된 삶에서 시장의 발달로 정보가 교류되고 한류 등을 접하고, 남한의 제품과 정보가 중국을 통해 들어가서 남한의 경제를 간접적으로 접하고 있기 때문이다. 초보적인 시민의식의 현상으로 보안원이 장사를 방해하거나 불합리한 요구를 하는 경우 적극적으로 저항하기도 한다. 정치적 저항의식도 표출되어 선거벽보를 훼손하는 사례도 나타나고 있다.[137] 이것은 과거에는 상상할 수 없는 현상인 것이다.

---

135 김성경, 「북한 '사이(in-between)세대의 혼종적 정체성」, 『북한 청년들은 "새 세대"인가?』, 경남대학교출판부, 경남대학교 극동문제연구소, 2015, 182쪽.
136 최민혁, 「북한 장마당이 경제와 체제에 미친 영향에 대한 실증분석 연구」, 가천대학교 대학원 박사학위논문, 2016, 119쪽.

이러한 사회경제적 구조 속에서 성장한 탈북청년들은 사상이 아닌 물질의 중시, 집단보다 중요한 개인의식 대두, 국가와 공동체에 대한 불신과 의식의 퇴행 등으로 북한주민의 기존가치관인 수령, 당, 인민의 유기체적 심리를 깨뜨리고 있다.

---

137 '선거장'을 '서거장'이라 하여 'ㄴ'을 지우는 행위 등이 해주에서 5건, 사리원에서 10건이 발생하였다(북한전문 신문 Daily NK, 2009. 3. 23).

제4부
장마당 세대 탈북청년의
트라우마 양상

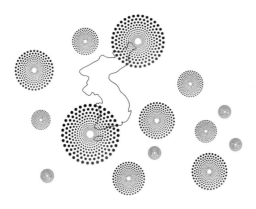

제1장 김정은 시대 탈북 양상의 변화

1. 탈북의 사회구조적 배경

탈북은 세계적 탈사회주의 변화와 함께 발생한 북한주민들의 특별한 형태의 해외이주라고 할 수 있다. '탈북'이라는 표현은 탈냉전 이후 북한 사람들이 자국을 벗어나 제3국 또는 남한으로 입국하는 현상을 지칭하는 의미로 사용되었다. 즉, 탈북이라는 말은 단순히 북한의 국경을 벗어난다는 의미보다 체제를 떠난다는 정치적 의미를 강하게 내포하고 있다. 탈냉전주의와 탈사회주의라는 세계사적 전환은 탈북이라는 말에 억압적이고 폐쇄적인 북한체제를 탈출한다는 정치적 의미를 부여하였다.

그러나 이러한 정치적 의미 부여와는 달리 탈북민들 중에는 정치적 목적을 갖고 떠난 사람들이라기보다는 자신들의 경제적 생존을 위하여, 혹은 더 나은 삶을 위해 북한을 떠난 사람들이 대부분이다. 이런 점에서 탈북민들은 정치적 난민이라기보다는 이주민의 성격이 강하다.

일반적으로 인구의 이주는 인구이동의 일반모델인 '배출-흡인요인'의 분석틀에 맞추어 설명할 수 있다. 배출-흡인모형(push-pull model)은 한 지역에서는 인구배출요인이, 다른 지역에서는 인구흡인요인이 작용하여 인구이동을 발생시킨다는 인구이동 모형이다.[138] 탈북민 이주 현상도 예외는 아니다. 북한주민들이 국경을 넘게 되는 이유는 북한 내부에서 주민들을 밀어내는 배출요인(push factor)과 북한체제 외부에서

---

138 Earnest Ravenstein, The Laws of Migration, *Journal of the Royal Statistical Scociety* vol.52-2, 1889, 241~305쪽.

그들을 끌어당기는 흡인요인(pull factor)이 작용하기 때문이다.

(표4) 탈북의 사회구조적 요인

구 분	배출요인(북한 내부의 구조적 요인)	흡인요인(현지국의 정치경제 요인)
내 용	. 식량난, 경제난 . 가정해체, 가족의 사망 . 사회통제, 성분차별정책 . 과도한 처벌 . 분배정책의 불공평 . 빈부의 극단적 양극화 . 불법사회, 뇌물사회 . 빈곤의 악순환	. 현지국의 정치적 자유 . 현지국의 사회, 경제적 조건 . 국제적 개입 . 외부정보유입 . 중국정부의 탈북민 송환정책 . 미국의 탈북민 수용정책 . 한국정부의 탈북민 지원정책 . 탈북민 경제적 수준에 대한 소식

(표4)의 탈북 이주의 흡인요인은 탈북을 촉진하는 현지국의 정치·경제·사회적 상황과 국제적 개입 등을 의미한다. 현지국의 정치적 자유의 정도와 사회, 경제적 조건 등은 난민을 자국으로부터 끌어내는 원인을 제공한다. 탈북민이 처음 발생한 것은 한소의 수교[139]와 한중의 수교[140] 를 계기로 탈북 시 남한 사람들의 도움을 얻을 수 있다는 기대감이 크게

---

[139] 1990년 9월 30일 뉴욕의 유엔본부에서 양국의 외무장관 사이에 이루어진 한국과 소련의 공식적인 수교. 1990년 6월 4일 한국의 노태우 대통령과 소련의 미하일 고르바쵸프 소련공산당 서기장이 정상회담을 통해 한소수교의 원칙을 합의함으로써 이루어졌다. 1884년 체결된 조러수호통상조약은 러일전쟁에서 러시아가 패전하면서 1904년 파기되었다. 그 후 양국은 냉전을 거치면서 거의 교류가 없었다.

[140] 1992년 8월 24일 한국과 중화인민공화국의 수교가 수립되었다. 한중수교의 국제적 배경은 1989년 12월 미소 몰타정상회의에서 냉전 종식을 선언하고, 1989년 5월 고르바초프의 중국 방문으로 중소관계가 정상화되었으며, 1990년 9월 한소수교가 수립된 것 등이 한중수교의 디딤돌이 되었다. 중화인민공화국의 건설과 중국의 한국전쟁 참전으로 한국과 중국의 관계가 단절되어 양국 간의 교류는 거의 없었다.

작용했기 때문이다. 중국의 개혁개방과 함께 조선족 보따리장수와 해외 교포들의 북한 방문, 해외유학생 및 해외파견자들의 북한귀환 등을 통해 다양한 정보와 외부정보가 유입됨으로써 탈북이 촉진되었다.

현지국의 탈북민 수용에 대한 태도 및 탈북민 정책도 탈북을 유도하는 데 큰 영향을 미치는 흡인요인이다. 중국정부의 탈북민 송환정책이 탈북민의 발생을 억제하고 있으나 한국정부의 탈북민 지원정책과 미국의 탈북민 수용정책은 탈북민을 발생시키는 강력한 흡인요인으로 작용하고 있다. 한국 정부가 탈북민 정착지원금을 줄였지만, 현재의 정착금 금액은 탈북민들에게 여전히 큰 금액으로 유인요소가 되고 있다. 또 한국으로의 탈북민 집단 입국소식과 탈북민들의 경제적 생활수준에 대한 소식 등도 탈북을 유발하는 효과를 지니고 있다.

(표4)의 탈북이주를 촉진하는 배출요인은 주로 북한내부에서 구조적 문제로 발생하는 것들이다. 북한의 식량난과 경제난, 그로 인한 가정의 해체와 가족의 사망, 사회통제와 성분차별정책, 과도한 처벌에 대한 불만 등을 원인으로 지적할 수 있다. 북한 내의 심각한 경제난으로 인한 식량의 절대부족 속에 북한 당국의 분배정책에 대한 불만, 빈부의 극단적 양극화 현상과 북한주민의 생존에 대한 인식이 탈북의 핵심배출요인으로 작용하고 있다.

북한의 사회적 차별정책도 탈북을 야기하는 요인으로 작용하고 있다. 북한주민들을 핵심계층, 동요계층, 적대계층 등 3개의 계층으로 분류하고 동요계층, 적대계층을 차별하여왔다. 북한의 체계적인 주민통제정책, 강제송환의 처벌실태나 유형, 출소 후에도 지속되는 계층 및 성분의 강등과 감시, 탈북전과로 인한 차별과 빈곤의 악순환 등 정치적, 사회경제적인 모든 요소들이 빈곤과 기아의 원인이 되고, 종국에는 탈북이라는 선택으로 표출되고 있다.

유엔 북한인권 특별보고서에 의하면 탈북에 미치는 중요한 요인으로 북한의 개발과정에서의 공평성 부재와 생존수단에 대한 접근의 불균형 문제를 지적하고 있다.[141] 북한은 고도로 계층화된 정치구조로 인해 정권의 정점에 있는 지배 엘리트들이 개발을 주도하고, 대다수 일반 주민들은 개발과정에서 소외되는 불공평이 심각하다. 특히 정권생존차원에서의 이념편향적인 중앙계획경제에 의해 불공정한 개발방식이 가속화되고 지배엘리트에게 유리한 분배구조가 형성되면서 일반주민들의 생존이 위협받고 있는 것이다. 즉 탈북의 사회구조적 요인은 바로 분배정책의 불공평 및 불법과 뇌물수수가 만연한 사회적 부조리, 그리고 빈부의 양극화 등의 문제라고 할 수 있다. 실제로 탈북청년들의 구술에서도 이러한 문제들에 대한 비판이 많이 등장하고, 사회구조적인 문제가 결국 가정의 해체로 이어진다는 사연이 빈번하게 나타난다.

북한 사회체제는 능력과 상관없이 출신성분이라는 조건에 의해서 개인의 삶의 모습이 결정된다. 적어도 식량난으로 생존의 위협을 느끼기 전까지는 대부분의 탈북민은 굳이 목숨을 걸고 국경을 넘고 고향을 떠나는 생각을 하지 않았다. 북한 주민들은 자신들의 삶의 조건에 적응하면서 생존을 위한 삶의 방식을 터득해 왔기 때문이다. 그러나 식량난과

---

[141] UN Human Rights Council, *Report of the special Rapporteur on the Situation of Human Rights in the Democratic People's Republic of Korea*, February 21, 2011.

경제위기로 촉발된 북한 주민의 생활위기는 삶의 조건과 삶의 방식을 변화시키고 불안정하게 만들었다. 사회주의 배급경제가 붕괴됨으로써 주민들은 국가와 사회를 의지하지 않고 가족중심으로 살아갈 수밖에 없는 사회적 구조가 되었다.

김정은 정권은 장마당경제를 묵시적 인정함으로써 주민들의 사적이윤동기를 유발시켰다. 북한 사회주의 체제내의 사적이익추구는 그 자체가 불법행위가 되고, 이러한 불법 행위는 특권층에 뇌물을 제공함으로써 무마되는 상호작용의 연결고리를 만든다. 이러한 사회적 구조 속에서 대다수의 북한주민들은 경제적 사각지대에 놓이게 되고, 직장을 구할 수가 없고 국가가 운영하는 직장에 나가도 거의 급여를 받지 못하는 실정이다.

식량 배급이 이루어지지 않는 상황에서 통제대상인 남성들은 직장 출근을 강요당하고 지속적으로 감시의 대상이 되었다. 그래서 누군가 가족생계를 위하여 식량을 구하러 다녀야 했고, 가족의 생계를 책임지는 역할을 가정주부가 맡게 되고 점차 여성이 가정경제의 주체로 변해갔다.[142] 2000년대 이후에는 여성들의 활발한 경제활동에 비해 남편의 지위와 역할은 "집 지키는 멍멍이", "낮 전등", "만원 짜리 열쇠"등의 비어로 지칭될 정도로 무능력자가 되었다.[143] 이러한 경제위기는 가정 안에서 부부의 역할변화를 가져왔다.

---

142 오원환, 「탈북청년의 정체성연구: 탈북에서 탈남까지」, 고려대학교 대학원 박사학위논문, 2011, 72~74쪽.
143 「엄마를 부탁해, 북한의 가모장제 풍속」, 데일리 NK, 2011, 5, 5.

지속적인 경제위기는 가족의 이산, 가정의 해체로 이어졌다. 하루하루를 장마당에 의존해야 하는 생활의 위기, 가사와 자녀 양육을 담당했던 아내의 부재로 인한 혼란, 오랜 별거생활에서 오는 부부 간의 불신, 불륜 등 다양한 갈등이 발생한다.

연구대상자 중 가족이 남한에 먼저 와서 기획 탈북한 성재·해인·수철·송희를 제외하고 나머지 탈북청년들인 은혜·아진·소연·시은·정인은 경제적 문제, 부모의 불륜과 이혼으로 가정이 해체되고 가족은 이산되었다. 결국에 이들이 어린나이에 탈북하게 된 직접적인 원인은 가정의 해체 때문이라고 할 수 있다. 가정은 사회적 성격이 강하고 개별성이 강한 개개인의 삶의 안식처이다. 이들은 가족관계가 정상적으로 유지되고 가정이 온전했다면 경제적으로 아무리 궁핍하여도 탈북을 선택하지 않았을 것이라고 고백한다.

또 하나의 탈북의 결정적 요인은 북한 사회의 부조리이다. 북한의 사회적 관계는 돈으로 작동되고, 돈주와 특권층은 그 특권으로 부를 축적한다. 뇌물은 특권층의 주요 수입원이고 불로소득을 축적함으로써 빈부의 양극화는 더욱 커지고 있다. 즉, 출신성분에 기초한 성분차별정책과 사회구조상 고착화된 빈부의 양극화는 이들의 사회적 신분상승과 생활수준향상의 사다리를 사라지게 한다. 이러한 불평등한 사회구조가 장마당세대를 국외로 배출시키는 요인으로 작용하였고, 앞으로도 작용할 것이라고 생각한다.

2. 새로운 탈북 유형 출현

탈북민의 입국은 2019년 12월 기준으로 약 33,500명이다. 탈북민의 수가 본격적으로 증가하기 시작한 것은 1990년대 후반부터이다. 고난의 행군 시기에 중국으로 대량탈북이 이루어진 후 중국에 머물던 탈북민의 국내유입 급증에 따른 것이다. 2007년까지 누적 탈북민이 1만 명을 넘었고, 2010년에 2만 명을 넘어서고, 2019년에는 3만 3천명 이상이 되었다. 2000년대 중반 이후에는 먼저 한국 사회에 정착한 탈북민이 북한에 남아 있는 가족을 데려오는 가족 단위의 탈북이 증가하고 있으며, 또한 중국을 거쳐 바로 한국에 바로 입국하는 탈북의 비율도 높아지고 있다.

2009년 2,900여 명으로 정점을 기록한 후 2012년 약 1500명으로, 2019년에는 1,050여 명으로 점차 감소하였다. 이는 김정은 정권이 들어서면서 북한의 경제 사정이 호전되고, 국경 관리 및 처벌의 강화로 탈북민이 감소한 것으로 보고 있다. 그럼에도 불구하고 2011년 말 김정은 집권 이후 입국한 누적 탈북민의 수는 13,123명으로 매년 평균 1,400명 이상의 탈북민이 한국행을 선택하고 있다.

(표5) 탈북민 입국 현황[144]　　　　　　　　　　　　　　(2019.12 기준)

구분	～'98	～"02	'03	'04	'05	'06	'07	'08	'09	'10
남(명)	831	565	474	626	424	515	573	608	662	591
여(명)	116	478	811	1,272	960	1,513	1,981	2,195	2,252	1,811
합계 (명)	947	1,043	1,285	1,898	1384	2028	2,554	2,803	2,914	2,402
여성 비율	12%	46%	55%	63%	67%	69%	75%	78%	77%	75%

구분	'11	'12	'13	'14	'15	'16	'17	'18	'19	총합계
남(명)	795	404	369	305	251	302	188	168	202	9,363
여(명)	1,911	1,098	1,145	1,092	1,024	1,116	939	969	845	24,160
합계 (명)	2,706	1,502	1,514	1,397	1,275	1,418	1,127	1,137	1,047	33,523
여성 비율	70%	72%	76%	78%	80%	79%	83%	86%	72.1%	72.1%

(표5)의 성별 현황에 있어 전체 탈북민의 여성 비율은 2002년 46%에서 매년 꾸준히 증가하여 2007년 70%가 넘었고, 2015년 80%로 증가하였고, 2018년에는 86%가 되었다. 김정은 집권 이후 탈북민 국내 유입이 매년 감소함에도 불구하고 여성 비율이 증가하는 것은 고난의 행군 시기부터 2000년대 초반까지 중국에 불법 체류한 탈북 여성들이 국적 회복과 자녀들의 장래를 위하여 한국행을 선택했기 때문이라고 본다.

(표6) 탈북민의 연령별 현황   (2020, 6월 기준)

구분	0-9 세	10-19 세	20-29 세	30-39 세	40-49 세	50-59 세	60세- 이상	계
남	651	1,696	2,614	2,142	1,376	572	341	9,392
여	645	2,103	6,951	7,521	4,578	1,453	994	24,245
합계	1,298	3,799	9,565	9,663	5,954	2,025	1,335	33,637
비율	3.8%	11.3%	28.4%	28.7%	17.7%	6.0%	4.1%	100%

(표6)의 연령별 분포를 보면 2020년 기준으로 탈북민 3만여 명 중 20대가 28.4%, 30대가 28.7.0%로 20-30대가 전체의 57.1%를 차지한다. 20대 탈북민 중 여성 비율은 72%로 여성 비율이 압도적으로 높다. 또한 20-30

---

144 통일부, 「북한이탈주민 입국현황」, 2019, 12 기준.

대 MZ대인 장마당세대가 전체의 57.1%를 차지한다는 것은 장마당 세대인 이들의 사회적 갈등과 적응의 경험이 향후 남북한 주민의 치유와 공존의 확보에 중요한 영향을 미칠 수 있다는 것을 시사한다.

이것은 김정은 시대의 탈북청년들은 그 이전의 탈북민과는 그들이 살아온 북한의 사회적 구조가 다르고, 또한 탈북 동기가 다르기 때문이다. 사회적 구조 변화의 중심에는 장마당이 있고, 이를 통하여 시장경제가 활성화되고 사적이익의 추구가 일반화되었다는 점에서 근본적 차이가 있다. 탈북의 동기는 다양하지만[145] 김정은 시대의 탈북청년들의 탈북의 주된 동기는 '보다 나은 삶'과 '자신의 미래'에 대한 보장이었다.

탈북민의 국내 유입 통계 및 탈북민의 구술 내용을 분석하여 그 시기별로 유형화한 이론에 따르면, 탈북 1세대, 탈북 2세대, 탈북 3세대로 구분할 수 있다. 탈북 1세대는 식량난민으로 고난의 행군 시기에 중국으로 대량 탈북하여 장기간 중국에 체류하다가 국내에 들어온 세대이다. 탈북 2세대는 대체로 국내에 이미 정착한 가족들의 도움으로 탈출한 구조형 탈북이며 대체로 2005년 이후에 해당한다. 실제로 이때부터 탈북민 입국 수가 확연하게 증가하기도 한다. 그리고 탈북 3세대는 이주형 탈북이라고 할 수 있다. 1세대와 2세대의 탈북은 생존을 위한 '탈출'이 목적이었다면, 3세대는 자의로 이주를 선택한 탈북에 해당한다.[146]

---

145 일시적으로 식량, 약을 구하고 돌아가는 단기 경제적 동기, 생계가 어려워서 중국에 정착하는 장기 생계적 동기, 북한체제에 비판적 시각을 가지고 탈출한 정치적 동기, 북한에서 처벌적 상황을 피하기 위하여 탈북한 인권적 동기. 남은 가족을 데리고 탈북하는 복합적 동기로 구분하여 볼 수 있다(윤인진, 『북한이주민: 생활과 의식, 그리고 정착 지원정책』, 집문당, 2009, 82쪽).

146 김종군, 「탈북민의 시기별 유형과 탈북 트라우마 양상」, 『식민·이산·분단·전쟁의 역사

김정은 시대의 탈북청년은 대체로 3세대의 유형에 속한다. 이들의 탈북 사건을 분석해 보면 사회구조적 배경, 탈북의 개별적 동기, 시장경제 경험의 정도, 가치관이 김정일 시대의 탈북민과는 다르다. 탈북 시점을 기준으로 하여 김정일 시대의 탈북민과 김정은 시대의 탈북민으로 구분할 경우, 김정일 시대의 탈북을 대체적으로 식량 기근을 벗어나기 위한 '생계형 탈북'으로 본다면, 김정은 시대의 탈북은 '보다 나은 삶과 자기 발전'을 위해 삶의 터전을 옮기는 '이주형 탈북'의 성격이 강하다. 경제적 동기에 주목하면 2000년대 이후 탈북의 경향은 단순한 '생계형 탈북'에서 보다 나은 삶의 목적을 위한 '이주형 탈북'으로 변화되고 있는 것으로 보인다.

그리고 이 연구의 탈북청년들은 고난의 행군 시기에 출생하여 유소년 시기를 김정일 시대에 살았고 김정은 집권 초기에 탈북하였다. 이들은 태어나면서부터 자본주의 시장경제가 작동하는 장마당을 통해서 살아왔고 돈의 위력을 아는 '장마당 세대'들이다. 이들의 탈북은 '가난의 질곡'에서 탈출한다는 점에서 '생계형 탈북'의 성격과 '보다 나은 삶'을 목적으로 기존 삶의 터전을 떠나 새로운 삶의 터전으로 탈출한다는 점에서 '이주형 탈북'의 성격을 함께 가지고 있다.

이러한 복합적 성격을 염두에 두고, 이들의 문제를 면밀히 고찰하기위해서는 장마당세대의 탈북을 보다 세분화할 필요가 있다. 이들의 구술자료에 따르면 어떤 탈북과정을 거쳤는지에 따라 탈북상처, 정체성의

와 코리언의 트라우마』, 선인, 2015, 287쪽.

변화, 갈등조정 능력 등 큰 차이를 보였다. 여기에서는 우선 탈북방법을 기준으로 하여 탈북을 유형화 하였다.

탈북방법의 선택과 결정은 탈북자금, 자발적 의사, 사전기획의 세 가지 요인에 의해서 이루어진다고 본다. 탈북자금을 기준으로 유전탈북과 무전탈북으로, 자발적 의사를 기준으로 자발적 탈북과 비자발적 탈북으로, 기획 여부를 기준으로 기획탈북과 비 기획 탈북으로 구분할 수 있다. 그러나 탈북청년들은 모두 본인의 자발적 의사로 탈북을 선택했다는 점에서 모두 자발적 탈북의 형태이다. 또한, 기획탈북의 측면에서 탈북자금이 없어서 브로커에게 팔려가는 탈북의 경우라도 브로커에 의한 기획이라는 점에서 기획탈북으로 볼 수 있다. 이런 점에서 탈북청년들의 탈북방법의 선택은 탈북자금 확보능력에 좌우된다. 즉 탈북자금을 기준으로 할 경우 먼저 탈북한 가족의 자금지원으로 탈북하는 '가족지원형 탈북'과 탈북자금이 없어서 팔려간다는 것을 알면서도 탈북을 선택하는 '단신탈출형 탈북'의 두 가지로 유형화할 수 있다.

이렇게 탈북자금을 기준으로 한 탈북의 유형화는 김정은 정권의 체제강화 차원에서의 국경 수비 강화와 북한사회의 자본주의적 성향에 따른 탈북형태의 변화를 함의하고 있다. 김정은 집권 이후 국경수비의 강화로 고난의 행군시기와 같은 깡도강의 '생계형 탈북'은 거의 불가능해졌고, 탈북 브로커의 도움이 없이는 탈북 자체가 어렵게 되었다. 또한, 탈북 브로커비는 2017년 이전에는 1인당 약 250-300만원 수준이었지만, 최근에는 2,000만원으로 급상승하였다.[147] 이제는 탈북도 자본의 논리가 작용하여 돈이 없다면 탈북이 불가능한 상황이 되었다고 본다.

탈북유형을 탈북방법을 기준으로 유형화하는 가장 큰 이유는 탈북청년의 트라우마와 정체성 변화 연구에 유용하기 때문이다. 이 두 유형의 탈북방법은 탈북과정이 다르고, 탈북과정에서 고통과 상처가 다르며, 이로 인한 정신적, 육체적 트라우마 징후가 다르다. 즉, '가족지원형 탈북'은 강제북송의 공포, 성적 유린, 인신매매 등 탈북상처와 이에 따른 트라우마의 증후가 거의 없다는 점에서 '단신탈출형 탈북'과 차이가 크다. 이 다름이 탈북청년들의 트라우마, 정체성 변화의 차이와 한국사회 적응과정에서 사회적 갈등의 차이를 가져온다. 전자는 먼저 탈북하여 남한에 정착한 부모나 형제 등 가족의 탈북자금지원에 의해 브로커를 통해 탈북을 기획한다. 브로커와 탈북비용을 약정하고 일정 금액을 선지급한 후, 탈북민이 중국에 도착하면 잔금을 지급하는 방식으로 탈북을 진행한다.[148] 탈북민은 압록강, 두만강을 보다 안전하게 도강할 수 있으며, 중국의 압록강의 장백현이나 두만강의 도문지역에 도착하면 현지 브로커들이 안내하여 중국, 라오스를 거쳐 태국에 도착한다. 탈북 시부

---

[147] 〈구술사례〉 탈북 브로커비
① 요즈음은 저희 때와 달라요. 저는 그냥 건너다보니 북한에서 잘 아시는 분의 큰 엄마가 저를 받아 주었어요. 원래 팔려가야 했는데, 중국 식당에서 일을 해서 도강비로 중국돈 12,000원(한화 약 200만원)을 주었어요. 지금으로 따지만 엄청 싼 것입니다. 현재 도강비는 1500-2000만원 정도 합니다.(아진)
② 저는 4년 전에 1000만원 주었어요. 한국에 오는데 300-400만원 들었어요(정인).
③ 저는 팔려가서 얼마 주었는지 몰라요. 사는 사람이 브로커에게 돈을 주어요(소연).
④ 북한에서 한국까지 오는데 총 합쳐서 1,500만원 들었어요. 저는 돈을 내고 와야 되는지도 몰랐어요. 오니까 1500만원 달라고 했어요(은혜).

[148] 〈구술사례〉 경비병 교대시간에 6명이 모여서 강을 건너고 중국 브로커 집에서 다 씻고 하루 정도 쉬었어요. 돈이 입금되는 대로 한 명씩 한 명씩 브로커 집에서 출발했어요. 돈이 입금 안 되면 팔아버린다고 했어요. 그때는 8월이지만 물이 많지 않아 허리 정도였고 강폭은 교실 너비 정도여서 금방 건넜어요. 저는 입금이 되어서 먼저 떠났어요(정인).

터 한국 입국까지 약 1-2개월의 시간이 소요될 뿐이다.

반면에 '단신탈출형 탈북'은 탈북자금을 지급할 능력이 없어서 자발적으로 북한 현지 브로커에게 탈북을 의탁하는 방식이다. '단신'의 의미는 가정이 해체되어 누구의 도움도 받을 수 없는 상황에서 자신의 결정으로 가족을 뒤에 남기고 혼자 탈북하는 것을 뜻하고, '탈출'이란 희망이 보이지 않는 절망적 현실, 즉 북한 체체로부터 벗어나는 해방을 의미한다. 이 유형은 브로커비가 없기 때문에 실제로 인신매매 형식의 탈북이 된다. 브로커는 탈북을 원하는 북한 주민을 모집하여 4-7명 단위로 사전에 국경수비대와 약속한 시간에 도강한다. 중국 현지에 대기한 현지 브로커들은 이들을 인계받아 인신매매 등을 행하여 브로커비를 회수한다.

전자의 탈북유형은 탈북과정에서 성적 유린을 당할 수 있는 위험은 있지만 한국으로 바로 오기 때문에 대체적으로 인신매매의 위험은 거의 없다고 본다. 그러나 후자의 탈북형태는, 여성의 경우 한족에게 인신매매되어 강제결혼을 하게 되고, 때로는 성적 유린을 당하고, 운이 좋으면 식당 등에 종업원으로 팔려간다. 이들은 중국에서 적어도 3-5년 정도 불법 체류한 후 한족으로부터 도망치거나, 노동하여 몸값을 지급한 후 한국행을 택하게 된다. 이 점에서 '가족지원형 탈북'과 '단신탈출형 탈북'은 북한의 국경을 넘는 순간부터 각자의 탈북 생애사는 달라진다. 따라서 탈북자금을 기준으로 한 탈북유형의 내용을 정리하면 (표 7)과 같다.

〈표7〉 탈북자금을 기준으로 한 탈북유형

구분	가족지원형 탈북	단신탈출형 탈북
내용	· 자발적 · 사전 기획 · 브로커비 선지급 · 도강 : 국경수비대 매수 · 입국기간(북한-중국-한국): 　40-50일	· 자발적 · 사전 기획 · 팔려감 · 도강 : 국경수비대 매수, 깡도강 · 중국불법체류, 인신매매 등 · 입국 : 3-5년 체류, 도망, 한국입 　국 브로커비 지불

3. 탈북청년들의 개별적 탈북 동기

인구이동의 일반모델인 '배출-흡인모형(push-pull model)'은 거시적 측면에서 탈북의 사회적 구조를 설명할 수 있으나, 미시적으로 개인의 탈북의 동기나 심층 구조를 발견하기 어려운 한계가 있다. 탈북청년들은 탈북 전 북한의 사회체제에 순응하면서 살아갈 수 있었다. 그러나 이들이 자신이 태어나고 성장한 북한사회를 포기하고 생명을 담보로 탈북을 선택하는 결정적 동기를 단선적으로 이해하기는 어렵다. 이들의 탈북의 개별적 상황과 그 심층의 이야기를 파악하는 것이 이 연구의 출발점이라고 할 수 있다. 그리고 탈북동기에 대한 개개인의 사연은 곧 정체성 변화와 남한 사회에서의 갈등 문제와도 연결되기 때문에, 이에 대한 면밀한 접근이 필요하다. 또한, 그렇게 할 수밖에 없는 개인의 탈북 동기는 생존자원이 없는 유랑지149에서 삶의 원동력이 되는 긍정적

---

149 최초의 불법월경인 중국, 탈북과정에서 월경하는 라오스, 베트남, 태국 등의 동남아 국가, 정착지인 한국, 탈남의 대상지인 영국, 미국 등 서구 국가들을 말한다.

작용을 하지만, 반면에 그들의 정체성 변화와 사회적 갈등의 부정적 요인으로 작용하기도 한다.

여기서는 이들의 구술을 통해서 개별적 탈북동기를 파악하고, 그것이 그들의 생애에서, 그리고 현재의 삶 속에서 어떤 의미를 가지는지를 해석하고자 한다. 탈북 생애사는 그들이 살아온 삶의 행태와 체험의 구조화된 자기상이다. 탈북과정의 삶은 개인의 시간적 차원에서 겪게 되는 각각의 우연적인 체험과 경험에 의미 부여를 하는 질서들이고, 또는 사회적으로 정의되고 주체적인 의미 부여로 구성된 경험조직과 행위지향의 형식들이다.[150] 따라서 중국에 수년간 불법 체류한 소연, 시은, 아진, 나희의 '단신탈출형 탈북'과 한국에 바로 입국한 정인, 해연, 은혜, 수철, 재성, 송희의 '가족지원형 탈북'은 개별적인 탈북 동기에 있어서 극명한 차이점을 드러내면서도, 사회적인 측면에서는 유사성을 보여주고 있다.

그러나 탈북의 개별적 동기에 대한 구술은 그들의 심연 속에 숨겨진 상처를 끄집어내고 기억하고 싶지 않은 과거를 회상하고, 제3자에게 이야기할 수 없는 상처까지 구술해야 하는 용기가 필요하다. 따라서 개별적으로 탈북 전체과정의 생애구술에 응한 '단신탈출형 탈북'인 소연, 시은, 아진과 '가족지원형 탈북'인 정인, 해연을 대상으로 개별적 탈북동기를 분석한다. 여기서 탈북동기에 대한 구술은 탈북 전 북한의 삶 속에서 탈북이라는 탈출을 선택할 수밖에 없었던 그들의 삶을 재현하

---

150 이희영, 「사회학방법론으로서의 생애사 재구성」, 『한국사회학』 39-3, 한국사회학회, 2005, 130쪽

는 것이며, 이들의 삶의 재현을 통하여 북한의 사회경제적 실상과 가족 관계의 일면도 읽을 수 있다.

1) 소연의 탈북 동기

소연의 구술에서 드러나는 탈북동기는 어머니의 외도와 경제적인 문제로 인한 부모의 불화 및 아버지의 폭력에서 비롯된다. 부모가 헤어진 후로는 아버지의 실직과 다른 여자와 동거문제가 가정불화를 심화시켰고, 가난이 지속되자 소연은 가족의 생계를 책임지는 소녀가장의 역할을 감당했다. 장마당 생활의 스트레스가 심했고, 아무리 일해도 가난의 굴레에서 벗어날 수 없다고 생각한 소연은 절망감에 빠져 있다가 결국 탈북을 선택한다.

소연의 탈북의 결정적 요인은 어머니가 없는 가정과 이에 따른 가난인 것으로 판단된다. 탈북의 사회적 배경은 탈북이 아니면 다른 탈출구가 없는 개인적 절망감을 보여주고 있다. 11세 소학교 3-4학년까지는 생활에 어려움 없이 부모, 동생과 함께 잘 살았다. 그러나 아버지의 부재중에 발생한 어머니의 남자 전력, 어머니의 장사 실패, 아버지의 실직으로 인한 경제적 문제 등으로 가정불화가 격화되었다. 결국 아버지의 폭력으로 어머니가 쫓겨나고 결손가정이 되었다. 가정경제의 주체인 어머니의 부재는 큰딸인 소연에게 가족의 살림과 생활을 해결해야 하는 책임으로 주어졌다.

생활이 점점 힘들어져서 살림을 살아야 하기 때문에 학교를 자퇴하고 장사를 하기 시작했어요. 처음에 계란장사를 시작했어요. 친구 엄마가 앞쪽에서 계란을 가져오면, 그것을 혜산에서 팔았지만 돈이 되지 않았어요. 그래서 돈댓고[151]를 시작했지만, 밑천이 없어서 얼마 벌지를 못하고, 그 일을 하면서 스트레스를 너무 많이 받아서 흰머리가 나기 시작했어요. 정말 슬펐어요(눈물). 아빠는 장사를 하지 말라 하지만, 아빠가 벌어서 주는 돈으로 생활을 할 수 없어서 장사를 하지 않을 수 없었어요. 10대에 집안 돈도 관리하고 살림을 내가 살았어요. 내가 나올 때 돈을 집에 다 놓고 나왔어요. 아빠는 일은 하지 않고 친구들과 일상적으로 도박(주패)을 하곤 했어요.

소연은 학교를 자퇴하고 장마당에서 장사를 하기 시작했다. 계란장사로 시작하여 수익이 많은 돈댓고라는 돈 장사까지 했지만 밑천이 없어서 제대로 돈은 벌지 못하고, 생활의 스트레스로 14세 어린 나이에 흰머리가 날 정도로 생활이 힘들었다. 가부장제가 강한 북한 사회에서 아버지는 실직자가 되었지만, 주패라는 도박을 하고 때로는 아이들에게 폭력을 행하기도 하고, 다른 여자를 데리고 와서 동거하기도 했다. 소연은 10대에 가정생활을 책임져야 하고, 가족의 생계를 유지해야 하는 소녀가장이 되었다. 가정의 해체, 즉 어머니의 부재로 소연은 가정생활을 책임져야 하는 성숙한 아이 어른이 되었고, 장마당에 생존을 의지함으로써 자본주의 경제 관념을 체득하기 시작했다. 그러나 어린 나이에 이러한 과중한 부담과 가난으로 인한 생활고, 가난을 벗어날 수 없다는 절망감이 소연으로 하여금 탈북을 선택하게 했다.

---

151 소규모 불법적인 환전상, 북한에서 소액의 외화(위안화,달러)를 바꾸어주는 환전상. 우리나라에서 외환거래 자유화하기 전 명동시장의 암달러상과 비슷하다.

2) 시은의 탈북 동기

> 저는 창피해서 넘어갔던 것 같아요. 북한에 있을 때는 아빠의 사업이
> 잘 되어서 아주 잘 살았습니다. 엄마의 절친한 친구가 있었고, 친구의
> 딸도 저하고 친했어요. 아빠가 불법적인 사업을 하고 있었고, 엄마의
> 친구도 불법적인 일을 해서 엄마가 친구를 아빠에게 붙여 주었어요.
> 그러던 중 아빠가 엄마 친구와 혜산에 한 달 동안 일 때문에 갔다가
> 서로 눈이 맞아서 바람을 피우게 되었어요. … 그 결과 집은 망하고,
> 소문이 나서 한동안 어디를 피신해야 할 것만 같았어요. 그래서 혜산으
> 로 피신 왔어요.

구술에 의하면 시은은 '집안이 망한 것이 창피해서' 고향으로 가지
않고 탈북을 선택했다고 탈북동기를 말하고 있다. 그러나 실제적인 탈
북동기는 시은 아버지의 사업(밀수사업)의 실패로 인한 생활의 궁핍, 다른
여성과의 부적절한 관계로 인한 가정불화, 중국에 가면 돈을 벌수 있다
는 환상 등이 복합적으로 작용한 것으로 보인다.

북한은 계층적 신분제라는 사회구조의 특성상 특권층이 아닌 일반주
민들의 부의 축적은 국가가 금하는 밀수 등의 불법사업을 통해서만 가능
하다는 것을 보여준다. 시은의 아버지는 불법적인 유통사업, 즉 밀수를
통해서 많은 부를 축적했고 사리원에서도 부자라고 소문이 날 정도로
잘 살았다고 한다. 그러나 아버지는 사업동료인 어머니의 친구와 부적
절한 관계를 맺게 되었고, 불륜관계의 정리과정에서 불법사업에 대한
고발로 시은의 가정은 하루아침에 몰락하게 되었다. 북한에서의 사업
또는 장사는 북한의 사회주의체제의 특성상 언제라도 고발당할 수 있는
불법적인 성격을 가지고 있으며, 사회적으로 남녀 간의 부적절한 관계가

빈번한 북한 사회구조의 일면을 보여주고 있다. 또한 한번 망하면 재기가 불가능한 사회 구조라는 것을 구술을 통해서 알 수 있다. 사리원에서 더 이상 살 수가 없어 거래 관계가 있는 국경도시 혜산으로 이사 와서 가족이 함께 1년간 살게 되었지만, 그곳에 있는 동안 사업이 회복되지 않고 생활이 더 어려워져서 사리원으로 다시 갈 수밖에 없는 상황이 되었다. 심지어 사리원으로 돌아갈 차비조차 없을 정도로 경제적 상황이 악화되었다.

> 아빠하고 싸우고 그 집에서 나와서 중국에 가려고 혜산 역에 서 있었어요. 어떤 여자가 와서 중국에 가겠냐고 물어서 중국에 가겠다고 했어요. 마음속으로 "다행이다. 하늘이 나를 도왔구나" 하면서. … 사실 저는 중국에 대해 아무것도 몰랐어요. 중국 가면 잘 생긴 남자에게 시집가서 잘 산다고 해서 탈북하려고 했어요. 팔려간다는 것도, 중국에 가면 어떻게 되는 지도 모르고 탈북했어요. 브로커한테 아빠에게 1000원을 줄 수 있느냐 하니까, 너가 넘어가면 아빠에게 1000원을 준다고 했어요. 아빠에게도 말을 했어요. 내가 가면 1000원을 받으라고. 다음 날 내가 마음이 변할까봐 브로커가 자기네 집에 가자고 했어요. 그 여자 집에 있는데 아빠가 와서 가지 말라고 했어요.

시은은 돈을 벌기 위하여, 한편으로는 아버지에 대한 반항심으로, 중국으로 가면 돈을 벌 수 있다는 막연한 생각으로 탈북을 선택했다. 가족을 살리는 유일한 방법은 중국으로 가서 돈을 버는 것이라고 생각했고, 브로커에게 팔려간다고 생각을 하지 않았으며, 브로커를 믿고 탈북을 선택하게 되었다. 이렇게 시은의 탈북에는 아버지의 불법 사업, 아버지의 불륜으로 인한 사업의 몰락, 가족의 경제적 어려움, 가정불화, 현실적인 절망감 등 사회적 요인과 개별적 요인이 복합적으로 작용하고 있다.

3) 아진의 탈북 동기

아진은 7세 때 어머니가 돌아가셔서 가족생계를 책임지게 되었고 돈을 벌어야 했기 때문에 학교를 다닐 수가 없었다. 11세 때부터 음식점에서 일하기 시작했다. 거기서는 밥을 먹을 수가 있었기 때문이다. 어머니의 부재로 인한 가정생활은 아진의 책임이었고 장마당에 생존을 의지할 수밖에 없었다. 따라서 자연스럽게 장마당 통해 경제관념을 익히고 장사를 하기 위해서는 밑천이 필요하다는 시장의 원리를 깨닫기 시작했다. 외상으로 물건을 가져오기 위해, 신뢰를 얻으려고 그 집에 가서 거의 종노릇을 했다고 한다. 빨래를 해주고 심부름하고 밤에도 부르면 가서 일을 하였다. 그렇게 하여 외상으로 물건을 받아서 장마당에 본격적으로 장사를 하기 시작했다. 그러나 수년간의 장사는 북한의 화폐 개혁에 의한 인플레이션 때문에 망하게 되었다. 남의 집에서 수년간 고생하여 쌓은 신뢰로 시작한 장사가 예상치 못한 화폐개혁의 영향으로 장사의 밑천까지 날리는 이러한 상황은 아진을 정신적, 육체적으로 더 힘들게 하였다. 그때가 17세였다. 이 일을 계기로 친구도 하나 둘 떠나가고, 학교도 못 다니고 애들한테 손가락질 받고, '아진'의 이름을 대면 좋아하는 사람은 한 명도 없고 다들 싫어할 정도로 인정받지 못하는 삶을 살았다. 정말 이렇게 살면 결혼도 못하고 이렇게 살 수밖에 없는 절망감으로 미래가 보이지 않아서 차라리 죽은 것이 낫겠다는 생각이 들었다고 한다. 새어머니는 딸과 아버지 사이를 이간질하여, 아버지는 딸을 안 믿고 새어머니 말만 믿어서 부녀간의 불신은 더욱 커졌다.

북한에 기침, 천식에 먹는'이소'라는 강한 약이 있어요. 돈을 모아서 100알을 샀어요. 어른이 하루에 한 알만 먹을 정도로 독성이 있고 수면제 성분도 있는 약입니다. 어느날 아빠와 그 여자가 함께 있는 앞에서 나와 그 여자 둘 중 하나를 택하라고 했어요. 도저히 이 여자와는 못 살겠다고, 안 그러면 이 약을 먹을 것이라고 했어요. 그때가 17살이었어요. 학교도 못 다니고 애들한테 손가락질 받고, 제 이름을 대면 나를 좋아하는 사람은 한명도 없고 다들 나를 싫어했어요. 정말 이렇게 살면 결혼도 못하고 이렇게 살 수밖에 없다는 절망감, 미래가 보이지 않았어요. 차라리 죽은 것이 낫겠다는 생각이 들었어요. 그런데 그 여자가 말리기는커녕 물을 가져왔어요. 더 화가 난 것은 아빠가 가만히 보고만 있었어요. 그래서 약을 먹었어요. 4일 동안 혼수상태로 있었고, 4일 만에 눈 떠보니 살아 있더라고요. 휴유증이 있어 기억도 깜빡 깜빡하고, 몸이 굳어서 팔이 올라가지 않았어요. 시간이 가자 몸이 회복되었어요. 그래서 죽는 건 아니고 돈을 많이 벌어야겠다는 생각을 하게 되었고, 무언가 시도를 해야겠다는 생각을 했어요.

우리는 주어진 환경 속에서 살아가려고 최선을 다했지만 결국 절망에 빠져 자살을 시도한 북한의 어린 소녀의 처절한 아픔을 볼 수 있다. 엄마가 없는 외로움, 친구로부터 소외감, 장마당 장사의 실패, 아버지의 불신, 가난을 벗어날 수 없는 찌든 삶 등 개별적 요인이 아진의 삶의 탈출구로서 탈북을 선택할 수밖에 없는 요인으로 작용한 것으로 보인다. 이처럼 아진의 탈북 전 북한 생활은 애정 결핍과 소외감, 아버지와 불화, 장마당 장사의 실패, 벗어날 수 없는 가난의 굴레, 인정받지 못하는 삶의 연속이었다고 할 수 있다. 아진의 탈북 동기는 사회경제적 요인보다는 개별적 요인이 더 크게 작용한 것으로 보인다. 특히 아버지로부터 사랑을 받지 못한 애정 결핍과 불화, 벗어날 수 없는 가난, 이로 인한 절망감이 결정적인 요인이 된 것이다.

4) 해인의 탈북 동기

해인의 탈북동기는 북한의 사회구조적인 빈부의 양극화, 사회 부조리로 인한 희망이 없는 삶, 자신의 발전을 위한 삶의 추구 등으로 나타난다. 해인이 살았던 함경도는 북한에서도 가난한 지역이었다. 그래서 그 지역 어린 학생들은 농사일, 약초재배 등 집안일을 도와야하고, 학교는 거의 가지 못하는 형편이었다고 한다. 탈북 전 살았던 온성지역 역시 함경도의 다른 지역과 마찬가지로 토질이 척박하여 농사가 잘 되지 않아서 대부분의 주민들이 가난하게 살았다. 배급도 제대로 나오지 않고 특별한 수입원이 없어서 아이들까지도 부모를 도와 장사, 농사, 약초 채취 등 일을 해야 살아갈 수 있는 생활여건이었다.

9세-12세 아이들이 모이면 '무엇을 하면 잘 살까? 무엇을 해서 돈을 벌까?'하는 것이 주된 이야기 이었다고 한다. 이러한 경제상황 속에서 어린아이들은 자본주의 시장경제에 눈을 뜨게 되었다. 또한, 경제사정 악화로 이웃집 부모들이 매일 싸우고 남자는 술을 먹고 여자를 때리는 가정 폭력을 보고, '결혼은 왜 하나? 결혼은 죄악이다'고 생각할 정도로 열악한 사회 구조 속에서 살았다. 이러한 경제적 환경과 열악한 사회구조적인 문제가 해인에게 점차적으로 탈북의 구조적 배경으로 작용했다. 해인은 12세에 장마당 장사를 하기 시작했다. 장마당에서 빵도 팔고,

엿도 팔고, 돈 장사도 했지만 밑천이 없어 돈을 제대로 벌 수 없었다. 반면에 권력층은 큰 주택에 냉장고, 세탁기를 갖추고 살 정도로 잘 살았다. 또한 불법적인 사업을 하는 사람은 자가용을 가지고 있을 정도로 부자로 사는 것을 보고 북한은 불법을 해야 잘 살 수 있는 사회 구조라는 것을 알게 되었다. 또한, 고등학교를 졸업하면 민증이 나오고 강제적으로 노동을 시켰다. 500명 직장에 밥을 해주는 식모 일을 했지만 급여가 없었다. 집에는 당장 먹을 것도 없는데 나랏일을 하라는 사회 구조가 틀렸다고 생각했다. 이러한 빈부의 양극화, 특권층이 아니면 잘 살 수 없는 사회, 불법 사업을 하지 않으면 부자가 될 수 없는 사회구조가 해연에게 탈북의 사회적 요인이 되었다.

> 다른 나라들이 어떻게 살고 있는지를 친구를 통해서 방송매체를 통해서 알고 있었어요. 나무 때어서 사는 것이 아니고 가스로 살고 먼지 없이 산다는 것을. 여기서 이렇게 살면 안되겠구나 결심하고, 여기서 살면서 그냥 죽느니 가다가 죽는 것이 낫다고 생각했어요.

그리고 다른 나라들의 생활수준이 어떤지, 어떻게 살고 있는지를 친구를 통해서, 방송 매체를 통해서 알고 있었다고 한다. 그러면서 북한의 사회 구조 속에서는 아무리 열심히 살아도 희망이 없기 때문에 이 땅을 떠나야겠다고 결심했다. 또한 공부에 대한 열망이 너무 강하여, 여기서 살면서 그냥 죽는 것보다 탈북하다가 죽는 것이 낫다고 생각하고 탈북을 감행했다고 한다.

5) 정인의 탈북 동기

정인의 탈북은 전형적인 '가족지원형 탈북'이다. 다른 탈북청년들과 달리 가난 때문이 아니라 어머니에 의한 구조형 탈북의 성격을 띠고 있다.

> 엄마 얘기를 들었는데, 엄마 돈을 할머니가 투자한다고 말아 먹었고, 달러를 가지고 있었는데 달러를 못 쓴다 하여 북한 돈으로 바꾸어서, 화폐교환 때문에도 가지고 있던 돈이 모두 물이 돼 버렸어요. 그래서 엄마가 더욱 탈북의 마음을 가졌어요. 원래 엄마친구랑 함께 탈북하려고 했는데 친구가 먼저 가고, 한 달 후에 엄마가 바로 탈북 했던 것 같아요. 엄마가 탈북하고 6개월 만에 연락이 됐어요. 그리고 6개월에 한번 200만~300만 원정도 보내왔어요. 그걸로 살 수 있었어요. 저는 브로커를 통해서 왔어요.

정인의 구술에 의하면 어머니는 이혼으로, 화폐 개혁으로 인한 경제적 충격으로 탈북을 선택했다고 한다. 어머니가 6개월마다 200-300만원의 돈을 보내주어서 경제적으로 여유 있는 생활을 하였고, 그리고 4년 후에 어머니로부터 연락이 와서 브로커를 통해서 한국에 오게 되었다. 정인의 경우는 비교적 북한 사회의 빈곤과 부조리로 인한 사회구조적 요인이 작용하지 않았다고 할 수 있다. 정인은 어머니의 송금으로 풍족한 생활을 하였기 때문에, 다른 탈북청년들이 경험한 북한사회의 구조적인 문제들에 노출되지 않았다. 오히려 정인의 탈북은 개별적인 요인에 의한 것이라 할 수 있다. 아버지의 불륜으로 가정이 해체되면서, 어머니가 생계를 책임지는 과정에서 탈북으로 이어졌기 때문이다.

이상 살펴 본 탈북청년들의 탈북동기에 의하면, 소연, 시은, 아진은 '단신탈출형 탈북'이고, 해인, 정인은 '가족지원형 탈북'이다. 소연의 주요한 탈북동기는 부모의 이혼으로 인한 가정의 해체와 벗어날 수 없는 가난이었다. 시은은 가정은 해체되지 않았지만 아버지의 불륜과 사업실패, 그로 인한 가난이 탈북의 요인으로 작용하였다. 아진의 경우는 7세 때 어머니의 사망으로 결손가정이 되었고, 벗어날 수 없는 지독한 가난과 아버지와의 갈등이 탈북 요인으로 작용하였다. 따라서 '단신탈출형 탈북'의 공통적인 탈북 요인은 첫째, 사회적 요인으로 가정의 해체, 가족의 이산으로 삶의 근본적 터전이 상실되었다는 점이고, 둘째, 개인적 요인으로는 벗어날 수 없는 가난이었고, 셋째, 새로운 삶에 대한 강력한 희망이었다. 그렇기 때문에 생명을 건 탈북을 선택할 수 있었다. 이들은 탈북자금이 없어서 브로커에게 인신매매를 당하는 줄 알면서도 탈북을 선택한 것이다.

　'가족지원형 탈북'인 해인과 정인은 한국에 먼저 정착한 가족이 사전에 기획한 탈북이지만 그 탈북의 동기가 다르다. 해인은 북한의 사회구조상 가난을 벗어날 수 없고 삶의 희망이 없다는 점이 탈북의 요인이었지만, 정인은 개인적으로 굳이 탈북을 해야 할 절실한 이유가 없었다. 구술 과정에서 북한의 생활이 한국의 생활보다 더 행복했다고 한다. 엄마의 권유로 탈북하였고 탈북과정도 여타 탈북청년들보다 순탄하였다. 그러나 정인의 경우 역시 가정의 해체가 탈북동기로 작용한 점은 '단신탈출형 탈북'과 공통적인 요인이다. 따라서 그들의 개별적 탈북동기의 요인을 유형화하면 〈표 8〉의 내용으로 정리할 수 있다.

(표8) 개별적 탈북 동기

구 분	가족지원형 탈북	단신탈출형 탈북
탈북 동기	. 가정의 해체 . 가난의 굴레 . 먼저 탈북한 가족의 지원 . 자기발전, 보다 나은 생활	. 가정의 해체 . 가난의 탈출 . 희망없는 삶의 절망감 . 배움의 열망 . 경제력 확보 . 새로운 삶의 도전

4. 장마당 세대 탈북청년의 특징

김정은 시대의 탈북청년들은 북한에서는 '장마당 세대'이며, 한국사회의 'MZ세대'[152]에 속한다. 이들은 이전 세대에 비하여 외부 세계에 대해 민감하고, 경제에 있어서 사적 자율성이 늘어나는 북한사회의 변화를 체험하면서 체제에 대한 비판의식이 높다. 이들은 국가의 자원이 부족한 상황에서 '시장'이라는 시스템이 암묵적으로 인정됨에 따라 실리주의적, 개인주의적 성향을 강하게 띠게 되었다. 이것은 빈부에 의한 사회적 불평등을 크게 인식하기 시작하면서 촉발된 것이다. 사회주의적 국가건설이 이미 달성된 이후에 태어난 이들은 사회주의 체제의 국가동원 기제로 움직이지 않는다. 이들은 공적으로 획득 가능한 자원보다 사적인 이익을 추구함으로써 얻어지는 자원이 훨씬 많다는 것을 알고 있기 때문

---

152 밀레니언세대(1981년-1995년생)와 Z세대(1996년-2005년생)의 통칭이며, 남한인구의 32%로 약 1670만명이다. 개인주의, 실용주의성향이 강하고, 진보, 보수 프레임에 갇히지 않는 세대로 노력한 만큼 보상받는 것을 중시한다(「공정, 실리 우선하는 MZ세대 '스윙보터'로 떴다」, 『중앙선데이』, 중앙일보사, 2021, 4, 10).

에 이들이 탈북을 선택하는 것은 이런 세대적 특성과 연관되어 있다고 볼 수 있다.

또한, 이들은 해외 체류 경험을 지니고 있다. 중국과 제3국을 거친 해외 체류 경험은 탈북청년들에게 시련이자 기회로 작용한다. 그들은 중국에 거주하는 동안 인신매매의 상처와 불법 체류에 의한 강제북송의 공포를 체험하지만, 한편으로는 직업을 구하고 자본주의를 체험하고, 제재 받지 않는 자유를 접하게 됨으로써 극적인 전환을 경험하게 된다. 이 점은 남한의 이주 생활의 적응에 귀중한 자산이 되기도 한다.

제3국의 해외 체류 경험은 남한의 생활에 있어서 자본주의 경쟁체제의 사회문화에 대한 해석, 이해와 수용의 기준이 된다. 이 경험들을 통해서 기본적인 생활의 지식들과 다른 문화들을 비교하고 이해하는 감각을 습득하고, 한국 사회정착의 과정에서도 이런 감각들이 남한 사회를 상대화해서 볼 수 있도록 하는 역할을 한다. 즉, 해외 체류 기간은 남한으로 오기 전의 '예비단계'의 역할을 하고, 해외체류경험은 이들에게 몸의 이동성을 확장시켜주고 이들의 사고에 있어 '준거 틀'을 변화시킨다. 해외에 체류한 이들의 입국은 다양한 경로를 통해서 이루어지고 있다. 외국공관 진입을 통한 망명, NGO 단체의 도움 등도 있지만 대다수는 브로커들을 통해 입국한다.

이들의 특징은 북한의 장마당 세대라는 점, 이미 자본주의적 사고를 가지고 실리주의적, 자기중심주의 성향이 강하다는 점, 해외 체류 경험이 있다는 점, 탈북 전 북한에서 부모의 별거나 이혼으로 가족은 분산되고 가정이 해체되었다는 점을 들 수 있다. 또 하나의 세대적 특징은 한국 사회의 MZ세대와 마찬가지로 노력에 대한 정당한 보상을 요구하는 공정성과 구속받지 않는 개인주의적 성향이 강하다는 점이다. 그리고 다른 한편으로는 한국살이에서 지극한 외로움을 느끼고, 북한에 남겨진 가족과 재결합하기를 강렬히 소망하는 등 강한 가족정체성을 가지고 있다.

한편, 탈북 방법에 따른 상처의 차이, 즉 '가족지원형 탈북'과 '단신탈출형 탈북'은 그 탈북과정의 체험이 근본적으로 다르다. 이 차이점은 이들이 한국 정착 과정에 있어서 탈북 트라우마로 작용하기도 한다. 첫째, 전자의 탈북과정은 단기간에 이루어져서 한국에 도착하는데 약 1-2개월 정도 소요되는데 비하여, 후자는 중국에 불법 체류하면서 한국행을 결정하기까지 수년간의 기간이 소요되었다. 둘째, 전자는 사전에 기획된 대로 브로커와 함께 움직이기 때문에 탈북과정의 위험이 보다 적었다. 후자의 경우는 돈이 없어서 중국에 도착하는 순간부터 인신매매를 당하는 고통과 불법체류의 공포 속에서 살아야 했다. 셋째, 전자는 남한에 이미 정착한 가족의 도움으로 큰 어려움이 없이 한국사회의 정착이 가능했지만, 후자의 경우는 대부분 단신 탈북으로 정서적 외로움, 경제적 어려움 등의 갈등과정을 거치면서 한국사회에 정착하는 어려움이 있다. 넷째, 전자는 가족이 한국에 있고 탈북과정에서 인권 유린을 피할 수 있어서 탈북의 상처가 후자의 탈북만큼 심하지 않다. 후자의 경우 대부분 북한에서 극빈 가정이고 돈을 벌어 가족의 생계를 책임져야

하는 어린 가장이었다. 16-18세 나이에 중국에 인신매매되어 강제결혼 생활을 하거나, 저임금으로 식당에 종업원으로 팔려가는 등의 중국의 불법 체류 생활로 인한 탈북의 외상, 이에 따른 트라우마를 가지고 있다. 이러한 탈북트라우마는 낯선 사람에 대한 강한 불신과 경계의 심리를 가져와 한국 사회의 관계망 진입을 어렵게 하는 장애 요인으로 작용하기도 한다.

탈북청년들의 탈북동기에 대한 연구가 중요한 것은 그들이 장마당세대이고 MZ세대이기 때문이다. 오늘날 MZ세대는 세계 도처에서 사회변혁의 중심에 서 있다. 한국 사회에서 2030의 MZ세대가 사회 변화의 기폭제 역할을 한 것과 마찬가지로 북한 사회에서도 MZ세대의 행태는 '반사회주의, 비사회주의' 변화의 전주곡이 되고 있다.[153] 이 세대는 노동당과 수령의 통제를 당연시했던 이전 세대와는 성장 환경이 완전히 다르기 때문이다. '고난의 행군 시기' 이후 출생한 이 세대의 생존은 당의 배급이 아니라 장마당을 통하여 이루어졌다. 장마당이 기르고 한류에 사로잡힌 장마당 세대는 외부 세계를 동경하고 개인주의, 실용주의적 사고방식이 강하다. 이러한 관점에서 북한의 MZ세대인 장마당세대가 북한 사회변화의 동력이 될 수 있다는 점에서 탈북청년들의 특징과 연대, 공존에 대한 연구는 보다 중요한 의미를 가진다.

---

[153] 「북 MZ세대 보고서」, 『조선일보』, 조선일보사, 2021, 6, 11.

제2장 탈북 트라우마 요인

1. 탈북 트라우마 관점의 재정립

　탈북민의 정체성의 변화가 탈북으로부터 시작된다고 할 때, 탈 국경인 탈북의 의미와 경험은 탈북민을 이해하는 데 매우 중요하다. 탈북이라고 하는 경험은 그 자신에게 있어 조국의 반역자가[154] 되는 순간이고, 자신으로 인해서 고향에 남아 있는 가족과 친척이 위험해질 수도 있는 계기가 되고, 무엇보다도 자신의 생사를 걸어야 하는 모험이기 때문이다. 그리고 낯선 환경에 대처할 만한 자원이 없는 상태에서의 탈북은 '상당한 정신적 충격', 트라우마를 유발할 가능성이 크다.

　트라우마란 과거에 경험했던 위기, 공포와 비슷한 일이 발생했을 때 느끼는, 당시의 감정을 다시 느끼면서 심리적 불안을 겪는 증상을 말한다. 의학용어로는 외상을 뜻하고, 심리학에서는 '정신적 외상', '충격'을 말한다. 특히 '외상 후 스트레스 장애(PTSD)'란 생명을 위협할 정도의 극심한 정신적 스트레스(정신적 외상)를 경험하고 나서 발생하는 심리적, 신체적 증상이다. 전쟁·국가폭력·강간·사고 등의 재난을 경험한 사람들은 자꾸만 과거의 경험이 생생하게 떠오르고 공포와 슬픔에 빠져 정상적인 삶을 살 수 없게 된다.[155]

　탈북민들은 탈북과정에서 생명을 위협할 정도의 극심한 정신적 외상

---

154 북한의 1987년 형법은 북한 주민의 탈북을 조국 반역행위로 규정하고, 7년 이상의 노동교화형의 처벌을 명시하고 있다.

155 주디스 허먼, 최현정 옮김, 『트라우마(Trauma and Recovery)』, 플래닛, 2007, 5쪽.

을 경험한다. 이러한 탈북민이 겪는 외상 후 스트레스 장애를 탈북 트라우마라고 할 수 있다. 또한, 탈북 트라우마는 분단의 역사 과정에서 발생한다는 점에서 '역사적 트라우마'156이자 분단 트라우마'157의 성격을 띤다. 이 분단 트라우마는 분단체제가 유지되는 상황에서 지속적으로 새로운 양상으로 발현되며, 가장 현재적이고 새로운 양상의 분단 트라우마가 '탈북 트라우마'이다.158 이 글에서 탈북 트라우마는 탈북과정에서 발현된 현재적 양상의 트라우마 뿐만 아니라 탈북 전 북한 체제 경험, 중국 등 제3국 체류 경험, 한국 입국 후 정착상의 갈등 경험을 포함하는, 탈북민의 생애사의 경로에 따라 트라우마를 살펴본다.

그동안 탈북민에 대한 지원정책은 탈북민의 인권보호와 한국사회적응을 중심으로 행해졌다. 탈북민의 정착 초기에는 정착금이라는 명목으로 금전적 지원이 이루어졌고, 보호결정 후에는 주거, 취업, 사회적응에 관한 지원에 집중되었다. 또한 탈북민의 의료지원 정책과 관련하여 정신 건강 프로그램도 실시되었다. 이러한 정착지원으로 탈북민은 「2019 북한이탈주민정착 실태조사」에 나타나듯이 '한국생활 민족도'에 있어

---

156 역사적 트라우마는 특정한 역사적 사건들을 공유하는 어떤 집단의 욕망이 좌절, 억압되면서 가지게 된 트라우마이며, 코리언의 역사적 트라우마는 식민 · 이산 · 분단 · 전쟁의 역사 속에서 발현된 트라우마를 말한다(박영균 · 김종군, 「코리언의 역사적 트라우마에 관한 연구방법론」, 『코리언의 역사적 트라우마』, 선인, 2012, 37쪽).

157 대립적인 분단체제가 유지되는 가운데 남북주민들에게 상호 적대감과 전쟁의 공포감이 사회심리적인 상처로 남아, 이것이 집단 무의식적으로 내재되어 극도의 적대감과 공포의 형태로 발현되는 트라우마이다. 분단 트라우마는 과거의 상체에서 비롯된 트라우마가 현재에 지속적으로 재현된다는 특징을 가진다(김종군 · 정진아, 「탈북자의 역사적 트라우마와 탈북 트라우마의 현재적 양상」, 『코리언의 역사적 트라우마』, 선인, 2012, 119쪽).

158 김종군, 「탈북시기별 유형과 탈북 트라우마 양상」, 『식민 · 이산 · 분단 · 전쟁의 역사와 코리언의 트라우마』, 선인, 2015, 284쪽.

'만족한다'가 74.2%, '보통이다'가 23.5%, '불만족한다'가 2.2%로 조사되었다.[159] 즉, 한국생활 만족도 97.7%는 탈북민의 생활이 외견상으로는 안정되었다는 것을 의미한다.

탈북역사 30년에 탈북민의 한국사회 정착에 관한 제도적 지원은 체계화되어 탈북민이 입국할 때 기본생활의 안정은 빠르게 이루어진다. 그러나 정착과정에서의 사회적 갈등, 정서적 불안감, 한국사회의 차별적 시선, 경제적 압박 등은 탈북과정에서 겪은 외상과 복합적으로 작용하여 내적갈등을 심화시킨다. 겉으로는 한국 사회에 정착하는 것처럼 보이지만, 실제적으로는 그들 자신을 사회로부터 유리시키고 그들만의 관계를 구축하려는 경향을 보인다. 이러한 사회적 행태는 그들에게 새로운 탈북 트라우마로 작용할 가능성이 크다. 이러한 내적갈등을 간과한다면 탈북 전-탈북-탈북 후의 외상이 복합적으로 작용하여 치유할 수 없는 트라우마로 남게 된다. 그 결과 탈북민은 사회불안의 잠재적 요인이 될 것이고, 나아가 통일의 협력적 역할이 아니라 장벽이 될 수도 있다. 이런 점에서 탈북 트라우마에 대한 관점의 변화가 필요하다.

지금까지는 탈북 트라우마를 탈북과정에서 발생한 상처, 충격에 대한 외상 후 스트레스 장애(PTSD)로 보았다. 1990년대 중반 이후 본격화된 탈북민 연구는 우울·불안·두려움·죄의식과 같은 PTSD 진단과 사회적응과정에 대한 연구가 대다수였다. 그래서 "고문, 강제노동, 굶주림,

---

159 2019년 기준 탈북민 33,523명의 한국생활실태조사. 남한생활 만족이유는 자유로운 삶이 30.5%, 능력에 따른 소득 확보가 25.7%, 경제적 여유가 21.9%, 가족과 함께 생활이 7.5%, 하고 싶은 일을 할 수 있어서가 7.3%이다(「2019 북한이탈주민 실태조사」, 남북하나재단, 2020.3).

감시와 잔혹한 폭력행위, 그리고 가족과의 이별 및 죽음 목격, 성폭행, 집단수용소 생활, 생명을 위해하는 질병의 감염, 수용소에서의 영양실조, 신체적 상해 및 대량학살, 불법이주생활로 인한 희생의 위험" 등으로 대표되는 난민으로서의 외상에 주목해 왔다.[160] 이러한 외상에 대한 제한적 기준은 특정한 신체적 징후들을 동반하지 않는 상처를 간과한다. 즉 현재의 삶에서도 지속적으로 트라우마 경험에 노출된 탈북민들의 상처를 배제하고, 그것들을 일반적인 성격장애나 개인의 특성으로 치부한다.[161]

그러나 탈북민의 아픔을 미시적인 측면에서 개인적인 문제로만 환원하지 않고, 탈북이라는 사건 자체가 분단체제에서 발생한 것이고, 탈북 트라우마가 분단 트라우마의 현재적 양태라면, 탈북 트라우마를 남한과 북한의 사회구조적 관점에서 보아야 한다. 이런 관점에서 보면 탈북 전 북한의 혼합주의 사회성과 탈북 후 남한의 자본주의 사회성은 복합적으로 작용하여 그들의 행위 결정의 전제조건이 된다. 이 점에서 탈북민의 상처를 탈북과정에서 경험한 충격에 대한 외상 후 스트레스 장애(PTSD)뿐만 아니라, 인지·정서·행동·의미체계 등 인간의 심리 전 영역에 걸친 다양한 증상들, 인간관계의 문제와 일상생활에서의 정서 문제 등을 포함한 외상 후 스트레스 장애(PTSD)로 개념의 확장이 필요하다. 이는 탈북민의 상처를 복합적인 시각에서 바라보는 것이다. 탈

---

160 김현경, 「난민으로서의 새터민의 외상(trauma)회복 경험에 대한 현상학적 연구」, 이화여대 대학원 박사학위논문, 2006.

161 김종곤, 「남북분단 구조를 통해 바라본 탈북 트라우마」, 『문학치료연구』 33, 한국문학치료학회, 2014, 205-228쪽.

북 트라우마를 탈북생애사의 관점에서 본다는 것은 이들의 삶의 생애사적 경로를 따라가면서 외상의 근원적인 문제를 찾아 치유하는 것을 의미한다.

이러한 관점으로 탈북 트라우마는 '탈북과정에서 경험한 외상의 양상' 과 '외상으로 인한 이상 심리적 징후'[162]에만 초점을 맞춘 이전 개념과 달리 탈북민들의 생애 전반에 주목한다. 이러한 트라우마의 관점에서 보면 탈북 트라우마는 북에서 생활하면서 겪었던 고난과 폐쇄적인 북 체제의 통제와 억압에서 기인되는 외상, 중국을 비롯한 제3국에서의 탈북과정에서 겪은 상처와 공포, 국내입국 후 정착과정에서 겪게 되는 갈등 등을 포괄한다. 이러한 포괄적 개념으로 접근함으로써 탈북민들이 살아온 삶의 경로에 따라 외상을 추적할 수 있다. 고향을 떠나올 수밖에 없었던 이유와 함께, 체제 반대편인 남한사회에서의 고충도 함께 살펴볼 수 있는 것이다.

탈북민의 살아온 삶 자체에 대한 탈북 트라우마 관점은 다양한 삶의 맥락과 경험의 차이, 다양한 탈북동기와 탈북과정의 경험에서 발생하는 여러가지 변화들에 주목할 수 있게 한다. 북한에서의 생활과 탈북 및 이주과정의 경험을 연속적인 과정으로 보는 것이다.[163] 북한에서의 삶의 경험이 탈북동기와 한국적응문제에 큰 영향을 미칠 수 있으며, 탈북민의 탈북시기에 따라 탈북동기와 탈북과정이 다르다. 고난의 행군시기

---

162 김종군 외, 「탈북 트라우마에 대한 인문학적 치유방안의 가능성 : 구술치유 방법론을 중심으로」, 『통일문제연구』 29-2, 통일문제연구소, 2017, 209쪽.

163 조정아 외, 『탈북 청소년의 경계 경험과 정체성 재구성』. 통일교육원, 2014, 4쪽.

의 생계형 탈북과 먼저 탈북한 가족의 지원으로 이주해 온 구조형이나 이주형 탈북은 명확히 구분되며, 그 삶의 모습이나 탈북상처의 경험도 다른 모습인 것이다.164 따라서 탈북과정의 다양한 요인을 반영할 수 있으면서도, 상처의 내용을 시시각각 포착하기 위해서는 '탈북이전-탈북과정-탈북 이후의 삶 자체에 주목하는 탈북 트라우마의 관점이 필요하다고 본다.165

이런 관점에서 보면, 김정은 시대의 탈북청년들의 외상은 김정일 시대의 생존형 탈북 또는 생계형 탈북과는 전혀 다른 양상을 띤다. 김정일 시대의 탈북민은 대부분 생존형, 생계형 탈북으로 기아경험 공포, 압록강 도강의 공포, 강제북송의 공포로 인한 트라우마의 양상을 띠었다. 그러나 김정은 시대의 탈북민은 기아의 공포는 대체로 벗어났고, 대부분 북한의 사회구조적인 요인에 의한 경제형, 이주형 탈북이란 점에서 트라우마의 양상도 다르게 나타난다. 그리고 이들은 북한의 최악의 경제난 속에서 태어나서 장마당 시장경제를 체험하면서 성장하였다. 사회주의적 가치관과 자본주의 가치관의 혼합 상태, 중국생활에서의 인신매매와 강제북송의 공포, 한국생활의 경쟁과 암울한 미래, 고향으로 돌아갈 수 없는 고향상실감 등의 요인이 그들에게 복합적으로 작용한다.

이 글에서는 김정은 시대 탈북청년들의 아픔을 복합적인 시각에서, 그들이 살아온 삶의 경로에 따라 트라우마의 양상을 '탈북이전의 북한

---

164 김종군, 「탈북 청소년 구술에 나타난 엄마의 해체와 자기 치유적 말하기」, 『문학치료연구』 44, 2017, 116쪽.
165 김종군 외, 「탈북 트라우마에 대한 인문학적 치유방안의 가능성 : 구술치유 방법론을 중심으로」, 『통일문제연구』 29-2, 통일문제연구소, 2017, 211쪽.

생활-탈북과정에서의 제3국 생활-탈북이후의 한국생활'의 연속된 흐름 속에서 살펴보기로 한다. 그리고 앞서 논의한 것처럼 김정은 시대의 탈북유형을 '가족지원형 탈북'과 '단신탈출형 탈북'으로 구분한다. 전자의 경우는 후자에 비해 외상의 강도가 약하며, 그에 따른 트라우마 증상도 약화되어 나타난다. 전자는 전문 탈북브로커들이 사전에 북한의 국경수비대를 매수하여 압록강이나 두만강을 큰 위험 없이 도강하게 되고 중국에서도 현지 브로커들의 안내로 검문검색 없이 통과하여, 무사히 태국에 도착한다. 이에 반해 후자는 탈북자금이 없어 브로커에 팔려가는 경우이다. 14세-18세의 어린 나이에 중국에 팔려가서 적어도 3-5년 이상을 중국에 불법체류하면서, 인신매매, 강제결혼, 성적유린, 노동착취 등에 의한 외상, 그에 따른 트라우마의 강도가 전자보다 훨씬 강하게 나타난다.

2. 탈북 전 북한에서의 트라우마 요인

탈북청년들의 구술에 의하면 탈북 전 북한의 생활은 심각한 트라우마를 남기고 현재의 삶에도 많은 영향을 미치는 기억으로 자리하고 있음을 알 수 있다. 이들은 어릴 때부터 북한사회의 급격한 변화를 경험하고, 생계를 위해 장마당 장사를 했으며, '가난' 속에서 생활해 왔다. 대부분 정상적인 학교교육을 받지 못했으며, 심지어 가족해체의 상처 등은 북한생활이 남긴 아픔기억이다. 탈북 이전 북한에서의 이러한 삶은 이들이 탈북하게 된 결정적 계기가 되었으며, 현재 남한 생활에도 상당한 영향

을 미치는 과거라고 할 수 있다.[166]

탈북청년들이 기억하는 북한에서의 삶은 '가난, 가정불화, 아버지의 폭력'으로 기억된다. 북한사회의 구조적인 모순과 부조리가 근본적 원인으로, 탈북청년들은 공통적으로 북한 사회의 경제적 고통을 이야기하고, 그것이 가정의 불화와 가부장의 폭력으로 이어지는 경우가 많다고 한다.

1) 가난의 굴레와 악순환

김정은 시대의 경제적 고난은 김정일 시대만큼 가난하거나 아사자가 발생할 정도는 아니었다. 따라서 김정은 시대의 탈북은 기아를 피하기 위한 탈출이 아니다. 그럼에도 '가난'은 탈북의 주요 동기로 작용하는데, 그 까닭은 바로 '아무리 노력해도 벗어날 수 없는 가난의 굴레, 가난의 악순환' 때문이라고 할 수 있다. 탈북청년들은 북한은 가난의 굴레에서 벗어날 수 없는 사회구조라고 생각한다. 그리고 20대 장마당세대는 외부정보에 민감하고, 자기 인생에 대한 질 높은 삶을 지향하기 때문에 바로 이러한 사회구조적인 폐쇄성에 더욱 한계를 느꼈을 가능성이 높다.

아무리 노력해도 벗어날 수 없는 가난의 문제는 '단신탈출형' 탈북의 경우에 결정적인 탈북동기로 작용한다. 이들은 대체로 부모 대신에 가정을 책임지는 가장역할을 감당하였고, 장사를 하면서 하루아침에 모든 노력이 물거품이 된 기억을 이야기한다.

---

166 이 장의 논의는 앞서 살펴본 탈북 동기를 분석한 내용과 겹치지만, 여기에서 다시 고찰하는 까닭은 현재까지의 영향을 미치는 강력한 외상의 기억으로서 북한에서의 삶을 반추하는 것이다.

중국 돈으로 물건을 가져와서 소매대에 나누어주고 돈을 받을 때는 북한 돈으로 받기 때문에 돈 때(환율)에 따라 돈이 오르락 내리락 했어요. 그러다가 중국 돈 200원을 빚져서 갚을 능력도 없고, 그 언니의 신뢰에 미안해고 무서워서, 어린 생각에 이모 집에 숨어버렸어요. 그렇게 살다보니 친구도 하나 둘 떠나가고 저에 대한 소문이 너무 안 좋게 났어요. 사기꾼이 된 것 같았어요. 어떻게 하든 잘 살아야지 하고 결심을 하고 했어요. 그런 삶이 찌들 찌들하고 너무 힘들었어요. 그렇게 살아온 것이 7년이 되었습니다. 11살부터 18살까지.(아진)

친구 엄마가 앞쪽에서 계란을 가져오면, 그것을 혜산에서 팔았지만 돈이 되지 않아서, 돈댓고(소규모 환전상)를 시작했어요. 밑천이 없어서 얼마 벌지를 못하고 그 일을 하면서 스트레스를 너무 많이 받아서 어린나이에 흰머리가 나기 시작했어요. 정말 슬펐어요. 아빠는 친구들과 도박하고 놀면서 돈 벌 생각을 하지 않았어요.(소연)

하루는 학교가고 하루는 농사일을 시키니 저는 억울하다는 생각이 들었고, 그런 삶이 유지되니 흰머리가 났어요. 동네 애들은 저만 그런 것이 아니라 다들 그래요. 애들이 모이면 무엇해서 잘 살까, 무슨 장사를 할까하는 것이 생각이 아홉 살, 열 살 열두 살 애들의 대화였어요.(해인)

첫 번째, 인용 자료의 아진은 수년 간 고단한 삶을 살아왔고, 결국 장사에 실패하고 빚을 지고 이웃과 친구로부터 소외당했다고 말한다. 가난으로 인한 악순환이 지속되고, 부모와의 갈등이 심화되자 '자살'을 시도하기도 했다. 이렇게 아진의 탈북 전 북한에서의 기억은 결코 회복될 수 없는 지독한 가난에 대한 고통으로 채워져 있다.

두 번째, 소연은 탈북 전 4년 동안 어머니 대신 가족을 돌보고 가족의 생계를 책임져야 했다. 가족의 생계를 위해 학교를 자퇴하고 장사를 하지 않을 수 없었다. 계란장사에서 암달러 장사인 돈댓고까지 어린 나이에 할 수 있는 장사는 다 해보았지만, 경제적 어려움을 여전히 벗어날 수 없었다. 장마당 장사의 스트레스와 가족의 생계책임, 가정 살림살이 등의 생활 부담의 과중으로 10대의 어린 소녀는 흰 머리가 날 정도로 힘들어졌다. 소연은 브로커에게 팔려가는 줄 알면서도 북한의 힘든 생활을 벗어나기 위해 탈북을 선택할 수밖에 없었다고 말한다.

해인은 탈북과정에서 겪은 고난보다 '북한에서의 가난'이 더 큰 트라우마로 작용했다고 고백한다. 가난을 벗어나려고 청진, 평성, 사리원 등의 지역을 다니면서 장사를 했지만 밑천이 없어서 돈을 벌수가 없었다. 7세 때부터 집에서 밥하고, 9세 때부터는 어떻게 하면 돈을 벌까 하는 생각만 했고, 흰머리가 날 정도로 삶이 힘들었다고 한다. 14세부터는 장마당으로 전전하면서 빵장사, 술장사, 돈댓고 장사 등을 했지만, 철이 들면서 북한의 사회구조 속에서는 이러한 현실을 벗어날 수 없다는 것을 점점 깨닫게 되었다. 그래서 인간답게 살기위해서는 북한을 벗어나야 한다는 결심을 하게 되었다고 한다.

이들이 겪은 가난의 과정은 유사한 점이 있다. 모두가 어릴 적에는 잘 살았다는 점이다. 아진은 어머니가 돌아가신 7세 때부터, 소연은 어머니가 쫓겨난 11세부터, 시은은 17세 때 갑작스러운 집안의 몰락으로 가난이 시작되었다. 이들에게 가난은 갑자기 찾아온 고통과 충격이며 탈북의 결정적 계기가 되었다. 시은은 갑작스런 가난 때문에 자포자기의 심정으로 탈북을 선택하였고, 소연은 북한의 열악한 가정환경을 벗어나 인간다운 삶을 살고 싶어서, 아진은 자살 이후 아무도 자기를 모르는 곳에 가서 새로운 삶을 살기 위하여, 해인은 보다 나은 삶을 위하여 탈북을 택한 것이다.

가난의 고통은 탈북의 직접적인 계기가 되긴 하지만, 이후의 삶에 큰 영향을 미치지는 않는 것으로 보인다. 우선 중국과 한국의 삶에서는 기본적인 경제적 문제가 해결되기 때문에 현재까지 지속되는 트라우마라고 하긴 어렵다. 그럼에도 간혹 가난의 상처가 오래 지속되는 경우도 있다. 해인의 경우는 7세 때부터의 가난의 상처가 오랫동안 지속되어 가난의 두려움이 한국 생활에서도 가장 큰 트라우마로 작용한다고 고백한다.

비록 가난이 탈북 이후의 삶에서 큰 영향을 미치는 외상은 아니지만, 탈북 전 북한의 삶에서 가난이 가정불화의 주요 원인이 되었던 것이다. 탈북청년들은 가정불화와 아버지의 폭력성의 원인을 '가난'의 문제로 바라본다. 그래서 이들의 북한 삶에서의 가난에 대한 고통은 트라우마적 상처가 되기도 한다.

2) 가정의 파탄과 해체, 그리고 상실감

다음으로 살펴볼 이야기는 가정불화 문제이다. 이 문제는 각 가정마다 다른 모습을 보이지만, 그 인과관계의 흐름은 유사하다. '단신탈출형' 탈북에 있어, 소연의 경우 경제적 문제와 어머니의 외도가 원인이 되어 부모가 헤어졌다고 했다. 이후 아버지는 다른 여자와 동거했지만, 얼마 후 그 여자도 집을 나갔고, 이때부터 소연은 소녀가장이 될 수밖에 없었다. 시은은 아버지의 불륜과 사업의 실패로 가정이 파탄 나게 되고 아버지는 도박에 빠졌다. 그리고 아진은 어머니가 돌아가시고 아버지가 총기 사고로 구속되면서 가정이 해체되었다. 이들은 모두 가정이 해체되어 가난에 빠지거나 가난 때문에 가정이 해체되는 경험을 해왔던 것이다.

그런데 문제는 가정의 불화가 탈북의 원인이 되기도 했지만, 현재의 삶에도 많은 영향을 미치는 요인으로 작용한다는 점이다.

> 저는 (북한에서) 고아처럼 살았어요. … 애정 결핍과 외로움이 구별 되지 않아요.(아진)

아진은 경제적 고난보다 가정의 파탄이 더 큰 상처로 남았다고 말하며, 현재의 외로움과 상실감을 토로하기도 했다. 이처럼 이들에게 가정의 파탄, 해체, 상실은 공통된 요인이고, 이로 인한 마음의 상처는 한국사회 정착과정에서 정서적 불안, 우울증으로 발전한다. 또한 이 문제는 한국사회에서의 인간관계 문제에도 많은 영향을 미치며, 관계에서의 적극성과 능동성을 가로막는 원인이 되기도 한다.

'가족지원형' 탈북의 경우는 비교적 가정불화의 문제가 극단적이지 않다. 어머니나 다른 가족들이 끝까지 자녀의 삶을 돌보려고 하기 때문에 비교적 안전한 탈북이 가능하기도 했다. 그렇지만 이들에게도 북한에서의 삶은 가정불화의 문제로부터 자유롭지 않았다. 정인의 가정 또한 결손가정으로 어린 시절에 어머니는 아버지와 이혼하고 외할머니 댁에서 대가족이 함께 살았다. '단신탈출형' 탈북인 친구들과 비교해서 가정해체의 외양이 다르지만 온전한 가정이 아니었다는 점에서 공통점이 있다. 이런 연유로 정인의 어머니는 정인보다 4년 전에 먼저 탈북을 하였다.

'가족지원형 탈북'은 한국사회의 정착과정에서 대부분 가족과 재결합 하므로 일시적인 가족 분산은 탈북트라우마로 작용하지 않지만, '단신탈 출형' 탈북의 경우 가족해체의 상황이 한국 정착 이후에도 회복되지 않는다는 점에서 정서적 불안감으로 이어져 우울증, 대인회피 등 트라우 마로 발전할 가능성이 크다고 본다.

3) 가부장의 폭력

북한의 사회구조적 특징 중 하나는 가부장제도가 강하다는 것이다. 집단주의 사회체제에서 사회의 기층단위인 가정이 사회적, 국가적 이익 과 결합되어 있다는 점에서 전근대적인 가부장적 질서가 가정에 강하게 남아 있다. 이러한 북한사회의 가부장적 권한은 경제적 문제 등과 결부 되어 가정폭력으로 표출된다.

> 북한에서는 가부장적인 것이 강하여 남자들이 여자를 많이 때리고 그런 경우가 너무 많아요. 남동생과 저도 아빠로부터 아동폭력을 당하 기도 했어요. 동생은 더 많이 맞았고요. (소연)

> 아빠는 이 여자한테 잘해주고 나를 너무 믿지 않았고, 엄마가 살아 있을 때는 잘 해주지도 않고 술 취하면 엄마와 나를 구타하기도 했어 요. (아진)

> 저희 엄마, 아빠도 돈 때문에 싸우고, 제가 아는 남자 아이는 한글도 모르고, 그 아이의 엄마, 아빠는 매일 싸워요. 그 아빠는 매일 술만

먹고 여자를 때리고, '왜, 저 아줌마는 매일 맞으면서 사나? 내 같으면 혼자 살겠다'고 생각했어요. 그 때 제 나이가 10살이었는데 '그것을 보고 결혼하면 안 되겠다 결혼은 죄악'이라고 생각했어요. 그런 사회구 조였어요. (해인)

탈북유형에 관계없이, 이들은 공통적으로 가부장의 폭력을 이야기한 다. 이들의 기억 속의 아버지는 바깥일이 잘 안 풀리면 가족들을 구타하 며 분풀이를 하고, 낯선 여자들과 불륜을 저지르며, 도박이나 음주에 빠져 있는 모습으로 그려진다. 이러한 기억은 이들의 현재 삶에도 영향 을 미치고 있다. 남녀관계에서 불신과 불안함, 그리고 폭력에 대한 트라 우마가 남게 되는 것이다.

4) 사회적 모순, 계층이동이 불가능한 사회 구조

가난과 가정불화, 그리고 아버지의 폭력은 이들의 북한 삶에 대한 기억을 채우는 장면들이다. 탈북청년들은 이러한 기억을 토로하면서, 결국 이러한 문제들은 북한의 사회구조적 폐쇄성 때문에 야기되었다고 판단한다. 탈북청년들은 북한에서의 아픈 기억을 떠올리면서 동시에 북한 사회의 모순과 부조리를 비판한다.

북한은 불법을 해야 잘 살 수 있는 구조이고, 오토바이 있는 집은 엄청 잘 사는 집입니다. 우리 집에 당장 먹을 것도 없는데 나라 일을 하라는 사회구조가 틀렸다고 생각했어요.(해인)

장마당세대인 탈북청년들의 가장 강력한 탈북동기는 북한사회의 구조적 모순과 빈부양극화이다. 배급제도가 정상적으로 작동되었을 때는 특권층을 제외하고 대다수의 북한 주민들은 빈부격차를 크게 느끼지 않았다고 한다. 그러나 고난의 행군시기 이후 장마당의 활성화로 북한 사회에 자본주의적 사적이익 추구가 암묵적으로 인정되고, 빈부의 격차가 심해지고, 사회구조적으로 양극화가 고착화되어 갔다. 이런 사회적 구조에서 사회경제적 자원이 없는 장마당세대는 빈부양극화에 더욱 민감하게 반응하고 이것이 탈북의 강한 동기로 작용했다.

정리하면, 이들에게 탈북 이전 북한에서의 삶은 가난과 가정불화, 가부장의 폭력에 대한 상처로 기억되고 있다. 이러한 고통들의 근원은 북한사회의 구조적 모순과 부조리에 기인한다. 결국 이러한 상처는 이들을 탈북의 길로 들어서게 하고, 이후의 또 다른 고통들의 원인이 되기도 한다. 따라서 탈북 전 북한에서의 외상은 일종의 '잠재적 트라우마'라고 할 수 있다. 이때의 삶은 외상이 트라우마로 내재화되는 과정이고, 그것은 곧 탈북행위로 이어지고, 또 한국 사회의 정착과정에서 갈등이란 사회적 행태로 드러난다. 나아가 한국사회 정착과정에서 정체성 변화에 중요한 요인이 되기도 한다.

3. 탈북 노정에서의 트라우마 요인

탈북 노정이란 지역 간 이동을 기준으로 압록강 또는 두만강의 국경을 넘는 도강 지점에서 중국, 제3국을 거쳐 한국에 도착하는 전 과정을 말한다. 압록강 맞은편에 있는 중국의 국경도시 장백현, 두만강 맞은편 도문에서 출발하여 동북 3성을 거쳐 중국 서쪽의 국경도시인 곤명에 도착한다. 거기서 현지 브로커의 안내로 메콩강을 건너고, 라오스의 산악을 넘어 태국에 도착하면 난민수용소에 수용된다. 일정 기간 수용소 생활을 하면서 난민 심사를 거쳐 한국에 입국한다. 이들의 구술에 의하면 '가족지원형' 탈북의 경우 중국을 거쳐 직행으로 한국으로 오기 까지 약 40일 소요되지만, '단신탈출형' 탈북의 경우는 중국 체류기간까지 포함하면 약 3-5년 후에 한국에 입국한다.

이 점에서 탈북유형에 따라 트라우마의 양상이 달라진다. 전자는 상기 탈북노선에 따라 장백현, 도문에서 곤명까지 대륙횡단과정에서 성폭력 등에 노출되는 경우가 다소 있지만, 후자와 같이 인신매매나 강제결혼 등의 극단적인 상황은 피할 수 있었다. 여기에서는 두 유형의 탈북과정을 나누어 살펴본다. 그러나 '단신탈출형' 탈북의 탈북노정에서의 트라우마 요인 중 '중국의 불법 체류과정'에서 겪은 상처는 대부분 외상후 스트레스로 작용하므로 이 부분은 별도로 구분하여 논하고자 한다.

1) 도강의 공포, 도강 직후의 후회

탈북과정에 있어 겪는 최초의 두려움은 중국과 국경을 이루는 압록강이나 두만강을 넘을 때이다. 고난의 행군시기의 탈북민은 대부분 식량난민으로 야간에 깡 도강하였고, 국경수비대에 의한 발각의 두려움, 어두운 밤에 강에 몸을 던지는 공포감은 심리적으로 강한 트라우마로 작용한다고 한다.[167] 그러나 고난의 행군시기 이후 수십만이 탈북하여 이미 탈북루트는 국경도시 주민에게는 공공연한 비밀이고, 도강의 시기, 위치, 방법은 이미 알려져 있었기 때문에 김정은 시대 탈북민에게 도강 그 자체는 강한 두려움이 되지 않는 것으로 보인다.

제가 올 때는 도강을 하면 총을 쏘라고 했어요. 김정일 때에는 따라가서 잡으라고 했지만 김정은 때에는 사격하라고 명령했어요. 저희 쪽 강에는 중국 사람들의 밀수를 방지하기 위해서 2m 높이의 철조망이 설치되어 있었어요. 저는 깡 도강했어요. 겨울이었고 강이 얼어있어 넘어왔어요. 저는 수영을 못해요. 낮 12시에 넘어 왔는데, 경비병 교대 타임에 맞추어 도강을 했어요. 보기는 가까운 곳인데 뛰어보니 먼 거리였어요. 죽어라고 뛰어서 강을 건너 차가 오기를 기다렸어요. 중국에서 기다리고 있다가 사람들이 모이면 출발했어요.(해인)

저는 브로커를 통해서 왔어요. 청진에서 무산으로 와서 전화를 받고 하루 전에 떠날 준비를 하라고 해서 바로 다음날 떠났어요. 츄리링 복장으로 저녁에 떠나서 공장 같은데 숨어 있다가 새벽에 강을 건넜어요. 경비병 교대시간에 6명이 모여서 강을 건너고 중국 브로커 집에서 씻고 하루 정도 쉬었어요. 돈이 입금되는 대로 한 명씩 한 명씩 브로커 집에서 출발했어요. 돈이 입금 안 되면 팔아버린다고 했어요. 그 때는 8월이지만 물이 많지 않아 허리정도였고 강폭은 교실 너비 정도여서 금방 건넜어요. 저는 입금이 되어서 먼저 떠났어요.(정인)

저는 밤에 넘어 갔어요. 도강하는 것은 별로 어렵지 않아요. 북한에서는 무엇을 하려고 해도 숨어서 몰래몰래 하는 것에 익숙해 있어서 그렇게 힘들다 그렇지는 않았어요. 그 때는 겨울이라 엄청 추웠어요. 혜산에서 맞은편 중국 땅까지는 강폭이 교실정도의 폭이라 약

167 김종군, 「탈북민의 시기별 유형과 탈북 트라우마 양상」, 『식민·이산·분단·전쟁의 역사와 코리언의 트라우마』, 선인, 2015, 293쪽.

10m-20m 정도 되어 도강하는 데는 어려움이 없었어요. 압록강 상류라 물이 있는 쪽은 약 10m 정도이고, 11월 달이라 강은 얼지는 않았지만 물이 엄청 차가웠어요. 강이 깊은 곳은 머리까지 물이 찼어요. 혜산에서 강을 건너면 중국 장백현 마을이고, 국경경비대를 사전에 브로커들이 매수했기 때문에 경비대에 붙들릴 염려는 없었어요. 어두워진 다음에 브로커 두 명이랑 강을 건너서 중국 브로커 집을 갔어요. 브로커가 북한사람인데 그들은 중국 신분증을 사서 중국에서 살고 있었어요.

(소연)

그 당시 아는 오빠가 있었는데, 그 가족 모두가 탈북을 하려고 준비하고 있었어요. 오빠 엄마가 나의 힘든 사정을 알고 중국같이 가겠냐고 해서 중국까지만 기겠다고 했어요. 한국에 가겠다는 생각보다는 중국에서 돈을 벌어 보내야겠다는 생각이 들었어요. 큰엄마의 남자 친구가 차를 가지고 마중 나오기로 되어 있었는데, 휴대폰 없이 출발해서 어떤 차가 저희를 데리러 온 차인지 찾는 것도 어려웠어요. 그 때가 11월이어서 물이 차가웠지만 추운 것을 느낄 수 없었고, 국경경비가 교대하는 시간에 넘어갔어요. 물은 허리정도 깊었고 강폭은 10m-20m 정도였어요. 어느 차인지 모르고, 저 차가 맞을 것이라는 느낌으로 손을 들었는데, 그 차가 맞았어요.(아진)

보천에서 산에 있다가 밤이 되어서 압록강 쪽으로 무조건 뛰라 해서 강에 뛰어 들었어요. 살 어름이 깔린 강에 뛰어들어도 추운 줄은 몰랐어요. 갑인이라는 친구하고 같이 넘어갔는데, 그 친구는 춥고 무섭다고 야단이었어요. 밤에 눈비가 오고 검푸른 강물이 출렁 걸려서 무서워했어요. 브로커가 나를 앞장 세워서 강을 건너가게 해서 나는 별로 무섭지 않았어요. 강을 건너니 온 몸이 얼었어요.(시은)

위의 자료에서처럼 '가족구조형'의 탈북이나 '단신탈출형'의 탈북 모두 도강 자체에 대한 두려움은 크게 나타나지 않는다. 특히 브로커의 인도로 도강하는 경우가 대부분이기 때문에 큰 위기에 빠지진 않는 것으로 보인다. 탈북 전문브로커에 의한 기획 탈북으로 국경수비대와 사전 약속이 되어 있어서 발각의 위험은 거의 없었던 것이다. 그리고 브로커 없이 도강한 해인의 사례에도 이미 잘 알려진 도강 루트에 따라 이동했기 때문에 두려움이 크지 않았다고 했다. 이와 같이 김정은 시대에 국경 수비는 강화되었지만 탈북 브로커의 사전 기획으로, 또는 이미 알려진 도강 루트로 강을 건너가기 때문에 고난의 행군시기의 탈북민이 겪은 도강의 공포는 거의 없었다고 본다. 문제는 팔려간다는 것이 무엇을 의미하는지 잘 모르고 탈출한 어린 소녀들에게 탈북은 이후 큰 후회와 상처로 이어진다는 점이다.

> 그 다음날 떠나는 날인데, 아빠한테 안 가겠다고 거짓말을 하고, 떠나는 그 날 길에서 아빠를 보게 되었어요. 아빠가 자꾸 뒤를 돌아다 보는 느낌이었어요. 브로커는 쳐다보지 말라고 했어요. 보면 못 간다고, 그날이 아빠를 본 마지막 날이었어요. 보천으로 가서 여러 명이 같이 강을 넘게 되었어요. 넘어 갈 때는 홧김에 갔지만 넘어오자마자 후회되었어요. 중국에서 아빠에게 전화했는데, 돌아오라고 했어요. 보위부 사람도 많이 알고 있으니 걱정하지 말라고 하면서. 지금 생각해도 그 창피 때문에 넘어 온 것 같아요. 아직까지도 그 창피함을 못 고치겠어요. 중국에 도착하니 브로커들이 온통 팔아먹는 이야기만 하고 있었어요. 중국에 3년 있었어요. 저는 기억하기도 싫어요. 제가 기억을 상기시키면 너무 힘들어요. 북한에서 보다 정신적으로 더 힘들었어요.
> (시은)

위의 자료에서처럼 시은은 국경을 넘자마자 탈북을 후회했다고 말한다. 탈북은 너무 쉽게 이루어졌고 그 결과는 참담했다는 것이다. 중국에 도착하니 브로커들은 온통 인신매매 이야기만 하고, 이후 중국에서의 3년은 너무 고통스러웠다고 말했다. 이러한 후회는 다만 시은의 사례에 지나지 않는다. 다른 탈북청년들도 탈북을 후회했다고 고백한다. 그리고 다시는 돌아가지 못하는 현실에 좌절하는 것이다.

2) 성적 유린과 성매매

탈북노정에서 성적유린을 당하거나 성매매업소로 팔려가는 것은 대부분 탈북의 이동과정에서 발생한다. 탈북 브로커는 조선족 남자이거나 북한 출신 브로커들이다. 이들은 '단신탈출형 탈북'의 경우 어린 소녀들을 돈으로 보고 인신매매를 통하여 브로커 비용을 회수한다. 이 과정에서 브로커들은 중국 공안에 넘기겠다고 협박하거나 강제로 성적 폭력을 행하고, 때로는 성매매업소에 팔기도 한다. '가족지원형 탈북'의 경우는 브로커와 사전 계약에 의해 탈북이 행해지기 때문에 성적유린의 위험은 거의 없다고 보지만, 이동과정에서 성적유린을 당하고 팔려가는 사고가 발생하기도 한다.

> 저 같은 경우는 팔려 갔어요. 5명이 장백현에 도착하자, 다른 브로커들이 대기하고 있었어요. 요녕성에 있는 다른 브로커에게 넘겨지고, 그 브로커는 또 다른 브로커에게 각자 한명씩 넘겼고, 그 브로커는 남자를 찾아 떠나요. 그때 거기에서 충격적인 일이 있었는데, 저희들 대부분이 어리고 예쁜 편이어서 성적유린을 당해요. 일행 중에 언니가 두 명이었는데 한 명을 데려갔어요. 나중에 들으니까 그 언니가 브로커

랑 잤다고 하더라구요. 그러면서 하는 말이 한 명을 남기려고 하는데 저에 대해서 물어 봐서 어려서 안 된다고 했대요. 그게 첫 번째 충격이 었고 저희는 다른 브로커 의해서 요녕성 쪽으로 이동했어요.

    …

    한국에 사는 북한출신 브로커를 통해서 들어오게 되었어요. 사람은 보지 못했고 돈을 보내주면 정해준 장소에 가서 브로커가 보내준 사람을 따라 연결한 버스를 타고 국경을 넘어요. 버스를 타고 가는 과정에서 성적유린을 당할 뻔 했어요. 버스기사들이 니네들 여기에 있으면 공안한테 붙들려가니 자기와 함께 자자는 등, 너는 나하고 자고 너는 저사람 하고 자는 등 성적유린을 당하기도 합니다. 거기서 나도 신분증이 있고 같이 간 그 애도 신분증이 있어 공안에 잡힐 위험은 없었어요. 둘이서 몰래 나와서 4시간 정도 산책하다가 버스로 돌아가니 다들 자고 있었어요. 버스는 2층으로 3-4일 장거리 가기 때문에 버스 안에서 자기도 합니다.(소연)

구술에 의하면 소연은 장백현에서 물에 적은 옷을 갈아입고 하루를 쉬고 다음날 요녕성으로 이동하였다. 탈북 첫날 장백현에서 같이 탈북한 언니가 브로커에게 성적유린을 당하는 것을 보고 큰 충격을 받았다. 그 후 소연은 중국에서 5년간 체류하다가 한국으로 입국하는 이동과정에서 또 한번 성적 유린의 위기를 겪게 되었다. 신분 회복을 목적으로 한국행을 결정하고 브로커들이 운행하는 장거리 버스를 타고 태국으로 가기 위해 다른 탈북민과 함께 곤명 국경지역으로 이동하였다. 3-4일 장거리 운행이어서 버스 안에서 자고, 중간에 쉬는 동안 브로커들에게 성적 유린을 당한다. 다행히 소연은 중국인 가짜신분증이 있었기 때문에 브로커의 협박을 이길 수 있었지만, 대부분의 탈북민 여성은 불법체류자이기 때문에 말을 듣지 않으면 공안에 넘긴다는 협박에 어쩔 수 없이 당한다. 아진은 장백현에서 성매매업소에 팔려갈 위험을 경험하였다.

> 바로 심양 쪽으로 가려고 했는데, 그 당시 중국의 경비가 너무 심해서 장백에 있는 큰 아빠 친구의 집에서 6개월을 머물었어요. 문제는 오빠의 큰엄마 남자친구분이 조선족이셨는데 저를 화상채팅 같은 일을 시키려고 했어요. 큰엄마가 설명을 해주었어요. 저 남자는 비록 남편처럼 살지만 우리를 돈으로 보고, 화상채팅은 성매매 비슷한 것이라고 설명해 주었어요. 제가 이렇게 살려고 북한에서 넘어 온 것이 아니라고 막 난리를 쳤어요. 그때 다른 팀이 넘어와서 그 여자를 저 대신 보냈어요.(아진)

압록강을 건너서 바로 심양으로 이동하려고 했지만 중국의 경비가 심하여 장백현에 있는 큰엄마의 남자 친구 집에 6개월 동안 머물러야 했다. 큰엄마의 조선족 남자친구가 아진을 화상채팅업소(성매매업소)에 팔려고 하였다. 아진의 강력한 반항과 큰엄마의 도움으로 팔려가는 위기를 벗어날 수 있었지만, 대신 다른 탈북민 여성이 팔려가는 것을 보게 되었다. 그리고 성적 유린에 대한 공포는 다만 '단신탈출형' 탈북에만 해당되는 것은 아니다. '가족지원형'의 경우에도 마찬가지로 이러한 위험에 늘 노출되어 있다.

> 브로커를 믿을 수밖에 없어서 하라는 대로 따라갔어요. 넘어오는 과정에 중국에서 브로커가 너를 팔겠다, 며느리하자고 협박했지만 안전하게 넘어 왔어요. 브로커들은 옷도 안 입고 자고, 팬티만 입고 자고,

저희는 자지 못하고 뜬 눈으로 밤을 새웠어요. 저희를 어떻게 할까봐 잠을 자지 못하고, 칼도 가지고 있었어요.(해인)

가족지원형 탈북인 해인은 먼저 탈북한 언니의 도움으로 여동생과 함께 탈북하게 되었다. 도문에서 버스로 곤명으로 이동 중 브로커의 협박을 받아 며칠간 뜬 눈으로 밤을 샜고, 만일을 대비하여 칼을 지니고 있었다. 또한, 여동생과 함께 있었기 때문에 성적유린을 당하지 않았다고 한다. 이와 같이 탈북과정에서 발생하는 성적유린은 브로커의 협박으로 강제로 행해지고, 이러한 상처는 정신적 육체적인 충격으로 남는다. 성적유린의 충격은 한국사회 정착과정에서 회피 또는 억제의 심리적 현상을 초래하는 트라우마로 발전할 가능성이 크다.

3) 라오스 산악 이동, 메콩강 건너기

탈북유형에 관계없이 중국에서 한국으로 오는 이동코스는 '곤명 - 라오스 산악 이동 - 메콩강 도강 - 태국의 난민수용소 – 한국'으로 이어진다.

다음날 브로커가 시키는 대로 혼자 출발하여 버스를 타고 갔지만 그렇게 무섭지는 않았어요. 아침에 출발하여 버스를 죽 타고 저녁에 마지막 정류장에 내린 후, 어떤 사람이 사진보고 나를 보더니 얼굴을 확인하고 데리고 갔어요. 중간에 검문도 없었고 심양 쪽에 내린 것 같았어요. 거기서 6명이 모여서 하루 밤을 자고 기차를 타고 곤명으로 갔어요. 내려서 라오스까지 산길을 타고 메콩강을 건너 왔어요. 산을 넘는데 3시간정도 걸렸고,(정인)

곤명에 도착하니 이미 사람들이 모여 있어서 바로 출발했어요. 라오스까지 산을 넘는데 5시간 정도 걸렸고, 라오스 브로커를 따라 밤에 넘어갔어요. 비가 오는데 불도 켜지 못하고 길도 없는 산을 넘었어요. 1시간 정도 걸린다고 하는 사람들도 많은데, 넘는 길마다 달라서 산을 건너서 라오스에 도착해서 하루 밤을 잤어요. 자고나서 차를 타고 메콩강 쪽으로 가서 아주 좁은 배에 7명이 타고 태국까지 갔어요.(소연)

버스을 타고 가는 중 공안검문이 있을 때는 자는 척 하거나, 미리 내려서 화장실에 가는 사이에 검문이 끝나면 다시 타고 출발했어요. 사전에 버스기사와 공안이 짜고 하는 검문이라 그렇게 위험하지는 않았어요. 곤명 도착하기 전에 내려서 승합차를 바꾸어 타고 곤명에 도착하여 다른 브로커를 따라 라오스로 가는데 12시간이 걸렸어요. 그날은 비가오고 발이 빠지고 해서 더 시간이 걸렸다고 했어요. 5명이 메콩강을 건너 태국에 도착하니, 브로커들이 풀어놓고 그냥 가버렸어요.
(아진)

이러한 며칠간의 이동은 이들에게 육체적으로 힘들고 어려운 과정이었지만 그들의 구술에 의하면 트라우마로 작용할 정도의 두려움은 아니다. 그런데 이 탈북과정은 현지 브로커들의 연계된 도움이 없으면 이동 자체가 불가능하다. 생전 처음 가는 길이고 낯선 타지에서의 이동이며, 불법적인 절차에 따르다보니 탈북민들은 온전히 브로커에 의지할 수밖에 없다. 이런 연유로 성적유린, 성매매 등이 발생하는 것이다. 한편, 낯선 타지에서의 이동이 두려움으로 작용한 경우도 있었다. 해인이 받은 충격은 달랐던 것으로 보인다.

저는 중국에 가면 비행기 타고 한국에 바로 오는 줄 알았어요. 2-3일이면 가겠지 했는데, 자꾸 자꾸 여기 걸치고 저기 걸치고, 곤명을 거쳐 라오스, 악어 강을 지나 산을 넘고 해서, 이런 일은 두 번은 못하겠다고 생각했어요. 브로커를 믿을 수밖에 없어서 하라는 대로 따라갔어요. 태국에 도착하니 옥수수 밭 같은데서 사람을 흩뿌리는 느낌이었어요. 이제는 알아서 찾아가라는 것입니다. 경찰서 찾아가니까 남자들은 족쇄를 차고 있어서 충격 먹었어요.(해인)

해인의 구술에서는 충격적인 상황에 대한 두려움이 드러나고 있다. 이러한 충격은 사람에 따라 다르지만 해인의 경우는 트라우마로 작용할 가능성이 있는 것으로 보인다.

4) 태국의 난민수용소 생활

많은 탈북민들은 태국을 거쳐 한국에 입국한다. 유엔 난민수용소가 방콕에 있기 때문에 태국을 거치는 것이다. 간혹 수용소가 감옥과 같아서 놀란 경우도 있지만 대체로 수용소 생활은 어렵지 않았다고 한다.

수용소 생활은 그리 힘들지 않았어요. 밥은 안남미 밥으로 맛이 없어서 대부분 사 먹어요. 매일 매일 물건을 파는 사람이 옵니다. 필요한 것을 살 수 있었고 외부에 주문하면 과일도, 닭백숙도 가져다줘요. 탈북한 사람들은 중국에서 오거나 가족이 데리고 오기 때문에 대부분 돈이 있었어요. 일주일 한번씩 밖에 나가서 물건을 살 수 있고 전화통화도 가능했어요. (소연)

태국에서 경찰유치장에 6일 있었고 재판받고 수용소에서 한 달간 있었어요. 수용소에서 다툼도 있었고 생활이 힘들었어요. 그러나 태국에 도착해서는 쇼핑을 했어요.(시은)

태국에 도착해서 북한에서 가져온 겨울옷을 입고 쇼핑을 했어요. 한국 브로커는 앉아서 돈을 벌고 현지 브로커는 뛰면서 돈을 벌어요. (해인)

태국 경찰서에 도착하니 알아서 다 해 주었어요. 경찰서에는 3~4일 있다가 재판을 받고 불법 체류자들이 모이는 수용소에 한 달 동안 있다가 비행기를 타고 한국으로 왔어요.(정인)

음식이 맞지 않았지만 외부에 주문하면 과일, 닭백숙 등이 배달되고, 매일 매일 외부 상인이 물건을 팔러오기 때문에 생활에 불편함은 크게 없었다고 한다. 소연과 아진의 경우는 중국에 체류하면서 돈이 벌었기 때문에 수용소 생활에서 경제적인 여유가 있었다. 이런 점에서 태국 난민수용소의 생활은 이들에게 크게 어렵지 않았다고 본다. 그리고 무엇보다도 중국 공안에 쫓길 염려가 없다는 것이 그들에게 평안을 주었다. 중국에서 불법 체류의 시간이 큰 공포로 느껴지기 때문에, 탈북민들은 비로소 이곳에 와서야 안정감을 느낄 수 있었던 것이다. 그리고 난민수용소의 생활은 특별한 유대관계를 형성하는 장소가 되기도 했다.

난민수용소에서 정인과 다른 언니를 만났고 세 명이 자매처럼 지냈어요. 세 명이 같이 조사받았고 청소년 기독교반에 가서 같이 공부하고, 국정원, 하나원도 같이 있었고 여명학교도 같이 공부했어요. 1개월 동안 태국수용소에 있다가 한국에 입국했어요. 공항에 도착하니 국정원 직원들이 나와 있었는데, 우리를 죄수 취급하여 기분이 나빴어요. 국정원 조사를 마치고 하나원에 있다가 쉼터로 가지 않고 바로 여명학교에 입학하여 기숙사 생활을 시작했어요. 여명학교가 기독교 학교인 줄은 몰랐어요. 기숙사 사감선생님도 북한사역 했던 분이라 감사했어

요.(아진)

아진의 경우는 그 곳에서 탈북민 친구 정인과 다른 언니와 한방에 있게 되어 친한 친구가 되었다. 한국에 도착해서도 하나원, 여명학교를 마치고 모두 대학교에 입학하게 되었고 지금도 가장 친한 친구로 지내고 있다고 한다.

4. 중국 체류 과정에서의 트라우마 요인

중국 체류과정에서의 인신매매, 강제결혼 등의 정신적, 육체적 외상은 '단신탈출형 탈북'의 경우에 발생하는 사건이며, 탈북청년의 생애 전반에 걸쳐 트라우마 징후로 나타난다. 이들은 북한에서 나올 때 중국의 식당 등에서 돈을 벌어 북한으로 되돌아갈 수 있다고 생각했다. 그러나 인신매매 과정을 경험하고, 강제결혼이라는 탈북과정을 거침으로써 상상하지 못한 인간성 상실과 살아남기 위한 생존투쟁을 하게 된다. 이 모든 것이 그들에게 고스란히 탈북의 상처로, 외상으로, 이에 따른 트라우마로 정신과 신체에 새겨진다.

따라서 여기서는 '단신탈출형 탈북'의 탈북과정을 중심으로 인신매매-강제결혼-탈출 시도-중국 체류-한국행의 흐름에 따라 중국 불법체류 과정에서 겪은 외상을 구술을 통해 재현함으로써 각자의 탈북 트라우마의 양상을 살펴보고자 한다. 그러나 탈북청년들 각자의 상황에 따라 탈북과정에서 겪는 상처의 내용과 정도가 다르고, 그에 대응하는 방법 또한 다르기 때문에 중국에서의 불법체류과정을 개별적으로 실제 상황에 가깝게 서술하고자 한다.

1) 인신매매

중국에서 탈북 여성이 팔려간다는 것, 그것은 같은 동족인 조선족이나 북한 출신 브로커에 의해 팔려가는 현대판 인신매매이다. 인신매매는 2000년 전 로마의 노예경제에서, 18세기 미국의 노예제도에서, 500년 전 조선의 노비제도에서 행해졌던 악습이었다. 그런데 오늘날 21세기 동북아시아에서 인신매매가 이루어지고 그 대상이 한민족이라는 사실을 우리가 어떻게 받아들여야 할까? 이 역사적 책임을 어떻게 해야 하고, 여전히 자행되는 인신매매의 현실을 어떻게 해결할 수 있을까? 인간을 사물화하여 상품으로 취급하는 인신매매의 상처는 탈북청년들이 겪은 기억에서 지우고 싶은 상처이자, 치유가 불가능한 트라우마로 내재화된다.

소연은 중국 돈으로 4만원에 30세 한족 남자에게 팔려갔다. 팔려간다는 것이 무엇을 의미하는지를 잘 모르는 16세의 어린 소녀에게 인신매매는 또 다른 충격이었다. 이 과정에서 소연이 경험한 인신매매의 상처는 기억 속에 지워지지 않는 트라우마로 남는다. 그래도 '다른 사람은 병신한테 팔려가고, 또 좀 모자라는 사람한테 팔려가는 것에 비해 나이는 많지만 정상적인 사람한테 팔려간 것은 다행'이라고 스스로 위로하면서 끊임없이 탈출을 시도했다고 말했다.

저 같은 경우는 팔려 갔어요. … 그때 제 나이가 16살이었는데 나이가 너무 어리면 데려가지 않는다고 브로커가 20살이라고 말하라고 했어요. 그 때부터 내 나이가 헷갈려서 몇 살인지 혼동이 되었어요. 팔려 갈 때가 제일 충격이었어요. 16살 어린 나이니까 잘 몰랐던 것 같아요. 지금 생각하면 충격이었어요. (눈물) 저는 그래도 괜찮지만 다른 사람들은 병신한테 팔려가기도 했어요. 내가 아는 어떤 이모는 살짝 모자라는 사람한테 팔려가기도 했어요. 그 이모는 거기서 살고 있고 남편이 자기보다 어려요. 나이가 많아서 오신 분들은 오히려 연하한테 시집가요. 1주일 만에 도망갔는데 갈 곳이 없었어요. 이런 기억은 떠올리기 싫지 않았고 기억에서 특히 중국으로 건너 왔을 때의 첫 시련을 기억 속에서 지우고 싶어요. (소연)

소연의 첫 말이 "저 같은 경우는 팔려갔어요"였다. 이 말은 조사자에게 매우 충격적이었다. 여성의 입장에서 자기의 부끄러운 과거사를, 그것도 가장 숨기고 싶어 하는 인신매매의 상처를 담담하게 이야기하는 그 이유가 무엇인지 이해가 되지 않았다.

긍정적 측면에서 보면, 첫째 중국 체류 생활에서 겪은 상처, 그것으로부터 발생한 트라우마 증상이 완화되었거나 어느 정도 극복되었다는 것을 의미하고, 둘째 중국에서의 생활이 전부가 나쁜 것은 아니었고 고난을 이기고 중국에서 돈을 벌고 여유로운 생활을 했다는 자부심이고, 셋째는 이러한 어려움을 이긴 경험이 있기 때문에 한국 생활에서도 성공할 수 있다는 자신감의 표현이라고 생각한다.

그러나 부정적 시각에서 보면, 자신의 상처를 감추기보다는 드러내어 자신을 지키는 방어기재의 표현이자, 불완전한 자가 치유의 의미라고 본다. 구술의 마지막 말은 "이런 기억은 떠올리고 싶지 않아요. 특히 중국으로 건너왔을 때의 첫 시련을 기억 속에서 지우고 싶어요."라는 것이었다. 이것은 중국 체류생활에서의 트라우마가 여전히 소연의 삶을 지배하고 있다는 것을 의미하고, 향후 한국사회 정착과정의 갈등과 연결되어 복합적으로 작용할 것이라고 본다.

시은은 2013년 열여덟 나이에 탈북하여 중국에서 3년간 체류하다가 도망쳐서 2017년 한국에 입국하였다. 6만 위안(한화 약1200만원)에 한족 남자에게 팔려가서 3년간의 지옥 같은 삶을 살았다고 한다. 시은에게 중국의 체류기간은 자기의 생애사에서 지우고 싶은 순간들이었다. "말을 안 하지만 그 과정이 상상이 안가고 기억하기도 싫다"는 그 말 속에 중국의 생활에서 경험한 일들이 강한 트라우마 증상으로 남아 있다는 것을 보여준다. 시은의 탈북 생애사는 황해도의 부자의 삶에서 중국의 인신매매의 삶으로, 그리고 한국 사회에 흩뿌려진 존재로 이어진다.

> 다음날 선보러 간다고 해서 무슨 말인지 몰랐어요. 제가 철이 없고, 연애 경험도 없고, 집에서 일도 안하게 해서 남자 사귄 경험도 없었어요. 브로커가 처음에는 식당에 일하면 돈 많이 번다고 했고, 팔려간다는 생각은 하지도 않았어요. 이야기를 들어보니 나부터 돈 많은 남자한테 팔려고 하는 것 같았어요. 다음날 나를 데리고 농촌에 갔어요. 그 집에 도착하니 한족 신랑의 친척들과 가족이 모여 있었어요. 신랑 되는 남자는 25살이라는데 뒷머리가 희고, 팔 한쪽을 쓰지 못하는 사람이었어요. … 부모님에게 돈을 보내야하고, 어차피 팔려온 것을 생각하고 맞선을 보겠다고 했어요. 어느 집에 갔는데, 집이 엄청 좋고 방안장식도 너무 잘해 놓았어요. 남자는 키가 작았지만 괜찮게 생겼어요. 그래

서 이 집에서 살아야겠다고 결정했어요.(시은)

시은은 중국에 가면 식당에서 돈을 벌어 북한으로 돌아올 수 있다는 브로커의 말을 믿고 강을 건너게 되었다. 장백현에 도착한 후 북한 출신 중간브로커의 차량으로 내륙으로 이동하여 선을 보기 시작했다. '중국에 가서 돈을 많이 벌어서 북한으로 돌아간다'는 생각만 했지 팔려간다는 것을 생각하지 못한 시은에게 팔려간다는 것은 큰 충격이었다. 처음 선을 본 한족 신랑을 거절하고 북한 출신 브로커 언니 집에서 한 달 동안 함께 살면서 서서히 자신의 처지를 깨닫게 되었다. 북한 부모에게 돈을 보내야 하고, 팔려 갈 수밖에 없는 현실에 스스로 체념하고 시집을 가겠다고 결심하고 다른 한족 신랑과 선을 보고 그 집에서 결혼식을 올리고 살게 되었다. 이러한 인신매매의 충격은 한국사회 정착과정에서 시은에게 불면증, 우울증의 정서불안의 트라우마 증상으로 나타났다.

아진의 탈북과정은 극적인 사건의 연속이었다. 북한에서 헤어날 수 없는 가난에 찌들린 삶을 포기하려고 자살까지 시도했다. 압록강을 건너는 것도 생명을 건 깡도강이었고 장백에 도착하여 감각적으로 세운 차가 그들이 기다리던 브로커 차였다. 당시에 검문검색이 심하여 장백현의 브로커 집에 6개월을 대기하는 중 큰엄마의 남자친구인 브로커가 아진을 화상채팅(성매매)에 팔려고 하였지만, 큰엄마의 강력한 반대로 성매매의 위험은 벗어나 천진으로 이동하여 큰엄마의 소개로 식당에서 일하게 되었다. 식당 주인이 브로커비 8000원을 대납해주었다. 이것은 다른 형태의 인신매매, 즉 식당 주인에게 팔려가는 형태의 인신매매였다. 그러나 강제결혼으로 이어지는 인신매매보다는 마음의 상처를 덜 받고, 열심히 일하며 급여에서 브로커비를 청산하고 생활의 안정을 찾을 수 있었다.

> 저는 여기서 하나님이 나를 계획하고 데리고 왔으며 살아계신다는 것을 느꼈어요. 너무 감사해서 그 집안 모든 일을 했어요. 저는 일을 빨리 배워서 모든 음식을 제가 다 만들었어요. 양고치 양념도 제가 다 했어요. 그렇지만 어린 나이에 너무 힘들었고 언제까지 음식장사를 해야 하나하는 생각도 들었어요.(아진)

실제로 아진은 매달 받는 급여 2500원(위안화) 중 2000원씩 분할로 상환하여 어느 정도 생활의 안정을 가지게 되었다. 탈북과정에서 성매매로 팔려갈 위험은 있었으나, 북한에서 수년간의 고단한 삶으로부터 벗어나 처음으로 편안하고 안정적인 생활을 갖게 되었다. 탈북과정에 있어 어려움은 있었지만 인신매매, 성적유린 등의 치명적인 탈북 상처는 없었다. 게다가 신앙훈련을 받아 믿음을 갖게 되었고 어려운 고비마다 위험이 희망으로 변하는 하나님의 은혜를 경험하게 되었다고 이야기한다.

2) 강제 결혼

'단신탈출형 탈북'은 자본의 논리에 의해 이루어지는 탈북유형이다. 탈북자본이 없는 탈북민은 자신을 담보로 탈북을 감행하고, 탈북 브로커는 사람을 상품화하여 돈을 번다. 대부분 결혼하지 못한 중국 한족에게

매매결혼의 형식으로 브로커비를 회수한다. 따라서 '단신탈출형 탈북'은 인신매매와 강제결혼을 전제로 행해진다. 이런 내용을 어느 정도 알면서도 탈북을 선택한다는 것은 북한에서 더 이상 살아갈 수 있는 희망이 없기 때문이라고 생각한다.

구술 자료에 의하면 소연은 팔려간다는 사실을 알면서 탈북을 선택했고, 시은은 그 사실을 모르고 탈북을 선택했다. 그러나 두 사람 모두 어린 나이의 강제결혼 경험은 기억하고 싶지 않은 상처를 가져오고, 이로 인한 트라우마는 한국 정착 과정에서 불면증, 우울증 또는 사람의 회피 등으로 나타난다.

> 남자가 보고 괜찮다고 하면 팔려가요. 중국 돈으로 4만원(한화 약 8백만원)을 주고 나를 데리고 갔어요. 26살이라 하는데 아무리 보아도 얼굴에 주름이 많아서 26살로는 보이지 않았어요. 쌍둥이라고 해서 너 형이 몇 살이냐고 물어보니 30살이라고 대답했어요. 그러면 너도 30살 아니냐고, 울면서 내가 16살이고 너하고 나이 차이가 몇 살이냐고? 요녕성에 있는 그 집에 10일 정도 있다가 도망쳤지만, 갈 곳이 없어서 다시 브로커 집으로 갔어요. 그 당시 처양에는 탈북자가 많아 북한 사람이라는 것이 표시가 났어요. 그 집에서 못 살겠다고 했지만 브로커가 나를 다시 그 집에 데려다 주었어요. 어쩔 수 없어 거기서 살았고, 그 집에 7-8개월 살면서 5번을 도망쳤어요. 도망가서 밖에서 두 달 정도 살다가 갈 곳이 없어서 다시 그 집에 들어갔어요. 밥하고 집안일은 그 사람이 다하고 저는 아무것도 하지 않았어요. 음식이 안 맞고 거의 안 먹으니 한 달에 10kg 빠졌어요. 나중에 그 사람이 하는 말이 애를 낳아주고 애가 5살이 되면 그때 가고 싶은 곳에 가래요, 돈도 주겠다고. 개소리한다 했어요.(소연)

남자엄마는 제가 너무 어려 보이니까 애를 낳겠나하고 이야기 했어요. 결혼식을 하고 그 집에서 3년을 살았어요. 신랑엄마와 함께 살았고, 신랑엄마는 내가 도망가지 못하도록 늘 따라 다녔어요. 신랑은 28살인데 일하러 가면 몇 달씩 집에 오지 않았어요. 그 집에서 3년간을 살았고 6만원에 팔려간 것을 알게 되었어요. 애를 낳지 않으려 했는데 북한에 돈을 보내려면 애를 낳지 않을 수 없었어요. 애가 태어나서 자주 아파서 엄청 힘들었고, 누나들과 싸우고 해서 도망가려고 마음을 먹었어요. 신랑이 일하러 가고 없는 동안에 애를 시 엄마한테 안기고 택시타고 도망쳤어요. 말을 안 하지만 그 과정이 상상이 안가고 기억하기도 싫어요. 탈북과정이 북한에 있을 때 보다 정신적으로 더 힘들었어요. 저는 중국에 가면 편할 줄 알았고. 돈이 우수수 생기는 알았어요. 아예 저는 생각을 안 해요. 저는 생각을 하면 미쳐요. 어제 밤에는 아빠가 꿈에 보였어요. 아빠가 살아있는 거에요. '아빠, 죽었다고 들었는데 살아 있었냐고' 하면서 울었어요. 너무 생생했어요.(시은)

소연은 요녕성 처양에서 한족에게 팔려가서 자기 나이보다 배가 많은 서른 살의 신랑과 살게 되었다. 7개월 동안 5번을 도망했지만 갈 곳이 없어서 다시 돌아갈 수밖에 없었다. 애를 낳아주면 보내준다는 제의를 거절하고 스스로 탈출의 방법을 찾으려고 끊임없이 노력하였다. 반면에 시은은 현실에 순응하여 결혼식을 하고 애를 낳고 북한에 돈을 보내면서 3년간을 살았다. 그러나 신랑엄마의 계속적인 감시와 시누이와의 불화로 더 이상 견딜 수 없어서 아이를 남겨놓고 도망을 갔다.

이와 같이 소연과 시은은 인신매매에 의한 강제결혼을 했다는 점에서 공통점이 있지만, 강제결혼에 대처하는 방법은 달랐다. 소연은 처음부터 강제결혼으로부터 탈출하려고 끊임없이 시도하였고, 시은은 처음부터 강제결혼을 수용하고 현실에 안주하였다. 이러한 차이점은 북한에서 생활 방법의 차이점에 기인한다. 소연은 탈북 전 장마당 장사를 통하여 세상을 살아가는 처세 방법을 체득했지만, 시은은 경제적으로 유복하여 처세의 경험이 부족하였다는 점이다. 이 차이점으로 소연은 강제결혼에서 탈출하여 중국에서 직장생활을 하면서 스스로 삶의 안정을 이루었고, 시은은 3년의 결혼 생활 후 한국으로 입국하게 되었다. 또한 한국사회 정착과정에서 소연은 강제결혼으로 인한 트라우마로의 증상은 거의 없었지만, 시은은 늘 불안하고 초조한 트라우마 증상을 보이고 있었다.

3) 강제 북송의 공포

'단신탈출형'의 경우 중국에서 수년간 불법체류를 한다. 이때 대다수의 탈북민들은 강제북송의 공포에 시달리는 경험을 한다. 중국에서 탈북민이 국제법상 난민으로 인정된다면 강제북송의 위험이 없을 것이며, 이에 따른 탈북 브로커들의 비인간적 행태도 가능하지 않을 것이다. 그러나 중국 정부는 탈북민을 국제법상의 난민으로 인정하지 않고 불법입국자로 취급한다. 1960년 체결한 일명 밀입국자 송환협정인 「중국-북한 범죄인 상호인도협정」, 1986년 체결한 「국경지역 업무협조」에서 탈북민은 범죄자로 규정되고 즉각적으로 북한으로 송환되고 있다. 강제송환 된 탈북민에 대해 북한은 단순히 불법으로 국경을 넘은 죄인이 아닌 조국에 대한 반역죄인으로 취급한다. 북한은 조국을 떠나는 행위를 체제에 반하는 행위로 보고 처벌하는 것이다. 따라서 탈북민은 강제송환에 대한 공포를 느낄 수밖에 없고, 탈북 브로커들은 이러한 탈북민의 약점을 이용하여 이들을 협박한다.

> 안정적으로 생활하는 중 어느 날 큰엄마가 연락이 와서, 자기가 더
> 큰 식당에 일하고 있으니 그 쪽으로 오라고 했어요. 사장님한테 살짝
> 비추었더니, 만약 그렇게 한다면 신고하겠다고 했어요. 너무 무서웠어
> 요. 큰 엄마가 택시를 타고 와서 몰래 빠져 나왔어요(아진)

구술에 의하면 아진은 식당을 옮기고 싶어도 식당주인이 허락하지
않으면 이동할 수가 없었다. 옮긴다면 신고하겠다는 말을 듣고 무서워
서 큰엄마의 도움으로 택시를 타고 다른 지역으로 도망을 갈 수밖에
없었다. 중국 현지의 고용주는 탈북민의 불법체류라는 약점을 이용하여
이동의 자유를 제한하고 저임금으로 고용하고 있다. 탈북민을 선호하는
이유는 북한사람은 깨끗하고 일을 잘하기 때문이었다. 그러나 언제라도
신고하면 강제북송을 당하게 되는 위험이 중국 체류생활에서 아진이
겪은 충격이자 공포가 되었다.

> 그 후 중국말을 배워서 인터넷에서 중국사람 민증을 구입하여 중국
> 사람 신분으로 가장하여 심양으로 도망갔어요. 거기서 일자리 구해서
> 2년 정도 살면서 중국말도 잘 하게 되고 그때부터 북한 사람이라 말하
> 지 않았고 중국사람인 척 하면서 조금은 편하게 살았어요. 탈북 후
> 1년 반 동안이 가장 힘들었지만, 남의 민증으로 은행거래도 하고 정기
> 적으로 북한에 있는 아버지에게 돈을 보내기도 하였어요. 그러다가
> 신분이 불안하여 한국행을 결정하고 브로커를 통해 한국으로 들어왔어
> 요.(소연)

또한, 소연은 강제북송을 피하기 위하여 우선 중국말을 열심히 익혔다. 그리고 인터넷을 통하여 중국인 민증을 구입히여 중국 사람인 척하면서 직장을 구하게 되었다. 남의 이름으로 은행 거래도 하고 북한에 정기적으로 돈을 보내고 2년 정도 안정적인 생활을 하였다. 그러나 신분이 불안하여 강제북송의 두려움으로 한국행을 선택할 수밖에 없었다.

4) 탈출, 중국 불법체류생활(식당종업원, 직장생활)

'단신탈출형' 탈북인 소연, 시은, 아진은 인신매매의 과정을 거쳐서 중국에 수년간 체류할 수밖에 없었다. 소연과 시은은 강제결혼 생활의 형태로, 아진은 식당의 종업원으로 중국에 불법 체류하게 되었다. 이들은 인신매매의 속박을 벗어나기 위해 끊임없이 탈출을 시도했다.

소연은 결혼생활 7개월 동안 처양에 있으면서 다른 탈북민을 만나 한국행을 알아보기도 했지만 또 다른 곳에 팔려갈지도 모른다는 위험이 있어, 확실한 상황을 알 수 있을 때까지 중국말을 익히고 인터넷을 배웠다. 그 후 인터넷으로 중국인 신분증을 구입하여 심양으로 탈출하여 직장생활을 하면서 탈북 후 처음으로 안정적인 생활을 하게 되었다고 했다. 시은은 3년간의 결혼생활을 더 건딜 수 없어서 아이를 시어머니에게 맡기고 신랑이 없는 동안에 도망하였다. 그리고 조선족 브로커를 통하여 한국으로 오게 되었다.

아진은 심양에서 천진의 한국인 식당으로 옮기게 되었다. 급여도 더 많이 받고 천진에는 한국 기업이 많이 들어와 있어서 한국말을 할 수 있어서 안정된 생활을 할 수 있었다. 그러나 신분증이 없어 제대로 자기의 권리를 주장할 수 없었고, 강제북송의 위험이 있어 한국행을 선택하게 되었다고 말한다.

　이들은 중국 체류기간동안 인신매매의 상처를 겪게 되었지만 모두 탈출하여 한국으로 오게 되었다. 특히 소연은 탈출 후 직장을 구하여 중국에 체류하면서 비록 제한적이지만 생활의 안정과 자유를 가질 수 있었고 북한에 정기적으로 돈도 보낼 수 있었다. 또한 자본주의 생활 방식도 익힐 수 있었고, 북한과 중국의 비교를 통해서 북한의 실상을 정확히 알 수 있는 기회가 되었다. 이러한 중국생활은 이후 한국살이 적응에 순기능으로 작용하기도 한다.

　이와 같이 중국 체류과정에서의 트라우마는 주로 '단신탈출형 탈북'을 중심으로 발생한다. 그러나 탈북과정을 탈북시점에서 한국입국까지의 과정으로 본다면 탈북과정에서 발생하는 트라우마는 연속적으로 연결된다고 볼 수 있다. 이 점에서 탈북유형에 따른 탈북 트라우마를 정리하면 다음과 같다.

(표 9) 탈북 과정에서의 트라우마 요인

구　분	단신탈출형 탈북	가족지원형 탈북
트라우마 요인	. 인신매매 . 강제결혼 . 성적 유린, 성매매 . 강제북송	. 성적 유린, 성매매 . 강제북송

　(표 9)에 의하면, 탈북 유형에 공통적으로 발생할 수 있는 트라우마는 성적유린, 성매매 등이지만, 탈북과정에서 심각한 외상으로 작용하는

트라우마는 인신매매, 강제 결혼의 요인이다. '가족지원형 탈북'의 경우 성적유린, 성매매의 위험은 있지만 실제로 발생할 여지가 거의 없다는 점에서, 또한 강제북송도 브로커의 사전 안배로 거의 일어나지 않는다는 점에서 탈북과정에서 정신적, 신체적 긴장감은 있었지만 트라우마로 발전하지는 않는다. 한국에 가족이 있고, 그들이 한국에 무사히 도착해야 잔금을 받을 수 있기 때문에 실제로 성적유린의 사례는 거의 없었다. 또한, 탈북과정이 약 40일 정도의 단기간에 이루어져서 탈북과정에서 발생하는 외상을 거의 없는 것으로 분석된다.

그러나 '단신탈출형 탈북'의 경우는 전혀 다른 양상을 띤다. 탈북과정에서 발생하는 외상은 국경을 넘는 시점에서 한국에 입국하는 시점까지 전 과정에서 발생한다. 도강하여 대기하는 기간에 브로커에 의한 성적유린, 인신매매의 충격, 강제결혼생활, 강요받는 출산 등은 상처가 겹겹이 쌓이는 고통의 시간이라 할 수 있다. 이러한 탈북과정에서 발생한 트라우마 증상은 한국사회에 정착하는 과정에서 사회적 갈등과 복합적으로 작용하여 정체성 변화의 주요한 요인으로 작용한다.

5. 국내 정착과정에서의 트라우마 요인

탈북 트라우마는 북한에서의 삶, 탈북노정, 그리고 한국사회의 정착과정에서 중첩된다. 과거의 기억은 시간이 지나면서 희미해지기도 하지만, 오랜 시간이 지나도 어느 순간에 상처와 고통이 재현되기도 하고, 현재의 고통과 맞물려 증폭되기도 한다. 외상을 상기시키는 단서에 의

하여 되살아날 수 있는 것이 트라우마이기 때문이다.[168]

이 연구의 대상들은 대다수 한국에 입국한 지 3-5년이 되었다. 현재 학생신분이며, 정착 초기단계이기 때문에 뚜렷한 증상으로 이들의 트라우마가 지속된다고 논증하기 어렵다. 다만, 한국살이 과정도 이들의 상처를 가중시키는 원인이 된다는 점은 확인된다. 여기에서는 남한 사람들과의 관계, 그 편견과 차별, 경쟁의식을 중심으로 살펴보며, 이것이 탈북청년들의 정서적 불안감과 어떻게 연결되는지 고찰하고자 한다.

1) 편견과 차별

탈북청년들은 한국사회에 정착하면서 늘 의식하는 것이 사회의 편견과 차별이었다.

> 한국 사람들에게는 북한사람이라는 것을 부끄럽지 않고 편하게 오픈하고 싶어요. … 북한사람이라고 하면 조금 불쌍하게 동정어린 눈빛을 보여요. 그게 너무 싫어요. 오픈하는 것이 싫어서가 아니라 동정하고 차별하는 눈빛이 싫어서 오픈하지 않는 거예요. (아진)

> 저는 상처보다도 트라우마가 있어요. 남북한을 따지지 않고 똑같은 사람으로 대하는데, 여기 와서 도와준 분들은 좋은 분들이어서 상처받은 것은 없어요. 알바 할 때 처음에는 순수해서 그런지, 왜 내가 굳이 숨겨야 하나 해서 사장님이 고향이 어디냐 물어보셔서 저 북한에서 왔다고 얘기를 했었어요. 그지 숨길 이유가 없었어요. 그렇게 알바를 시작했는데 사장님이 무언가 자꾸 챙겨주시려고 애를 쓰는데, 뭔가 그게... 그 느낌이 찝찝했었어요.(나희)

---

[168] 주디스 허먼, 최현정 옮김, 『트라우마(Trauma and Recovery)』, 플래닛, 2007, 93쪽.

저는 밖에 나가면 북한사람이라고 말은 안 합니다. 대안학교에서는 오시는 선생님들은 지희가 북한사람이라는 것은 알고 있어요. 수업시간에 어떤 선생님이 너희들 다 소고기 먹어 봤나 하는 차별성 발언에 기분이 나빠서, "선생님 저는 소고기 먹어 봤어요" 하고, 그 자리에 문 열고 나가 수업을 듣지 않았어요. 결국 그분은 학교를 그만 두었지만 그 선생님이 나쁜 것은 아니었어요. 그렇게 말이 나왔다는 것은 북한사람에 대한 무의식적으로 차별적 인식이 있기 때문이라고 생각해요. 한국친구들이라면 묻지도 않았을 질문을 받아서 차별을 하는 것 같았어요. 말투가 아니라 저희들을 불쌍히 여기고 밥도 못 먹고 살았구나하는 그러한 마인드가 문제라고 생각합니다.(소연)

내 친구가 학교에서 점심시간에 삼겹살이 나왔는데, 너 삼겹살 먹어 봤냐하면서 비아냥거려서 미친 새끼하면서 싸웠던 적이 있어요. 설사 못 먹어봤다고 하더라고 조심스러워해야 할 부분인데, 사실 여기 친구들이 사람들 대하는데서 더 품위 있게 할 것이라고 생각했는데 전혀 그렇지 않았어요.(재성)

알바비가 140만원인데 73만원밖에 못 받아서 전화를 했더니 본인 이야기만 하고 전화를 끊었어요. 너무 화가 났어요. 청량리 매장에서 일을 했는데 최저시급으로 계산하면 반을 못 받은 것이고, 그 사람들 계산으로 하면 50만원을 못 받은 것입니다. 그 사람 말투는 나를 생각해서 불쌍히 여겨 써주었다는 느낌을 주어서, 그것이 너무 화가 났어요. 조목 조목을 문자로 적어 보냈는데 아직도 연락이 없어요. (아진)

차별과 편견은 그들에 대한 동정의 눈빛으로 때로는 감시의 눈빛으로 다가오고, 대안학교 수업 중에서도 교사의 무의식적인 차별적 말을 듣기도 한다. 생활비를 벌기 위하여 아르바이트하는 일터에서도 북한 출신이라고 이야기하면 불쌍히 여기고 동정하고, 다른 한편으로는 무시를 당하기도 한다. 이들이 겪는 사회적 편견과 차별은 직접 일상생활에서 접하기도 하지만 먼저 온 탈북민을 통해서 간접적으로 경험한 편견과 차별이 합해져서 그들을 바라보는 한국 사회의 시선을 스스로 고정시키고 당연한 것으로 받아들인다. 그러면서도 탈북민 사이에서는 그것이 불평불만이 되고, 나아가서는 한국 사회의 차별적 시선에 대해 이해하면서도 불편한 이중의식을 갖게 된다.

> 저희가 교회나 어디서 장학금을 받고 혜택을 받으니까 말할 때 눈치가 보여요. 옷 사고, 선물 받아서 좋은 것을 쓰면 눈치가 보이는 것 같아요. 그래서 내가 행동 하나 하나 하는 것이 마치 감시받고 있다는 느낌이 들어요. 그렇게 생각하지 말아야 하는데, 그런 건 어쩔 수 없는 것 같아요.(아진)

> 그런데 한국 사람들은 우리가 많은 혜택을 받은 입장에서 좋은 것 이쁜 것을 쓰고 입고하면 안 좋은 시선으로 봐요. 알바 하여 아껴서 성형수술을 하는 것도 한국사회에 적응하려고 하는 것인데 우리 세금으로 그렇게 한다고 생각해요. (소연)

> 상처 받은 것은 없지만 기분 나쁜 일은 있었어요. 기초수급비 받은 것, 병원 혜택 받은 것에 대해 알바 할 때 주방에 일하시는 이모들이 배 아파해요. 잘 아는 사람들은 그런 이야기 안하는데, 모르는 사람들이 기분 나빠합니다. 자기들은 못살아도 그 정도 혜택을 못 받는데 우리들이 많은 혜택을 받으니 배가 아프다는 것입니다.(시은)

또한 남한 사회에서 혜택을 받고 있기 때문에 남한 사람들의 시선을 의식하지 않을 수 없고, 감시당한다는 느낌이 있어 가능한 북한사람이라는 것을 이야기하지 않는다고 한다. 구술에 의하면 아진은 기초생활비,

장학금 등 한국사회의 혜택을 받아서 좋기는 하지만 그들을 난민으로 바라보는 동정의 눈빛이 너무 싫고, 때로는 말할 때 눈치가 보이고, 옷 사고 선물 받아서 좋은 것을 쓰면 행동 하나하나가 감시받는 것 같아서 그것이 너무 싫다고 한다. 최근에 입국한 은혜는 차별적 시선에 대해 '단지 차이점은 북한에서 태어났다는 것이고, 저희는 북한에서 태어나고 싶어서 태어난 것은 아니다'고 불만을 토로하기도 했다.

> 저는 알바하면서 한번도 북에서 왔다고 이야기한 적이 없어 차별을 느낀 적은 없어요. 차별을 받아 기분이 나쁘다고는 생각하지 않아요. 북한사람들은 못 산다는 마음의 기준이 있으니까 차별적인 말과 행동이 나오는 것 같아요. 한국 사람들이 북한을 불쌍하다고만 생각하면 차별적인 생각과 행동이 없어지기 쉽지 않을 것 같아요. 한국 사람들이 현실적으로 북한을 이해하기 전까지는 저희가 스스로 상처를 안 받는 것이 중요한 것 같아요. 환경적 차이 있는 것 같아요. 뭐 부산사람과 서울 사람이 다르듯이 지역 차이도 있는 것 같고요. (해연)

대부분 남한 주민들은 북한은 대체로 살기가 어렵다는 일반화된 기준으로 도움을 주려고 하지, 의식적으로 차별은 하지 않는다고 본다. 이점을 탈북청년들은 한국사회에 정착하면서 느꼈기 때문에 차별을 이해하고 수용하는 태도를 보여준다. 즉 '한국 사람들이 현실적으로 북한을 이해하기 전까지는 저희가 스스로 상처를 안 받는 것이 중요한 것 같아요'라고 하는 구술에서 한국사회와 공존의 마음을 보여준다. 이 점에서 탈북 이후 한국사회 정착과정에서 느끼는 편견과 차별은 사회적 갈등원인으로 작용할 수 있지만, 탈북 트라우마의 양상으로는 발전하지 않는다고 본다.

2) 학교생활에서의 갈등

탈북청년들의 대학생활에서의 갈등은 두 가지 측면에서 발생한다. 하나는 남한 학우들과의 관계이고, 또 하나는 살아온 문화의 차이로 남한 학우들의 문화수준을 따라갈 수가 없다는 것이다. 이 점들이 원인이 되어 수업을 따라가지 못하고 학업을 중도 포기하거나, 열심히 하여도 학점이 안 나와서 좌절하기도 한다.

> 저는 애들이랑 나이 차이도 있고 해서 제가 다가서기가 어려운 것 같아요. 근데 걔네들은 막 뭐 수능얘기도 하고 그러는데 저희는 수능이 없잖아요. 저는 아직 오픈을 안했거든요. 친한 애가 없어가지고 말하기가 어려워. 애들도 제 나이 또래보다 같은 동갑 친구가 편하지 저 두 마찬가지로 동갑 친구가 편하거든요, 그 친구들도 마찬가지인 것 같아요. 저도 말하고 싶어도 뭐 구지 이걸 말해야 되나하는 그런 생각이 들어요. 학교 CCC 모임에 가서는 북한사람이라고 하니까 다들 놀라고 인증샷을 보여 달라고 했어요.(정인)

> 저는 소심한 성격도 아닌데 그게 잘 안 되는 것 같아요. 친해지면 적극적이지만, 먼저 다가가는 게 젤 힘든 것 같아요. 오픈을 해야 되나, 괜히 오픈해서 먼저 다가 갔다가 상대방이 부담가질까 봐 거부감이 들고, 그러면 뻘쭘하고 그러니까 오픈을 잘 안하는 것 같아요. 우리 사람들은 저기 저 사람이 우리를 어떻게 볼까? 이런 생각을 많이 하는 것 같아요.(소연)

구술에 의하면 정인은 스스로 북한 출신이라는 자의식으로 인해 남한 학우들에게 적극적으로 다가가지 못하고, 성격도 소심하여 관계형성을 하지 못하고 있다. 이 점은 탈북청년들이 경험하는 공통적인 문제로 북한 출신이라는 것을 감추고 싶은 마음이 원인이라고 본다. 소연도 적극적인 성격이지만 북한 출신이라고 먼저 오픈하는 것이 제일 어렵다고 한다. 상대방에게 먼저 다가갔다가 상대방이 부담감을 갖고 혹시 거부감을 가지면 어떻게 하나 하는 생각이 스스로 남한 학우들에게 다가가는 것을 주저하게 만든다고 한다.

> 문화적 차이가 큽니다. 우선 사고수준 자체가 다르고, 대화를 하다보면 대화가 끊겨요. 상대방이 나보다 많이 배우고 많이 아는 것보다, 보고 듣고 자라난 환경이 다르니까, 우리는 북한에서 보고 듣고 한 것은 많지만, 남한친구들은 남한의 역사, 문화, 책 읽는 것 등 자연스럽게 일반상식처럼 알지만, 우리의 경우는 책을 보든가, 영화, 드라마를 등을 통해서 접한 것만 알 수 있는 수준입니다. 예컨대, 팀플의 경우 어떤 주제가 주어지면 우리는 그 주제에 대하여 생각하는 것에 한계가 있어요. 남한학우들은 그 주제에 대해서 체계적으로 너무 잘 알고 있어요. 이것이 문화의 차이라고 봅니다. 북한의 문화는 한정되어 있고 나라의 "틀"안에서 문화가 형성되어 있지만, 남한에선 그 '틀'을 벗어나 많은 것을 접할 수 있고 많은 나라 사람들하고 접하고 어릴 적부터 유학을 가고니, 우리는 아무리 뛰어나도 문화수준을 맞추기는 평생 어렵다고 생각해요. 여기서 10년 살아도 20년 살아도 문화의 갭은 어쩔 수 없다고 생각합니다.(나희)

또한 남한 학우들하고 어울릴 수 없는 이유 중 하나는 서로 살아온 문화의 차이에 있다. 남한 학우들과의 공통의 화제가 없다는 점이다. 나희의 구술에 의하면, 이런 문화의 차이는 어쩔 수 없다고 한다. 남한 학우들은 자본주의 문화가 자연스럽게 몸에 배어있고, 개방된 사회에서 유학을 가고 해외 문물을 접할 기회가 많은데 비하여, 북한의 폐쇄된 사회의 '틀' 안에서 성장한 그들은 사회문화적 인식의 폭이 한정적일 수밖에 없다는 것이다.

이러한 문화에 대한 차이는 남북한 체제의 아비투스에 기인한다고 본다. 이 점에서 이들은 강한 갈등을 느낀다. 그러나 문화 차이가 관계형성을 어렵게 하는 요인은 되지만 트라우마로 발전하지는 않는다고 본다.

3) 경쟁 문제

단신탈출형 탈북인 아진과 소연은 '경쟁사회는 개인주의 사회이고, 내가 성공하려면 누군가를 밟고 올라서야 하는 이기주의를' 개인주의로 생각하고 있다.

한국은 개인주의가 있잖아요. 내가 높은 곳으로 가려면 누군가 밟아야 하는 게 있잖아요. 너무 개인주의가 심하고 경쟁사회라서 친구가 있어도 친구가 경쟁상대가 되는 것 같아요. 북한은 공동체주의가 크다 보니까 같이 무엇을 하려는 것이 있지만, 물론 개인주의가 필요하긴 한데 너무 심한 것 같아요. 그래서 친해지는데 선이 있는 것 같아요. 그게 좀 문화적으로 조금 다른 점이 있는 것 같아요.(아진)

어떻게 보면 저희가 와서 적응하다 보면, 반은 북한이고 반은 남한이고 그게 얼마나 내선을 지켜야 되고 얼마나 친구에게 베풀어야 되는지에 대한 게 명확하지 않은 것 같아요. 너무 챙기면 이기적이 되고 너무 안 챙기면 내가 밟히는 수밖에 없는 사회라고, 그게 경쟁사회이고 내가 성공하려면 누군가를 밟아야 되는 게, 예를 들어 시험을 볼 때 똑 같은 시험 답안지를 제출하면 그 친구가 점수가 올라 갈 수 있는데 나 때문에 똑 같은 점수를 받잖아요. 그러니까 알려줄 때 내 걸 챙기고 나머지를 알려주는 그런 게 좀 있어서. 내가 성공하려면 이기적이어야만 하니까,

그러니까 나를 먼저 챙기고 그 친구를 챙기고.(소연)

이들은 탈북과정에서 생존을 위해서는 돈이 있어야 한다는 물질중심주의 가치관을 갖게 되었고, 이 가치관의 바탕 위에 중국불법 체류기간에 자본주의 메커니즘을 접하면서 자본주의는 이기주의라고 생각한다. 이들은 자본주의 사회에서 돈을 벌기 위한 경쟁은 당연한 것으로 수용한다. 따라서 한국의 신자유주의 경쟁체제에 빠르게 적응하고 경쟁에 의한 스트레스를 덜 받는다. 이 점이 김정은 시대 탈북청년들의 특징이고 고난의 행군시기 탈북민과 구별되는 차이점이라고 할 수 있다.

그러나 가족지원형 탈북청년들이 경우 북한에서 장마당 시장경제의 경험은 있지만 자본주의 경쟁체제의 경험은 없다. 그래서 이들은 한국사회의 신자유주의 경쟁에 대해 갈등과 스트레스를 강하게 느끼고 있지만, 다른 탈북세대들보다는 빠르게 경쟁사회에 적응한다.

4) 정서적 불안감

가족지원형 탈북의 청년들은 한국생활에 있어 정서적 불안감을 거의 느끼지 않는다. 의지할 가족이 있고 돌아갈 가정이 있고, 그들의 안전을 지켜주는 최소한의 사회적 안전망이 있기 때문이다. 그러나 중국에서 수년간 불법 체류한 단신탈출형 탈북의 청년들은 한국사회에 흩뿌려진 존재이다. 생존자산이 전혀 없는 한국에서 홀로 서기를 해야 하고, 아무리 힘들어도 고향으로 돌아갈 수 없는 편도방향의 이방인이다.

그들이 중국에 체류할 때는 강제결혼, 강제북송의 공포에서 생존하기 위하여 극도의 긴장 속에 살았기 때문에 정서적 불안감을 느낄 여유가 없었다. 한국사회에 정착 후 어느 정도 생활이 안정되자, 자신의 현 위치를 볼 수 있었고 '혼자이다'는 것을 인식했을 때 극도의 외로움이 엄습해왔다. 시간이 갈수록 정서적 불안감은 증폭되고 불면증, 우울증의 증상으로 이어졌다.

한국에서는 정신적으로 힘들어요. 북한에서는 못 먹는 사람들은 육체적으로 힘들지만 여기 온 사람들은 정신적으로 힘든 일이 많아요. 그래서 자살하는 사람들도 많고 한국에서 북한사람들이 자살하는 경우가 많다고 들었어요. 때로는 갑자기 외로워져요. 가족손님이 오면 갑자기 눈물이 납니다. 생각하지 않으려고 해요. 생각하면 미칠 것 같아요. 갑자기 부모생각이 나고 부모님에게 죄책감을 느낄 때가 있어요. 탈북하기 전날에 길가에서 아빠를 봤는데 모른 척 했어요. 그때 그 장면이 꿈에서 계속 나타납니다. 그때 아빠를 돌아봤더라면 후회하지 않을 텐데. 내가 떠나는 것을 엄마도 아빠도 몰랐어요. 엄마하고 딸이 친구처럼 이야기하는 것을 보면 갑자기 눈물이 나요. 정신과 진료를 받았는데 의사 선생님이 우울증이라고 했어요. 저도 병이라고 느낍니다. 아빠하고 딸이 다투면 안타까워서 이야기 해주고 싶었어요. 아빠 말을 잘 들어라고. 내가 아빠 말을 너무 안 들어서 내 모습을 보는 것 같았어요. 아빠가 돌아가셔서 꿈에도 보이고 했어요. (시은)

저는 외로움이 좀 심한 것 같아요. 많은 사람들이 외로움은 다 있는 것이지만 저는 한 달에 한번 정도는 웬지 모르게 눈물 나고, 다른 사람들보다 좀 심한 것 같아요. 저는 중국에서 오히려 외로움을 덜 느꼈어요. 중국에서 일을 하면서 나는 중국어를 잘하기 때문에 모두가 나를 한족인줄 알고 중국 친구들도 많았어요. 회사에 일을 하면 또래 친구들과 함께 놀러 다니고, 함께 합숙하기 때문에 외로움을 타지 않았어요. 하지만 한국에 정착하고 집에 왔는데 아무도 없어서 너무 외로웠어요.

그래서 외로움을 느끼지 않으려고 삼일 째부터 일하기 시작했어요. 외로움을 잊기 위해 내 몸을 혹사하기 시작했어요.(소연)

저는 잘 울어요. 겉으로는 명랑하게 보이지만 속이 여려서 잘 울어요. 다른 사람들은 내가 명랑하니까 외로움이 없다고 생각하지만 나도 외로움을 자주 느낍니다. 집에 혼자 있으면 잡생각이 나고, 외로움을 느끼고 우울증 걸리기 때문에 그래서 밖에서 친구들을 자주 만나면서 외로움을 해소합니다. 사람마다 외로움을 다 있어요. 북한사람들은 부모와 헤어지고 중국에 팔려가면서 고생 많이 하면서 한국에까지 오다 보니 서러움과 외로움이 많다고 봅니다.(희소)

저는 북한에 있을 때부터 많이 사랑을 받지 못해서 정확히 내가 겪는 것이 외로움인지, 애정결핍인지 잘 모르겠어요. 나에게는 애정결핍이란 것이 있어 나를 좋아하는 사람은 나만 좋아해줬으면 좋겠고, 엄마가 11살에 돌아가시고 아버지라는 사람은 자식들을 예뻐하는 그런 스타일 아니었어요. 그게 상처인지, 외로움인지 모르겠어요. 이미 내가 겪고 있는 것이, 내가 주목받고 싶어서 잘 하려고 하다 보니 나의 진짜 모습이 어떤 것인지 잘 모르겠어요. 그래서 외로움인지 애정결핍인지 그 선을 찾지 못하겠어요. 늘 그렇게 살아왔기 때문에 가끔은 외로움이란 것을 느끼는 것조차도 못 느껴요. 그래서 집에 혼자 있을 때면 늘 불안해서 소리(노트북)을 틀어놓고 있어요.(아진)

우울증은 자존감이랑 연관되어 있다고 생각합니다. 자존감이 높은 사람들은 외로움을 덜 느껴요. 그 외로움을 어느 정도 느끼고 있느냐 하는 것이 중요하다고 봅니다. 제 자신이 자존감이 높다고 생각하면 최소한 외로움을 덜 느끼는 같아요. 그런데 어느 날부터 내가 외로움을 인정하게 되었어요. 그것을 인정하는 순간부터 나는 외로움을 느끼게 되었어요. 자기도 모르게 머리와 마음이 따로 놀아요. 나도 정신과 선생님이 연락이 와서 치료받고 약을 먹으라고 했어요. 주변에 이야기를 들어보면 정신과에 가서 치료하고 약을 먹으면 그 약에 의존하게

되어 재발한다고 해요. 조금은 우울증 증상을 보였지만 혼자 생각할
여유를 달라고 해서 가지 않았어요.(나희)

이처럼 단신탈출형 탈북으로 한국에 입국한 탈북청년들은 모두 정서
적 불안감의 증상을 호소하고 있다. 시은, 소연, 나희의 경우는 정서적
불안간이 우울증으로 발전하여 반복적이고 재경험되는 트라우마 증상
을 보이고 있다. 아진, 희소의 경우는 트라우마 양상으로는 진전되지는
않았지만 언제라도 트라우마로 발현될 수 있는 잠재성을 내포하고 있다.
외상을 경험한 사람들에 대한 임상 연구에서 가장 일반적으로 발견되는
것이 만성 우울증이다.[169] 지속적인 외상 경험은 모든 측면에서 우울증
상을 악화시키는데 작용한다는 것이다. 이들은 홀로 살아가는 문제에서
'외로움'을 느끼고 있으며, 깊은 우울감에 빠지기도 하는데, 이는 현재
남한 생활에서 느끼는 현재적 감정이면서도 과거의 외상으로 인한 트라
우마 증상일 수도 있다.

이와 같이 탈북청년들의 트라우마의 현재적 양상에 대해 탈북 생애사
의 전 과정을 추적하면서 트라우마 요인을 분석해 보았다. 탈북 전 북한
생활에서는 가정의 해체와 가난이 탈북 트라우마의 잠재적 요인으로,
탈북 노정에서는 성적유린, 성매매의 상처가 트라우마 요인으로 작용하
고, 중국의 체류과정에서는 인신매매와 강제결혼, 강제북송의 공포가
트라우마의 증상으로, 탈북 이후 한국 생활에서는 '정서적 불안'이 탈북
트라우마의 현재적 양상으로 나타난다.

---

[169] 주디스 허먼, 최현정 옮김, 『트라우마(Trauma and Recovery)』, 플래닛, 2007, 167쪽.

그러나 탈북생애 과정에서 발생한 이 모든 외상의 요인들이 연속적으로 연결되고 복합적으로 작용하여 '정서적 불안'이라는 트라우마 증상으로 발현된다. 이러한 '정서적 불안'은 불면증, 우울증이라는 정신적, 육체적 장애를 가져온다.

탈북 트라우마의 근원적인 시작점은 북한사회의 가정의 해체에 있다고 본다. 북한 사회주의 체제의 모순으로 가난을 벗어날 수 없고, 삶의 소망이 없다하여도 대부분의 북한주민들은 현실에 적응하면서 살아간다. 이들은 최소한 가족의 생존을 보호할 수 있는 가정이 살아있기 때문이다. '단신탈출형 탈북'의 청년들은 가정의 해체로 북한에서 중국으로 배출되었고 중국에서 불법체류자라는 이방인으로 살았고, 한국에 정착하지만 여전히 가정이 없는 이방인으로 살아가고 있는 것이다. 이러한 탈북 생애사의 전 과정에서 발생한 잠재적, 현재적 트라우마 증상은 탈북청년들의 의식의 변형을 가져오고, 의식의 변형은 정체성의 변화로 이어진다.

제3장 탈북 트라우마와 정체성 변화의 관계

탈북청년들의 정체성은 탈북과정에서 겪은 체험으로부터 인지되고, 변화되고, 분화되면서 한국 사회 정착 과정에서도 여전히 혼란을 겪는다. 즉 한국 사회에 입국하기 전 북한 체제 체험, 중국에서의 인신매매, 강제결혼, 강제북송 공포의 체험, 한국 입국 후 남한 주민들과의 접촉과정에서의 차별과 편견 등의 갈등의 체험에서 발현하는 탈북 트라우마 증상은 탈북청년들의 정체성 변화의 근본적 요인으로 작용한다.

탈북 생애사의 전 과정에서 발생한 잠재적, 현재적 트라우마 증상은 탈북청년들의 의식의 변형을 가져온다. 해리의 실행170, 자의적인 사고 억제, 사고 축소, 그리고 때로는 완전한 부정을 통해 그들은 견딜 수 없는 현실을 변형시키는 방법을 학습한다. 이러한 의식적, 무의식적인 정신적 책략의 복잡한 배치를 '이중사고'라고 볼 수 있다.171 오웰의 정의에 의하면 '이중사고'는 두 가지 모순되는 신념을 정신에 동시에 담아두고, 이 둘을 모두 받아들이는 능력을 의미한다.172 즉 이중사고를 통하여 현실이 침해되지 않는다고 스스로를 안심시킨다. 지속적인 외상은 이중사고를 실행하고 두 개의 현실과 두 개의 시점 속에 동시에 존재하게 되는 것이다.173

이와 같이 탈북 트라우마는 이중사고를 유발하고, 이중사고는 탈북의

---

170 성격의 구조적 해리이론을 정립한 오노 반더하르트, 니젠허스, 케이스틸 박사에 의하면 트라우마를 경험하게 되었을 때 우리의 인격은 표면상 정상적으로 보이는 인격과 감정적인 인격으로 구분된다고 한다. 후자는 트라우마 당시의 기억, 감정, 신체반응 등의 기억을 간직하고 있는 인격의 부분이고, 전자는 정상적인 생활을 유지하고 현재의 삶이 지속되도록 하는 인격의 부분이다. 전자와 후자가 서로 통합되지 못하고 서로를 밀쳐내고 회피하는 양상을 해리성 공포반응이라 한다. 해리경향이 높은 사람들은 정신내면에 엄청난 갈등과 긴장이 지속된 상태이며 현재를 살아가는 멘탈의 에너지가 불필요하게 소모된다 (blog.naver.com/okbjhok, 트라우마 센타, 2020, 4, 27)

171 주디스 허먼, 최현정 옮김, 『트라우마(Trauma and Recovery)』, 플래닛, 2007. 155-156쪽.

172 doublethink로 죠지 오웰의 『1984』에 등장하는 새로운 단어이다. 두 가지 모순된 명제를 동시에 믿되 그 사이에 모순이 있다는 것을 의식하지 않는 능력을 말한다(죠지 오웰, 김기혁 옮김, 『1984』, 문학동네, 2009 : 주디스 허먼, 최현정 옮김, 『Trauma and Recovery』, 플래닛, 2007, 155쪽).

173 주디스 허먼, 최현정 옮김, 『트라우마(Trauma and Recovery)』, 플래닛, 2007, 159쪽.

과정에서 살아남아야 하는 '생존자 증후군'[174]의 특징으로 나타난다. 정신의학자 윌리엄 니덜랜드는 나치 홀로코스트 생존자들에 관한 연구에서, 이중사고, 즉 트라우마에 의한 정체성의 변형은 '생존자 증후군'의 일관된 특징이라고 말한다. '생존자 증후군'은 대형 참사 등에서 살아남은 생존자들이 자신들만이 살아남은 것에 대한 미안함과 사망자를 지켜주지 못했다는 죄책감, 그들을 잃은 슬픔과 상실감 등으로 겪게 되는 정신적 외상에서 발현된다. 대형 참사는 그 자체의 충격과 피해는 물론 정신적 고통을 수반한 후유증이 오랫동안 지속된다. 이러한 '생존자 증후군' 증상은 극도의 무력감과 우울증, 환영, 환청과 같은 질환, 분노 등으로 표출된다. 대표적인 것이 유대인의 학살, 즉 홀로코스트에서 가족이 모두 죽고 혼자만 살아남은 경우이고, 사고가 발생하여 자신을 제외한 가족들이 모두 사망한 경우에도 발현한다. 이 점에서 특히 '단신 탈출형 탈북'의 경우 인신매매의 탈북 트라우마는 살아남아야 한다는 '생존자 증후군'과 유사한 증상이 발현되고, 이에 따른 이중사고는 그들의 정체성의 변화를 가져온다.

한편, 정체성은 지속성, 항상성과 고유성의 특성을 가진다. 정체의 지속성은 시간적 흐름에도 불구하고 자신의 존재가 동일하다고 여기는 것을 말한다. 항상성은 여러 상황 속에서도 자신이 동일한 존재임을 인지하는 것을 의미하며, 또한 고유성은 자신을 이 세상에서 누구와도 구별되는 독자적 존재로서 인지하는 것을 의미한다.[175]

---

174 주디스 허먼, 최현정 옮김, 『트라우마(Trauma and Recovery)』, 플래닛, 2007, 166쪽.
175 이순형 외, 『탈북 가족의 적응과 심리적 통합』, 서울대학교출판부, 2007, 270쪽.

탈북청년들은 정체성의 지속성을 부인하고 남한사회에 정착하면서 스스로 '새로운 존재'로서 살아가고 싶어 한다. 그러나 항상성에 있어서는 여러 장소에서 여러 사람을 만나는 현재 시점에서 스스로 동일한 존재로 여긴다. 항상성과 지속성은 시간과 공간을 가르는 두 축이다. 항상성은 분리된 공간에도 불구하고 자기의 존재가 동일한가에 대한 것이고, 지속성은 분리된 시간에도 불구하고 자기의 존재가 동일한가를 의미하는 개념이다. 그런데 탈북청년들은 공간의 축으로 볼 때 여러 공간의 분리에도 불구하고 자신의 존재가 동일하다고 의식하고 있기 때문에 장소에 따른 자아의 분리를 의식하지 않고 있다. 그런 반면, 시간의 축을 과거와 현재로 돌려볼 때 탈북청년들은 과거의 자기정체와 현재의 자기정체는 동일하지 않다고 의식한다. 과거의 자기정체는 고향인 북한을 포함해 제3국에서의 체험과 삶의 고통 등 부정하고 싶은 모습들이고 현재의 자기정체는 자신의 존재만을 부각시키고 싶어 한다.[176] 그러니까 정체성의 지속성, 항상성의 측면에서도 탈북청년들은 복합적이면서도 입체적인 특성을 드러내는 것이다.

김정은 시대의 탈북청년들은 정체성이 형성되는 청소년기를 북한에서 보냈고, 탈북 이후 완전히 다른 문화의 사회로 이주하는 경험을 한다. 이 과정에서 그들이 겪는 불안과 혼란을 일관된 자기서사로 통합시켜내기 위해서는 기존의 사회적 통념이 아니라 자신들의 해석과 경험의 의미화 과정이 필요한 것이다.

---

176 이순형 외, 『탈북 가족의 적응과 심리적 통합』, 서울대학교출판부, 2007, 203쪽.

이들은 북한사회의 모순과 외부세계 정보에 민감하게 반응하는 세대이며, '자기 발전, 보다 나은 삶의 추구, 가난으로부터의 탈출, 배움의 열망' 등으로 탈북을 도전했던 젊은이들이다. 그리고 이들은 이미 탈북한 가족을 통해 남한에 대한 정보를 접했거나 중국에 있을 때 남한에 대한 정보를 듣고 남한행을 선택하게 된다. 이것은 현실적으로 남한정부가 탈북민에 대한 가장 유리한 지원체계를 갖추고 있다는 것과 같은 언어를 사용하고, 사회문화적 풍속이 비슷한 같은 민족이라는 점이 가장 크게 작용했다고 볼 수 있다. 그리고 탈북과정에서 이들이 경험하는 중국 및 제3국에서의 생활은 이들에게 자본주의 사회의 생존기술과 메커니즘을 익힐 수 있는 하나의 학습장으로 기능했다. 또한 감시와 통제가 일상화되었던 북한 사회로부터 처음으로 '자유'를 체험하는 '해방적 경험'이기도 하였다.[177]

그리고 남한에 입국한 후 교육자본을 확충하고 사회관계망을 구축하는 노력을 통하여 개인적으로 남한의 "시민 되기"를 시도한다. 하지만 '소수자, '주변자'로서 빈약한 사회적, 경제적 자원만을 가지고 있기 때문에, 이들에게 부과되는 사회적 제약은 탈북청년들을 좌절시키기도 한다. 최초의 탈 국경인 탈북은 그들이 속한 공간적 위치의 변화이면서, 동시에 상징적 위치의 변화를 함의한다. 북한이라는 공간 안에서 구조적, 제도적 변화 혹은 사회적 변동의 결과로 정체성의 변화가 촉발된 것이라기보다는, 오히려 북한이라는 공간 밖에서 북한과는 다른 구조적, 제도

---

177 권나혜. 「남한 내 탈북이주민 대학생의 정체성과 생활경험」, 연세대학교 대학원 석사학위 논문, 2006, 91쪽.

적 환경에서 거주하는 동안 정체성의 변화를 경험한다.[178] 즉 탈북청년들의 정체성은 북한사회에 고정된 것이 아니라 그들이 이동하는 시공간과 몸의 경험에 의하여 재구성된다. 따라서 탈북 후 새로운 환경의 문화적 충격과 생존의 불안감은 이들의 정체성의 혼란을 가져오고 복수의 정체성을 형성하게 한다.

---

178 오원환, 「탈북청년의 정체성연구: 탈북에서 탈남까지」, 고려대학교 대학원 박사학위논문, 2011, 93쪽.

제5부
탈북청년의 정체성 변화 양상

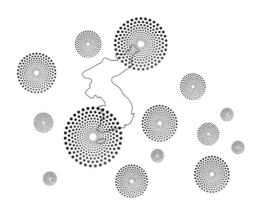

제1장 정체성의 개념과 유형

탈북민의 정체성의 이해는 탈북민에 관한 연구 및 정책의 기본 출발점이 된다. 탈북은 하나의 과정과 흐름으로써 그들의 생애사를 구성한다. 탈북 이전 북한에서의 삶과 제3국에서의 신변불안 체험, 한국입국후 정착과정에서의 갈등은 탈북민들이 보여주는 정체성의 다양한 변화를 이해하는 기본적인 "틀"이 된다.[179] 이것들이 탈북민의 보편적인 특성이라면, 김정은 시대의 탈북청년들은 또 다른 정체성의 모습을 가지고 있다. 그것은 자본주의에 대한 것이다. 김정은 시대의 탈북청년들은 장마당을 통한 시장경제, 중국 체류기간동안 자본주의 사회의 생존 기술과 메커니즘을 경험했다. 그렇다고 자본주의 사회에 완전 동화된 것도 아니고 사회주의를 완전히 벗어난 것도 아닌 이중적 가치관을 갖게 된다. 이러한 이중적 사고는 자유자본주의 사회에서 살아남기 위하여 그들의 정체성의 변화와 분화를 촉발한다.

정체성의 개념은 '계속해서 자신과 같은 것'으로 인식되는 것을 의미하며, 지속성, 항상성과 고유성의 특성을 가지고 있다. 정신분석학의 자아 정체성 개념에서도 "개인으로서의 동일성"과 "역사적인 계속성"은 가장 중요한 요소[180]로 취급된다.

정체성에 관한 논의가 고대 그리스철학에서는 개별성 즉, '타자와 다

---

179 이병수 · 전영선, 「탈북자 정체성의 이해와 민족 평등한 유대」, 『코리언의 민족정체성』, 선인, 2012, 121쪽.

180 Erikson, E. *Identity : Youth and Crisis*, New York : Norton & Company. 1968 : 조대경 옮김, 『아이덴티티: 청년과 위기』, 삼성출판사, 1990, 203쪽.

름'을 중심으로 이루어 졌다면, 현대 사회학에서는 개인이 수행하는 역할이나 개인이 속한 집단의 구성원리를 규명하는 '내적 동일성'에 중심을 두고 있다. 이 방식을 통해서 개인의 정체성은 그가 "어떤 집단의 구성원이며 어떤 사회적 역할을 수행하는가에 의해 규명"된다는 것이다.181 이러한 집단과 역할에 따른 정체성 규명은 시공간의 변화에 따라 변화된다. 최근의 사회적 문화연구에서 정체성의 논의는 탈 근대적 현상으로서의 정체성의 파편화, 복수화, 주체의 탈 중심화, 탈구(dislocation)등의 개념으로 설명하고 있다.182

1990년대 문화 연구에 있어 정체성 개념은 개인적 혹은 사회적 차원에서 동일함(sameness)과 차이(difference)에 근거해서 정서적으로 규정할 수 있는 사람들에 대한 문화적 서술과 관련이 있다.183 연구 단위에 따라서 집단수준의 사회적 문화적 정체성, 개인적 정체성, 자아 정체성으로 구분184되며, 연구 주제에 따라서 국가적 정체성, 민족적 정체성, 성 정체성, 계급정체성, 이주민 정체성 등으로 구분된다. 문화연구에 있어 정체성 개념이 중심적인 연구주제가 된 배경 중 하나는 정체성이 사회적으로 구성되며, 고정적이지 않고 유동적이기 때문에 특정 정체성

181 이현재, 「정체성 개념분석」, 『철학연구』, 71-1, 철학연구회, 2005, 265~266쪽.

182 오원환,「탈북청년의 정체성연구 : 탈북에서 탈남까지」, 고려대학교 대학원 박사학위논문, 2011, 31쪽.

183 Barker,C., 『The SAGE dictionary of cultural studies』, London : SAGE, ; 이경숙, 정영희 옮김 『문화연구사전』, 서울 : 커뮤니케이션북스, 2004, 93쪽.

184 Erikson의 개인정체성과 자아정체성의 구분(Erikson, E. *Identity : Youth and Crisis*, New York : Norton & Company. 1968 : 조대경 옮김, 『아이덴티티: 청년과 위기』, 삼성출판사, 1990, 233~234쪽.

을 두고 의미의 투쟁이 가능한 정치적 영역의 대상이라고 간주하기 때문이다. 권력관계의 틀에서 '정체성의 정치', '정체성의 위계질서' 혹은 이해관계에 따른 '정체성의 정치학'은 정체성의 변화 가능성을 전제한다.[185]

문화연구에서 정체성의 개념과 정체성의 정치학은 '탈북민의 정체성과 그 위기'의 문제를 거시적으로 해석하는데 도움이 된다. 탈북과정에서 다양하게 호명되면서 탈북민은 '내가 누구인지'의 문제를 몸으로 부닥치게 된다. 이 과정에서 자연스럽게 파편화되고 복수화된 정체성들의 위계질서, 즉 의미 있는 타자의 시선을 내재화하여 재구성된 위계질서인 '타자화된 시선'을 통해서 자신과 타인을 규정함으로써 주체의 상실과 정체성의 위기와 혼란을 맞게 된다.[186]

한 개인이 가지는 정체성은 그 개인만이 가지는 주관적인 측면인 개인적 정체성과 어떠한 집단과의 관계에 따라 획득하게 되는 객관적 측면인 집단 정체성으로 구분된다. 또한, 정체성은 자기 자신, 성, 직업, 가족, 민족, 종교 등에 대한 정체로 구성되어 있으며, 정체성은 하나의 차원이 아니라 여러 개의 정체로 중복되어 구성될 수 있다. 각 정체성은 역동적 개념으로 서로 잘 조화될 수도 있고 때로는 상충될 수도 있다.[187] 이 점에서 김정은 시대의 탈북청년들의 복수의 정체성은 한국사회 정착과

---

185 오원환, 「탈북청년의 정체성연구 : 탈북에서 탈남까지」, 고려대학교 대학원 박사학위논문, 2011, 32쪽.

186 오원환, 「탈북청년의 정체성연구 : 탈북에서 탈남까지」, 고려대학교 대학원 박사학위논문, 2011, 34쪽.

187 이순형 외, 『탈북 가족의 적응과 심리적 통합』, 서울대학교출판부, 2007, 202쪽.

정에서 서로 조화되기도 하고 상충되기도 한다.

그간 연구되었던 탈북민 정체성의 유형화는 한국사회의 우월적 입장에서, 또는 사회문화적 적응의 관점에서, 또한 국가와 사회구조라는 거시적 측면에서 유형화한 것이다. 그러나 탈북민 개개인 당사자 입장에서 본다면 탈북과 정체성 변화는 인간의 가장 기본적인 요구, 즉 생존욕구에 기인한 본능이었다. 하루하루를 살고 있고, 살아야 하는 생명을 가진 존재로서 탈북민들은 살기 위해, 그리고 살아남기 위해 국경을 넘어야 했다.[188] 그래서 이들의 정체성을 생존전략의 역동성으로 바라봐야 한다.

여기서는 생존본능과 트라우마의 관점에서, 생존자의 능동적 입장에서 새로운 유형으로 분류하고자 한다. 앞 절에서 논의한 것처럼, 트라우마에 의한 정체성 변형은 '생존자 증후군'의 특성이라고 할 수 있다. 그래서 트라우마로부터 자유롭지 못한 탈북청년들에게는 생존적 전략으로서 그 정체성을 고찰하는 것이 유용할 것이다. 이러한 관점에서 탈북청년들은 북한에서의 삶-탈북 과정-한국에서의 삶을 통해 트라우마가 중첩되어 왔고, 그로 인해 생존전략으로서 복수의 정체성을 지니게 된다고 할 수 있다. 그리고 이들의 복수정체성은 집단적 정체성인 이중정체성, 이방인정체성, 가족정체성과 개인적 정체성인 New-Being 정체성로 구분할 수 있다. 이를 트라우마와 정체성의 특성으로 설명하면 다음과 같다.

---

188 엄태완, 『디아스포라와 노마드를 넘어』, 경남대학교 출판부, 2016, 13쪽.

그 첫째가 이중정체성이다. 폐쇄적인 사회인 북한을 불법적 수단을 통하여 탈출하고, 강제북송의 공포 속에서 살아야 했던 탈북청년의 경우 이념적, 국가적 정체성의 변화를 맞게 되고[189] 대한민국 국민으로서의 정체성을 갖게 된다. 그러나 그들에게 여전히 북한은 장차 돌아가고 싶은 고향이다. 북의 체제는 싫지만 고향으로서의 북한은 가고 싶은 곳이다. 따라서 이들이 이중정체성은 남한에 대한 체제지향성과 북한에 대한 정서적, 사회문화적 지향성이 함께 자리 잡고 있음을 의미한다. 남한사회에 정착하면서 국민정체성과 민족정체성이 분리되는 이중정체성을 갖게 된다.

둘째, 이들은 분단의 경계에서 남한사람도 북한사람도 아닌 중간자로서의 이방인 정체성을 형성하게 된다. 이들은 생존자로서 자신감을 가지고 남한사회에서 열심히 노력하면 성공할 것이라고 기대했지만, 현실의 장벽은 이들의 생존과 장래에 대한 불안감을 증폭케 한다. 남한과 북한 그 어디에도 속하지 않는 영원한 이방인으로서 머물게 될지도 모른다는 비관적인 전망을 갖는다. 따라서 한국사회 부적응의 결과, 언제라도 제3국으로 떠날 수 있는 유랑의식과 디아스포라적 특징도 가지고 있다.

셋째, 이들은 북한에서 해체된 가족을 재결합하려는 강한 가족정체성을 형성한다. 여기에서 가족정체성이란 가족관계 내에서의 자아특성을 말한다. 탈북민들이 보통 국경을 넘으며 민족과 국가정체성은 변화되지만, 가족정체성은 크게 흔들리지 않는다. 그러나 김정은 시대 탈북청년

---

189 오원환, 「탈북청년의 정체성연구: 탈북에서 탈남까지」, 고려대학교 대학원 박사학위논문, 2011, 91쪽

들은 좀 다르다. 이들의 가족정체성 중심에는 엄마가 자리 잡고 있다.[190] 그리고 탈북 전 북한 생활에서는 가족의 소중함을 의식하지 못했다. 그러나 한국사회 정착 후 가족의 부재, 특히 '의미 있는 타자'인 엄마의 부재는 정서적 불안감을 가져오고, 이 정서적 불안감은 한국 사회에서 새로운 삶을 살아가는 데 장애가 되었다. 따라서 한국사회 정착과정에서 그들은 탈북의 근본적 요인이었던 해체된 가족을 복원하여 안정된 가족정체성을 구축하는 것이 탈북 트라우마를 완화하거나 치유할 수 있는 가장 현실적인 방법이 될 수 있다는 것을 체험적으로 알게 되었다.

넷째, 그들은 탈북을 통하여 삶의 전환을 꿈꾼다. 북한에서의 지독한 가난의 고통, 배움에 대한 갈망, 인정받지 못하는 삶의 탈피, 탈북과정에서 겪은 지옥과 같은 삶의 기억에서 벗어나기를 갈망한다. 즉 예전의 '나'가 아닌 새로운 '나'로 태어나는 새로운 존재자(New-Being)가 되어야 한다는 결연한 의지를 가지고 있다. 이러한 New-Being 정체성이 탈북 외상의 '생존자 증후군'으로부터 치유되고 회복될 수 있는 본질적인 생존정체성이라고 할 수 있다.

이러한 탈북청년들의 복수정체성은 그들이 어떤 집단의 구성원이며 어떤 사회적 역할을 수행하느냐에 따라 정체성의 유형이 다르게 발현된다. 한국사회라는 새로운 자본주의 공간에서 예전의 '나'가 아닌 새로운 '나'가 되는 선결조건이 한국국적 획득이다. 그들은 왜 한국국적을 보유해야 하는가에 대한 자기합리성을 구축하며, 이것은 북한을 국가로 인정하지 않고 자기가 태어난 고향으로 인식하는 자기합리성, 즉 이중정체성

---

190 이순형 외, 『탈북 가족의 적응과 심리적 통합』, 서울대학교출판부, 2007, 204쪽.

으로 나타난다. 그 결과 북한은 대한민국 영토에 포함되고 나는 대한민국 국민이라는 국민정체성을 가지게 된다. 또한, 한국사회에서 가족의 복원, 재결합의 강한 욕구는 가족정체성의 강화를 가져온다.

정체성의 상호작용에 있어, 이중정체성은 이방인정체성과 길항관계에 있다. 이중정체성이 강해지면 이방인정체성은 약화되고 이방인정체성이 강해지면 이중정체성은 약화된다. 그렇지만 이중정체성은 가족정체성과 동일한 방향으로 움직인다. 즉 가족정체성이 강해지면 이중정체성, 즉 국민정체성과 민족정체성은 강해진다. 또한, 가족정체성이 강해지면 이방인정체성 역시 약화된다. 비록 물리적 공간에서는 떨어져 있지만 통신매체의 발달로 북한에 있는 가족과의 소통이 가능하고, 나아가 정서적 공감의 확보가 가능하게 되었다. 또한, 기획 탈북으로 가족을 한국에 데리고 와서 북한에서 해체된 가족을 재결합으로써 복원된 가정은 이방인 정체성을 점차로 약화시켜 간다. 이러한 복수정체성의 근원은 탈북의 외상을 치유하고 새로운 존재로 거듭나야 한다는 생존 본능, 즉 New-Being 정체성이라고 본다. 이 점에서 탈북청년들의 정체성의 층위를 표시하면 (그림1)과 같다.

(그림1) 탈북청년 정체성의 복합적 층위

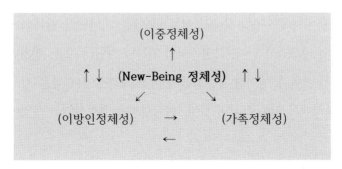

New-Being 정체성을 중심으로 이중정체성은 이방인정체성과는 길항 관계에 있고, 가족정체성 또한 이방인정체성과는 길항관계에 있다. 이처럼 탈북청년들의 복수정체성은 상호작용하면서 혼란을 겪는다. 탈북 생애사 과정에서 파편화되고, 탈구화(脫臼化)된 복수정체성은 한국사회 정착과정에서 탈북 트라우마 증상이 완화되고 치유되는 과정을 거쳐 안정적이 될 것이라고 본다. 이러한 과정을 거쳐 탈북청년들은 점차적으로 한국사회와 공존과 연대의 관계를 형성할 수 있다.

따라서 이 장에서는 탈북 트라우마의 치유적 관점에서, 연구대상들이 구축해온 삶의 전략으로서 개인적 정체성과 집단적 정체성을 살펴보고자 한다. 탈북청년들이 자신의 정체성을 어떻게 변형시켜가며, 정신과 신체에 스며든 상처들을 어떠한 방식으로 회복하려고 노력하는가를 이해하는 작업이다. 탈북청년들이 자신의 현재 삶을 어떻게 설명하는가의 구술자료를 토대로, 개인적 차원의 New-Being 정체성과 집단적 차원의 이중정체성·이방인정체성·가족정체성으로 분류하여 논의하고자 한다.

제2장 개인적 성격의 정체성

탈북생애사의 구술과정에서 탈북청년들은 지난날의 탈북의 아픔을 기억하지 않으려고 한다. 북한에서의 지독한 가난의 고통, 인정받지 못하는 삶, 가족과 생이별 등, 또한 중국 체류과정에서 겪은 지옥 같은 삶을 기억에서 지우고 싶어 한다. 한국사회에 정착하면서 무엇이 제일 좋았는지를 질문했을 때 그들은 '제일 좋았던 것은 다른 사람이 될 수 있다는 것이다'라고 답하였다.

그들은 탈북을 통하여 생애의 전환을 꿈꾸었고, 이 모든 과거의 상처로 얼룩진 예전의 '나'가 아닌 새로운 '나'로 태어나는 새로운 존재자(New-Being)로 거듭나기를 갈망한다. 그들의 이러한 New-Being 정체성은 '생존자 증후군'으로부터 치유되고 회복될 수 있는 생존의 본질적 정체성이다. 이 점에서 탈북청년의 삶의 원동력, 특히 단신탈출형 탈북청년의 생존의 근원적인 힘은 '새로운 사람으로 거듭남'에 있다. 그래서 이 장에서는 개개인의 구술 생애담을 근거로 탈북청년들의 New-Being 정체성을 트라우마 치유와 관련하여 분석하고자 한다.

지금까지 탈북민에 대한 기본 정책은 한국사회 정착과 이에 따른 적응과 문제점의 해결이 주 대상이었다. 탈북민들의 미해결 과제들인 가족과의 이별, 고향에 대한 향수, 외로움, 슬픔 등과 같은 심리적 고통과 탈북과정의 외상, 우울증과 같은 정신적 문제, 사회적 차별과 편견의 주제들에 집중하였다. 남한생활에서 부정적 요인 또는 적응 중심의 차원에서 탈북민들을 지원의 대상으로만 간주하였기 때문에 그들의 긍정적인 힘, 내적인 힘에 대해서는 주목을 받지 못했다.[191] 탈북민의 남한생활의 위기적 상황을 외부에서 수동적으로 접근하면 문제의 본질적 해결 방안을 객관적으로 파악하는 것에는 한계가 있다.

따라서 탈북민의 일상의 삶을 지속적으로 유지하게 하는 개인 내부적

---

191 엄태완, 『디아스포라와 노마드를 넘어서』, 경남대학교출판부, 2016, 149~150쪽.

이면서도 사회관계적인 요인들을 탐구할 필요성이 제기된다. 탈북민에 대한 사회적이고 정책적인 접근의 중요성을 강조하면서 이들 내부의 삶의 힘을 발견하여야 한다. 이제는 탈북민이 한국 사회의 시혜의 대상으로만 보는 수동적인 존재가 아니라, 그들의 강점을 바탕으로 문제해결의 능동적 주체로서, 탈북민에 대한 우리의 관점은 이들의 생활, 즉 삶 자체에 두어야 한다고 본다.

1. 인정욕구 실현의 New-Being 정체성

아진은 한국사회 정착에 있어 '제일 좋았던 것은 다른 사람이 될 수 있다'는 것이다. 이것은 자기의 과거를 알지 못하는 한국사회에서 '새로운 존재'로 거듭날 수 있는 가능성이 현재의 삶을 유지하게 하는 내적 원동력이라는 것을 의미한다. 아진은 북한에서 가족의 생계를 책임지고 남의 집에서 종처럼 살았기 때문에 초등학교조차 졸업할 수가 없었다. 삶 자체가 너무 힘들어서 17세 때 자살을 시도하기도 하였다. 가난 때문에, 또한 어머니가 돌아가셔서 친구, 이웃, 학교에서 인정받아 본 적이 없는, 심지어 아버지로부터도 인정받지 못해서 인정을 받고자 하는 강한 욕구가 아진의 자아정체성 가운데 자리 잡고 있었다.

> 북한에서는 돈 있는 애들만 반장을 해요. 한국을 좋아했던 것은 내가 노력하면 성취할 수 있다는 점이 좋았어요. 제가 여명학교에서 학급반장도 했고 기도하여 학생회장도 했어요. 제는 생각도 못했어요. 내가 리더가 되어 무언가를 할 수 있다는 것이 꿈같았어요. 인정받는 것이

좋았어요.(아진)

　하나원을 나와서 여명학교에 다니면서 학급 반장도 하고 학생회장을 했다는 것이 아진에게는 꿈같은 일이었다. 북한에서는 돈이 있는 아이들만 반장을 하는데, 한국에서는 자기의 노력에 의하여 리더로 인정받는 인정욕구의 실현이 아진의 New-Being 정체성의 첫 번째 성취였다. 그리고 초등학교를 중퇴한 아진이 여명학교를 최우수 점수로 졸업하고 서울의 유수 대학에 입학하여 대학생이 되었다는 것은 아진의 New-Being 정체성의 두 번째 성취였다. 이것은 살아남기 위하여, 인정받기 위하여, 새로운 존재자가 되기 위하여 끊임없이 노력하였기 때문에 가능한 일이었다. 실제로 아진은 한국사회에 정착하면서 북한에서 꿈에도 생각할 수 없는 삶의 전환을 이루었다. 예전의 '나'를 벗어나 '새로운 사람'이 되었다는 것은 노력한 만큼 성취할 수 있는 한국 사회이기 때문에 가능했다고 고백한다.

　이러한 New-Being 정체성은 대학생활을 하면서 흔들리게 된다. 다른 친구들에 비하여 대학생활이 어렵다고 느낀 아진은 자신의 환경과 능력을 인식하게 되었다. 처음에는 로-스쿨 대학원에 진학하여 변호사가 되는 꿈을 가졌지만, 학점이 점점 떨어지고 대학 공부가 어려워지고 경제적 한계를 느끼면서 현실적인 상황을 깨닫기 시작했다. 허황한 꿈을 포기하고 전공의 선택도 현실에 맞게 수정하면서 졸업 후 아모레퍼시픽과 같은 대기업 화장품 회사에 취업을 목표로 정하고 있다.

제가 로스쿨을 갈 수 있는 환경이 안 되고, 환경이 되어도 능력이 안 되어서 변호사를 포기했어요. 2학기는 1학기보다 성적이 잘 안 나와서 의욕이 떨어지고 그런 것 같아요. 막 일탈하고 싶어요. 혼자 살다보니 제가 모든 것을 결정해야하고 규칙적으로 살아야하고, 흐트러지면 생활이 무너지니까, 너무 예민해져요.(아진)

아진은 때로는 한국생활이 힘들어서 일탈하고 싶고, 혼자서 모든 것을 선택하고 결정해야 하는 어려움이 있지만, 생활이 무너지지 않도록 자신을 제어하면서 최선을 다한 삶을 살고 있다. 아진의 이러한 New-Being 정체성의 중심에는 인정욕구가 자리 잡고 있으며, 한국이라는 공간에서 그의 꿈은 현실로 만들어져 가고 있다. 간혹 어려움에 봉착하여 스스로 의구심이 들고 흔들릴 때도 있지만, 그는 자신의 존재가치를 실증하는 인정욕구의 실현을 위해 흔들림을 잡고 살아가는 것이다.

2. 인신매매 기억 탈출의 New-Being 정체성

시은은 조사대상 가운데 다른 탈북청년과는 달리 지속적이고 심각한 탈북 트라우마 증상을 나타내었다. 북한에서 아버지의 불륜은 하루아침에 사업의 실패와 가정의 몰락을 초래하였고, 이로 인하여 시은은 아버지에 대한 반항심으로, 가족의 생계를 위하여 탈북을 선택할 수밖에 없었다. 18세 어린 나이에 중국에서 인신매매, 강제결혼의 지옥 같은 고통의 삶을 겪었고, 더 이상 견딜 수 없어서 탈출하여 한국에 오게 되었다. 이러한 탈북과정은 시은의 생애에 너무나 큰 상처를 남겼다.

(중국에서의 생활을) 아예 저는 생각을 안 해요. 저는 생각을 하면 미쳐요. 어제 밤에는 아빠가 꿈에 보였어요. 아빠가 살아있는 거에요. '아빠, 죽었다고 들었는데 살아 있었냐'고 하면서 울었어요. 너무 생생했어요.(시은)

단신탈출형 탈북을 한 시은은 중국 불법체류기간 동안에 말할 수 없는 고통과 고난을 겪었다. 그러나 억압된 상황에서 탈출하여 한국에 도착한 후 사람과 사물을 대하는 삶의 자세가 달라졌다. 사물을 긍정적으로 보게 되었고 사람들과의 관계에서 최선을 다함으로써 좋은 사람들을 만나고 도움을 주고받는 인간관계를 구축하였다. 또한 북한에서는 아무리 노력하여도 토대가 좋지 않으면 발전할 수가 없지만, 한국사회에서는 노력하면 노력한 만큼 보상이 주어지는 선택의 자유를 깨닫게 되었다. 즉 한국정착 후 중국에서의 인신매매의 상처를 가슴에 숨긴 채 자기의 과거를 아무도 알지 못하는 한국에서 새로운 삶을 만들어 갈 수 있다는 강한 자신감을 가지게 되었다.

따라서 시은은 탈북과정의 트라우마 증상, '생존자 증후군'에서 벗어나기 위하여 '인생의 행복'에 대한 자신만의 확실한 개념 정립과 이에 따른 삶의 목표를 정하고 있다. 즉 '성공이란 하고 싶은 것을 행복하고 즐겁게 하는 것'이고, 어릴 적부터 좋아한 피부미용을 전공해서 졸업 후 피부미용 샵을 내어 사장이 되겠다는 목표를 세우고 있다.

한국에서는 노력하면 잘 될 수 있지만 북한에서는 토대가 좋지 않으면 발전할 수가 없어요. 무엇이든 돈을 내면 될 수는 있지만 그것도 가족의 성분이 좋아야 되고 발전할 수 있는 기회가 너무 없어요.…

저는 성공이라는 게 제가 하고 싶은 것을 행복하고 즐겁게 하는 것이라고 생각합니다. (지금 다니는 학교) 학기가 2년제이니까 피부미용 전공공부를 열심히 하고 싶어요. 어릴 적 꿈이었어요. 또한, 엄마를 데려오는 계획을 세우고 있어요. 엄마 데려오는데 2천만원 든대요. 우선 200만원 주면 사리원에서 중국까지 데려오고 확인 후 1800만원을 보내면한국으로 오는 것으로 계획하고 있어요.(시은)

이처럼 시은의 New-Being 정체성의 핵심은 인신매매의 고통으로부터의 해방이고, 이러한 생존정체성이 중국에서 겪은 지옥 같은 삶의트라우마를 극복해가는 내적 동력이 되었다. 아직은 중국 생활의 악몽에서 벗어나지 못해 우울증 증상이 있지만 엄마와 연락이 되고 엄마를한국에 데리고 와서 함께 살 수 있다는 그 희망이 탈북의 외상에서 조금씩 벗어나게 한다. 한국에 가면 새로운 존재로 살아갈 수 있다는 생존적New-Being 정체성이 없었다면 시은은 탈북 트라우마의 '생존자 증후군'의 증상에서 벗어날 수 없었을 것이라고 본다.

3. 가난 탈출의 New-Being 정체성

해인은 먼저 한국에 정착한 언니의 도움으로 입국한 가족지원형 탈북민이다. 2011년 12월 탈북하여 한국정착 10년 차이다. 현재는 대학을졸업하고 공무원으로 취업이 되어 구청에 근무하고 있다. 초등학교 다닐 때부터 탈북할 때까지 수십 년간을 너무 힘들게 살아서 '가난'이 트라우마가 될 정도로 '가난'에 대한 두려움이 해인의 자아정체성 가운데 깊게 뿌리내리고 있었다.

왜 이렇게 살아야 하는지 가난이 죄처럼 느껴졌어요. 가난 때문에
하고 싶은 공부도 못하고 가난 때문에 부끄러웠어요. 가난 때문에 할
말도 못 하고 참고 살았어요. 권력 있는 사람한테 할 말을 하면 우리
집이 해를 당하기 때문에 할 말도 못 하고 살았어요. 나에게는 가난이
트라우마로 작용했어요. … 하나원 출소 일주일 만에 알바를 구했어요.
기초생활수급비를 3개월 밖에 안 준다고 해서, 알바를 빨리 구했어요.
알바를 하면서 한국사회는 대학을 안가면 이 사회에 한 발자국도 전진
할 수 없다는 것을 깨닫게 되었어요. 집이 생겼다는 것이 너무 행복했
어요. 고향에서 있을 때 아파트에서 사는 꿈을 꾸었고, 가스를 사용하
고, 입식 부엌을 꿈꾸었는데, 그 꿈이 다 이루어져서 너무 감사하고
행복했어요. 앞으로 어떻게 살아야 하나 하는 것이 불안했어요. 아는
사람도 없고 돈도 없고, 정착금을 브로커비로 주어서 통장은 비어 있었
어요. 그때 불안지수가 굉장히 높았어요.(해인)

가난했기 때문에 학교를 정상적으로 다니지 못했고, 공부도 할 수
없었고, 부모님이 다른 사람에게 멸시받는 것을 보았고, 엄마의 병을
고칠 수 없었다. 힘 있는 사람에게 할 말도 하지 못하는 가난의 상처가
지혜의 몸과 마음에 깊이 새겨져 있었다. 따라서 한국사회 정착과정에
서 경제적 문제가 지혜의 선택과 결정의 기준이 되었다. 해인에게는
한국이 가난을 탈출할 수 있는 공간이며, 가난에서 탈출하는 삶의 발전
이 해인의 New-Being 정체성으로 나타난다.

한국은 내가 노력하면 노력의 대가가 있는 나라입니다. 일하면 돈을
벌 수 있는 나라. 돈이 없어서 학교도 가지 못했고 자존감이 떨어지고,

돈 때문에 부모님이 다른 사람에게 굽신거리는 것을 보는 것이 힘들었어요. 열심히 하면 잘 살 수 있고, 그리고 꿈을 이룰 수 있다고 생각해요. 처음에는 일을 하려고 일자리를 알아보던 중 '사서알바'를 찾았는데, 그 자격이 대학졸업자로 되어 있어서 무조건 대학을 가야겠다고 생각했어요. 그래서 하늘 꿈 대안학교를 졸업하고 대학을 갔어요.(해인)

해인에게는 대학입학도 경제적 자립을 위한 중간목표였다. 이러한 삶의 목표가 해인의 New-Being 정체의 핵심이고 대학 4년의 공부의 어려움, 남한 학우와 인간관계의 갈등, 경제적 압박을 이겨내는 동력이 되었다. 북한에서 결코 이룰 수 없는 삶의 성취를 통해 벗어남의 새로운 존재자가 되어가고 있다. 이 모든 것이 열심히 하면 잘 살 수 있고, 그리고 꿈을 이룰 수 있는, 노력하면 노력의 대가가 있는 한국에 왔기 때문에 가능하다고 이야기한다.

4. 불가능한 꿈 실현의 New-Being 정체성

소연에게 New-Being 정체성은 초등교사라는 꿈의 실현으로 나타난다. 중국에 5년간 체류하면서 중국 생활에 익숙했다. 북한에서 14세 때 어머니가 쫓겨나고 가정의 해체로 집안의 생계를 책임져야 했던 소연은 생활이 너무 힘들어서 팔려간다는 것을 알면서도 열여섯 나이에 탈북을 선택했다. 탈북 초기 1년 동안은 나이가 14살이나 많은 중국인과의 강제결혼 생활을 했고, 그 후 4년간은 중국 공장에 취업하여 독립적인 생활을 하다가 국적이 필요해서 한국으로 왔다. 하나원을 나와서 한국

생활을 시작했을 때는 구속받지 않은 자유로움 속에서 하고 싶은 것이 너무 많았다. 북한에서는 계획대로 되는 것이 없으니 인생이 이런 것이구나 생각하고 체념하면서 살았지만, 지금은 다시 아이로 돌아가서 하고 싶은 것이 엄청 많아졌다고 한다.

> 한국에 도착한 후 하고 싶은 것은 너무 많아서 애가 되는 것 같아요. 옛날에는 계획대로 안 되니까, 철이 일찍 들어서 인생이 그렇구나 하고 생각을 했어요. 지금은 다시 아이로 돌아가서 하고 싶은 것이 엄청 많아 졌어요. 처음에는 학교를 갈 생각은 없었어요. 중국에서 일을 했던 경험이 있으니까, 하나원에서 나왔을 때 알바몬에서 알바를 찾아서 3일 만에 알바를 했어요. 알바를 한 이유는 외롭고, 할 일이 없어서 돈이나 벌자하고 시작 했어요.(소연)

이와 같이 소연 또한 북한에서 계속 살았으면 이룰 수 없는 불가능한 현실을 한국 사회에서 가능한 현실로 만들어가고 있다. 북한에서의 절망적 삶, 탈북과정의 상처로부터 벗어나 새로운 존재자로 거듭나고 있다. 이러한 New-Being 정체성이 과거의 상처를 완화하고 치유함으로써 소연을 새로운 존재자로 거듭나게 한다.

이와 같이 이들은 탈북을 통하여 생애의 전환을 이루고, 이 모든 과거의 상처로 얼룩진 예전의 '나'가 아닌 새로운 '나'로 태어나는 새로운 존재자(New-Being)로 되어간다. 아진은 인정 욕구의 충족을 통해, 시은은 탈북 트라우마의 해방을 통해, 해인은 가난의 탈출을 통해, 소연은 오랜 꿈의 실현을 통해 한국 사회에서 각자의 생존가치를 만들어간다.

'새로운 사람됨'의 생존 본능이 탈북과정에서 형성된 탈북청년들의 본질적인 정체성이라고 생각한다.

릭 웨렌은 『목적이 이끄는 삶』에서 "나는 왜 이 땅에 존재 하는가"를 질문한다.[192] 마찬가지로 탈북청년들은 "나는 왜 이 땅에 왔는가?"를 자문한다. 그들은 살아남기 위하여 이 땅에 왔다. 삶의 목적은 우리 개인의 성취감, 마음의 평안과 행복감 이상의 것이다. 그들의 생존정체성, 즉 New-Being 정체성이 그들의 삶을 이끌어 간다. 따라서 여타의 복수정체성은 살아남아야 하고 새 사람으로 거듭나야 한다는 New-Being 정체성을 중심으로 형성되고 구성되면서 상충되고 조화되는 역동적 작용 속에 있다고 본다.

제3장 집단적 성격의 정체성

1. 이중 정체성

구술자료 수집을 위한 첫 모임에서 조사자가 연구 참여대상자인 10명의 탈북청년들에게 던진 질문이 '남한과 북한의 근본적 차이점이 무엇인가 하는 것이었다. 이에 대한 대답은 첫째가 '자유와 노력에 대한 보상'으로, 한국에서는 자유롭게 어디든지 갈 수 있고, 노력한 만큼 이룰 수 있다는 점을 꼽았다. 북한에서는 아무리 노력해도 상응한 보상이 주어지지 않는다고 한다. 둘째는 '생활문화의 차이와 문화시설의 차이'로,

---

192 릭 웨렌, 『목적이 이끄는 삶』, 디모데, 2003.

남북한의 문화의 차이가 크고 북한에서는 영화관이나 문화시설 등이 없어서 데이트할 수 있는 장소조차 없다고 한다. 셋째, 북한사회에서 돈의 위력이 절대적이고, 돈이 있으면 모든 것을 할 수 있다는 점이다. 넷째, 교육환경의 차이를 들고 있다. 남한에서는 교육이 정상적으로 이루어지지만, 북한은 무상교육이라 하지만 정상적 교육이 이루어지지 않는다고 한다. 다섯째, 북한은 독재주의 체제이고 남한은 민주주의 체제라는 차이점을 이야기한다.

이들의 구술을 통해서 김정은 시대 탈북청년들의 가치관이나 생활관을 추론할 수 있다. 이들에게 국가관, 이념, 체제 등은 큰 비중을 차지하지 않는다는 것을 보여준다. 즉 그들의 사고에는 자유, 보상, 문화, 교육, 돈 등이 중요하고, 체제 정체성에 대한 인식이 약화되어 나타난다.

이들은 한국에 입국하여 초기 정착교육기관인 하나원 생활을 마치면 대한민국 국민임을 증명하는 주민등록증을 받는다. 그때 그들은 내가 대한민국 국적을 가진 한국 사람이 되었다고 인식할 뿐이지 실제로 국민정체성에 대한 인식은 없었다고 한다. 즉, 탈북 전 북한에 있을 때는 정체성 자체를 인식하지 않고 살았다. 탈북과정을 거치면서, 특히 중국에 불법체류하면서 북한이 나의 조국이라는 국민정체성을 인식하게 되었고, 한민족이라는 민족정체성을 경험하게 된다. 중국에 거주하는 동안에는 북한이 나의 조국이고 내 나라였다. 그러나 한국에 입국하여 대한민국의 국적을 취득하고 살아가면서 대한민국 국민정체성에 대한 인식을 하게 되고, 정체성 혼란을 겪고, 국민정체성의 정립이라는 과정을 거친다. 또한 이 과정에서 국민정체성과 민족정체성의 이중정체성의 양상이 나타난다.

국민정체성에 대한 인식은 탈북민의 세대에 따라 차이가 난다. 특히 김정은 시대 이전의 탈북민, 즉 고난의 행군시기의 탈북민과 김정은 시대의 탈북청년들과는 근본적인 차이점이 있다. 전자는 국민정체성에 대한 분명한 인식과 강화의 행태를 보이지만[193], 후자는 국민정체성 자체를 인식하지 않거나 약화되는 행태를 보인다. 그 근본적 원인은 그들이 살아온 북한 사회의 사회성이 다르기 때문이다. 전자는 북한 사회주의 시스템이 정상적으로 작동되는 시기에 살았고, 후자는 고난의 행군시기에 출생하여 북한 사회주의 체제가 약화되고 시장경제가 활성화되는 사회구조 속에서 성장했다. 즉 고난의 행군시기 전과 후의 북한의 사회구조와 북한주민의 삶의 방식이 전혀 다르고, 그들이 살아온 사회구조가 다르기 때문에 가치관과 삶의 방식이 다르다.

이와 같이 북한주민의 가치관과 삶의 방식에 가장 큰 변화를 가져온 요인은 고난의 행군 시기의 식량난과 경제위기였다. 김정일 시대의 고난의 행군시기를 기점으로 김정은 시대의 개막까지 20여 년 기간은 북한

---

193 고난의 행군 시기에 탈북하여 중국에 수년간 체류하다가 한국에 입국한 한영숙의 국민정체성에 대한 사례: 한영숙은 탈북자로서 나라에 대한 소중함을 느낀다고 말하였다. 그녀가 처음 남한에 와서 애국가를 불렀을 때, 국가가 바뀐다는 슬픔에 눈물을 흘렸다고 이야기한다. 또, 중국에 있을 때 유학생들의 여권을 보고, 자신의 나라와는 달리 국민을 지켜주는 국가도 있다는 생각에, 자신도 그런 나라의 국민으로서 그런 증명서를 가져봤으면 좋겠다는 생각을 했었다고 말하였다.(중략) '하- 세상에 애국가 바뀌는 사람이 세상에 몇이나 될까? 그래 우리는 왜 애국가가 바뀌어야 되냐? 애국가라는 건 한 번 밖에 택할 수 없는 게 애국간데. '내가 막 그날에 디굴디굴 구르고 울었어', '세상에 애국가가 바뀌었나? 나는 내 나라가 바뀌었나?' (중략) '야, 이 주민등록증 처음부터 가지고 사는 대한민국 사람이 어찌 다 알랴, 이 주민등록증의 고마움을.' (김종군·정진아, 『고난의 행군시기 탈북자 이야기』, 박이정, 2009, 209∼211쪽).

의 사회구조의 변화와 북한주민의 삶의 방식을 바꾸어 놓은 시기였다. 김정은 정권은 경제위기를 벗어나기 위하여 장마당 경제를 묵인하였고, 장마당 경제의 활성화로 사회주의체제 안에 자본주의적 시장경제가 자리 잡는 자본주의적인 혼합시스템이 구축되었다. 이러한 장마당 시장경제 시스템 속에서 출생하여 성장한 탈북청년들은 사회주의 이데올로기 지배의 영향을 덜 받았고 자본주의 사적자율성을 직접 경험했다. 또한, 국가의 보호가 아닌 국가의 방치로 자기의 생존을 자기의 능력으로 책임져야 했고, 돈이면 모든 것이 해결되는 사회구조 속에서 살아왔다. 이 점에서 탈북청년들의 개인주의적 성향은 강해지고 국가, 이념, 체제 등에 따른 정체성은 약화되었다.

그러나 전자는 북한 사회주의 체제의 이데올로기의 지배 속에서 살았기 때문에, 그 체제를 이탈하여 정반대의 체제인 남한사회 정착과정에서 국민정체성을 인식하고 강화하면서, 한편으로는 국민정체성과 민족정체성과의 분리를 경험한다. 한편, 김정은 시대의 탈북청년들은 북한사회에서 장마당을 통해 시장경제를 경험하고 중국에 체류하는 동안 자본주의의 메커니즘을 경험했기 때문에 남북한 체제의 차이에 의한 정체성의 혼란은 거의 느끼지 않았다. 그들은 한국사회 정착 초기에는 정체성의 혼란을 겪었지만, 어느 정도의 시간이 지나면서 남북한의 체제 차이에 의한 국민정체성에 대한 갈등을 갖지 않고 현실적인 정리를 한다. 즉 '대한민국 국민이고 북한은 고향'이라고 단순화한다. 여기서는 이들의 이중정체성, 국민정체성과 민족정체성의 흔들림을 구술사례를 중심으로 살펴보고, 또한 이들에게 국적 취득이 어떤 의미인가를 알아본다.

1) 이중 정체성

이들은 북한에 있을 때 국민정체성과 민족정체성의 분리를 느끼지 못했다. 그러나 한국에 도착하여 국적을 받았을 때 정체성의 혼란을 느끼기 시작한다. 이들은 현실적으로 대한민국 국민이라는 국민정체성을 인지하지만, 정서적으로는 북한사람으로서 같은 민족이라는 민족정체성이 내면화되어 있다. 따라서 이들은 한국사회에 정착하면서 이중정체성을 느끼게 된다. 그들은 체제적 차원에서 북의 국가를 비판하면서도 정서적, 문화적인 차원에서 북한사회에 대한 강한 애착을 지니고 있다. 즉 남한에 대한 체제 지향성과 북한에 대한 정서적, 사회문화적 지향성의 이중정체성[194]을 가지고 있는 것이다.

이들은 북한 체제를 어떻게 재인식해야 하는지에 대해 많은 고민을 한다. 북한의 국가정체성의 정리를 통해 지금의 나의 국민정체성을 구축해야 하기 때문이다. 한국이라는 공간에서 '새로운 거듭난 자'로서 살아가고 자신의 꿈을 이루기 위해서는 의지적으로도 대한민국 국민정체성을 인식해야 하는 현실에 직면한다.

> 저는 고향이 북한이라고 생각 안 해요. 혜산이라고 생각해요. 특정
> 지역을 이야기하지 전체를 퉁치고 들어가는 것은 아니라고 생각해요.
> 북한을 다른 국가라는 인식을 버립니다.(재성)

입국 8년 차 재성은 북한을 국가로 인정하지 않고, 고향도 북한이

---

194 이병수, 「탈북자 가치관의 이중성과 정체성의 분화」, 『통일인문학』 59, 건국대학교 인문학
　　연구원, 2014, 134~138쪽.

아니고 출생지인 혜산이라고 하면서 '북한'이라는 말 자체를 사용하지 않아야 한다고 하면서 북한의 국가정체성을 부정하면서 대한민국 국민으로서의 국민정체성을 드러낸다.

> 저는 한국에 왔어도 북한 사람이에요. 제가 태어난 곳이 북한이라는 것을 부정할 수는 없을 것 같아요. 한국에 있는 것보다 외국에 있으면 똑같은 아시아인으로 생각하기 때문에 차별을 별로 느끼지는 않지만, 한국에서는 북한사람이라는 이유로 차별을 많이 느끼니까 정체성이 사라진다고 봐요. 내가 어느 나라 사람인지 구별 못하고, 그래서 저도 혼란을 겪다가 이제는 북한사람이라고 정했어요. 저는 대한민국 국민이라고 생각해요. 북한을 같은 한국나라로 인정해 달라는 거에요. 북한이라고 말하는 자체가 북한을 차별하는 것이라고 생각해요. 사회적으로는 인정을 잘 안 해주어요. 나는 대한민국 국민이라고 생각하고 있지만 사회적으로는 그렇게 생각하지 않아요.(소연)

입국 5년 차인 소연은 중국에서 중국인의 신분으로 수년간 살았지만, 중국은 여전히 외국이고 중국 사람이 될 수 없다는 것을 인식한다. 이는 자신이 정서적 문화적으로 한민족이라는 민족정체성을 표출하는 것이다. 한국에서는 북한사람이라는 이유로 차별을 받았기 때문에 내가 어느 나라 사람인지 구별 못하고 정체성의 혼란을 겪다가, 이제는 '대한민국 국민이자, 북한 사람'이라고 자신의 정체성을 정리한다. 나아가 북한을 같은 나라로 인정해야 하면 북한이라고 구별하여 말하는 자체가 북한을 차별하는 것이라고 주장한다. 비록 사회적으로는 인정을 잘 해주지 않더라도, 나는 대한민국 국민이라고 생각하고 있다고 한다. 이러한 소연의 구술은 대한민국 국민이고 또한 북한 사람이라는 이중정체성을 의미한다고 본다.

> 정체성에 대해서 깊이 생각해보지는 안 했지만, 북한에서 태어난 한국 사람이라고 생각합니다. 낯설거나 그러지는 안 해요.(송희)

> 차이점은 북한에서 태어났다는 것입니다. 저희는 북한에서 태어나고 싶어서 태어난 것은 아닙니다. 정체성에 대해 고민한 적은 없는데, 북한에서 태어난 한국 사람이라고 생각합니다.(은혜).

입국 3-4년 차인 송희와 은혜는 '북한에서 태어난 한국 사람이라고' 자신들의 대한민국 국민정체성을 정리한다. '대한민국 국민'이란 뜻은 남한의 자본주의 체제를 수용한다는 것을 의미하고, '고향이 북한'이란 것은 정서적 문화적으로 북한 사람임을 강조하는 것이다. 이와 같이 탈북청년들은 '남한사람'이자 '북한사람'이라는 이중적 지위를 가진 존재이다. "북한이 고향이고 내가 태어난 곳이 북한이라는 사실을 부정할 수 없다"는 말은 장차 돌아가야 할 고향에 대한 강한 그리움을 드러내는 말이다. 즉 인지적으로는 대한민국 국민이지만, 그 뿌리와 출신 차원에서는 북한 사람이라는 것을 부정할 수 없다는 것이다.

탈북청년들이 모두 '대한민국 국민이고, 단지 고향이 북한이라고' 자신의 정체성을 단순화하는 것은 그들이 의식적으로 국민정체성을 인식한다는 것을 의미한다. 이들은 탈북과정을 거치면서 국가, 이념 등 이데올로기에 지배당하지 않는 개인주의적, 실리주의적 정체성이 형성되었고 국가가 자신을 지켜주지 못하는 현실을 겪었다. 이렇게 자신의 위치를 정리하는 것은 이 땅에서 한국 사람들과 더불어 살아가기 위한 방법

중 하나이기 때문이다. 그러나 그들의 내면에는 북한은 가고 싶은 그리운 고향이고, 장차 돌아가야 할 고향이라는 정서적 문화적 지향성이 민족정체성으로 자리 잡고 있다.

2) 국민정체성의 혼란

탈북청년들은 대한민국 국적을 취득하면 정착지원금, 임대아파트, 기초생활수급비, 대학교 입학특례 등의 다양한 정착지원을 받는다. 그러면서 인지적으로는 한국국민이라고 생각하지만, 현실 생활에서 사회적 장벽, 편견과 차별을 경험함으로써 완전한 한국 사람도 아니고 북한사람도 아닌 정체성의 혼란을 겪는다.

> 가끔은 정체성의 혼란이 와요. 내가 한국 사람인지 북한사람인지? 한국에서 저희를 도대체 정하기를 북한이탈주민으로 정한 것인지, 그냥 왔으니까 한국사람으로 정한 것인지 어디에 맞추어야 하는지 혼란스러워요. 어떤 친구에게 벽을 치고, 어떤 사람에게는 저의 본 모습을 보여주어야 하는지, 이것이 피곤합니다.(나희)

> 저는 어디 가서 북한 사람이라고 말하는 것이 창피합니다. 북한사람들에 대한 인식이 너무 안 좋고, 잘된 사람보다 사고치는 사람들이 많아요. 싸우는 사람들도 있고, 불법하는 사람들도 있어서 낮게 보는 경향이 있어요. 시선에 대한 부담 때문에 자존감이 많이 낮아지고, 발표할 때 사투리 사용하면 안 될 것 같아서 오히려 말을 더 많이 하지 않게 되어. 어디 가서 북한에서 왔다는 말을 하지 못하고 표현을 하지 못해서 답답한 느낌을 갖는 경우가 많아요. 해외 나가서 외국인을 만나 한국사람이라고 말을 할 때는 자존감이 확 올라가요. 하지만 한국사람을 만날 때는 오히려 자존감이 내려갑니다. 완전한 한국사람도 아니고

북한사람도 아니고 정체성의 혼란이 옵니다.(정인)

외국에 나가면 다 영어권이고 우리 사투리에 대해서 별로 구분이 안되니까 한국 사람이라고 해요. 한국 사람들 사이에서는 차별이 있어요. 그래서 중국이나 외국에 나가 살고 싶어요. 북한의 그 환경이 싫어서 한국에 왔는데, 여기 와서도 차별 받으니까 또 다른 곳 가서 살고 싶은 생각이 들게 합니다. 한국사회가 그렇게 만드는 것 같아요. 저희는 그것에 맞추어 살아야하고, 늘 저희는 항상 낮게 보이고 무엇을 할 때마다 차별을 느껴요. 아르바이트할 때 처음부터 말을 안 하면 사투리 때문에 이상하게 보고, 이야기를 하면 차별의 시선으로 봅니다. 한국에서는 어쩔 수 없는 차별을 느껴요. 해외 나갔을 때는 문화도 다르고 모두 아시아인으로 보니까 차별이 받는 느낌이 없어요.(아진)

사회적으로 구분시키고, 같은 통에 담겨진 물하고 기름 같아요. (재성)

해외에 나갔을 때 where come from? 물어보면 Korea에서 왔다고 바로 대답한다. 예를 들면 필리핀에서 샘몰이라는 쇼핑몰에 있는데 거기 가면 물건이 여러가지 너무 많아서 직원들에게 물어보다보면 직원들이 어디서 왔냐고 묻는다. 그러면 korea라고 대답해고, 고향이 어디냐고 물어보면 서울이라고 바로 대답한다. 해외에서 나왔을 때는 바로 그냥 한국인이라고 한다.(수철)

이들은 한국에서 자신들을 '한국 사람으로 정한 것인지, 북한이탈주민으로 정한 것인지' 혼란스럽다고 한다. 또한, 같은 통에 담겨진 물하고 기름같이 한국사회는 이들을 구별된 존재로 보고 있다는 현실을 인지하고 있다. 심지어 한국 사람을 만나면 자존감이 내려가고 해외에 가서 외국인을 만나면 자존감이 확 올라간다고 한다. 이러한 행태는 '우리도 한국국민이다'는 국민정체성을 인지하지만 한국의 생활 속에서는 국민정체성이 약화된다는 것을 의미한다. 한국 사회 어느 곳에 가서도 북한에서 왔다는 말을 하지 못하는 답답함이 이들의 정체성을 더욱 혼란스럽게 한다.

한편, 한국사회의 탈북민에 대한 시선은 이중적이다.[195] 탈북민이 북한에서 왔다는 사실 그 자체만으로 탈북민에 대한 편견과 차별의식을 갖고 있으며, 반면에 남한주민은 탈북민에 대한 같은 민족, 동포로서 연민과 포용의 감정도 가지고 있다. 이러한 한국사회의 시선은 보다 나은 삶을 위하여 같은 민족의 나라에 온 그들에게 좌절감을 줄 뿐만 아니라 그들의 정체성을 혼란케 한다. 이들은 한국국민이라는 국민정체성을 당연한 것으로 인지하지만, 한국사회의 차별적 시선으로 인해 과연 그들이 한국국민으로 인정받는지에 대해 의심한다. 북한사회의 차별적 환경이 싫어서 한국에 왔는데 여기서도 차별을 받으니 외국에 가서 살고 싶다는 탈남 의식을 드러낸다.

이와 같은 탈북청년들의 정체성 혼란은 분단체제인 남북한의 체제적, 구조적 요인에 기인한다. 부르디외에 의하면 국가에 의해 구조화되는 상징체계인 국민정체성은 결정론적인 것이 아니다. 국민정체성은 한국 사회구조의 영향을 받아 형성되지만 일방적으로 그 영향에 기계적으로

---

195 한국사회가 '탈북자'를 부르는 이름은 귀순용사, 탈북자, 새터민, 북한이탈주민, 북한이주민, 탈북민 등으로 다양하다. 이는 한국사회가 이들을 바라보는 시선을 여실히 보여주고 있다. 한국사회가 이들을 호명 '탈북'이라는 정체성에 가장 역점을 두고 있다. (김성옥, 「북한이탈주민에 대한 언론의 보도경향연구」, 북한대학원대학교 석사학위논문, 2009, 62~69).

종속되는 것은 아니고, 한국사회란 '장(field)'안에 놓여진 위치의 성격에 따라 탄력적으로 대응한다.[196] 국민정체성이나 민족정체성은 고정불변적인 것이 아니라 역사적, 정치적 상황에 따라 그리고 세대에 따라 그 내용이 변화되고 재구성될 수 있는 집단적 성격의 정체성이다. 북한에서는 민족적 정체성과 국민적 정체성이 일치했으나, 중국, 제3국과 한국으로 이동하면서 민족국가 정체성은 분화되고 변화되었다. 특히, 한국에서 탈북청년들이 경험하는 민족국가 정체성의 변화는 남과 북의 민족주의가 구체적 현실에서 충돌한 결과이다.

이들은 한국입국을 기준하면 입국 8년 차가 3명이고 입국 3-4년 차가 7명이다. 한국사회 적응기간이 길어지면 국민정체성이 강화되고 한국시민으로 동화될 것이라고 예측되었다. 그러나 구술에 의하면 한국사회 정착기간에 관계없이 여전히 그들에게 한국은 불편한 나라이고, 외국에 나가면 차별을 받지 않아 편하다고 한다. 이러한 현상은 한국국민으로의 정체가 흔들린다는 것을 의미한다.

그러나 이들은 해외에 나가면 강한 국민정체성을 느끼고 북한출신이라는 것을 의식하지 않기 때문에 마음이 편하다고 한다. 가족지원형 탈북인 수철는 입국 8년 차이지만 해외로 나가면 대한민국 국민이라는 강한 국민정체성을 느끼며, 필리핀 여행 중에 경험에 의하면, 어디서 왔는지 질문을 받으면 생각하지 않고 한국에서 왔다고 자랑스럽게 대답하고, 고향을 물으면 서울이라고 대답한다. 외국에 나가서는 한국사람

---

196 이병수, 김종군, 「코리언 정체성 연구의 관점과 방법론」, 『코리언의 민족정체성』, 선인, 2012, 49~50쪽.

이라고 당당히 말하며, 북한의 평양, 사리원, 혜산 등의 지역을 남한의 서울, 부산, 대구와 같은 지역으로 보는 것이다. 이 점에서 그들은 해외에 나가면 대한민국 사람이고 '북한'은 단지 고향이라고 생각하면서, 자신이 북한 출신이라는 것을 조금도 의식하지 않는 강한 국민정체성을 표출한다.

3) 민족 정체성

이들은 한국으로 입국하기 전 태국수용소에 있을 때는 국제법상 난민의 신분으로 그들이 원하는 국가로 갈 수 있었다. 그러나 그들이 한국을 선택한 것은 언어가 통하고, 혈연적 동질성, 생활 문화적 동질성을 가진 같은 민족이기 때문이다. 한국사회 정착과 동시에 국적을 부여받고 남한 주민의 차별적 시선을 느끼면서, 국민정체성을 의식적으로 인지하고 한국국민으로서 남한 주민과 함께 살아가고자 하는 그 기저에는, 같은 민족이라는 민족정체성이 내재화되어 있다. 이들은 탈북이라는 특수한 상황에서 단기간에 여러 국가의 경계를 불법으로 월경하는 경험을 하고, 특히 '단신탈출형' 탈북의 경우는 수년간 중국에 불법으로 체류한다. 이러한 탈북과정을 통해 이들은 '국가'와 '민족'을 인식하게 된다.

우리나라 사람들이 단일민족이라는 것을 강조하고 있는데 ,이것은 통일을 위해서 강조하는 것이라고 생각합니다. 사실 통일을 염두에 두지 않으면 단일민족이라는 것이 단점이라고 생각해요. 단일민족이라는 특유의 문화가 있지만, 그렇다고 우리가 세계에 내놓을 수 있는 문화는 없다고 봐요. 통일을 염두에 두지 않으면 단일민족이라는 정체성이 의미가 없다고 봐요. 통일을 반대하고 싶어도 북한은 언제가 내가 가야하는 고향입니다. 앞으로 탈북민들이 더 많아지면 북한에 대한 인식이 바뀌지 않을까 생각합니다. 고향은 북한이라는 생각 안해요. 혜산이라고 생각해요. 특정 지역을 이야기하지 북한이 국가라는 인식을 버립니다.(재성)

재성은 '북한은 언제가 내가 가야하는 고향'임을 강조한다. 이것은 비록 한국에 살지만 북한은 못 살아도 이웃 간 인정을 주고받았던 북쪽 사람들과의 삶의 향수가 있는 곳이고 북을 그리워하는 정서를 드러내고 있는 것이다. 그러면서도 한민족이 단일민족이라는 점에 대하여 비판적인 시각을 가지면서, 통일을 위해서는 단일민족을 강조할 수밖에 없다고 한다. 이것은 민족정체성을 전제로 통일의지를 피력하고 있는 것이다.

북한이라는 말이 차별성을 가지고 오기 때문에 그냥 고향이라고 부릅니다. 국민이라는 정체성과 민족이라는 정체성 중, 북한에서 나와 있는 대한민국 국민이니까, 한민족이라는 정체성이 더 크다고 봅니다.(소연)

소연은 북한이라는 말 자체가 차별성을 의미하기 때문에 고향은 북한이 아니고 혜산이라고 하면서, 북한 출신인 대한민국 국민이지만 국민정체성보다는 민족정체성이 더 크다고 한다.

제가 러시아에 선교를 갔다 왔어요. 그게 러시아에 있는 북한 노동자들에게 생필품을 주는 선교입니다. 저희가 시장에 가서 북한사람인지 알아봐서 하는 것이었는데 처음에는 어떻게 알아볼까? 고민을 했는데 눈에 바로 들어오더라고요. 처음으로 정체성을 깨달았는데 피는 피로

구나 알아본다는 게 신기했어요. 그래서 정체성에 대해서 생각하게 되었어요. 정체성의 문제는 탈북민이 탈북 하는 그 순간부터 느끼고 가지고 살아야하는 혼란 속에 있지 않을 까 생각합니다.(나희)

나희는 러시아에 있는 북한 노동자에 생필품을 주는 통일선교 봉사를 갔었다. 그 현장에서 북한 출신 노동자를 바로 알아보는 민족정체성을 경험하고 탈북민으로서 정체성 문제에 대해 깊이 생각하게 되었다고 한다. 즉 북한 출신 노동자는 국적은 북한이지만 북한에서 같이 살았던 내 민족이라는 민족정체성의 확인과 탈북민으로서의 나의 정체성을 생각할 때 민족정체성을 더 강하게 느낀다고 말한다.

또한, 이들은 북한에서 태어났다는 것은 부정할 수 없는 사실이라는 점을 강조한다. 비록 민족정체성이라는 말로 표현하지 않지만, 한국 입국 시 외국 같지 않고 고향에서 다른 지역으로 온 것 같은 편안함을 느낀다는 점은 같은 민족이고 같은 민족정체성을 가졌다는 것을 의미한다. 이 점에서 탈북청년들은 대한민국 국민이라는 국민정체성을 인지하면서 같은 민족이라는 민족정체성을 내재하고 있다. 즉 남북의 이데올로기 이념의 속박에서 벗어나 대한민국 국민이라는 국민정체성을 정립하면서 동일 민족이라는 이중정체성 속에서 '한국 시민되기'를 노력한다. 그러나 이들은 아직 한국사회 적응과정에 있고 사회로부터 보호받는 학생이기 때문에 정체성의 혼란을 겪기도 하지만, 현실적으로 그들에게는 국민정체성과 민족정체성의 구분이 의미를 가지지 않는다고 본다.

4) 신변 보호의 수단으로 국적 취득

국적 취득에 있어 탈북유형에 따라 국적에 대한 인식이 매우 다르다. 가족지원형 탈북청년들은 국적문제에 대해서 거의 갈등을 느끼지 않는다. 북한에 있을 때 북한 국적을 가졌듯이, 한국에 와서도 당연히 한국 국적이 부여된다고 생각하기 때문에 국적의 중요성을 인식하지 못한다. 한국에 먼저 와서 정착한 부모나 가족이 있기 때문에 북한의 혜산에서 서울 등으로 이주한 것으로 생각한다.

그러나 단신탈출형 탈북청년들은 국적취득이 자신의 정체성과 직결된다는 것을 중국의 불법 체류기간에 깨닫게 되었다. 중국은 탈북민을 국제 난민법197에 의한 난민으로 인정하지 않고 조선비법월경자(朝鮮非法越境者)로 취급하여 강제송환 조치를 취하고 있다. 그들은 중국에 체류하는 동안 강제북송의 공포와 신변의 불안 속에서 숨어 살아야 했고, 이로 인하여 인신매매 등 비인격적 취급을 당해도 체념하고 현실을 받아들일 수밖에 없었다.

> 한국을 오고 싶은 마음이 있었던 게 아니고 일단 북한을 탈출하고 싶었어요. 나를 모르는 곳에 가서 새롭게 시작하고 싶다는 마음이 있었어요. 중국에서 한국 올 때도 국적이 필요했던 것이지 무슨 환상을 갖지는 안 했어요. 저는 다시 중국으로 가고 싶었어요. 제가 살던 천진에는 한국기업이 많이 들어가 있어서 중국말 못해도 큰 문제는 안 됐어요. 오히려 한국 사람이라고 조금 우대해줬어요. 그래서 제가 한국

---

197 국제난민법에 관한 대표적 협약으로는 1951년 '난민 지위에 관한 협약'. 1967년 '난민 지위에 관한 의정서', UNHCR 규정이 있다. 우리나라는 1992년 12월 '난민협약'과 '난민의정서'에 가입했다

사람이란 것에 뿌듯함이 있었어요. 근데 한국에서는 제가 느낀 것은 제가 말투 때문에 북한에서 왔다하면, 계급사회는 아니지만 계급적으로 조금 낮게 봐요. 그래서 중국으로 가고 싶다는 생각을 하게 돼요. 중국에 가서 한국국적을 가지고 가계를 차리고 사는 허황한 꿈도 꾸어봤어요. 한국에 대한 큰 기대는 없었고 오히려 중국에 대한 큰 기대를 가지고 있었어요.(아진)

아진은 국적이 필요해서 한국에 왔으며 한국에 대한 환상을 갖지 않았다고 한다. 국적만 있으면 중국에 가서 사는 것이 더 편하고, 중국에서 가게를 차리고 돈을 버는 꿈을 꾸었다고 한다.

중국에서 그럭저럭 살면서 돈을 벌어서 무엇을 해야 하나 생각하니 국적이 없어서 아무것도 할 수 없다는 것을 알게 되었어요. 다른 사람 민증을 구입했지만 제가 돈을 많이 벌어도 제 돈이 아니고 집을 사도 제 명의가 아닌 거에요. 은행카드도 만들었는데 그 카드도 내 것이 아니라는 생각이 들었어요. 그래서 국적이 필요해서 한국에 왔어요. 공부하려는 마음은 없었고 돈을 벌려고 했어요.(소연)

소연은 중국 사람의 민증을 구입하여 수년 동안 한족인 척하면서 남의 이름으로 은행거래를 하고 남의 이름으로 취업하여 돈을 벌었다. 그러나 결국 그것은 내 것이 아니고 남의 것이며, 혹시 신분이 발각될 수도 있다는 위협을 느껴 한국에 입국했다. 단지 국적이 필요해서 들어온 것이지 공부하려고 들어 온 것은 아니라고 한다.

네, 저도 한국국적을 가지고 중국에 가서 살려고 했어요. 중국 남자랑 결혼도 하고 그러려고 했어요. 중국남자들이 좋거든요. 여자들한테

잘해 주잖아요. 빨래 다하고 집안일 다하고.(시은)

시은 또한 국적이 필요해서 한국에 왔으며, 국적취득 후 중국에 들어가서 중국 남자와 결혼하여 살고 싶어 한다. 중국 남자는 여자들에게 잘해주고 국적만 있으면, 대우받고 차별받지 않기 때문이다.

이와 같이 탈북청년들의 구술에 의하면, 그들은 한국 국적이 있다면 중국 사람보다 우대받고 많은 돈을 벌 수 있고, 중국 사람과 결혼하여 중국에서 살아갈 수 있다는 환상을 갖고 있다. 현실적으로 국적이 필요해서 한국 입국을 선택했으며 중국 체류가 합법적으로 가능했다면 한국에 들어오지 않았다고 본다. 또한, 한국 입국 초기에 그들은 한국 사회의 실정을 잘 모르기 때문에 단지 신변 보호의 수단으로 국적이 필요했고 국적을 받으면 중국에 가서 살 것이라는 계획을 가졌다고 한다.

그러나 국적을 취득한 후, 정착지원금, 대학교 입학특례 등의 다양한 정착지원을 받는다. 주거 문제가 해결되고, 북한에서 상상할 수 없는 정착지원금을 받고, 기초생활비를 받고, 또한 공부할 수 있는 한국사회 정착여건이 이들을 한국에 머무르게 하였다. 한국사회정착의 단계를 넘어 한국사회에서 자신의 자리를 찾는 과정에서 그들이 꿈꾸는 '새로운 존재자의 삶'을 이룰 수 있는 곳이, 같은 민족이 살고 있는 한국사회라는 사실을 인식하게 된다. 따라서 단순히 신변의 보호의 수단으로 필요했던 국적은 그들의 생존과 미래를 보장하는 신분보장이 되고, 이들은 대한민국 국민으로서 정체성을 인지하고 '한국 시민' 되기를 노력한다.

앞에서 살펴본 바와 같이 국민정체성의 인지에 있어서는 김정은 시대의 탈북청년들과 고난의 행군시기 탈북민과는 차이점이 있으나 민족정체성에 있어서는 동일한 성향을 보이고 있다. 탈북청년들은 국민정체성 자체를 인식하지 않거나 약화되는 행태를 보이지만, 김정은 시대 이전의 탈북민들은 국민정체성에 대한 분명한 인식과 강화의 행태를 보인다. 그 근본적 원인은 그들이 살아온 북한 사회의 사회성이 다르기 때문이다. 즉, 자본주의적 사회성, 개인주의 가치관, 문화 수용의 정도가 다르다. 그러나 탈북청년들은 같은 민족의 나라인 한국을 선택하여 이 땅에서 뿌리를 내리고 새로운 삶을 살아야 하기 때문에 점차로 국민정체성이 강화되는 경향을 보이고 있는 것이다.

그러나 그들의 국민정체성은 같은 민족이라는 민족정체성을 바탕으로 형성되고 있다. 그들의 내면에는 북한은 내가 돌아가야 할 고향이고, 그곳에 있는 내 이웃을 해방시키고 북한의 발전을 도모해야 한다는 강한 민족애는 한반도 통일의 강한 의지로 연결된다고 본다.

2. 이방인 정체성

탈북청년들은 북한과 중국의 국경을 이루는 압록강, 두만강을 넘는 순간부터 자기 고향으로 되돌아갈 수 없는 이방인이 된다. 사회학자 짐멜에 의하면 이방인(the stranger)을 '오늘 왔다가 내일을 머무는 자'로 정의하면서,[198] 이방인은 머물기는 하지만 '정착하지 않는 자'라고 규정

---

198 Simmel, Georg, "The Stranger" excerpt from Donald N. Levine, ed. *On Individuality and Social Forms : Selected Writings* (Chicago; Chicago University Press 1971), 재인용

한다.199 또한, 이방인은 공간적인 측면에서 특정 공간이나 장소에 속할 수 있지만 사회적 관계망에는 완전히 연결되지 않는 또는 연결될 수 없는 존재라고 말한다.

이 점에서 중국에 수년간 체류할 수밖에 없었던 탈북청년들은 중국이라는 공간에서 국적도, 신분도 없는 이방인의 삶을 살았다. 그러나 짐멜이 규정하는 이방인과는 다른 특성을 가진다. 이들은 불법 체류자로서 신체의 자유가 없고, 자기 결정의 자유가 없다는 점에서, 신체의 자유와 선택의 자유가 있는 짐멜의 이방인과는 다르다. 그렇지만 이들이 한국에 입국하여 한국국적을 받고 자유의 신분이 되었을 때는 짐멜의 이방인으로서의 특성을 갖는다. 즉 탈북청년들은 그들의 탈북 생애에서 다층적 이방인 정체성을 갖는다고 볼 수 있다. 중국에서는 공간적 측면에서의 이방인 정체성, 즉 머물기는 하지만 정착하지 않는 자이고, 한국사회에서는 사회적 관계측면에서의 이방인 정체성, 즉, 사회적 관계망에서 완전히 연결되지 않는 자의 이방성을 가진다.

짐멜의 이방인은 내부(inside)와 외부(outside), 가까운 곳(near)과 먼 곳(far), 근접(closeness)과 원격성(remoteness), 그리고 특수성(particuality)과 일반성(generality)의 변증법적 관계성을 주목하면서 한 개인이 두 개의 반대적인 자원(oppositinal properities)의 사이에 동시에 존재하게 되는, 물리적인 이유에서 혹은 감각적인 이유에서 '정반대의 개념을 동시에 포함'하고 있는 존재를 이론화한 개념이다. 이방인은 자신이 위

---

199 Park, E, Robert, "Human Migration and the Marginal Man", *American Jounal of Sociology,* 33-6(May, 1928), p,888. 재인용.

치한 공간에서 완벽하게 정착하지 않지만, 그 공간에 거주하고 다른 이들로부터 가깝지만 별개로 인식되곤 한다.[200] 이 점에서 이방인은 두 개의 정반대의 성향을 동시에 갖고 있는 이중적 존재가 된다.

탈북민 역시 이방인로서 이중적 존재이다. 공간적으로는 북한-중국-제3국-남한의 경계를 넘어 남한 사회로 이주한 자들이고, 한국사회 정착 과정에서는 일상의 생활 속에서 분단의 경계들을 경험한다. 그들은 대한민국 국민이기 때문에 정착과 보호의 대상이 되기도 하지만, 북한 출신이기 때문에 한국사회로부터 편견과 차별을 받기도 한다. 이들은 남한정체성과 북한정체성이라는 이원성(dualism)이 내재화된 존재들이고, 이 때문에 이들의 정체성은 이중의식으로 구축되어 있다. 즉 이들은 남한사회의 시선을 내재화하면서 자신의 정체성을 구축하려고 애쓰고, 이 때문에 "두 개의 영혼, 두 개의 생각, 두 개의 화해 불가능한 노력"이라는 이중의식을 갖게 된다.[201] 이들에게 자기 자신을 바라보는 일은 자신을 타자화하고 있는 타인의 시선을 통해서만 가능하고, 이 때문에 두 개의 정반대의 성향을 동시에 갖고 있는 이중적 존재가 된다.

마찬가지로 김정은 시대의 탈북청년들은 남북의 정체성이 이원화된 존재들이고, 한국 사회 관계망에 완전히 연결되지 않는, 혹은 연결될 수 없는 이방인이 되기도 한다. 또한, 분단체제를 깨뜨리는 통일지향성

---

200 Simmel, Georg, "The Stranger" excerpt from Donald N. Levine, ed. *On Individuality and Social Forms : Selected Writings* (Chicago; Chicago University Press 1971,pp143 ~188).재인용.

201 김성경, 「분단체제가 만들어 낸 '이방인'」, 탈북자, 『북한학연구』 10-1, 동국대학교 북한학 연구소, 2014, 44쪽.

을 가지지만, 한편으로는 북한에 대한 적대적인 한국사회의 시선을 의식하는 이중적 존재가 된다. 나아가 한국사회 부적응의 결과 언제라도 제3국으로 떠날 수 있는 유랑자 의식과 디아스포라적 특징도 가지고 있다. 따라서 여기서는 김정은 시대 탈북청년들의 구술사례에 기초하여, 그들의 이중의식, 북한출신 공개의 딜레마, 사회적 관계망구축, 유랑자 의식 및 디아스포라적 특징 등을 중심으로 그들의 이방인 정체성을 검토하고자 한다.

1) 타인의 시선, 이중적 존재

탈북청년들은 '탈북민'이라는 구별된 호명 속에서 그들을 바라보는 한국사회의 시선이 이중적이고, 또한 그들 스스로 이중적 존재임을 인식하고 있다. 한국사회의 탈북민에 대한 시선은 남북관계가 호전되고 교류협력이 활성화될 때는 '먼저 온 통일'이라면서 환대하는 반면, 남북 대결구도가 강화되거나 정치적 이해관계에 따라 그들에 대한 시선은 적대적 대상이 되기도 한다. 이는 분단의 복잡한 상호 관계시스템이 작동하고 있기 때문이다.[202] 분단체제 하 반복되는 남북 대결구도 속에서 탈북민에 대한 편견과 고정관념을 더욱 공고화되고, 남한주민들은 그러한 편견과 습성에서 쉽게 벗어날 수가 없다. 북 출신이라는 이유로, 경제적인 이유로, 우리와 다른 가치관을 가졌다는 이유로 탈북민을 무시하고 차별화하는 등의 사고방식과 행동 양식이 한국 사회에 내재화되어

---

202 정진아, 「탈북자에 대한 한국사회의 시선」, 『분단생태계와 통일의 교량자들』, 한국문화사, 2017, 129~130쪽.

있다.[203] 이러한 남한사람들의 차별의식 속에서 그들은 북한의 사회주의체제에서 태어나 남한의 자본주의 사회에 정착하여 살아가야하는 두 개의 영혼을 가진 이중적 존재라고 느낀다.

> 북한사회가 싫어서 여기에 왔는데 여기서도 차별을 받는다고 생각하면 중국이나 외국에 나가서 살고 싶다는 생각이 들어요. 한국사회가 그렇게 되어 있으니까 한국사회에 적응하려고 하지만, 한국사회에서도 낮은 대우를 받는 위치에 있다는 것을 느껴요. 무엇을 할 때마다 차별을 느낍니다. 북한사람이라고 하면 조금 불쌍하게 동정어린 눈빛을 보여요. 대놓고 티내지는 않지만 유럽인과 아시아인이 차별 있는 것처럼 동정어린 눈빛에 북한출신이라는 것을 대놓고 말하지 못해요. 아르바이트를 할 때 남한학생도 아르바이트를 하는데 북한학생을 채용하는 것이 우월적 위치에서 도와주는 것처럼 동정하는 것처럼 보여서 싫었어요.(아진)

> 저는 느끼기에 다 같은 심정이라고 생각해요. 우리는 자본주의 사회에 완전 동화된 것도 아니고 사회주의를 완전히 벗어난 것도 아니고, 자본주의 사회에 살다보니 애매한 위치에 있는 것 같아요. (나희)

북한출신이라고 이야기하면 동정어린 눈빛으로 보고, 심지어 아르바이트하는 경우에도 북한 학생이기 때문에 채용한다는 우월적 시선이 이들에게는 차별과 편견으로 의식된다. 또한, 한국은 북한처럼 계급사회는 아니지만 한국사회에서 낮은 대우를 받는 위치에 있다는 것을 인식함으로써 한국사회의 시선을 의식하지 않을 수 없는 것이다. 그들은

---

203 이병수·전영선, 「탈북자 정체성의 이해와 민족 평등한 유대」, 『코리언의 민족정체성』, 선인, 2012, 150쪽.

한국사회에 적응하려고 노력하지만 북한출신인 것을 지울 수 없는 이중적인 존재라고 느낀다. 그리고 완전히 자본주의에 동화된 것도 아니고 그렇다고 사회주의에서 완전히 벗어난 것도 아닌 경계적 정체성을 자각하고 있다.

2) 북한출신 공개의 딜레마

이들이 고민하는 것은 일상의 삶 속에서, 특히 학교생활에서 북한사람이라는 것을 공개해야 하는 것인지, 공개한다면 어느 시점에 이야기를 해야 하는지가 딜레마였다. 이들은 가능하다면 공개하지 않고 남한사람으로 살아가고 싶어 한다. 탈북 전 북한에서는 가난 때문에 눈치 보고 살았고, 중국의 불법 체류기간에는 브로커의 눈치를, 인신매매의 값을 지불한 중국 신랑의 눈치를, 식당에서 고용주의 눈치를, 심지어 중국 공안의 눈치를 보면서 살았다. 따라서 이들에게는 타인의 시선을 의식한다는 그 자체가 스트레스로 작용한다. 그래서 언어가 통하고, 피가 통하는, 정서적으로 포근하고 편한 한국사회에서 눈치를 보지 않는, 남한사람의 시선을 의식할 필요가 없는 평등한 삶을 원한다.

> 저는 아직까지 어려움이 없었어요. 나쁜 사람들은 만난 적이 없었고 주변에는 다 좋은 사람들이 있어서 큰 문제가 없어요. 한국 사람들하고 만날 때 북한출신이라는 것을 굳이 오픈하고 만나지는 않아요. 친해지면 오픈해요. 한국에서 젊은 사람들은 북한출신이라고 해도 별로 상관 안하는 것 같아요. 말투를 바꾸고 싶어도 북한 사투리가 쉽게 변하지 않아요. 저도 처음에 오픈 안 했을 때 들켰어요. 고등학교 어디서 나왔

어하고 갑자기 물었을 때 말을 하지 못해서 들켰어요. 그래서 숨길 수가 없어서 말을 했어요. 말을 하고 나니까 편했어요.(시은)

한국 사람들에게는 북한사람이라는 것을 부끄럽지 않고 편하게 오픈하고 싶어요. '고향이 어디에요' 하면 '부산이에요' 하는 것처럼 '혜산이에요'라고 편하게 오픈하고 싶어요. 북한사람들이 혜택을 받아서 좋기는 한데. 남한 사람들 속에서 차별을 받는 것 같아요. 오픈하는 것이 싫어서가 아니라 동정하고 차별하는 눈빛이 싫어서 오픈하지 않는 거예요.(아진)

저는 아직 오픈을 안했거든요. 제가 소심해서 그러는 것도 있는 것 같아요. 22살 된 북한친구도 있는데 그 친구는 성격이 좋아서 애들이랑 빨리 친하게 되고 잘 어울려요. 저는 그런 성격이 아니어서 친해지면 괜찮은데, 일단 저는 제 마음속에 북한사람이라는 마음이 있어가지고 먼저 다가가지도 못하고 말하기도 그렇고, 처음에 소개할 때 얘기를 안했으니까 타이밍을 놓친 것 같아요. 저도 말하고 싶어도 뭐 굳이 이걸 말해야 되나 하는 그런 생각이 들어요.(정인)

대학교 와서 느낀 건데 저는 웬만하면 오픈했거든요. 처음에는 애들이 신기해하고 이랬는데 지금은 잘 지내고 있어요. 그런 건 있어요, 저의 학교에 북한이탈주민 학생들이 여러 명 있어요. 그런데 그 사람들끼리 서로 피하는 게 있어요. 서로 알고 있어요. 쟤는 북한에서 왔다. 제 동기에 저보다 두 살 많은 형이 들어 왔었는데 무언가 친하게 지내고 싶어서 얘기를 하려면 저를 피해요.(수철)

오픈을 해야 되나, 괜히 오픈해서 먼저 다가갔다가 상대방이 부담을 가질까봐 거부감이 들고, 그러면 뻘쯤하고 그러니까 오픈을 잘 안하는 것 같아요. 동아리 같은 모임이나 교수님이 누군가 시켜서 소개를 해준다면 너무 편하게 만날 수 있는데 아직 학교가 시스템이 잘 돌아가지 않다보니까, 그런 게 있는 것 같아요.(나희)

구술에 의하면 남한사람들과 친해지면 오픈하는 것이 좋다는 의견이 공통적이다. 그런데 공개하게 되면 어쩔 수 없는 불편함이 생긴다고 말한다. 입국 8년 차인 수철은 학교생활에서 처음부터 북한 출신이라는 것을 공개했다. 처음에는 남한학우들이 신기해했지만 곧 익숙해져서 오히려 학교생활이 편해졌다고 한다. 정인의 경우는 북한 사람이라는 자기 자신을 지나치게 의식한 결과, 소극적으로 남한 학우들을 대하게 되고 공개할 기회를 놓쳐서 스스로 힘들어하고 있다며 기회가 될 때 공개하는 것이 좋다고 한다. 아진은 동정하고 차별받는 눈빛이 싫어서 공개하고 싶지 않다고 하면서, 한국 사회가 그렇게 생각하는 것은 어쩔 수 없다고 스스로의 마음을 닫는다. 그러나 시은은 북한출신이라고 공개하는 것에 대해서 문제의식을 갖지 않고 친해지면 자연스럽게 공개한다고 한다. 또한 나희는 공개하고 적극적으로 먼저 남한 학우에게 다가가면 상대방이 부담을 가질 수 있으므로 동아리에서 또는 교수의 소개로 공개하는 것이 자연스럽고 편하다는 경험담을 이야기했다. 이와 같이 탈북청년들은 북한사람이라는 것을 공개함으로써 편하게 살아가기를 원하지만, 현실은 '북한 사람'이라는 것을 알고 나면 상대방이 태도를 달리하거나, 아니면 자기 스스로 눈치를 보게 된다고 한다.

3) 사회적 관계망 구축

이방인은 공간적인 측면에서 특정 공간이나 장소에 속할 수 있지만 사회적 관계망에서는 완전히 연결되지 않을 수 있다. 탈북청년들 역시 남한주민들과의 사회적 관계에서 부담을 느끼고 거리를 두고 지내는 경우가 많다.

학교생활에서 스스로 '벽'을 쳐요. 나이 차이가 있어 다가가지 못하고 아직은 북한 출신이라고 이야기하지 않았어요. 남한 학우들과는 수능 등 사회문화적 공통된 화제가 없어 대화에 끼지 못합니다. 마음속에 북한 사람이라는 것이 있어 마음에 부담이 되어요. 북한출신이라는 것을 이야기하는 것은 사람에 따라 다르게 해요. 학우들하고 수업시간대가 다르니 같이 밥을 먹자고 하기도 어려워요.(정인)

제 휴대폰을 보면 한 달 내내 전화하는 사람이 고정되어 있어요. 영희 아니면 정순, 나연 이렇게 정해져 있는 것 같아요. 어떤 때는 하루 종일 한명하고 한 시간 넘게 통화를 해요. 저는 영역이 좁은 것 같아요. 어쩔 수 없는 것이 대화가 안 통하고 한국애들이랑 이야기하려면 긴 이야기를 다 해야 하고, 그 애기를 했을 때 그들이 얼마나 받아들일 수 있는지도 의문이고, 또한 제가 속 이야기를 하면 상대방은 알고 싶지 않아 부담스러워할 수도 있잖아요. 어떤 마음인지 모르니까 이야기를 못하는 거지요. 우리가 꼭 한국 사람들과 친해질 필요는 없다고 봐요. 저희는 같은 고향에서 왔다면 친해지지만 꼭 영역을 넓혀 한국 사람과 힘들고 피곤하게 인간관계하는 것보다 나쁘지 않게 관계하는 것이 좋다고 생각해요.(아진)

저는 느끼기에 다 같은 심정이라고 생각해요. … 인간관계는 쉽지 않아요. 다른 사람이 상처 받지 않을까, 때로는 상대방이 나를 많이 아는 것이 부담스러워 벽을 쳐야 되나 그런 생각에 어려운 것 같아요.(나희)

이처럼 탈북청년들은 스스로 '북한 사람'이라는 지나친 자의식 때문에, 또는 북한 출신이라고 오픈하면 나를 어떻게 볼까하는 타인의 시선을 의식해서 적극적으로 남한 주민들에게 다가가지 못하고 스스로 '마음의 벽'을 친다. 또한 남한문화에 대한 공통화제가 부족해서 자연스러운 대화가 되지 않는다고 소극적 자세를 취함으로써 상호간의 관계를 형성하지 못하는 행태를 보이고 있다. 즉, 학교생활에서 '마음의 벽'을 넘어 '관계에 벽'을 치는 이방인의 삶을 보여준다.

그리고 북한 출신이라는 사실이 상대방에게 부담 줄 수도 있고, 역으로 상대방이 나를 너무 많이 아는 것이 부담스러워 때로는 관계에 '벽'을 친다. 이런 현상은 특히 단신탈출형 탈북청년들에게 나타나는 공통적인 행태로, 추측컨대 중국 체류생활에서 겪은 그들의 아픈 과거사가 알려지는데 대한 방어기제의 작용이라고 할 수 있다.

반면, 시은은 한국사회에 살면서 인간관계에 있어 문제가 없고, 주변에 좋은 사람들만 있어 현재까지는 어려움이 없다고 한다.

> 저는 아직까지 어려움이 없었어요. 나쁜 사람들은 만난 적이 없었고 주변에는 다 좋은 사람들이 있어서 큰 문제가 없어요. 대한학교에서도 관계가 좋았어요. 알바 할 때도 사장님이 배려해주고 급할 때 돈도 빌려주었어요. 한국 사람들하고 만날 때 북한출신이라는 것을 굳이 오픈하고 만나지는 않아요. 친해지면 오픈해요. 한국에서 젊은 사람들은 북한출신이라고 해도 별로 상관 안하는 것 같아요. 저도 처음에 오픈 안 했을 때 들켰어요. 고향이 어디냐고 갑자기 물었을 때 말을 하지 못해서 들켰어요. 그래서 숨길 수가 없어서 말을 했어요. 말을 하고 나니까 편했어요.(시은)

시은은 학교생활에서는 학우들과 잘 어울리고, 일상생활에서도 아르바이트 업주, 주변 남한 친구들이 돈을 빌려줄 정도로 남한주민들과의 사회관계망에 자연스럽게 들어간 것 같다. 한국 사람들과 친해지면 북한 출신이라는 것을 이야기하는 지혜로운 처세방법, 한국의 젊은 사람들은 북한 사람이라는 것을 별 문제로 삼지 않는다는 Z세대의 특징을 경험담으로 구술한다. 영희의 경우는 한국사회 관계망에 진입하여 스스로 재구축하고 적응함으로써 사회관계의 일원이 되었음을 보여주고 있다.

이처럼 탈북청년들의 이방인 정체성의 다양한 양상을 볼 수 있다. 사회적 관계망을 형성하지 못하고 탈북민 친구와의 관계만 유지하는 경우도 있고, 한국 사회관계 속에 성공적으로 진입한 경우도 있어 이방인정체성의 양극단을 보여주기도 한다. 이러한 차이점은 그들의 탈북 전 북한의 생활환경, 중국의 체류경험, 개인적 품성과 노력에 기인하는 것으로 판단된다. 구술에 의하면, 시은은 북한에서 경제적으로 유복한 생활경험이 있었고, 중국에서 인신매매의 고통으로부터 살아남은 체험, 남을 배려하는 품성 등이 복합적으로 작용하여 남한주민에게 진심을 다함으로써 한국사회의 편견과 차별의 장벽을 깨드리고 한국 사회관계망에 진입할 수 있었다고 본다.

반면에 사회적 관계망을 잘 구축하지 못하는 경우는 동정의 시선, 차별의 시선을 너그럽게 받아들이지 못한다. 그럴 경우는 한국 사회관계망에서 완전히 연결되지 않는, 혹은 연결될 수 없는 이방인의 위치에 머물고 만다. 이들은 스스로 인간관계의 중요성을 인식하면서도 타인의 시선을 의식하여 사회관계망의 형성에 소극적으로 대응하고, 때로는 인간관계의 형성에 벽을 친다.

이와 같이 탈북청년들의 이방인 정체성은 다양한 층위를 나타내지만, 시은의 경우처럼 자신의 결단과 노력에 의해 한국사회의 차별의 벽을 깨뜨리고 한국의 시민이 될 수 있다는 것을 보여준다. 이것은 한국사회의 변화도 필요하지만 탈북청년들의 의지와 결단, 노력으로 한국 사회의 일원이 될 수 있고, 한국사회와 공존과 연대성 확보가 가능하다는 점을 시사한다. 즉 특정 사회관계망에 성공적으로 속하게 되고, 계속적으로 재구축되고 변화하는 사회관계의 구성을 함께 할 수 있다는 것을 의미한다.

4) 유랑자 의식, 디아스포라적 특성

탈북민들은 국적을 취득하면 정착 초기에 대부분 중국이나 동남아 국가를 방문하기도 하며 해외를 자주 방문한다. 연구대상자인 탈북청년들도 수차례 홍콩, 필리핀, 캄보디아 등 동남아 여행을 했다. 간혹 강제 북송의 위협을 겪었던 중국을 방문하여 한국여권의 가치를 경험하기도 하고 단동에 가서 고향인 북한을 바라보기도 한다. 이러한 해외여행의 동기는 한편으로는 그들의 내면에 잠재되어 있는 탈북과정의 트라우마를 치유하려는 보상심리이기도 하지만, 다른 한편으로는 단기간에 수차례 여러 국가를 월경한 경험이 있기 때문에 한국사회에 적응하지 못하는 경우 언제라도 제3국으로 이주할 수 있는 유랑자 의식의 일면을 보여준다.

탈북민들의 이러한 유랑자 의식을 디아스포라 정체성이라고 주장하는 견해도 있다. 디아스포라의 개념을 확장하여 탈북민의 이동을 글로벌 디아스포라 현상 중 하나로 보는 것이다. 샤프란(Safran)의 디아스포라 개념에 의하면, 디아스포라의 주요 특징은 첫째, 디아스포라 구성원들은 '본국'에 대한 집단기억을 지닌다는 것이고, 둘째 '조상의 고향을' 이상화시키고 '본국'의 재건을 위해 헌신하며, 셋째 다양한 방식으로 '본국'과 지속적인 '관계'를 맺는다는 것이다.[204] 그러나 탈북청년들은 북한에 대한 집단기억을 부정하고 지우려 한다는 점에서, 북한 사회에서 강제적 추방이 아니라 자발적 의사로 탈북했다는 점에서, 북한에 남겨진 가족과는 지속적인 관계를 맺지만 북한 정권과는 단절된 관계라는 점에서 디아스포라적 정체성을 가졌다고 볼 수는 없는 것 같다. 하지만 언제라도 한국을 떠날 수 있는 탈남 의식을 가지고 있다고 보아진다. 이러한 탈남 의식은 간혹 해외여행 시 되살아나기도 한다.

> 시선에 대한 부담 때문에 자존감이 많이 낮아지고, 어디 가서 북한에서 왔다는 말을 하지 못하고 표현을 하지 못해서 답답한 느낌이 들어요. 외국인 5명이 북한에 갔다 온 다큐를 보았는데 외국인들은 북한에 가는데 우리는 가지 못하니까 마음이 많이 안타까워요. 해외 나가서 외국인을 만나 한국 사람이라고 말을 할 때는 자존감이 올라가요. 하지만 한국 사람을 만날 때는 오히려 자존감이 내려갑니다.(정인)

> 외국에 나가면 다 영어권이고 우리 사투리에 대해서 별로 구분이 안 되니까 한국 사람이라고 해요. 한국 사람들 사이에서 차별이 있으니, 그래서 중국이나 외국에 나가 살고 싶어요. 북한의 그 환경이 싫어

---

204 Safran, 「Diasporas in modern societies」, 『디아스포라』 창간호, 1911, pp 83~84, 재인용.

서 한국에 왔는데, 여기 와서도 차별 받으니까 또 다른 곳 가서 살고 싶은 생각이 들게 합니다. 한국사회가 그렇게 만드는 것 같아요. 저희는 그것에 맞추어서 살아야하고. 영어수업시간에도 외국인 교수가 자기 고향을 소개하라고 할 때를 혜산이라고 말하기가 무엇해서 북한이라고 말하였어요. 북한 전체가 나의 고향이 아닌데. 국내에서는 어쩔 수 없는 차별을 느껴요. 해외 나갔을 때는 문화도 다르고 하여 다 아시아인으로 보니까 차별이 받는 느낌이 없어요.(아진)

질문의 차이인 것 같아요. where are you come from?과 고향이 어디냐? 저희한테는 큰 차이가 있어요. 일주일전에 캄보디아에 갔다 왔어요. 거기 갔었는데 영어를 다들 잘해요. 후진국이라 생각했는데 호텔에 일하는 청소부까지 영어를 너무 잘해서 깜짝 놀랐어요. 거기서 어디서 왔느냐고 영어로 물어서 South Korea라고 했어요. 만약 home town으로 물었다면 North Korea 라고 대답했을 것입니다. 어디에서 사냐고 물어서 서울이라고 했어요. 그래서 외국에 있으면 한국에 있는 것보다 정체성 문제나 그런데서 편하다고 느껴요.(나희)

구술에 의하면 탈북청년 정인, 아진, 나희는 해외여행을 통해서 외국에 있을 때는 남북한의 구별 없이 다 같이 한국 사람으로 보기 때문에 자존감이 올라가고 마음이 편한 것을 경험한다. 외국에서는 문화도 다르고 다 같은 아시아인으로 보니까 차별이 받는 느낌이 없지만 한국에서는 차별 받으니까 또 다른 곳 가서 살고 싶은 생각이 든다고 한다.

김정은 시대의 탈북청년들은 남과 북의 정체성을 가진 이원적 존재로서의 이방인이다. 즉 이들은 한국 국민이자 같은 민족이면서도 그들의 출신지가 한국에 정반대에 위치한 북한이기 때문에 '가장 이질적인 타자'이다. 70년 이상의 남북 대치 상황은 이와 같은 역설적이면서도 모순적인 구조를 잉태할 수밖에 없는 것이고, 이러한 구조는 북한 사람이 한국 사회로 이주하여 탈북민라는 사회적 신분으로 대치되는 과정과 결과에서 극명하게 드러난다. 이들은 한국 사회로 이주할 때 대한민국 국민으로 한국 국적을 자동적으로 부여받을 뿐 아니라 다양한 정책적 보호와 지원을 받는다. 이후 안정적으로 사회에 정주하고 '새로운 존재자로 거듭난 자'의 삶을 이루기 위해서는 끊임없이 출생지 북한정체성을 해체해야 하는 현실에 직면한다. 즉 그들은 한국 사회에서 적어도 공간 측면에서는 자유로울 수 있지만, 사회경제적 측면에서는 사실상 그 자유를 충분히 누릴 수 없는 이방성을 띠게 된다.

3. 가족 정체성

탈북청년들이 탈북을 선택할 수밖에 없었던 근본적인 요인은 '빈곤으로부터 탈출', '자유를 찾아서'도 아니고 '가족의 해체'였다고 본다. 탈북 전 북한의 생활에서 가난을 벗어날 수 없고, 사회적 부조리에 의한 계층 상승의 기회가 막혀있었다 하더라도 어머니와 함께 살 수 있는 가정이 건재했다면 이들은 결코 탈북을 선택하지 않았을 것이라고 본다.

특히 단신탈출형 탈북의 경우는 탈북-중국-한국 정착의 탈북 생애사의 긴 시간 동안 가족 없이 살아왔고, 지금도 여전히 가족이 없는 삶 속에 살아가고 있다. 장기간의 가족 해체의 경험은 사회구조적인 문제를 넘어 가족정체성을 위협하고 지속적인 탈북 트라우마, 즉 정서적 불안감이라는 우울증 증상의 문제를 수반한다.

가족 해체란 가족의 공동생활이 무너져 더 이상 유지할 수 없게 되었음을 의미하며, 가족으로서의 정체성이 공유되지 못한 상태로서 정서적 유대감과 결속, 자녀의 사회화 등과 같은 가족 기능이 제대로 수행되지 못하는 상태를 말한다. 북한사회에서 가족의 해체는 '고난의 행군 시기'에 급속도로 확산된 독특한 양상으로 가정의 안정성이 위협받거나 해체되는 현상이다. 탈북청년들은 북한사회에서 이미 가족 해체를 경험했으며, 탈북-중국-한국에 이르는 탈북과정에서 가족의 해체, 재구성을 반복하면서 생존적 선택을 하게 된다.[205]

한편, 정체성이 자기 자신을 정의하고 의미를 부여하고 시간의 흐름이나 환경의 변화를 극복하며 일관되게 유지해 나가려는 인간의 성향을 의미한다면, 이 정체성의 핵심에는 가족이 있다. 가족은 생물학적으로 연결되어 있기 때문에 가족의 구성원은 말 그대로 나의 일부이다. 우리는 성인이 되기 전에는 부모가 만들어준 가족구성원 속에서 성장하고, 성인이 되어서는 나 스스로 나만의 가족구성원을 형성해간다. 그 모든 과정은 결국 내 정체성의 성장과정이다. 가족은 이 세상이 내게 준 수많은 것들 가운데 가장 기초가 되는 조직이다. 가족은 내게 매우 소중한 존재이고 그들의 삶은 내 삶과 별개로 존재하지만, 가족의 상실은 내 정체성의 일부가 사라지는 것과 같다.

따라서 탈북청년들에게 가족의 복원 또는 가족의 재결합은 가족정체성의 핵심으로 작용한다. 가족의 상실, 가족의 해체는 내 정체성의 일부

---

205 홍승아, 「가족관계의 관점에서 본 탈북여성의 정착과제」, 『통일문제연구』 25-2, 통일문제연구소, 2013, 173~205쪽.

가 사라지는 것이기 때문에 이들은 가족 회복 또는 재결합의 가족정체성을 끊임없이 재생산하고 구성해나가고 있는 것이다. 한국 사회에 흩뿌려진 존재로서 그들은 이 땅에서 생존하고 발전하기 위해서는 다른 어떤 것보다도 가족이 필요한 것이다. 최우선적으로 북한에 남겨진 가족을 데려오거나 최소한 어머니를 비롯한 가족들과 관계를 회복함으로써 정서적, 심리적 안정성을 확보하려고 한다. 이것은 이들이 한국 사회에서 안정적으로 살아갈 수 있는 토대이기 때문이다. 이 점에서 이들은 북한에 있는 가족에게 송금 및 휴먼커넥션의 연결망을 통하여 가족관계를 유지하고, 남한사회에서 가족의 재결합을 끊임없이 시도한다.

1) 가족정체성, 가족이 제일 필요하다

작년에 남북하나재단에서 진행하는 발표 경진대회가 있었어요. 남북한 학생들이 같이 모여서 사회통합에 관련된 주제를 정해야 하는데, 그때 언니 한분이 한국에 왔을 때 가장 필요 했던 것이 뭐냐고 물어보더라고요. 그때 제가 했던 말이 있는데 "가족이 제일 필요하다"고 했는데, 지금도 똑 같은 것 같아요. (소연)

알바 할 때 가족 손님이 오면 갑자기 눈물이 납니다. 부모님 생각이 나요. 부모님에게 죄책감을 느낄 때가 많아요. 탈북하기 전날에 길가에서 아빠를 봤는데 모른 척 했어요. 그때 그 장면이 꿈에서 계속 나타납니다. 그 때 아빠를 돌아봤더라면 후회하지 않을 텐데. 내가 떠나는 것을 엄마도 아빠도 몰랐어요. 엄마하고 딸이 친구처럼 이야기하는 것을 보면 갑자기 눈물이 쏟아져요. 이것은 병이 아닌지, 병원에 갈 봐야 하는지 하는 생각을 했어요. 같이 일하는 애가 너 갱년기 아닌가 하고 이야기하기도 했어요. 정신과 선생님 만났는데 우울증이라고 했어요.(시은)

저는 북한에 있을 때부터 사랑을 받지 못해서 정확히 내가 겪는 것이 외로움인지, 애정결핍인지 잘 모르겠어요. 나에게는 애정결핍이란 것이 있어 나를 좋아하는 사람은 나만 좋아해줬으면 좋겠고, 엄마가 11살에 돌아가시고 아버지라는 사람은 자식들을 예뻐하는 그런 스타일 아니었어요.(아진)

탈북과정에서 누구보다도 가족 상실과 해체의 상처가 깊은 소연, 시은, 아진은 지금 필요한 것은 '가족'이라고 말한다. 그리고 가족 없이 홀로 살아가는 삶에 대해서 고통스러워하며, 정서적 불안이나 우울증을 호소한다. 이런 처지에 있는 그들에게 가장 필요한 것은 그 무엇보다도 북한에 있는 어머니와 수시로 연락할 수 있는 통신수단 확보를 통해 어머니와의 관계를 지속적으로 유지하고, 최종적으로는 가족의 재결합을 이루는 것이다.

다행히 요즘은 엄마랑 연락이 되어서 너무 좋아요. 그래도 가장 필요한 것은 가족이에요. 어제도 통화 했고 오늘도 통화했어요. 남들은 누군가에게는 베풀 때 돌려받고 싶다는 심리가 있는데, 가족은 그렇지 않으니까 가족이 제일 중요한 것 같아요.(소연)

소연은 9년 만에 어머니와 연락이 되어 브로커를 통해 스마트폰을 구입하여 전해 주었다. 그 후 어머니와 매일 통화를 하고, 특히 영상통화를 통해 옛날 사진을 받고 해서 너무 좋다고 한다. 공간적으로는 떨어져 있지만 늘 영상통화를 하고 서로의 안부를 확인할 수 있다는 것만으로도 선희는 정서적으로 안정된 생활을 하고 있다.

탈북청년들의 가족정체성의 중심에는 어머니가 자리 잡고 있다. 어머니가 자녀를 양육하고 교육하는 존재이므로 그들 삶의 중심인 것을 깨닫는다. 어머니가 가족정체성의 구심이라는 사실은 가족이 위기를 당했을 때 잘 드러난다. 온 가족이 흩어져서 서로 연락이 끊어진 상황에서 자녀들이 어머니를 찾을 것이기 때문에 어머니는 가족이 흩어진 그 자리에 머물러야 했다. 어머니가 중심을 잃으면 가족의 모든 관계망이 끊어진다고 생각했기 때문이다. 즉 어머니가 가족의 중심이다.[206]

이들은 탈북 전 북한 생활에서는 가족의 소중함을 의식하지 못했다. 그러나 한국사회 정착 후 가족의 부재, 특히 어머니의 부재는 정서적 불안감을 가져오고, 이 정서적 불안감은 한국 사회에서 새로운 삶을 살아가는 데 장애가 되었다. 그들은 탈북의 근본적 요인이었던 가족 해체를 복원하며 안정된 가족정체성 이루는 것만이 탈북 트라우마를 완화하거나 치유할 수 있는 최선의 방법이라고 생각한다. 이처럼 이들은 북한에서 해체된 가족을 재결합하고자 하며, 가족 관계에서 자신을 끊임없이 사유하는 강한 가족정체성을 형성하고 있다.

2) 경제적 지원, 대북 송금

탈북청년들이 탈북과정에서 경험한 가족상실의 기억은 지속적인 정서적 불안으로 작용한다. 그들의 기억 속 가정은 가정불화, 가족상실과 해체의 경험이 있었던 곳이고, 술 취한 아버지와 싸우는 어머니의 모습

---

206 이순형 외, 『탈북 가족의 적응과 심리적 통합』, 서울대학교출판부, 2007, 204쪽.

이 있고, 종종 가정폭력이 행해진 곳이다. '단신탈출형'의 경우, 탈북 이후 중국 체류과정에서 매매혼 시장으로 내몰리고 생존의 방법으로 강제결혼에 의한 가족구성이 이루어졌다. 한국 입국 후에는 새로운 사회에 적응하기 위해 부단히 노력하였고, 한국사회에 진입하기 위해 대학에 진학하는 등 치열하게 살아왔다. 그런 가운데 가족에 대한 그리움과 혼자 살아야하는 외로움은 우울증으로 악화되기도 했다. 또한, 그들은 북한에 있는 가족에게 힘에 겨운 대북송금을 하면서 개인적으로는 개척자의 삶을 살아야했다.[207] 이렇게 탈북청년들은 탈북과정에서 가족상실과 해체를 누구보다도 많이 경험한 세대임에도 불구하고 남한에 정착하게 되었을 때에 북한에 남겨진 가족에 대한 경제적 지원을 끊임없이 행한다.

돈을 보내고 싶어도 못 보내요. 엄마하고 연락이 안 되어서. 집이 사리원이어서 사리원까지는 돈이 전달이 안돼요. 사리원에서 혜산까지 와야 하는데 차비가 너무 비싸고 제가 여기에 와서 엄마가 움직이는 것이 힘들어요. 그리고 돈도 100만원 가지고는 힘들어요. 중국에 있을 때 아빠하고 한번 통화하여 중국 돈 4000원을 보냈어요. 그 돈을 전달하는 친한 언니가 돈을 떼어 먹고 전달하지 않았어요. 그래서 엄마와 아빠가 혜산에 왔다가 힘들게 돌아갔다는 이야기를 들었어요. 알아보니 작년에 아빠가 돌아가셨다고 해요. 엄마가 장사를 안 하고 살아서 장사할 줄 모르고 집을 팔았다고 해요. 엄마와 할머니가 함께 살고

207 전명희, 「탈북청년의 가족관계 경험에 관한 연구」, 『한국가족복지학』 51, 한국가족사회복지학회, 2016, 233~237쪽.

있어 엄마만 한국에 데리고 올 수도 없는 형편입니다. 그리고 2020년 2월경 사리원 엄마한테서 전화가 왔어요. 사리원 집 전화를 혜산에 있는 브로커의 핸드폰과 연결하여 통화를 할 수 있었어요. 엄마가 집도 없고 생활이 너무 힘들다고 해서 돈을 400만원을 보냈어요. 100만원을 보내려고 하니 브로커들이 돈이 적다고 심부름 하려고 하지 않았어요. (시은)

보낸 돈을 어떻게 사용하는지는 몰라요. 여기서처럼 통화를 편하게 하는 것이 아니고 산이나 브로커 집에 가서 몰래하기 때문에 짧게 통화합니다. 〈사랑의 불시착〉드라마에서 본 것처럼 한국주파수가 잡히면 검사가 들어오기 때문에 짧게 빨리 통화해야 해서 내가 보낸 돈을 어떻게 사용한지를 물어볼 시간이 없어요. 이름도 못 부르게 하고 돈을 받았다는 것을 확인하는 정도입니다. 처음 하나원에 나와서 돈이 좀 있어서 일 년에 400만원 보냈어요. 하나원에서 정착금 400만원 받아서 300만원 보내고 그리고 100만원 보냈어요. 난 중국에서 돈을 벌어 브로커비를 내었기 때문에 하나원 나올 때 브로커비가 없었어요. 이번에 하나원 나온 지 3일 된 친구를 만났는데, 그 친구는 돈 받아주는 일을 했는데, 실제로 30% 떼는 것은 공식적이고 도착한 후에는 사람에 따라서 반도 안주는 경우도 있다고 해요. 영상통화 할 때는 돈을 다 받았다 하라하고, 영상통화가 끝나면 이래서 얼마 들고 저래서 얼마 든다고 해서 그 돈을 주고나면 반도 안 된다고 합니다. 예컨대 30%를 떼고 중국 돈 3000원을 보내면 이런 이유 저런 이유로 1000원을 또 떼고 2000천원만 건너 줍니다. 실제로 가족이 받는 돈은 내가 보낸 돈의 절반 정도입니다.(아진)

구술에 의하면 시은의 기억 속 가족은 아버지의 불륜과 사업 실패로 인한 가정불화, 가족 상실과 해체의 경험이 있었던 곳이다. 그럼에도 영희는 남한에 와서도 자기 힘에 버거운 경제적 부담을 지면서도 지속적으로 북에 있는 가족에게 돈을 보낸다. 이는 돌아가신 아버지에 대한 죄책감, 외동딸로서 엄마와 할머니에 대한 책임감, 무엇보다도 가족 회복, 가족 재결합의 강한 가족정체성에서 기인한다고 본다.

아진은 한국 입국 후 북한에 있는 아버지에게 400만원을 보냈다. 북한에 있을 때 딸에 대해 냉대와 불신을 쏟아내던 아버지에 대한 미련은 없다고 하면서도, 그래도 혼자 사는 아버지가 걱정이 되어 일 년에 두 번씩 돈을 보내는 것이다. 또한 이들은 각자의 대북송금 채널이 다르기 때문에 브로커 수수료의 차이가 나지만 통상 40-50%를 공제하고 절반 정도의 금액이 가족에게 전달된다. 이들은 공제되는 금액이 너무 많다는 것을 알지만 이 방법이 아니면 가족에게 전달할 수가 없으므로 대북송금이 가능하다는 것만으로도 다행으로 받아들인다.

대북송금은 지금까지 삶에 지속적으로 가중되어온 상처, 가족해체의 상실감을 회복하는 작용을 한다. 이들은 가족에 대한 능력에 넘치는 경제적 지원과 집착을 보이며, 가족과 관계회복, 재결합을 도모하면서 가족상실의 트라우마에서 벗어나려고 노력한다. 이들에게 가정은 탈북의 길로 내몰았던 고난의 근원이기도 하였으나, 계속되는 상실감으로 결국 가족은 그리움의 대상이 되었고, 특히 한국사회 적응과정에서 더욱 그 상실감과 외로움은 더 커졌다. 따라서 이들은 대북송금의 과중한 부담에도 불구하고, 경제적 부담보다는 북한에 남겨진 가족과 하나가 될 수 있다는 연대감, 나에게도 사랑하는 가족이 있다는 정서적 안정감에 물질적 가치 이상의 가치를 부여한다.

3) 가족 재결합 노력

탈북청년들은 북에 있는 가족들을 한국에 데려오려는 노력을 부단히 하고 있다. 특히 가족이 아프다는 소식을 접하면 그 간절함을 더욱 커진다.

작년 8월에 엄마가 혜산 쪽으로 돈 받으러 오다가 공안에 잡혔어요. 엄마는 말 주변이 없어 곳이 곳대로 혜산에 딸이 보내주는 돈을 받으려 간다고 했어요. 딸도, 아빠도 행방불명이어서 탈북을 하려고 혜산에 가는 것으로 보았어요. 지금은 엄마가 풀려서 사리원으로 간 것으로 확인되었어요. 지난 일 년간 엄마 때문에 무척 힘들었어요. 학교도 다녀야 했고, 알바도 해야 해서 무척 힘들고 몸도 안 좋아서 자주 아팠어요. 엄마가 공안에 잡혀있다고 연락이 와서 엄마를 구하기 위해 1,400만원을 빌려서 보냈어요. 브로커 말을 믿고 보냈는데, 그 때에는 엄마가 석방되었는지 안 되었는지를 알 수가 없었어요. 현재는 빚을 갚고 400만원 남았어요. 남자친구가 500만원 빌려주고 제가 500만원 준비하고, 알바 사장님이 400만원 빌려주었어요. 제가 사람은 잘 만난 것 같아요. 사장님은 천천히 벌어서 갚으라고 했어요. … 이제는 엄마를 데리고 오는 것이 숙제입니다. 지금은 돈이 없어서 엄마를 데리고 올 계획을 세우지 못해요. 요즘은 건강이 안 좋아서 알바를 쉬고 있어요. 비타민을 사 먹으로고 해도 너무 비싸서 먹지 못하고 있어요. 전번에 친구가 먹는 비타민을 보니 7만원이었어요. 전번에 건강진찰을 받았는데 처방을 해주면서 약을 먹으라고 했어요.(시은)

엄마가 한국에 오고 싶어 해요. 작년에 북한에 있는 남동생이 결혼했어요. 북한에서 중국을 거쳐 한국으로 바로 오는데 2,500만원을 달라고 합니다. 제 힘으로 어떻게 할 수 없어서 교회소속 선교사를 통해서 지원받을 수 있는지 알아보고 있습니다.(소연)

엄마가 위암이라는 연락이 왔습니다. 한국에는 의료수준이 높아 엄마를 데리고 오면 치료가 가능하다는 생각을 하고 언니, 동생과 의논해서 엄마를 한국에 데리고 오기로 했어요. 그런데 한국으로 직행으로 데리고 오는 브로커비로 5000만원을 요구해서 엄두를 내지 못하고 있어요. 그러던 중 교회 선교 팀의 도움으로 브로커비를 약 2500만원으로 합의하고 교회에서 2500만원을 지원해서 선 계약금으로 500만원을 보냈어요. 엄마가 중국에 도착하면 잔금을 주기로 했습니다. 그런데 일년이 되었으나 아직 연락이 없어서 브로커비 사고가 난 것이 아닌가 하고 걱정하고 있어요. (해인)

이와 같이 탈북청년들이 한국사회 정착과정에서 해체된 가족의 복원 또는 재결합을 끊임없이 시도하는 노력은 두 가지 이유 때문이라고 본다. 하나는 그들이 한국 사회라는 공간에서 자리 잡고 살아가기 위해서는 반드시 가족이라는 안식처가 필요한 것이고, 다른 하나는 북한에서 형성된 가족가치관의 영향 때문이다. 북한의 가족가치관은 '가족을 최우선으로 생각하며 가장을 중심으로 한 질서'가 강조되며 가족 중심의 사고방식과 높은 가족결속력을 특징으로 한다.[208] 북한은 1960년대 말 권력세습을 정당화하기 위한 이데올로기로 가부장제를 부활시키고, '사회주의 대가정'이라는 새로운 개념은 '가족 중심의 사고방식과 높은 가족 결속력'의 가족가치관을 형성하였다. 또한, 고난의 행군시기의 배급제도의 붕괴로 북한주민은 자기의 생존을 각자가 책임져야 했기 때문에 가족 중심으로 살 수밖에 없었고, 그 중심에는 가정주부, 즉 어머니가 있었다. 이러한 가족가치관이 탈북청년들의 가족정체성을 강화하는 것

---

208 선우현, 「남북한 사회체제의 '가족 내 의사 구조'의 양상비교: 가족구조 및 가족관계에 대한 고찰을 중심으로」, 『동서철학연구』 29, 동서철학연구회, 2003, 359~379쪽.

으로 보인다.

탈북청년들은 가족의 해체로 인하여 탈북을 선택했지만 한국사회에 정착하면서 가족의 관계 회복과 재결합을 끊임없이 시도한다. 정기적으로 대북송금을 하여 가족의 생계를 책임지고, 북에 남겨진 어머니, 동생 등 가족을 탈북시키는 계획을 세운다. 한국사회에서 살면서 '사회 구성원'은 될 수 있어도 '가족'이 될 수는 없기 때문에, 이방인이라는 위치에서 벗어나고 한국 사회에 뿌리를 내리고 살기 위해서 이들에게 가족의 복원과 재결합은 선결되어야 하는 문제이다. 그리고 자본주의 사회인 한국에서 가족의 회복과 재결합을 핵심으로 하는 가족정체성의 강화는 탈북청년들의 '새로운 존재자'의 삶을 이루어가는 내적 바탕이 된다고 할 수 있다.

제4장 탈북청년의 정체성과 사회적 갈등

탈북청년들은 탈북의 과정을 거치면서 정체성의 변화를 겪고 복수의 정체성을 구성한다. 그 결과 이들의 정체성은 자기재현의 방식으로, 또는 사회적 재현의 방식으로 표출되고, 재현된 사회적 양상은 한국사회의 삶의 현장과 사회적 관계 속에서 충돌하고 갈등하면서 수용과 변용의 과정을 거친다.

그들의 탈북과정에서 발견되는 공통점은 삶의 조건에서 파생된 "불안"이 탈북의 동기였으며 새로운 정체성 형성의 계기가 되었다. 북한에서 경제난으로 극심한 생활고에 시달렸고, 중국에서는 불법 체류자라는 이유로 신변의 불안을 느꼈다. 그리고 경제적 가치가 무엇보다 강조되는 한국사회에서 자신의 불확실한 미래에 대한 걱정과 불안을 떨칠 수 없었다. 이러한 불안을 야기한 삶의 조건들이 탈북청년들의 정체성 변화를 가져온다. 또한, 탈북청년들은 비교적 단기간에 상반된 정치체제의 다양한 사회구조들을 경험하고, 거주공간의 상징적 질서 속에서 배치되고 타자화되고 다양하게 호명된다. 그리고 자신의 의지와 무관하게 형성된 정체성의 변화 속에서 갈등하면서 정체성 혼란과 위기를 경험한다. 따라서 탈북청년의 정체성은 이들을 둘러싼 다양한 추상적인 힘들에209 대해 흔들리면서 생존하고자 했던 삶의 경험 자체라고 할 수 있다.

이런 점에서 탈북청년들의 정체성의 변화와 파편화, 복수화 등에 대한 연구는 그들이 한국 사회의 정착과정에서 겪는 사회적 갈등 및 해결의 유용한 방법을 제공한다. 그들에게 한국이란 공간은 절대적인 선택지가 아닌 상대적 선택지였다. 단지, 언어가 통하고 혈연적 동질성, 사회문화적 동질성을 갖는 같은 민족이 사는 공간이라는 점에서 한국을 선택한 것이다. 그들의 정체성의 중심에는 탈북 트라우마로부터 회복되고 새로운 존재로 거듭나고자 하는 생존본능, 즉 New-Being 정체성이 자리 잡고 있으며, 여타 정체성, 즉 이중정체성, 이방인정체성, 가족정체성은 New-Being 정체성으로부터 분화된 정체성의 성격을 띤다.

이러한 탈북청년들의 다층적 정체성은 그들이 어떤 집단의 구성원이며 어떤 사회적 역할을 수행하느냐에 따라 정체성의 유형이 다르게 발현

---

209 민족주의, 반공사상, 지구화, 자유주의, 다문화주의 등 다양한 담론들의 추상적 힘을 말한다 (오원환, 「탈북청년의 정체성연구 : 탈북에서 탈남까지」, 고려대학교 대학원 박사학위논문, 2011, 30쪽).

된다. 한국 사회라는 새로운 자본주의 공간에서 그들 생존의 선결 조건이 한국 국적 취득이며, 그 결과 대한민국 국민이라는 국민정체성을 정립하게 된다. 또한, 정체성의 상호작용 관계에 있어 이방인 정체성은 이중정체성, 가족정체성과 길항관계에 있다. 이중정체성이 강해지면 이방인 정체성은 약화되고 이방인 정체성이 강해지면 이중정체성은 약화된다. 또한 가족정체성이 강해지면 이방인정체성 역시 약화된다. 무엇보다도 가족정체성은 한국 사회에서 '새로운 존재자'의 삶을 구축하는 내적 바탕이 된다. 탈북 트라우마 증상, 정서적 불안감을 완화하고 치유하는 근본적 방법이 가족의 복원 또는 가족의 재결합이기 때문이다.

따라서 탈북청년들의 구술에 의하면, 탈북청년의 정체성의 사회적 재현을 통해 드러나는 사회적 갈등양상은 이념 및 체제 갈등, 생활 문화적 갈등, 정서적 갈등, 경제적 갈등으로 유형화될 수 있다. New-Being 정체성이 그들의 사회적 갈등과 해결의 본원적 요인이라는 측면에서, 첫째 국민정체성은 이념 및 체제적 갈등의 관계 요인으로 작용하며, 둘째 가족정체성, 이방인정체성은 정서적 갈등의 관계 요인으로, New-Being 정체성은 생활문화적 갈등 및 경제적 갈등의 관계 요인으로 작용하는 것으로 상정할 수 있다. 이처럼 탈북청년들의 복수정체성으로부터 발생된 사회적 갈등을 야기한다. 그러나 한국 사회정착 과정에서 파편화되고, 탈구화(脫臼化)된 복수정체성으로부터 발생된 사회적 갈등은 탈북 트라우마 증상의 치유와 완화의 과정을 거쳐 해결될 것이라고 본다. 이런 점에서 정체성의 다양한 역학관계의 연구는 갈등해결의 유용한 방법을 제공한다.

제6부
탈북 상처의 치유와 공존

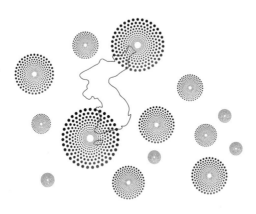

제1장 김정은 시대 탈북청년의 사회적 갈등

김정은 시대 탈북청년들은 북한에서는 장마당 세대이고 한국에서는 MZ세대에 속한다. 이들은 이념, 국가관, 민족 등의 이데올로기의 영향에서 벗어나 개인주의, 실용주의적 가치관을 가지고 있다. 출생지가 남과 북이라는 체제적 배경이 다르지만 자유와 공정이라는 시대적 가치를 배경으로 21세기 남과 북의 사회 변혁의 큰 흐름을 만들어 갈 수 있는 가능성의 세대이다.

여기서는 구술 사례에 의거하여 김정은 시대의 탈북청년들의 사회적 갈등을 다음과 같이 검토한다. 우선 세대 간의 갈등의 차이점, 고난의 행군시기 탈북세대와의 차이점을 검토한다. 그리고 탈북청년들의 능력으로 해결할 수 없는 정서적 갈등, 경제적 갈등 등의 사회적 갈등 양상을 살펴보고자 한다.

1. 탈북민 세대에 따른 사회적 갈등의 차이

분단 이후 체제의 반대편에서 수십 년간 살아온 탈북민이 한국사회 정착과정에서 사회적 갈등이 발생하는 것은 당연한 현상이다. 마찬가지로 김정은 시대의 탈북청년들 역시 국내 정착 과정에서 사회적 갈등을 겪지만, 이들의 갈등유형과 정도는 고난의 행군시기의 탈북민과는 다른 양상을 띤다. 이것은 그들이 겪은 탈북생애의 경로가 다르기 때문이다. 이들은 북한에서 장마당 시장경제를 경험했으며, 중국에 체류하는 동안 자본주의 메커니즘을 익히게 되었다. 그리고 한국사회에 정착하면서 자유자본주의 체제 속에서 살아가는 자본주의 사회성을 갖게 되었다. 특히 단신탈출형 탈북의 경우 자아정체성이 형성되는 사춘기를 중국에서 보냈고, 인신매매의 트라우마는 이들의 정체성에 많은 영향을 미쳤다.

특히 이들은 현실적이고 실용적인 가치관을 가지고 있다. 즉 탈북과정, 그 이후 한국사회 정착과정에서 선택과 결정의 기준은 자유, 공정, 평등 등의 추상적 가치가 아니라 오직 생존을 담보할 수 있는 '물질'의 가치였다. 어린 나이에 국경을 넘어 한국 입국에 이르는 수년간의 국가 간 이동경험을 하였다. 그 과정에서 그들은 자신을 지킬 수 있는 것은 "돈"밖에 없다는 현실을 철저히 체득하게 되었다. 그리고 한국사회에 정착하는 과정에서 사회경제적 갈등에 봉착한다. 그러나 김정은 시대의 탈북청년의 사회적 갈등은 김정일 시대의 탈북민과는 많은 차이점을 보이고 있다.

첫째, 김정일 시대의 탈북민들은 한국에 입국하여 정치적 이념이나 경제체제의 차이로 인한혼란을 겪는다. 반면, 김정은 시대의 탈북청년들은 한국사회에서 이념이나 체제문제의 갈등에 크게 고민하지 않는다. 오히려 자유로운 남한생활에 큰 만족도를 보인다.

선행연구에 의하면, 탈북민에게 남한의 좋은 점이 무엇인지 질문했을 때, 첫째, 자유롭게 어디든 갈 수 있는 이동의 자유(81.8%)였고, 둘째, 공부를 할 수 있는 여건이었고(77.3%), 셋째는 붙잡힐 것을 걱정하지 않아도 되는 것(61.4%)이었다.[210] 특히 북한, 중국에서 억압받고 자기 결정의 자유가 없었던 그들에게 이념보다 자유가 더 소중했다.

> 이념적 갈등은 거의 없고 자유가 있어서 너무 좋아요. 정치, 문화 여기가 좋아요. 저는 남한의 정치에 익숙하고 갈등이 없어요. 어디로 나가도 구속받고 여기서 저기로 이동하는데 통행증을 받아야하는 북한이 싫었어요. 저녁에 다니는 것도 자유롭고.(소연)

> 한국에 오니 달라도 너무 달라요. 상상 밖이었어요. 북한에는 통행의 자유가 없어요. 남한에는 노력에 대한 보상이 있고 하고 싶은 것은 다 할 수 있는 자유가 너무 좋아요.(시은)

북한에서 장마당 세대인 이들은 한국에서의 MZ세대와 마찬가지로 이념적 가치에 구속되지 않고 현실적인 자유로운 삶을 추구한다. 북한에서는 무엇을 해도 구속받고 이동의 자유가 제한되는 통제된 사회에서 살았다. 또한 중국에서도 국적이 없어 강제북송의 대상이었고, 강제결혼에 의한 감시의 대상이었다. 한국은 이 모든 억압으로부터 벗어나는 자유의 공간이었고, 더구나 자신의 노력에 대한 정당한 보상을 받는 열린 공간이었다. 따라서 그들에게는 추상적인 이념적 가치보다는 현실에서 살아가기 위한 신체의 자유, 선택의 자유가 더 중요한 것이다.

그리고 이들은 탈북 전 국가와 사회로부터 방치된 유년시절을 보냈기 때문에, 이념이나 체제 문제에 대해 회의적이다. 또한 탈북의 과정에서 북한-중국-한국을 거치면서 여러 체제를 경험한다. 이들은 탈북 전 북한에서 12-14세 나이 때부터 장마당에서 장사를 하여 부모를 돕고 생계를

---

210 이순형 외,『탈북가족의 적응과 심리적 통합』, 서울대학교출판부, 2007, 238쪽.

유지함으로써 시장경제를 일찍이 경험하였다. 그리고 북한에서 이미 자본의 힘을 절감하였고, 중국에서 시장경제체제를 경험하고 한국에 입국하였기 때문에, 한국사회 적응에 큰 이질감을 느끼지 못한다. 그래서 이들은 이념이나 체제는 생존에 있어서 큰 문제가 되지 않는다고 생각한다.

이렇게 김정은 시대 탈북청년들은 한국사회에서 상반된 이념과 체제에 의한 갈등에 힘들어하지 않는 편이다. 북한-중국-한국 정착의 탈북과정에서 사회주의 사회로부터 출발하여 자본주의화한 중국 체류기간에서 먼저 자본주의 메커니즘을 익히고, 자유자본주의 한국사회에 정착함으로써 그들의 가치관은 노력에 대한 정당한 보상을 받은 자본주의적 가치관을 확립하게 된다. 엄밀한 의미에서는 사회주의 가치관 위에 자본주의 가치관이 쌓여 있는 이중적 가치관을 가지고 있다고 할 수 있다.

사실 그들의 장마당 경험은 사회주의 체제 내에서 시장경제를 경험하는 단계이지 그들의 가치관이 완전히 자본주의로 바뀌는 것은 아니었다. 오히려 중국의 불법체류 생활을 통해 그들의 가치관은 자본주의적 가치관으로 변화되었고, 인신매매 과정에서 '돈'의 힘을 체득했다고 할 수 있다. 자신들의 몸이 물적 가치로 전락하고 자본만이 자신을 지켜주는 힘이 된다는 것을 체험하였다. 그래서 정치 이념적 가치관이 아닌 현실적인 물질중심의 가치관이 그들을 지배하고 있다.

둘째, 김정일 시대의 탈북민들은 남북한의 생활문화적 차이를 많이 느끼고 정착 과정에서 혼란스러워 하지만, 김정은 시대의 탈북청년들은 남한의 생활문화에 익숙하다. 특히 그들은 사춘기, 또는 사춘기 이전에 탈북하여 중국에서 성장했고 한국에 입국할 시점에는 대부분 20세 전후였다. 청소년기를 중국에서 보냈다는 것은 중국에 체류하는 기간에 그들의 자아정체성 즉 가치관이 형성되었다는 것을 의미한다. 실제로 북한보다 중국에서의 기억이 짙게 남아있다고 말한다.

> 저는 탈북한 지가 거의 8년이 됩니다. 북한에서 할머니가 잘 해주는 그런 추억들은 있지만 북한에 대한 추억은 별로 없어요. 사춘기 때 중국을 갔었기 때문에 북한에 대한 기억이 없고 중국에서 많이 살아서 북경 같은 경우는 한국과 비슷해서 저는 남과 북의 차이점을 크게 느끼지 못해요.(희소)

> 16살 어릴 때 중국에서 가서 북한에 대한 기억이 별로 없어요. 중국에서 5년 정도 살았고 나의 자아가 그때 형성되었고, 그래서 중국에서의 기억이 더 또렷하고 기억이 많아요. 한국에 와서 차이를 느끼지 않았고 중국은 땅이 커서 여러 곳을 많이 다녀서 한국에 왔을 때는 지역을 옮기는 느낌을 받았어요. (소연)

우선 이들은 북한에서부터 한국 문화를 접하였고, 세상의 변화에 빠르게 적응할 수 있는 청소년기에 탈북하였기 때문에 생활 문화적 차이에 힘들어하지 않는다. 김정일 시대의 탈북민들은 외부정보가 차단된 북한에서 살았기 때문에 그 차이에 더욱 심한 갈등을 느낀다면, 김정은 시대 탈북청년들은 이미 생활문화의 다양함을 북한과 중국에서부터 경험해 왔다고 할 수 있다.

셋째, 사회적 관계에 있어 김정일 시대 탈북민들은 대부분 수동적이다. 반면, 김정은 시대의 탈북청년들은 양극단의 모습을 보이는데, 남한

사회의 관계망에 빠르게 진입하거나 혹은 홀로 고립된다. 이미 북한에서 남한문화와 시장경제를 경험하였기 때문에 한국사회에 빠르게 적응하기도 하면서, 동시에 탈북 트라우마로 인해 경계와 불신이 강하게 작용하여 대인관계 자체를 회피하는 양상을 보이는 것이다.

이와 같이 김정은 시대 탈북청년들은 이전 세대가 경험했던 정치이념적 갈등, 생활문화적 갈등은 비교적 없는 편이지만, 다른 탈북민과 마찬가지로 한국사회정착과정에서 넘을 수 없는 정서적인 문제와 경제적인 문제에 직면한다. 인간관계에서도 남북한의 생활문화적 차이 보다 소외감이나 외로움 때문에 더욱 힘들어 한다. 또한, 자본의 논리에 익숙하지만 돈에 억매여 물질우선의 원칙을 내세우는 경제적 갈등에 빠지기도 한다. 이러한 갈등은 탈북청년들의 탈북 트라우마 특징에서 기인된 현상이다.

따라서 탈북청년들은 그들이 살아온 삶의 경로의 차이, 이로 인한 탈북과정에서의 정체성의 변화로 한국사회 정착과정에서 사회적 갈등을 겪게 된다. 이들은 체제의 차이에 의한 이념 및 체제적 갈등, 분단에 의한 생활문화적 갈등, 가족해체로 인한 정서적 갈등, 신자유주의 경쟁체제에서의 경제적 갈등 등의 조정과 타협 속에서 각자의 사회적 위치를 만들어간다. 특히 중국의 불법체류의 억압으로부터 탈출한 이들은 한국이라는 자유의 공간, 언어가 통하는 민족의 공간에서 '새로운 존재자의 삶'을 만들어간다.

한국사회에서 새로운 존재자의 삶을 이루어가는 과정에서 겪을 수밖에 없는 다양한 사회적 갈등 가운데는 그들의 노력이나 결단에 의해 해결이 가능한 갈등과 그들의 능력으로 해결할 수 없는 갈등이 있다. 이념, 체제에 의한 갈등은 장마당 세대라는 특성상 그들이 이데올로기에 구속당하지 않는다는 점에서, 생활문화적 갈등은 그들이 한국사회에 진입하기 전부터 이미 한국의 자본주의 문화를 경험했다는 점에서 한국 사회 정착과정에서 사회적 갈등으로 발전할 가능성은 거의 없다고 본다. 그러나 단신탈출형 탈북의 경우 장기간의 가족상실의 경험은 가족문화의 상실로 이어지고, 이는 외로움과 정서적 불안감을 가져오는 정서적 갈등으로 발전한다. 또한 사회경제적 기반이 없기 때문에 그들은 자본주의 경쟁체제에서 긴장과 경제적 갈등 속에서 살아갈 수밖에 없다. 이러한 정서적 갈등과 경제적 갈등은 그들의 힘으로 해결할 수 없는 사회적 성격을 띠고 있다.

2. 정서적 갈등

탈북청년들은 한국사회 정착에 있어 가장 큰 어려움은 '정서적 불안감'이라는 대답이 공통적이다. 그들은 정착초기에는 이전 삶을 단절하고 새로운 삶을 살려는 의지가 결연했지만 시간이 지나면서 의지가 약해지고 심리적으로 불안감을 느끼기 시작한다. 또한 그들이 겪는 가장 큰 심리적 고통은 북한에 두고 온 가족에 대한 걱정이다. 가난으로, 또는 병으로 힘들게 살고 있는 부모와 형제들에 대한 소식을 들을 수 없는 답답함, 자신의 탈북으로 인하여 고통을 받지 않을까 하는 염려로 불안해하고 있다. 나아가 한국사회에 혼자 남겨졌다는 불안감은 남한 사회

적응을 더욱 어렵게 하고 우울증으로 악화되기도 한다.

구술에 의하면 한국사회 정착과정에서 그들의 정서적 불안감은 회피와 억제의 방어기제로 나타난다. 중국의 불법 체류기간 동안은 살아남아야 하는 절박감으로, 또는 강제북송 공포로 인해 정서적 외로움을 느낄 마음의 여유가 없었다. 그러나 남한에 입국하여 생활이 안정되자, 가족이 걱정되고 혼자 살아야 한다는 것을 의식함으로써 외로움과 미래에 대한 불안감이 몰려오기 시작한다. 정서적 불안감이 불면증으로, 불면증은 우울증이 되고, 정신과 치료를 받아야 할 정도로 악화된다. 특히 단신탈출형 탈북의 경우 거의 대부분 탈북청년들은 지속적인 정서적 불안감 속에서 생활하고 있다. 연구 참여자 중 소연, 시은, 아진은 겉으로는 명랑하고 사회적응을 잘하고 있는 것으로 보이지만 내적으로는 그들만의 정서적 불안감으로 아주 힘들어하고 있다.

1) 외로움

단신탈출형 탈북의 경우, 탈북청년들은 북한-중국-한국정착의 탈북 생애사의 긴 시간동안 혼자 살아왔고, 지금도 여전히 가족 없이 살아가고 있다. 장기간의 가족부재는 사회구조적인 문제를 넘어 가족정체성을 위협하고 지속적인 탈북 트라우마, 즉 정서적 불안감이라는 우울증 증상이 발생한다.

인간은 태어나면서부터 가족의 일원이 되며, 가족의 보호를 받으며 인간관계를 배우며 성장한다. '가족이란 둘 또는 그 이상의 가족원들이 서로 돕고 몰입되어 있으며, 애정과 친밀감, 가치관과 의사 결정, 그리고 자원을 서로 나누는 집단'으로 설명할 수 있다.[211] 이 점에서 탈북청년들은 가족 간의 애정과 친밀감, 자원을 나눌 수 없고, 나아가 의사 결정의 도움도 받을 수 없는 가족 해체 속에 살아왔다. 앞으로도 이러한 삶을 살아가야 하기 때문에 그들은 늘 긴장과 불안 가운데 있다.

저 같은 경우는 엄마하고 딸이 친구처럼 이야기하는 것을 보면 갑자기 눈물이 납니다. 이것은 병이 아닌지, 병원에 갈 봐야 하는지 하는 생각을 해요. 정신과 선생님 만났는데 우울증이라고 해요. 일하다가도 갑자기 눈물이 납니다. 울면 함께 일하는 이모님들이 자기들 때문에 우는 줄 알고 왜 우느라고 물어봐요.(시은)

저는 북한을 떠나온 지 한 5-6년 됩니다. 저는 북한에 있을 때부터 사랑을 받지 못해서 정확히 내가 겪는 것이 외로움인지, 애정결핍인지 잘 모르겠어요. 나에게는 애정결핍이란 것이 있어 나를 좋아하는 사람은 나만 좋아해줬으면 좋겠고, 그게 상처인지 외로움인지 모르겠어요. 그래서 외로움인지 애정결핍인지 그 선을 찾지 못하겠어요. 늘 그렇게 살아왔기 때문에 가끔은 외로움이란 것을 느끼는 것조차도 못 느껴요. 그래서 집에 혼자 있을 때면 늘 불안하고 초조해요.(아진)

구술에 의하면, 시은은 탈북하는 날 길에서 아버지를 보았지만 모른 척 지나친 것이 늘 가슴에 아픔으로 남아 있다. 중국 체류 중에 아버지가 돌아가셨다는 소식을 들었고 어머니의 소식을 들을 수 없어서 늘 불안해하였다. 일하면서 다정한 가족을 보면 갑자기 눈물이 나고 아버지에 대한 그리움이 간절해진다고 한다. 이러한 정서적 불안감이 우울증으로

---

211 최백만, 「북한이탈주민의 가족체계별 성향에 따른 생활문화 적응실태 연구」, 서울벤처대학원대학교 박사학위논문, 2014, 43~44쪽.

발전하고 정신과 치료를 받기도 했다. 또한 아진은 11살 때 어머니가 돌아가시고 너무 가난해서 그때부터 장마당에서 장사를 하기 시작했다. 사랑을 받지 못해서 항상 애정에 굶주려 있었고, 남으로부터 인정받으려는 강한 자의식이 있었다. 어릴 때부터 혼자 살아왔기 때문에 내가 느끼는 정서적 불안이 외로움에서 오는 것인지 아니면 애정 결핍에서 오는 것인지 구분이 안 될 정도로 심각한 정서적 장애를 갖고 있다.

시은의 반복적인 트라우마 증상, 아버지가 꿈에 자주 보이고 다정한 가족을 보면 갑자기 눈물이 나는 증상, 아진의 애정 결핍과 외로움이 복합적으로 얽혀있는 불안감 증상은 만성적인 PTSD 징후로 보인다. 중국 체류생활 그리고 한국정착 후 살아남는 것만이 유일한 목표가 되는 수준으로 그들의 삶이 격화되었을 때, 심리적 억제는 적응하기 위한 중요한 방법이 되었다. 이러한 심리적 협소화는 인생의 다양한 측면, 즉 관계, 활동, 생각, 기억, 정서, 감각에 영향을 미친다. 이러한 심리적 억제가 적응을 위한 것이었던 만큼 억눌렸던 심리적 능력은 점차 쇠퇴하고, 내적인 삶은 지나치게 고립되어 일상생활 자체가 힘들어진다.[212]

2) 우울증 증상

지금은 잠을 너무 잘 잡니다. 우울증은 자존감이랑 연관되어 있다고 생각합니다. 외로움을 어느 정도 느끼고 있는 것인지가 중요해요. 제자신이 자존감이 높다고 생각하면 최소한 외로움을 덜 느끼는 같아요. 그런데 어느 날부터 내가 그것을 인정하게 되었어요. 그것을 인정하는

---

212 주디스 허먼, 최현정 옮김, 『트라우마(Trauma and Recovery)』, 플래닛, 2007, 155쪽.

순간부터 나는 외로움을 느끼게 되었어요. 자기도 모르게 머리와 마음이 따로 놀게 되었어요. 정신과 선생님이 연락이 와서 치료받고 약을 먹으라고 했어요. 주변에 이야기를 들어보면 정신과에 가서 치료하고 약을 먹으면 그 약에 의존하게 되어 재발한다고 합니다. 그래서 자신의 의지가 중요하고, 자신의 의지로 노력한 후 안 되면 정신과를 찾아가야한다고 해요. 그렇지 않으면 언젠가는 또 타인에게 의존한다고 해요. 의사 선생님이 연락이 와서 상담하고 치료받으라고 했지만, 멀쩡하다고 정상이다 하고 가지 않았어요. 조금은 우울증 증상을 보였지만 혼자 생각할 여유를 달라고 해서 가지 않았어요.(나희)

저는 중국에서는 오히려 외로움을 덜 느꼈어요. 저는 쫌 외로움이 좀 심한 것 같아요. 한 달에 한번 정도는 왠지 모르게 눈물이 나고 이러는데, 다른 사람들보다 좀 심한 것 같아요. (소연)

나희는 공동체의 지원으로 2016년 중국에서 구출된 탈북청년이다. 2017년 1월에 남북대학생 공동체에서 연구자가 처음 만난 탈북민이다. 그런데 항상 눈이 충혈되어 피곤해 보였다. 생활이 안정이 되지 않고 혼자만의 남한살이가 힘들었던 것으로 보였다. 나연은 외로움을 의지로 극복하려고 노력했지만 자기도 모르게 의지와 감정이 따로 움직여 외로움을 느끼게 되었다고 한다. 그 후 정서적 불안감은 우울증으로 발전되어 정신과 치료를 받게 되었다. 지금은 한국 입국 4년 차로 한국 생활에 적응되어 잠도 잘 자고 우울증 증상도 약화된 것으로 보인다.

소연 또한 중국에서 5년간 불법 체류자로 살았다. 중국인 신분증을 구입하여 공장에서 일을 하면서 살았으나 중국에서는 외로움을 느끼지 못했다고 한다. 그런데, 한국에 도착하여 배정받은 집에 들어가니 혼자 남겨졌다는 외로움이 갑자기 밀려왔다. 정서적 불안감에서 벗어나려고 하나원 출소 3일째부터 아르바이트를 시작했고 육체를 혹사함으로써 외로움을 느끼지 않으려고 노력했다. 아무리 노력해도 주기적으로 외로움이 밀려오고 다른 사람들보다 더 크게 외로움을 겪었다고 한다. 한동안 우울증 증상이 있어 한 달에 몇 번씩 울었다고 한다.

이러한 압도적인 심리적 상실감은 우울 상태로 귀결된다. 만성적인 외상을 경험한 사람들에 관한 대부분의 임상연구에서 가장 일반적으로 발견되는 것이 만성우울증이다. 지속적인 외상 경험은 모든 측면에서 우울증상을 악화시키는데 작용한다. 특히 외상 후 스트레스 장애의 만성적인 과각성과 침투 현상은 수면과 습식과 관련된 우울의 신체기능 문제와 혼합되어, 니델랜드가 말하는 생존자 요인이라고 부르는 불면증, 악몽 증상을 발생시킨다.[213]

또한, 지속적인 속박은 모든 종류의 인간관계를 방해하며 외상의 변증법[214]을 증폭시키다. 생존자는 강렬한 애착과 겁에 질린 회피의 양 극단 사이에서 동요하면서 관계를 회피하게 된다.[215] 탈북 트라우마의 만성적인 외상을 가진 탈북청년들은 외상의 변증법적 현상으로 사회관계에서 접촉을 회피하거나 스스로 차단하는 양상을 보인다.

---

213 주디스 허먼, 최현정 옮김, 『트라우마(Trauma and Recovery)』, 플래닛, 2007, 167쪽.
214 압도적인 위험을 경험한 사람은 침투와 억제라는 두 모순된 반응 사이에서 동요된다. 반대되는 심리적 상태의 이러한 변증법은 외상 후 증후군의 대표적인 특징이다. 즉 과민하고 충동적인 행동과 완전하게 억제된 행동 사이에서 벗어나지 못하는 것을 말한다(주디스 허먼, 최현정 옮김, 『트라우마(Trauma and Recovery)』, 플래닛, 2007, 91~92쪽).
215 주디스 허먼, 최현정 옮김, 『트라우마(Trauma and Recovery), 플래닛, 2007, 164~165쪽.

현실에서 가족 부재의 상황이 정서적 불안감의 원인이기 때문에 이들은 초조와 불안한 삶을 살게 된다. 특히 단신탈출형 탈북으로 브로커에게 팔려간 탈북청년들은 정도의 차이는 있지만 한국사회에 정착하는 시간부터 외로움이라는 정서적 불안감 속에 살아간다. 각자의 삶의 방식과 개성에 따라 정서적 불안감을 극복하려는 방법이 다를 뿐이다.

3) 인간관계에 대한 마음의 벽

> 학교생활에서 스스로 '벽'을 쳐요. 마음속에 북한 사람이라는 것이 있어, 처음에 이야기할 수 있는 시간을 놓쳐 마음에 부담이 되어요. 북한출신이라는 것을 이야기하는 것은 사람에 따라 다르게 해요.(정인)

> 우리가 꼭 한국 사람들과 친해질 필요는 없다고 봐요. 저희들은 같은 고향에서 왔어 친해지지만 꼭 영역을 넓혀 한국 사람과 힘들고 피곤하게 인간관계하는 것보다 나쁘지 않게 관계하는 것이 좋다고 생각해요. 저는 한 달 내내 전화하는 사람이 고정되어 있어요.(아진)

> 저는 사회주의를 완전히 벗어난 것도 아니고, 자본주의 사회에 살다 보니 애매한 위치에 있는 것 같아요. 인간관계는 쉽지 않아요. 다른 사람이 상처 받지 않을까, 때로는 상대방이 나를 많이 아는 것이 부담스러워 벽을 쳐야 되나 그런 생각에 어려운 것 같아요.(나희)

이들은 학교생활에서 또는 아르바이트를 하는 일상의 관계 속에서 가장 어려워하고 힘들어하는 부분이 사람과의 관계이다. '북한에서 왔어요'라고 자신의 출신을 이야기하면 '아 그래, 혜산에서 왔어?'하고 이웃 사람 대하듯이 평범하게 대해주면 사회관계의 갈등을 갖지 않고 안정적으로 살아갈 수 있다고 한다.

분단체제의 적대적 감정은 북한정권에 대한 적대적 감정이지 북한주민에 적대적 감정은 아니라고 본다. 그들의 구술에 의하면 북한에서 태어나고 싶어 태어난 것도 아닌데, 남한사회에서 탈북민이라고 차별을 받는 것은 억울하다고 한다. 탈북민에 대한 사회적 인식 및 사회적 행태가 바뀌지 않는다면, 이들은 한국사회의 관계망에 접근하기를 주저할 것이고, 관계의 구성원이 되지 못하고 한국 사회관계망의 밖에서 서성거리는 이방인이 될 것이다. 이로 인한 사회적 갈등은 점점 깊어질 것이고, 사회적 손실은 우리 사회의 몫으로 남는다.

구술사례 중 정인은 대학이라는 특정한 사회관계 내에 존재할 수 있지만 남한학우들과의 관계를 구축하지 못하고 있다. 본인 스스로 '북한사람'이라는 자의식이 강해 학교생활에서 '마음의 벽'을 넘어 '관계의 장벽'을 만들어서 관계를 형성하지 못하고 있다. 아진은 한국 학생들과는 전혀 대화가 안 되고, 한국 사람들과 피곤하게 친해질 필요가 있느냐고, 마음의 문을 닫는다. 한국 친구는 한 사람도 없고 만나고 통화하는 사람은 탈북 친구들뿐이다. 아진 역시 사회관계에 부분적으로 속할 수도 없고 계속적으로 재구축되고 변화하는 사회관계의 구성원도 될 수 없는 아웃사이드가 되어가고 있다. 나희는 한국 사회에서 3년째 살고 있지만 가장 어려운 것이 인간관계라고 한다. 자본주의와 사회주의의 이중정체성 사이에서 아직은 자본주의로 완전히 동화된 것도 아니고, 남한 주민들과 인간관계 형성에 한계를 느낀다고 한다.

이와 같은 사회적 관계에 있어 소외되고 고립되는 사회적 관계의 갈등은 이들의 정서적 불안감을 더욱 악화시키는 작용을 한다. 이러한 정서적 불안감은 단신탈출형 탈북으로 중국에서 인신매매, 강제결혼의 상처를 가진 탈북청년들에게 심각하게 나타난다. 그러나 가족지원 탈북의 경우는 남한 학우들과의 관계형성에 접근하지 못하는 어려움은 있지만 그것이 정신적 심리적 병증으로 진화하지는 않는다. 정신적 안정을 주고 최소한의 보호처가 되는 가족이 있기 때문이다.

한국에 엄마가 있지만 엄마랑 같이 있는 시간이 별로 없어요. 한국에 있다는 것이 의지되지만 엄마하고 속 얘기는 별로 하지 않아요. 우리엄마도 무뚝뚝한 편이고 저보다 더 무뚝뚝해요. 엄마는 5년 전에 먼저 나왔어요. 그렇다고 엄마와 불편한 것은 아니어요. 처음에 국정원에서 엄마랑 봤을 때 엄마가 저 보고 깜짝 놀라 못 생겼다고 할 정도로 친해요. 엄마에게 걱정을 안 끼치고 싶어 이야기를 하지 않아요. 필요할 때만 이야기하고 그래서 자식들은 필요 없다고 하는구나 생각합니다. 학교에서는 늘 혼자여서 외롭고, 자존감이 낮지만, 그렇게 우울하지는 않고 행복할 땐 행복해요. (정인)

집이 생겼다는 것이 너무 행복했어요. 고향에서 있을 때 아파트에서 사는 꿈을 꾸었고, 가스를 사용하고 입식 부엌을 꿈꾸었는데 그 꿈이 다 이루어져서 너무 감사하고 행복했어요. 북한에서 잘 사는 사람은 가스를 사용하고, 아파트에 살고 빈부격차가 하늘과 땅 차이었어요. 첫 날밤에는 언니, 동생과 함께 있으니 외로움은 없었지만 앞으로 어떻게 살아야 하나 하는 것이 불안했어요. 아는 사람도 없고 돈도 없고, 정착금을 브로커비로 주어서 통장은 비었어요. 그때 불안지수가 굉장히 높았어요. 다행히 언니가 6개월 전에 한국에 먼저 와서 냉장고 등을 사주었어요. 하나원에서 나왔을 때 한국에서는 고아나 마찬가지이기 때문에 불안심리가 엄청 컸어요. (해인)

정인과 해인은 가족지원형 탈북이다. 정인은 5년 전에 먼저 탈북한 엄마의 기획으로, 해인은 6개월 전 한국에 먼저 도착한 친언니의 도움으로 동생과 함께 한국으로 왔다. 탈북 사건은 가족의 의미를 새롭게 재인식하는 계기가 된다. 북한에 있을 때는 일상적인 가족이었지만 한국에서의 북한가족은 한국사회에 뿌리내릴 수 있는 삶의 기반을 제공하는 심리적 지지대가 된다. 이들은 피를 나눈 가족이 있기 때문에 낯선 한국생활에 쉽게 적응하고 외로움이나 정서적 불안감에 크게 휘둘리지 않는다.

정인은 학교생활에서 남한 학우들과의 관계에서 불편함을 이야기할 뿐이다. 북한에서 왔다는 것을 밝히지 않아서 스트레스를 받고, 깊은 대화를 나눌 수 있는 남한 친구가 아직은 없다는 정도이다. 그것이 때로는 자존감을 낮추지만 우울하게 만들지는 않는다고 한다. 해인 또한 경제적인 면에서, 학우들과의 관계에서 스트레스를 받지만 사회관계의 장애가 될 정도는 아니다. 정착 초기에 돈이 없어서 어떻게 살아야 하는지 불안했지만 그래도 먼저 정착한 언니가 있다는 사실이 정서적 지지가 되었다.

이와 같이 가족지원형 탈북청년들은 가족이 있기 때문에, 특히 어머니가 있는 경우는 비록 사회문화적으로 차이가 있고 사회관계가 미숙하여도 의지할 어머니가 있고 의논할 상대가 있다는 점에서 정서적 안정감 속에서 살아간다. 그래서 단신탈출형 탈북민의 경우는 어떻게 해서든지 북에 있는 가족들을 기획 탈북시키려고 시도하며 가족의 복원을 열망하는 것이다.

이렇게 정서적 불안감의 양상은 각자의 삶의 행태에 따라 다르게 표출된다. 시은은 남한의 단란한 가족을 보면 갑자기 눈물이 쏟아지는 양상으로, 소연은 한 달에 한 번씩 주기적으로 격한 외로움을 느끼는 형태로, 아진은 정서적 불안감이 일상생활의 긴장으로 표출되고, 나희는 자존감으로 외로움을 포장하는 유형이다. 그들이 정서적 불안감을 자기방식으로 해소하고 극복하려고 노력하지만 가족의 상실의 문제는 가족의 복원, 가족의 재구성, 새로운 가족의 형성이 아니면 해결할 수 없는 탈북 트라우마로 작용한다. 또한 정서적 불안감은 이들을 사회적 관계에서 고립시키고, 이로 인한 불안감은 정서적 불안감을 확대시키는 악순환을 초래한다.

3. 경제적 갈등

탈북청년들은 학업 중이기 때문에 경제 활동에 전념할 수가 없는 상황이다. 그러나 경제적 문제를 자력으로 해결해야 한다는 점에서 '돈'의 문제에 있어서는 굉장히 민감하게 반응한다. 더구나 탈북 전 북한에서 가난 때문에 가정이 해체되고, 탈북할 수밖에 없었던 경제적 고통을 몸이 기억하고 있으며, 중국에서 브로커에게 팔려가서 현대판 노예로 살았던 트라우마가 마음에 새겨져 있다. 한국의 자유경쟁 사회에서도 북한 못지않게 돈이 없으면 아무것도 할 수 없다는 현실을 깨닫게 되었다. 이런 상황에서 그들은 새로운 생존자의 삶을 살기 위해서는 물질적 가치가 일상의 선택과 결정의 기준으로 기능한다.

1) 지출 및 수입 규모

저 같은 경우도 많이 쓰는 것 같아요. 한 달에 100만 원 정도, 대학교 입학하면서부터 더 많이 쓰는 것 같아요. 여명학교 같은 경우 아침, 점심, 저녁을 학교에서 먹으니 돈이 들지 않았는데, 대학교 가니 애들이랑 밥도 먹어야 하고, 커피도 마셔야 하고, 교통비, 관리비, 인터넷 사용료, 핸드폰비 등, 왜 이렇게 많이 쓰는지 모르겠어요. 대한민국사람들 어떻게 생각하면 대단하다는 생각이 들어요.(아진)

저는 옷을 잘 사고해서 돈을 많이 쓰는 편이어요. 있을 땐 많이 쓰고 없을 땐 못쓰고, 부식물이랑 쇼핑, 교통비, 외식 등 약 50~60만 원 정도 되고요. 통신비, 인터넷 , 관리비등 합치면 월 90~100만원은 될 것 같아요. 수급비는 잘렸어요.(시은)

장학금 45만원 받고 교회에서 20만원 받아요. 그래도 늘 돈이 부족해요. 자취하니까 월세 내고 엄마랑 같이 안 살고 30만원 이상 쓰면 카드 빼겠대요. 요즘은 엄마 카드도 아껴 쓰려고 하고. 80만 정도 쓰는 것 같아요. 많이 쓴 것 같지 않은데 언제 썼는지 모르겠어요.(정인)

80만원 넘게 쓰는 것 같아요. 15일쯤 되면 돈이 막 없어요. 교회장학금과 사랑하는 어머니가 보내주는 돈으로 충당합니다.(재성)

계산을 해봐야겠어요. 얼마 쓰는지? 80-90만원 정도, 한 달에 들어오는 돈이 100만원 정도 들어오는데 일일부터 이십 일까지 들어오고 자동으로 나가고 하면은, 그 때부터는 돈이 없어서 가계부 열흘 정도 쓰다가 포기했어요.(나희)

이들의 지출의 규모는 매달 80만-100만원으로 조사되었다. 지출 내역은 임대료, 관리비 등 고정비가 40만원, 식대 교통비 30만원, 기타 20만원이다. 매월 수입은 기초생활수급비 47만원과 유관기관 장학금 20-40

만원으로, 수입은 약 70만원 정도로 지출이 수입을 초과한다. 학점이 낮아서 장학금을 받지 못하면 생활에 직접적 타격이 온다. 여학생의 경우는 옷, 화장품 등 부대지출이 적지 않다. 따라서 저축할 여력이 없다. 이들이 북한 가족에게 적게도 일 년에 두 차례씩 100만-200만원을 보낸다. 그런데 갑자기 북한 가족으로부터 사고가 났다고 돈을 보내라고 연락이 오면 빚을 내서 돈을 보내고 아르바이트를 하여 수개월씩 나누어 상환하기도 한다.

이들은 학교 수업을 따라가야 하는 학업의 스트레스와 돈을 벌어야 하는 경제적 압박감의 이중 스트레스 속에 생활한다. 학업은 따라가기가 더욱 힘들어지고 북한에 있는 가족에게 매년 정기적으로 돈을 보내야 하는 상황에서 때로는 학업을 중도에 포기하기도 한다. 이들에게 무엇보다도 경제적 문제의 해결이 절실한 것이다.

2) 대북 송금의 부담

집에 돈을 보낼 때가 제일 곤란했어요. 동생한테 돈을 보내는 경우 목돈은 준비해야하는데, 담보도 없고 돈을 대출 받을 수가 없으니, 학교를 그만 두고 돈을 벌어야 하지 않나 하는 생각도 해요. 꿈이 정확치 않은데 공부하는 것이 사치가 아닌가하는 생각이 들어요. 지금은 1년에 백만 원 정도 보내요. 처음에는 정착금이 있어 많이 보냈지만 지금은 후회합니다. 아빠 혼자 계시니까 100만원이면 생활하는 데는 문제가 없다고 봅니다.(아진)

정기적으로 조금씩 보내요. 한 번에 보낸 금액은 백만 원씩 1년에 2번 설 명절, 추석 때 일 년에 두 번 보냅니다. 전화가 오면 50만 원을 보내려고 해도 브로커비 떼고 하면 엄마 손에 들어가는 돈이 얼마 안

되기 때문에 100만 원 정도 보내요. 지금 전화 올 때가 되어서 어떻게
100만원 준비하나 걱정하고 있습니다.(소연)

2020년 2월경 사리원 엄마한테서 전화가 왔어요. 엄마가 집도 없고
생활이 너무 힘들다고 해서 돈을 400만 원을 보냈어요.(시은)

탈북청년들은 대부분 북한에 가족을 두고 있으며, 가족에게 돈을 보낸
다. 대북송금이 비공식적이지만 북한 가족에게는 주 수입원이 되고, 이
를 통해 가족들은 북한에서 안정적인 생활을 하게 되었다. 이들이 정기
적으로 북한 가족에게 보내는 연간 2백만 원 이상의 대북송금은 북한에
서는 대단히 큰돈이다. 일반 서민의 한 달 생활비[216]가 중국 돈으로
300-400위안, 북한 돈으로 40-50만원, 한국 돈 10만원 정도이므로, 브로
커비를 공제해도 1년 생활비로 충분한 것이다.

이들은 가족 상실과 해체로 인해 탈북을 선택할 수밖에 없었던 아픔과
힘에 넘치는 경제적 부담에도 불구하고, 가족을 원망하지 않고 북한에
남겨진 가족에 대한 경제적 지원을 끊임없이 행하는 이유가 무엇일까?
앞서 논의한 바대로, 이들을 탈북으로 몰아내었던 가정의 파탄, 가족의
해체는 탈북 초기에 이들에게 원망의 대상이었다. 그러나 중국에서의
인신매매, 강제결혼의 체류기간을 거치면서 가족은 그리움의 대상이
되었고, 한국사회 적응과정에서 가족 복원 또는 가족의 재결합은 이들이
한국에서 정서적으로 안정하게 살아가기 위한 필요조건이 되었다. 이런

---

[216] 북한에서 3-4인 가족의 생활비는 일반 서민은 중국 돈으로 300-400위안, 중산층 생활비는
대략 중국 돈으로 월 2000위안 정도로 구술조사되었다. 쌀 1지대(25kg)는 중국 돈으로
100-120위안, 돼지고기 1kg는 12원, 한국 돈으로 월 10만원이면 서민 생활비로는 충분하다
고 한다.

이유로 대북송금 수수료가 과중한 경제적 부담이 되어도 북한에 남겨진 가족과 하나가 되어야 한다는 강한 가족정체성이 물질적 가치 이상으로 작용한 것으로 보인다.

탈북청년들은 돈을 보내기 위해 빚을 지거나, 때로는 비정상적인 방법으로 돈을 구하기도 한다. 비공식적인 루트의 송금 브로커비는 그들의 경제적 부담을 가중시킨다. 이런 경제적 압박감 속에서 이들은 마음의 여유가 없는 긴장된 생활을 하고 있다.

3) 경제적 압박

> 북한에서 잘 살았던 것은 아니지만 남이 10개 살 때 저는 좋은 것 하나를 샀어요. 질적으로 좋은 것을 선택하고, 옷이 많지는 않지만 예쁜 옷을 입었어요. 한국에 와서는 마음에 안 들지만 살아야 하니까 다른 사람들이 주는 옷을 입고, 안 맞고 안 예쁘지만 입고 살았어요. 먹고 싶은 것도 절제하고 경제적으로 풍족하게 누리지는 못하는 것 같아요. 아직 학생이라서 그렇다고 생각해요. 앞으로 좋아질 거라 생각합니다.(해인)

해인은 한국에 도착하면 돈을 벌려고 작정했으며, 공부할 계획은 아니었다고 한다. 그러나 하나원 교육을 마치고 취업을 하려고 하여도 대학을 나오지 않으면 취업이 안 되는 한국의 현실을 깨닫게 되었다. 그래서 공부를 시작했으나 대학생활을 하면서 한국 학생들의 수준을 따라가기가 너무 힘들었고, 공부에 집중하다보니 거의 아르바이트 할 시간이 없었다. 옷도 얻어 입었고 식비를 줄이기 위해 김밥 한 줄로 점심을 해결하는 절제된 생활을 지속하였다.

외부기관에서 여명학교 졸업하면서 처음 미래재단에서 매월 장학금 45만원 받는 것이 있었는데 학점이 안 나와서 2학년 되면 짤릴 것 같아요. 저희 학교에도 장학금이 있다고 하는데 성적이 3.0이상이어야 하고, 저희 학교는 탈북민이 많지 않아 한국 애들이랑 동등하게 경쟁을 해야 하니 한국 애들이 다 가져갑니다. 장학금 면접보는데 2학년 되어도 성적이 안 나와서 신청을 할 수가 없어요. 알바하지 않고 공부 열심히 해가지고 학자금 받겠다고 했는데 개뿔? 알바하면 공부를 못 따라가요. 때로는 너무 힘들어서 막 일탈하고 싶었어요. 정확한 시간에 일어나고 하는 것. 가끔 학교도 땡땡이 치고, 남들이 손가락질 하는 그런 삶을 살고 싶어요. 내가 사는 정확한 삶에서 다 벗어나고 싶어요.(아진)

또한 아진은 여명학교 졸업 시 우수 학생으로 장학금을 매월 45만을 받았기 때문에 아르바이트를 하지 않고 공부만 할 수 있었다. 그러나 모든 탈북청년들이 경험했듯이 대학 공부를 따라갈 수가 없어서 학점이 3.0 이하로 나와 장학금이 중단되었다. 생활비를 벌기 위해 아르바이트를 할 수밖에 없었고, 아르바이트를 하면서 공부한다는 것이 너무 힘들었다. 그래서 일탈하고 싶은 유혹도 느꼈지만, 절제된 삶의 자세를 지키면서 이제는 3학년이 되었다.

이렇게 이들은 공부와 생활을 동시에 병행할 수밖에 없는 현실 속에서 경제적 문제에 민감하게 반응하게 된다. 탈북청년들이 겪는 한국 사회의 문화적 영역, 사회적 영역에서의 갈등은 상대적으로 시간이 지나면 어느 정도 해결되지만, 현실생활에서의 경제적 압박은 단기간에 해결될 수 없다는 것이 문제이다.

2019년 북한이탈주민 정착 실태조사에 의하면, 탈북민이 생각하는 남한에서의 사회경제적 지위는 상층이 2.1%, 중간층이 52.8%, 하층이 45.1%로 조사되었고, 사회경제적 성취 만족도는 '만족하다'가 54.5%이고, '보통이다'가 37.9%, '불만족하다'가 7.6%이다.[217] 이 조사 결과에 의하면, 탈북민의 경제적 지위가 많이 향상되었지만 스스로 '하층'이라고 응답한 주민이 45.1%를 차지한다. 그만큼 아직도 경제적으로 어려움을 느끼는 탈북민이 많다는 것이다. 한편, 개인의 사회경제적 지위의 개선 가능성에 대해 긍정적으로 대답한 비율이 69.3%이었다. 이것은 이들이 대학을 졸업하고 사회에 진출하면 경제적 압박을 벗어날 수 있는 가능성이 있다는 점을 시사한다. 그러나 이들이 한국 사회에서 경제활동을 하는 독립된 주체로 자립하기까지는 시간이 필요하고, 일정기간 학업에 집중할 수 있는 경제적 여유가 필요하다.

앞서 정체성을 논의한 바처럼, 탈북청년들은 공부와 경제적 갈등이라는 이중의 스트레스를 받으면서 한국생활에 적응하고 새로운 존재자의 삶을 이루기 위해 긴장의 끈을 놓치지 않는다. 때로는 일탈하는 생활에 대한 유혹도 있었지만, New-Being 정체성이 이들의 마음을 지킨다. 이들이 일탈하지 않고 한국 사회에 적응하기 위해선 경제적 문제가 선결되어야 한다.

그리고 대북송금이란 경제적 부담은 이들의 입장에서 보면, 북한에 있는 가족의 생활을 도와주는 것 이상의 의미가 있다. 대북송금을 통해 어머니와 통화할 수 있는 채널을 확보할 수 있다는 것은 공간적으로는

---

217 「2019 북한이탈주민 정착실태조사」, 남북하나재단, 2020. 3.

떨어져 있지만 심리적으로 가족과의 유대관계를 형성하는 유일한 통로이기 때문이다. 가족 간의 음성통화, 영상통화, 메시지를 주고받음으로써 가족 간의 관계 회복은 이들을 정서적 불안감에서 벗어나게 하고 삶에 자신감을 갖게 한다. 그렇기 때문에 북에 있는 가족들과 소통할 수 있는 길이 확보되는 것이 중요한 과제라 할 수 있다.

결론적으로 경제적 갈등은 탈북청년들이 남한 사회 적응에서 겪는 가장 현실적이고 민감한 문제로 사회적 통합과 매우 깊은 관련성이 있다. 경제적 갈등의 문제는 단지 경제적 문제를 해결하는 차원을 넘어 그들이 남한 사회에 적응하는 자신감을 고양시키고, 나아가서 남한 사회에 대한 이해와 적응을 촉진시키는 지름길이 된다.

제2장 치유와 공존의 방안

통일의 과정에서 남북한 주민 간의 관계맺음은 분단으로 인한 사회적 갈등의 완화, 치유를 통해 함께 살아가는 것을 의미한다. 이것은 분단 이전의 동일성에 근거한 민족동질성의 회복이 아니라 남북 간의 다양한 차이를 인정하며 상호의 접촉과 교류를 통해 미래적으로 생성되는 '공통의 가치 · 정서 · 문화'의 창출을 의미한다. 남북교류가 단절된 상황에서 탈북민과의 관계를 통해 남북한 주민간의 관계맺음을 미리 경험하는 것은 통일을 위한 과정으로써 의미가 있다.

이러한 점에서 남북한 주민간의 이질성의 치유와 공존을 두 방향에서 살펴보고자 한다. 하나는 '남북청년공동체'의 추적분석 사례를 통하여 탈북민과 남한주민과의 치유와 공존, 즉 한국 사회의 일상적 차원에서의 치유와 공존의 방안을 검토한다. 다른 하나는 남북한 주민과의 관계에서 치유와 공존의 방안이다. 이 방안은 탈북청년의 통일담지자로서의 역할 등을 통하여 남북한 주민의 치유와 공존 방안을 확보하는 것이다. 그러나 전자는 탈북청년 개개인과 남한 주민과의 치유와 공존, 즉 미시적 측면에서 탈북 트라우마, 정체성 변화에 따른 사회적 갈등의 치유와 공존을 말하며, 후자는 남한 주민과 북한 주민간의 치유와 공존, 즉 거시적 측면에서 남북한의 사회통합과 '과정으로서의 통일'을 의미한다. 탈북민과 남한주민의 치유와 공존의 성과를 남북한 주민의 문제로 확대하는 것이다. 이는 현재의 분단체제에서 남북 간의 이질화된 가치·정서·문화의 통합을 이루는 '사람의 통일'을 지향하는 현실적인 방안이라고 본다.

1. 남한사회 속 탈북민의 치유와 공존

북청년들과 남한주민의 갈등에 대한 치유와 공존은 개인과 사회, 생존과 화합, 분단과 통합을 포괄하는 문제이다. 이들이 이 땅에서 살아간다는 것은 개인적으로는 새로운 삶을 이루어가는 과정이며, 동시에 한국 사회의 일원으로 공존의 삶을 이루어가는 과정이다. 아울러 분단의 상징적 존재를 넘어 한반도 사회통합의 상징적 존재로 살아가는 것을 의미한다. 즉 사회문화적 측면에서 남북한 주민의 통합에 관한 이야기이며

'과정으로서의 통일'을 의미한다.

지금까지 탈북민에 대한 선행연구들은 탈북민의 문제를 탈북과 남한 적응의 이분법적 구도로 보아왔다. 그러나 남북한의 MZ세대는 21세기의 남과 북의 사회변혁의 큰 흐름을 만들어가는 가능성의 세대이다. 따라서 탈북청년들에 대한 연구도 다양한 관점에서 세밀한 세대연구와 경험적 연구들이 필요하다. 즉 이들을 경계를 넘는(border-crossing) 주체로 바라보면서 남북한의 사회문화적 통합의 '자원'으로 인식해야 한다. 이러한 점에서 지난 4년간 탈북청년들의 변화를 추적 분석한 사례를 통하여 탈북청년들과 남한주민과의 치유와 공존의 방안을 검토하고자 한다.

여기에서의 실증적인 사례연구는 두 그룹의 탈북청년을 대상으로 하였다. 김정은 시대의 북한의 경제사회적 실상파악, 탈북동기, 탈북과정, 탈북트라우마, 탈북에 의한 정체성 변화, 사회적 갈등 등에 대한 연구는 참여자 A그룹을 대상으로 하였고, 탈북청년과 남한주민의 치유와 공존의 연구를 목적으로 한 추적 분석은 참여자 B그룹을 대상으로 하였다.

1) 남한 주민의 시각에서 본 탈북청년의 사회적 갈등

그동안 탈북민의 사회적 갈등에 대한 다양한 연구가 이루어졌고, 이 연구들의 공통적인 특징은 '탈북민'의 시각에서 이루어진 점이다. 즉 연구자들이 탈북민과 직접 면담하거나 우편 설문 등을 통하여 탈북민의 경험한 것을 조사하고 분석하는 것이었다. 그러나 탈북민의 사회적 갈등을 이해하고 평가하는 데에는 또 다른 시각이 있을 수 있다. 즉 남한사람들 입장에서의 본 탈북민의 사회적 갈등이다. 이러한 시각에서의 탈북민의 갈등에 관한 연구는 탈북민의 남한 사회정착을 좀 더 입체적이고 통합적으로 이해할 수 있다는 점에서 중요한 의미를 가진다.

그러나 이러한 연구에 있어 문제점은 탈북민의 갈등을 직접적으로, 지속적으로 보고 경험할 수 있는 남한사람들이 매우 적다는 것이다. 이런 점에서 B그룹의 참여대상자는 연구자가 2017년 1월부터 코로나19 사태가 발생하기 전 2020년 2월까지 약 4년 동안 함께한 '남북한청년공동체'의 일원이다. 여기서는 탈북청년을 '윗동네 친구', 남한청년을 '아랫동네 친구'라 부른다. 이 공동체는 남한청년, 탈북청년, 멘토들로 구성되어 있다. 매주 정기적인 모임에서 탈북청년들의 이야기를 주로 경청하고 탈북청년들 중심으로 모임을 진행한다. 매년 참석인원이 증가하여 전체 참석인원이 약 50명에 이른다. 현재는 탈북청년 37명, 남한청년 8명, 멘토 11명으로서 약 56명으로 구성되어 있다.

이 연구에서 분석한 대상은 총 12명으로 탈북청년이 10명, 남한청년이 2명이다. 탈북청년들은 한국 입국 3-5년차이다. 대학졸업 후 취업, 이사 등 특별한 경우를 제외하고는 공동체에서 이탈하는 사람은 거의 없었다. 2018년부터는 인원이 많아져서 4개 조로 편성, 1개 조에 10명의 탈북청년, 2명의 남한청년, 2명의 멘토로 총 12명으로 구성하여 조별로 자율적으로 운영하고 있다. 참석하는 시간은 매주 11:30분-13:00까지 90분이며 참석은 자율적이다. 대화 주제는 한 주간 삶의 이야기, 윗동네 친구들 이야기로 시작하여 한국생활 적응의 어려움, 각자의 문제점, 사회의 새로운 정보, 기말시험 이야기, 영어 공부의 어려움 등 주제의 제한을 두지 않았다.

　멘토들은 연령대가 50세 전반에서 70세 전반으로 연령층이 다양하며 교수와 교사 출신이 60%이상(6명)을 차지한다. 학생들을 가르친 경험이 탈북청년들과 관계맺음에 도움이 되고 있다. 또한, 모든 멘토가 정상적 가정을 가지고 있으며 자녀들이 출가한 멘토는 탈북청년들을 부모의 심정으로 대하고 있다. 이 점이 탈북청년들이 꿈꾸는 가정과 인격의 모델이 된다고 본다. 멘토들이 이렇게 헌신하는 것은 이들이 한국사회에 정착하여 한 사람의 한국인으로서 성장하고, 장차 통일의 역군이 될 것이라고 기대하기 때문이다.

(표10) 남한주민의 시각에서 본 사회적 갈등유형

구 분	① 사회 관계	② 수 업	③ 결 정	④ 경 제	⑤ 언어 교정	⑥ 정서 불안	⑦ 기타 218
여	5명	7명	2명	2명	3명	8명	6명
남	1명	3명	0	1명	0	2명	2명
계	6명	10명	2명	3명	3명	10명	8명

　(표 10)은 남북한 청년공동체(B그룹)에 속한 멘토들이 관찰한 탈북청년들의 사회적 갈등의 유형이다. 멘토들의 4년 이상의 추적분석의 결과로서, 직접적이고 지속적인 경험과 관찰에서 파악된 문제들이다. 이들의 정착과정에서 겪는 사회적 갈등을 해결 가능성에 따라 두 가지 양태로 구분해 보았다. 하나는 하나원 연수를 마치고 한국사회에 발을 들이

---

218 기타 사항은 초기 한국 정착 시 길 찾기, 대중교통 이용 문제, 생활필수품 구입 방법 등의 어려움을 말한다.

는 정착 초기 그들이 실제 생활에서 겪는 생활문화의 부적응의 사례(⑦ 기타)이고, 다른 하나는 한국사회에 정착하면서 한국 사람들과의 관계 속에서 발생하는 사회적 갈등219이다. 전자는 시행착오를 거쳐 약 6개월 이내에 빠르게 해결되지만, 후자는 정착기간 3-4년 동안에 겪은 사회적 갈등으로 시간이 지나면서 해결되는 갈등도 있지만 그들의 힘으로 해결 될 수 없는 갈등도 있다.

먼저 ⑦ 기타 사항부터 분석해 보면, 탈북청년들이 초기 한국에 정착 하여 생활을 시작할 때 처음 겪은 어려운 점은 대중교통 이용, 길 찾기, 생활필수품 구입 등이었다고 한다. 하나원을 출소하기 전 일일 도시 체험220을 통해 지하철, 버스 이용하는 법을 체험했지만 실생활에서는 힘들었다고 한다. 방향 감각을 몰라 길 찾는 것은 더욱 어려웠고, 처음에 는 생필품을 어디서 구입해야 할지를 몰라 난감했다고 한다. 그렇지만 몇 번의 시행착오를 거쳐 이러한 부적응은 바로 해결할 수 있었고, 이렇 게 바로 해결될 수 있는 것은 초기 생활에 불편함은 있었지만 문제가 되지 않았다.

그러나 그들이 한국 사회에 정착하면서 단기간에 해결할 수 없는 사회 적 갈등은 (표10)에 의하면, ① 사회관계 형성 ② 수업 따라가기 ③ 자기 결정 ④ 경제적 문제 ⑤ 언어교정 ⑥ 정서불안 등으로 나타난다.

---

219 (표10)의 사회적 갈등 양상 중 기타 사항을 제외한 갈등 양상.

220 하나원 교육생을 대상으로 도시 문화생활 체험의 현장교육을 말한다. 매월 기수별로 진행 하며(약 70-90명) 대중교통 이용 방법(지하철, 버스 등), 은행에서 현금 찾기와 카드발급 방법, 주민센타 이용 방법, 우체국 이용, 공과금 납부 방법, 영어 간판 및 음식 메뉴 설명 등 실생활에 필요한 현장 체험을 실시한다.

갈등 양상 중 수업 따라가기, 자기 결정, 언어교정 등은 본인의 노력으로 해결이 가능한 사항이고 대부분 해결을 잘 하고 있는 것으로 조사되었다. 그러나 사회관계 형성, 정서적 불안, 경제적 문제 등은 그들의 노력으로 해결할 수 없는 문제로 나타난다. 경제적 갈등 비율(30%)이 낮은 비율로 나타나는 것은 자신들의 경제적 어려움을 드러내지 않으려는 자기보호본능 또는 자존심의 표현이라고 본다. 그러나 현실적으로 모두 경제적 어려움 속에 살아가고 있다. 그리고 정서적 불안감은 100%로 평가된다. 탈북유형에 관계없이 한국 사회 정착과정에서 체감하는 사회적 불안감의 강도는 크다는 것을 의미한다.

첫째, 사회관계의 갈등은 그들이 마음의 문을 닫고 있기 때문이라고 본다. 2017년 1월부터 4년간을 '남북청년 공동체'에서 탈북청년들과 함께 호흡하였지만 그들은 대부분 마음의 문을 열지 않는다. 마음과 마음이 공감하는 정서적 흐름이 생기지 않고 늘 겉도는 느낌이었다. 탈북과정의 트라우마에 의한 불신, 경계심리, 차별받지 않으려는 자기방어기제가 관계에 벽을 친다고 본다. 멘토에게 조차 관계의 장벽을 치는 이들의 심리적 정향은 일상적 사회생활에서 관계 형성을 어렵게 만들고 있다.

둘째, 그들은 가족 상실과 해체, 한국사회 정착의 불안 등으로 정서적 불안감을 드러낸다. 불안해서 잠을 자지 못하고 우울증 증상 등 불안정한 행태를 보이고 있었다. 한편 가족이 있는 탈북청년들은 행동의 자신감을 보이고 얼굴 표정도 안정적이다.

셋째, 경제적 갈등은 그들의 사생활에 관한 것이기 때문에 외부로 드러내지 않으려고 한다. 그러나 그들의 공식적인 수입인 월 70만(기초 생활수급비 50만원+교회장학금 20만)을 감안하면 항상 경제적 압박을 받고 있다는 것을 짐작할 수 있다. 2020년 상반기에 코로나 긴급지원 대상자 신청을 받았을 때 그들의 경제적 실태를 확인할 수 있었다. 북한에 있을 때 발생한 질병의 치료비, 북한 단련대에 구속되어 있는 어머니의 석방비용, 북한에 있는 아버지의 병원비용, 동생의 결혼 비용 등 그들의 능력으로 해결할 수 없는 경제적 부담을 지고 있다.

이와 같이 공동체 내의 탈북청년들의 사회적 갈등양상을 추적 분석한 결과, 그들이 능력으로 해결할 수 없는 갈등 양상은 사회관계 형성, 정서적 불안, 경제적 갈등으로 조사되었다. 즉 멘토들, 남한주민의 시각에 본 탈북청년들의 사회적 갈등과 앞서 탈북청년들의 개인구술조사에서 토로한 갈등 문제가 일치한다. 이것은 한국 정착기간에 관계없이 탈북청년들이 겪는 현실적인 사회적 갈등을 의미하며, 이러한 갈등의 완화 및 치유의 노력이 없다면 남한주민과의 공존과 연대가 어렵다는 것을 시사한다.

2) 남한 주민과 관계에서 치유와 공존

'남북한 청년공동체'의 설립목적 중 하나는 남북한 청년들이 서로 호흡하면서 탈북청년들이 한국사회에 정착하여 함께 살아가는 삶을 도와주기 위한 것이다. 탈북청년과의 남한주민과의 치유와 공존은 그들이 우리 사회의 일원으로 구별되지 않고 '새로운 존재자의 삶'을 이루어가는 사회화 과정을 의미한다. 즉 '치유와 공존'은 하나의 과정이지 그 자체가 완결된 결과는 아니다. 이런 점에서 '치유와 공존'의 개념은 추상적이고, 그것을 입증할 객관적 기준이 없지만, 그 성과는 일련의 통합서사의 과정을 통해 형성되는 고통의 연대, 정서적 공감으로 나타난다.

그리고 탈북청년들과의 치유와 공존의 과정은 '남북한 청년공동체'라는 장(field)안에서 만남의 시작, 접촉의 확대, 관계의 형성, 다른 신체 간의 부딪힘 속에서 탈북 트라우마가 치유되고, 마음의 문이 열리는 정서적 공감을 이루는 과정을 말한다. 이것은 '과정으로서의 통합', 소통·치유·통합의 이야기들을 만들어가는 시간이라고 할 수 있다.[221]

이를 소통·치유·통합의 과정으로 나누어 설명하면, 첫째, 탈북청년들과의 '치유와 공존'은 관계맺음, 즉 만남과 대화, 소통의 과정을 통해서 시작된다. 에릭 에릭슨(Erik Erikson)의 심리사회적 발달이론[222]에 의하면 전 단계가 원만히 이루어지면 다음 단계도 원만히 이루어질 가능성이 크다고 한다. 만남과 접촉의 증대는 관계의 형성을 가져오고, 소통과 치유가 이루어지고 정서적 공감대가 형성될 수 있다는 것이다. 즉 만남과 접촉이 없으면 관계 형성은 불가능하다고 보는 것이다. 탈북청년들이 한국사회의 일원으로 정착하기 위해서 현실적으로 필요한 것은 그들

---

221 김종군, 「통합서사의 개념과 통합을 위한 문화사적 장치」, 『통일인문학』 61, 건국대학교 인문학연구원, 2015, 24쪽.

222 Erik Erikson의 정신사회적 발달이론은 근본적으로 Freud의 정신분석학적 접근에 기초하고 있으나 Freud와 달리 아동의 사회적, 문화적 환경의 중요성에 관심을 보였다. 따라서 Freud의 이론을 심리성적 이론이라면 Erikson의 이론은 심리사회적 이론이라고 한다. Erikson은 문화적 요인을 강조하여 부모뿐만 아니라 가족, 친구, 사회, 문화배경이 중요하게 작용한다고 보았으나 Freud는 단지 부모의 중요성만 강조하였다. Freud는 한 단계에서의 실패를 고착이라고 하여 회복할 수 없다고 보았으나 Erikson은 실패의 수정이 가능한 것으로 보았다.

의 심리적 안정을 기할 수 있는 만남의 공간, 함께 만나고 교감할 수 있는 만남의 공간장치이다.

이러한 만남과 접촉을 통하여 탈북청년들의 생각의 변화를 가져오는 동기를 제공하고, 그들이 가장 힘들어하는 사회관계의 지혜를 멘토들의 삶의 경험을 통하여 배우게 된다. 이러한 만남의 공간은 그들이 한국사회를 배울 수 있는 실질적인 실습장의 역할을 한다. 멘토들은 사회주의체제에서 살아온 그들의 타자성을 인정하고 그들의 이야기를 들어주고, 그들의 신체와 우리의 신체가 부딪음으로써 새로운 관계맺음[223]을 유도한다. 매주 만남의 모임에서 한 주간 살아오면서 겪은 어려움을 이야기하게 한다. 대화하고 경청하는 과정에서 문제의 핵심과 치유의 단초를 찾게 한다.

이러한 접촉의 증대를 통하여 서로의 마음의 벽을 깨뜨리게 한다. 치유와 공존의 삶은 서로를 이해하는 것에서부터 출발하고, 이해는 서로 다른 신체들의 만남과 접촉의 장을 통해서 형성된다. 관계형성이 되지 않으면 그들과 소통을 통한 치유는 불가능할 것이고 한국사회에서 또 하나의 폐쇄적인 북한사회의 '섬'을 만들어 갈 것이다.

둘째, 탈북청년들과의 '치유와 공존'은 탈북 트라우마의 치유를 의미한다. 탈북청년들은 한국에 입국하면 헌법상 대한민국 국민으로 한국사회 정착에 필요한 제도적 지원을 받고 있다. 그렇지만 그들은 내적으로는 북한 사회주의체제의 아비투스가 남아있고, 외적으로는 자본주의

---

223 이병수, 「민족공통성 개념에 대한 고찰」, 『민족공통성과 통일의 길』, 경진출판사, 2015, 103쪽.

경쟁체제에 적응해야 하는 이중적 갈등 속에 있다. 그리고 이들은 탈북 전-탈북과정-탈북 이후의 삶에서 지속적으로 외상에 노출되었고, 이로 인하여 생존을 위하여 정체성은 계속 변형되어 왔다. 그리고 회피와 억제의 방어기제를 그 증상으로 드러내고, 사람들과의 관계에서 의심하고 경계하는 특성을 보인다. 이들과의 상호 신뢰할 수 있는 관계가 형성되지 않으면 소통 자체가 어려워진다. 처음 만남에서 대화의 장으로 이끌어내는 데 적어도 6개월 이상의 시간이 소요되었다. 특히 가족 해체의 단신탈출형 탈북청년들은 가족 같이 따뜻하고 환대해주는 관계 형성이 절실한 것이다.

탈북과정의 상처, 이에 따른 트라우마를 '치유(healing)'한다는 것은 일반적인 정신의학이나 병리학이 가진 치료(therapy)와는 구별된다. 탈북 트라우마의 치유는 정상과 비정상이라는 이분법적 구도 속에서 비정상의 정상화를 의미하는 것은 아니다. 탈북민을 타자로 바라보고, 타자는 근본적으로 나와 다른 존재라는 것을 인정하고 소통하고 협력해야 하는 대상으로 받아들이며, 서로가 가진 차이는 제거되거나 삭제되어야 하는 것이 아니라 생성의 힘이 되는 것으로 받아들여야 한다는 것이다. 그것은 서로의 아픔에 대하여 공감하며, 우리가 지닌 상처가 그 누구의 탓이 아닌 불운한 역사가 빚어낸 결과라는 점을 받아들이면서 질곡되고 억압되었던 생명의 흐름을 창출하는 것이다.[224]

탈북 트라우마라는 만성적인 외상을 경험한 탈북청년에게 가장 극대

---

224 김성민, 「분단서사를 넘어 통합서사로, 분단 트라우마 치유의 길을 찾는 통일인문학」, 『분단트라우마와 치유의 길』 서문, 경진출판, 2015, 14쪽.

화된 방식으로 나타나는 PTSD의 속성은 바로 회피 혹은 억제이다.[225] 이들은 낯선 자를 극도로 경계하고 대화를 회피한다. 특히 단신탈출형 탈북으로 인신매매의 상처가 깊은 탈북청년들은 자기보호 본능의 차원에서 관계맺음을 억제하고 대화는 단답형으로 응한다. 그리고 이들은 북한출신이라는 의식 때문에 자신의 정체를 드러내지 않으려고 남한주민과 대화를 억제하고 만남을 극히 자제한다. 그러나 '남북한 청년공동체'에서 탈북청년들이 남한청년들과 마음껏 이야기할 수 있었을 때 그들의 표정과 행동은 너무나 자유로웠다. 북한에서 왔다는 것을 숨기지 않고 편하게 이야기할 수 있어서 좋았고, 누구에게도 하지 못했던 이야기를 할 수 있어서 좋았다고 한다. 또한, 나만이 힘든 것이 아니고 나보다 더 힘든 사람이 있다는 것을 알게 되어, 서로 이야기하면서 이들은 동병상련의 아픔을 공감하고, 서로의 입장을 이해하는 고통의 연대를 느끼게 되었다고 한다.

이와 같이 탈북청년들을 대화의 장으로 이끌어내고, 소통하고, 그들의 마음을 치유하고 공감대를 형성하기까지는 기다려야 하고, 끊임없이 환대해야 하며, 사회경제적 지원도 뒷받침 되어야 했다. 이러한 과정을 거쳐 관계의 증진이 이루어지면 그들의 아픔은 치유되거나 완화 될 수 있다고 본다.

셋째, '치유와 공존'의 확보는 정서적 공감대가 형성되어야 한다. 탈북청년들에게는 아주 편하게 자유롭게 모일 수 있는 공간, 인정받을 수

---

225 주디스 허먼, 최현정 옮김, 『트라우마(Trauma and Recovery)』, 플래닛, 2007. 155쪽.

있고 언제나 환대받는 가족기능을 충족시키는 사회적 공간이 필요하다. 연구 참여대상인 탈북청년 10명의 학생 중에 우울증 증세가 심한 학생을 제외하고는 모두 공동체 모임에 열심히 참석하고 학교생활도 잘하고 있는 것으로 확인된다. 참석률이 90%라는 것은 탈북청년들이 공동체 모임에서 가족을 대신하는 따뜻함과 신뢰와 정서적 공감대가 형성되기 때문이라고 본다. 두 명의 여학생은 가족과 같은 따뜻함을 주어서 너무 좋았고 한다.

탈북청년들은 한국에 입국하면 한국 사회정착에 필요한 제도적 지원을 받고 있다. 그렇지만 이들은 물적 지원 이외에도, 탈북 트라우마를 치유하고 자신들의 정체성을 함께 고민해주는 지원도 필요하다고 생각한다. 가족이 해체된 탈북청년들은 가족으로서의 정체성 공유, 정서적 유대와 결속, 자녀의 사회화 등과 같은 가족의 기능을 대신하는 커뮤니티(community)가 절실한 것이다. 가족과 같은 따뜻함이 있는 공동체에서 이들이 서로와의 관계, 남한주민과의 관계, 한국 사회와의 관계를 형성하는 사회화를 배울 수 있는 것이다.

신체와 신체의 부딪힘을 통해 형성되는 공통성226은 한국 사회적응의 동력이 되고, 그들에게 기쁨을 주고 탈북과정에서 내재화된 트라우마에서 벗어날 수 있는 소통과 치유의 길이 된다. 이러한 관계의 정서적 공감대 형성은 남한과 북한 체제의 차이점, 남북한 주민의 사고, 생활방식, 사회제도의 차이점을 능동적 이해하고, 수용하는 이성적 노력을

---

226 여기의 공통성은 스피노자의 공통성 개념을 말한다. 남북한 청년들의 공통분모를 말하는 것이 아니고, 특이성을 내재한 신체와 신체의 부딪힘에서 생성되는 공통성이다.

이끌어낼 수 있는 것이다.

이러한 과정을 거쳐 정서적 공감대가 형성된 사례가 있다. 2013년 탈북하여 인천에 거주하는 탈북청년은 인천대학교에서 물리치료사 전공을 하고 있으며 공동체 모임에 참여한 것은 3년 이상 되었다. 탈북 6년 차로 탈북경위나, 가족관계는 전혀 이야기하지 않았다. 탈북경위와 가족관계는 멘토들 조차 언급해서는 안 되는 금기 사항이고 탈북청년들이 제일 싫어하는 지점이다. 그런데 2019년 5월에 자신이 살아온 이야기를 공동체 전체 앞에서 이야기하였다. 북한에 어머니와 여동생이 있으며, 얼마 전에 여동생이 결혼한다고 해서 돈을 보낸 이야기. 그리고 한국생활에서 가장 어려웠던 것은 첫째가 사람과의 관계였고, 둘째가 탈북민에 대한 편견이고, 셋째가 경제적 문제라고 하였다. 월 생활비가 최소 70-80만원이 소요되고, 틈틈이 북한에 일정 금액을 송금하기 때문에 아르바이트를 하지 않을 수 없다고 이야기 했다.

오랜 시간 마음의 문을 닫고 있었던 탈북청년이 솔직하게 자신의 고민을 털어놓는 것은 전혀 기대하지 않았던 일이었다. 지금까지 탈북청년들은 탈북 경위와 자신의 신상에 대해 이야기하지 않았다. 그럼에도 불구하고 탈북경위와 자신의 신상에 대해 공개적으로 이야기한다는 것은 마음이 열리고 공감과 연대성이 형성되었다는 것을 의미한다. 이와 같은 공감대가 형성된 것은 생활문화와 정서가 다른 남북한 청년, 멘토들의 만남을 통해 공명을 일으키는 정서적 체험이 있었기에 가능한 것이었다. 인간관계의 소통을 위한 원초적 기반은 합리적 계산이 아니라 욕망과 정서의 교감이라는 사실[227]을 확인하는 사례였다. 분단의 경계선상에서 살아온 신체들이 '내적 정서적 통일'을 통하여 새로운 닮음을 만들어가고 있다는 것을 보여준 사례이다.

넷째, 최소한의 기본적 생활을 보장하는 경제적 갈등의 해소는 '치유와 공존'의 필요충분조건이다. 경제적 갈등은 탈북청년들이 남한사회 적응에서 겪는 가장 현실적이고 민감한 문제이자, 사회문화적 통합과 직결된다. 이는 경제적 차원을 넘어 그들이 남한사회에 적응하는 자신감을 고양시키고 나아가서 남한 사회에 대한 이해와 동화를 촉진하는 지름길이 된다.

'남북한 청년공동체'는 탈북청년의 경제적 문제를 지원하고 있으며, 멘토들이 자발적으로 기부하고 있다. 기본적 생활을 보장하는 차원에서 탈북청년 전원에게 매월 20만원의 학비보조금을 지급하고, 그들의 경제적 문제를 수시로 상의한다. 그리고 탈북청년들이 감당할 수 없는 문제가 발생하면 함께 해결방법을 모색한다. 예컨대, 2018년 11월경 함께 탈북한 아버지가 중풍증세, 치매증세가 심하여 요양원에 입소해야 할 상황이 되었지만, 요양입원비 90만원이 없어서 입원을 못 시키고 학교도 갈 수 없는 탈북청년이 있었다. 공동체의 후원금으로 생활의 절박함을 해결해 줄 수 있었다. 그리고 코로나 사태로 탈북청년들이 대부분 아르바이트를 하지 못하고 생활이 어려워지고, 심지어 휴대폰 요금도 내지 못하는 학생이 있어 긴급 생활비를 1인당 약 100만씩 상반기, 하반기로 나누어 지급하였다.

---

227 이병수, 「민족공통성 개념에 대한 고찰」, 『민족공통성과 통일의 길』, 경진출판사, 2015, 105쪽.

탈북청년들은 한국사회 정착과정에서 병원비, 대북송금, 사고 등 돌발 사태로 인한 긴급 자금이 필요한 경우 경제적 지원을 받을 곳이 거의 없다. 이러한 상황을 방치하면 이들은 비정상적인 방법으로 자금융통을 꾀하고, 이런 일이 반복되면 정상적인 사회정착은 불가능하게 되는 현상이 발생한다. 언론에 보도되는 탈북민의 일탈 사건들은 대부분 경제적 문제로부터 출발한다. 사례와 같이 가족의 긴급병원비 지원, 코로나 생계비를 지원 등은 이들의 삶을 지켜주는 버팀목이 된다. 뜻밖의 코로나 생계비 지원은 이들의 경제적 어려움의 해소에 큰 도움이 되고, 사회관계에 자신감을 갖게 해주는 계기가 되기도 한다.

서로 다른 두 개체가 새로운 관계를 형성한다는 것은 누구도 경험한 적이 없는 새로운 길을 내는 것만큼 어려운 일이다. 한 개체는 끊임없이 환대하고 관심을 표하고, 또 한 개체는 경계하고 의심하면서 일정한 거리를 유지한다. 탈북청년들은 '남북한 청년공동체'에서 최소한 6개월 이상을 함께한 친구들이다. 그들은 우리에게 타자이고 우리 또한 그들에게 타자이지만, 같은 민족이라는 민족정체성을 바탕으로 서로를 타자로 보지 않는 민족적 유대감이 내재되어 있다. 그들은 공동체에서 '가르치고-배우는' 공통 규칙[228]을 체득함으로써, 점차적으로 마음의 문을 열기 시작한다. 대화의 시간이 쌓이고, 정서적 유대감이 점차로 형성되는 시점에서 그들은 고향에 관한 이야기, 가족관계, 탈북경위 등 그들의 숨겨진 상처를 조금씩 이야기하기 시작하였다. 그 과정에서 그들의 트

---

228 "가르치고-배우는"과정에서 우리는 탈북청년들과의 비대칭적 관계이며 '가르치는'입장에 선다는 것은 타자 또는 타자성을 전제한 것이다.

라우마와 사회적 갈등이 조금씩 치유되고, 그들과 치유와 공존의 삶을 시작하기까지 최소한 3년 이상의 시간이 걸렸다.

이상의 사례에서 확인된 것처럼 이들의 정서적 불안감, 경제적 갈등 등을 그들만의 개인적 문제로 방치하지 않고 사회적 문제로 이끌어낼 때 탈북청년들과 남한주민의 치유와 공존이 가능하다고 본다. 남한주민과 '치유와 공존'은 정서적 공감대를 형성하고 그들로 하여금 한국 사회에 빠른 적응과 정착을 보여주고 있다. 예컨대, 탈북 8년 차의 준성, 진섭은 2019년도 대학원을 졸업하고 미국으로 박사과정 유학을 갔다. 예진은 2019년 신학원 대학생과 결혼했으며, 철이는 의류사업을 시작했고, 희찬은 렌탈 사업을, 나영과 유진은 간호사로 진로를 정하고 있다. 또한 지혜는 올해 대학을 졸업하고 공공기관에 취업하였고, 대학원을 진학하여 새로운 도전을 꿈꾼다.

탈북청년들은 정착 초기에 갈등과 소외감, 부적응으로 힘들어했지만, 이제 그들은 한국 사회에서 수동적 존재가 아니라 능동적 주체로서 각자 사회적 위치를 만들어가고 있다. 공동체에 참석하는 40여 명의 탈북청년 가운데 10여 명이 대학 졸업, 해외 유학, 개인사업, 결혼 등으로 한국 사회에 정착하고, 재학 중인 탈북청년들은 중도 포기하지 않고 학업 중이라는 사실은 이러한 작은 '사회적 공동체'가 그들의 한국사회 적응에 버팀목이 되었다는 것을 보여준다. 이들은 현실적으로 사회적 지지와 경제적 지지를 받을 수 있고, 심리적으로 의존할 수 있는 '공동체'가 그들의 탈북 생애에 큰 도움이 되었다고 한다.

이와 같은 '남북한 청년공동체'를 통한 탈북청년과 남한주민과의 치유와 공존의 사례는 탈북민들의 아픔을 그들만의 문제로 보지 않고 우리의 역사적 아픔으로 인식하고 공감할 때 우리 사회에서 구분되지 않고 공존할 수 있다는 가능성을 입증하고 있다. 이처럼 탈북청년과 남한 주민과의 '치유와 공존'은 만남의 시작, 접촉의 확대, 관계의 형성, 다른 신체간의 부딪힘 속에서 형성되고 이루어진다. 이처럼 이들이 한국사회에서 정착하고 정상적으로 살아간다는 자체가 일상적 차원에서 '과정으로서의 통일'을 이루는 것이다. 여기서 한 걸음 더 나아가면 남북한 주민간의 이질화를 완화하는 치유와 공존도 가능하다는 것을 시사하고 있다. 이들과 '치유와 공존'의 확대는 남한주민과의 공존을 넘어, 북한에 있는 가족들까지 전파되는 나비효과229를 가져올 수 있다고 본다.

2. 분단체제 속 남북한 주민의 치유와 공존

남북한 주민간의 치유와 공존은 이념과 체제를 넘어 같은 민족이라는 민족정체성을 바탕으로 분단으로 이질화된 가치 · 정서 · 문화의 통합을 말한다. 이는 '사람의 통일'의 과정이며 통일 전, 통일 이후의 사회통합을 이루어가는 것을 의미한다.

앞에서 살핀 바와 같이, 탈북청년들의 남한사회 정착에서 사회적 갈등의 치유와 남한주민과의 공존이 현실적으로 이루어지는 과정을 보았다.

---

229 사회 일반 어느 한 곳에서 일어난 작은 나비의 날개 짓이 뉴욕에 태풍을 일으킬 수 있다는 이론. 미국의 기상학자 로렌즈(Rorenz, E, W)가 사용한 용어로 초기 조건의 사소한 변화가 전체에 막대한 영향을 미칠 수 있음을 말한다.

이것은 소통·치유·통합의 과정을 거쳐 탈북민과 남한주민 간의 사회적 통합이 가능하다는 실증사례이다. 이러한 치유와 공존의 성과는 분단체제 속 남북한 주민의 이질화의 치유와 공존 방안으로 확대 적용하는 것이 가능하다고 본다.

본 연구의 목적은 남한사회의 정착과정에 있는 탈북청년들과의 치유와 공존의 연구 사례를 통하여 현 분단체제 하에서 남북한 주민간의 치유와 공존의 가능성, 나아가 미래지향적으로 남북한 주민간의 가치·정서·문화의 사회통합의 방안을 모색하는 것이다. 이 점에서 여기서는 현실적으로 적용 가능한 탈북청년들의 통일담지자의 역할, 탈북사회의 갈등조정자의 역할, 남북한 주민의 중간자로의 역할을 중심으로 분단체제 속 남북한 주민의 치유와 공존을 살펴보고자 한다.

1) 통일 담지자로서의 역할

김정은 시대의 탈북청년들은 존재조건과 활동영역 모두에서 체제적, 이념적 틀을 넘어서고 있다. 이제 이들은 '사건'을 통해 각인되는 '특별한' 존재가 아니라 언제, 어디서나 만날 수 있는 평범하고 일상적인 존재가 되었다. 이들은 남북의 정체성을 한 몸에 갖고 있기 때문에 분단 이데올로기에 의해 끊임없이 상처 받으면서도 어떠한 방식으로든 그것을 헤쳐 나가야만 생존할 수 있는 특수한 위치에 있다. 따라서 이들은 분단체제에서 남한주민과도 다르고 다른 소수자와도 다른 특별한 정치사회적인 공간을[230] 부여받으며, 그 공간은 분단에 의해 규정되면서도 한편으로는 분단을 뛰어넘을 수 있는 가능성을 가진 공간이다.

또한 이들은 분단체제를 넘나들고 분단체제를 흔들고 깨뜨릴 수 있는 경계인으로서 통일담지자의 역할이 가능하다. 남북의 '접경'[231]은 이들이 구축하고 있는 초국적 연결망을 통해 공간과 구조를 넘나들며 재생산되기도 한다. 이들은 초국적 연결망을 통해 북한에 동시에 살고 있는 것과 다름 아니다.[232] 이들의 초국적 연결망은 폐쇄된 북한에 생활자금 등 경제적 지원뿐만 아니라, 문화자원, 외부정보 전달의 창구의 역할을 한다. 이들은 이러한 분단체제를 흔들고 깨뜨리는 역할을 일상적 차원에서 행함으로써 통일의 담지자로서의 위상을 만들어가고 있으며, 이들만의 초국적 연결은 단순히 이들과 북한을 연결하는 것에 머물지 않고, 남북한 주민간의 치유와 공존의 통로가 되기도 한다.

(1) 초국적 연결망

탈북민은 그들 각자가 구축하고 있는 초국적 연결망을 통해 분단의 공간을 넘나들면서 남북의 접촉과 교류를 재생산한다. 특히 대북송금, 휴먼커넥션, 사회문화자본 등의 초국적 연결은 단순히 탈북민과 북한을 연결하는 것에 머물지 않고 북한사회의 변화를 촉진하는 역할을 한다. 또한 이들은 세계에서 가장 고립된 국가 중 하나인 북한이 남한과 세계

---

230 정진아, 「탈북자에 대한 한국사회의 시선」, 『분단생태계와 통일의 교량자들』, 한국문화사, 2017, 150~151쪽.

231 경계가 구획하고 구분하는 기제라면 접경은 다름이 맞닿고 교류하는 것을 의미한다. 특히 접경은 접촉, 이해, 교환이 가능한 모든 공간과 영역을 의미한다(김성경, 「분단체제가 만들어 낸 '이방인', 탈북자」, 『북한학연구』 10-1, 동국대학교 북한학연구소, 2014, 59쪽).

232 김성경, 「분단체제가 만들어 낸 '이방인', 탈북자」, 『북한학연구』 10-1, 동국대학교 북한학연구소, 2014, 60쪽.

를 향하여 열어놓은 창이 되기도 하고 접경의 통로가 되기도 한다.[233]

> 3년 동안 엄마와 연락이 되지 않아서 불안하고 초조하게 살았어요.
> 그런데 2020. 2월경 사리원 엄마한테서 전화가 왔어요. 너무 기뻤어요.
> 사리원 집 전화를 혜산에 있는 브로커의 핸드폰과 연결하여 통화를
> 할 수 있었어요. 엄마가 집도 없고 생활이 너무 힘들다고 해서 돈을
> 400만원을 보냈어요. 혜산에서 사리원까지 직접 돈을 보낼 수 없어
> '이간'[234]이란 방법을 통해서 돈을 보내고, 보내는 금액의 40%를 브로커
> 비로 주었어요.(시은)

> 정기적으로 조금씩 보내요. 한 번에 보내는 금액은 백만원 정도로
> 설, 추석 때 보내요. 전화 받으면 엄마는 미안해서 가만히 있으면, 브로
> 커가 돈 벌 욕심으로 많이 보내라고 합니다. 그래도 요즘은 엄마랑
> 연락이 되어서 너무 좋아요. 어제도 통화했고 오늘도 통화했어요.
> (소연)

> 저의 엄마는 브로커비 30%만 주고 보내요. 일 년에 두 번 보내는
> 데, 한번 보낼 때는 300만 원 정도 보내요. 큰아버지도 있고, 자식들도
> 두 명 있으니까요. 엄마가 힘들다고 하니, 설전에 전화가 와야 하는데,
> 외할머니가 미안해서 그런지 아직 전화가 없어요.(정인)

탈북민의 대다수가 가족이나 친척들에게 송금을 하고 있으며, 송금액
은 단순히 북에 있는 가족의 생계를 돕는 것에 그치는 것이 아니라,

---

233 김성경, 「분단체제가 만들어낸 '이방인', 탈북자」, 『북한학연구』 10-1, 동국대학교 북한학연
구소, 2014, 60-61쪽.
234 영희의 엄마는 사리원에 거주하기 때문에 대북송금을 하여도 브로커가 직접 사리원까지
돈을 전달할 수가 없다. 그래서 간접적인 송금방식으로 사리원에 장사하는 사람이 혜산에
서 물건을 구입하면 혜산에서 물건을 보내주고 물건 대금을 영희 엄마에게 주는 방식을
말한다.

북한에 자본주의적 삶의 방식을 활성화하는 역할을 하기도 한다.[235] 탈북민의 대북송금 경로인 탈북민-중국 동포(조선족 브로커)-북한 동포(북한 브로커)-북한 주민의 초국적 연결망은 공식적인 접촉과 교류가 단절되어있는 남북교류 중단 상황에서도 남북의 접촉, 교류를 지속적으로 유지하는 가교의 역할을 하고 있다. 이 연결망을 통하여 탈북민은 북에 있는 가족들과 전화 통화를 하며, 탈북민과 북의 가족의 통화는 외부와 폐쇄된 북한에서 외부의 소식을 들을 수 있는 채널 역할을 하고 있다. 이를 통해 대부분의 북한주민은 한국의 경제적 수준을 어느 정도 알고 있을 뿐만 아니라, 한국의 대중문화와 일상에 대하여 상당 수준 인지하고 있는 것으로 알려져 있다.[236]

연구대상자인 탈북청년들 역시 그들만의 대북송금 경로를 통해 매년 정기적으로 북한에 있는 가족에게 생활비를 보내고 있다. 중국의 인신매매 상황에서도 돈을 보내고, 한국에 입국하여 경제적 어려움에도 불구하고 돈을 보낸다. 또한 중국제 스마트폰을 매입하여 북한가족에게 보내어 통신요금을 부담하면서 매일 가족과 통화하기도 한다. 이러한 점에서 이들은 북한가족과 휴먼커넥션을 강화하면서 실제적인 '과정으로서의 통일'의 삶을 살고 있는 것이다.

235 박희진, 「김정일 체제의 경제적 유산과 북한경제 전망 : 거점개방과 반개혁의 이중주」, 『KDI 북한경제리뷰』, 5월호, KDI, 2012.

236 강동완·박정난, 『한류, 북한을 흔들다』, 늘품플러스, 2011.

(2) 탈북청년들의 통일 의지

1989년 소련의 해체로 탈냉전의 기조와 함께 탈북민은 한반도 분단체제의 새로운 주체로 등장하기 시작했다. 이들은 대부분 탈 이념적 성격을 띠었고, 그 대표적인 존재 중 하나가 김정은 시대의 탈북청년들이다. 탈냉전적인 세계사적인 흐름과 함께 이들의 존재와 활동은 분단체제 하에서 새로운 통일지형을 만들어나가고 있다. 남북통일이 성공적으로 되기 위해서는 그 과정의 궁극적 주체가 정치가나 경제인이 아니라 남북한의 일반 주민이 되어야 하고, 그 중에서도 탈북민의 역할이 보다 중요하다.

독일통일의 경우에서 큰 문제는 동독과 서독의 물질적 차이가 아니라 '머리 속의 벽'이라고 할 수 있는 '마음의 벽'이 높아졌다는 점이다.[237] 오늘날 한국에 정착한 탈북민 중 20-30대가 전체의 57%을[238] 차지한다는 것은 향후 이들의 통일의지가 남북한 주민의 '마음의 벽'을 깨드리는 중요한 열쇠가 될 수 있다는 것을 의미한다.

> "나가서 고등중학교 학생을 대상으로 해서 이거이 해라. 우리 통일이 왜 필요하냐? 뭐 이런 거 가지고 해라." 우리 지금 통일에 대한 갈급함은 우리 탈북자들 이상은 더 없잖아요. 그리고 우리가 그 땅에서 비참하게 고생하고 막 한이 맺힌 인간이기 때문에 우리는 고등중학교 학생들한테 나가서 우리가 한이 맺힌 거 이제 내가 그렇게 막 울며불며 하듯이 막 그렇게 해라, 이거야. 그러면 고등중학교 학생들이 '야 이거

---

237 조용관·김윤영,『탈북자와 함께하는 통일』, 한울아카데미, 2009, 12쪽.
238 (표6)의 연령별 분포에 의하면, 2020년 기준 탈북민 3만여 명중 20대가 28.4%, 30대가 28.7.0%로 전체의 57.1%를 차지한다.

통일해야 되겠구나.'(한영숙)[239]

위 사례의 한영숙씨는 고난의 행군시기에 중국으로 탈북하여 수년간 체류하다가 한국에 입국한 탈북민이다. 현재 나이가 약 70세로 탈북청년들과는 한 세대 이상의 차이가 난다. 20년 전 한국 정착 초기 남한의 중고등학생을 대상으로 통일교육 강사훈련을 받으면서 '통일에 대한 갈급함'은 탈북민들이 더 강하다고 했다. 그리고 북한 땅에서 한이 맺힌 탈북민들이 통일교육 강사를 한다면 아이들이 감동되어 '통일을 해야겠다'는 마음을 가질 것이라고 구술한다. 이처럼 김정은 이전의 탈북민들은 대부분 통일에 대한 강한 의지를 가지고 있었다.

그러나 20년 후 김정은 시대에 탈북한 장마당세대인 탈북청년들은 통일이 이루어져야 한다는 당위성을 인정하지만 통일에 대한 의지는 약화된 것으로 나타난다.

예전부터 통일을 준비해왔으니까 통일을 하려면 빨리하는 것이 좋다고 생각합니다. 지휘자가 한명이 되어야지요. 통일은 어렵다고 생각하고 있어요. 예전에서부터 통일이 된다고 했지만 아직까지 안 되고 있잖아요. 저희 세대는 통일에 대한 관심이 없고요.(송희)

2018년도 탈북하여 한국입국 2년 차인 탈북청년은 남한의 청년들과 마찬가지로 통일에 대한 관심이 없다고 한다. 이것은 이념이나 체제를 넘어 최근의 MZ세대의 공통적인 통일관이라고 생각한다. 인터넷 통신

---

239 김종군 · 정진아, 『고난의 행군시기 탈북자 이야기』, 박이정, 2009, 215~216쪽.

의 발달로 세계가 하나로 되는 지구촌 시대에 이념적인 논쟁보다 현실적인 자신의 발전이 더 중요하다는 가치관의 표시이다.

또 다른 탈북청년은 통일은 바라지만 30년 전부터 통일이 된다고 하면서 아직도 통일이 되지 않으니 자기들 세대에는 통일이 안 될 것이라는 부정적인 전망을 한다.

저희세대는. 30년 전부터 통일된다고 했지만 안 되었잖아요. 통일은 바라지만 우리세대는 안 될 것 같고요. 통일이 늦어지더라도 통화나 연락은 편하게 자유로워지면 좋겠어요. 통일이 되어도 갑자기 북한 사람이 남한으로 몰려오는 것은 아니라고 봅니다. 남한의 젊은 사람들은 통일에 관심이 없는데요.(소연)

이들은 통일은 늦어져도 자유롭게 통화나 연락할 수 있으면 좋겠다는 현실적인 교류를 원한다. 또한, 이들은 통일에 대한 준비가 안 된 상황에서 갑자기 통일이 되면 북한 주민들이 한꺼번에 몰려와서 혼란스러운 사회가 되는 것을 두려워한다. 현재 북한의 사회경제적 현실을 감안하면 그들이 살기 위해서 남한으로 몰려온다는 것과 이에 따른 혼란을 예상하기 때문이다.

어른들이 생각하는 것과 저희 세대가 생각하는 것이 다르잖아요. 자기들은 북한 사람이라 생각하고 저희는 북한이 고향인 한국 사람이라고 생각하므로 통일에 대한 생각도 다른 것 같아요. 그런 마인드라서 그런지 저는 통일이 갑자기 되면 안 될 것 같아요. 갑자기 되면 큰일이 날 것 같아요.(정인)

위의 탈북청년은 세대 간의 통일에 대한 생각이 다르다고 진단한다. 고난의 행군시기의 탈북민들은 북한 정체성이 강하고 김정은 시대의 탈북청년들은 남한 정체성이 강하기 때문에 통일에 대한 마인드도 다를 수밖에 없다고 한다.

언젠가는 통일이 될 수 있다고 생각합니다. 왜냐하면 모든 주민들이 자본주의를 알고, 시장경제로 돌아가고, 현재도 시장경제로 돌아가지만, 계속 버티다 보면 주민이 살아가기 힘드니까 통일이 될 거라고 생각합니다. 그렇지만 제가 보기에는 북한의 최고 권력자가 정권을 내어 놓치는 않을 것 같고, 대신에 조건부 왕래를 하지 않을까 생각합니다. 나라는 국민이 있어야 나라가 돌아가고, 국민을 잃으면 나라가 망하잖아요. 따라서 여권을 허용하되 조건부로 왕래하면 자연적으로 통일이 된다고 봅니다.(해인)

당연히 되기를 바라는데, 가능성이 희박하다고 생각해요. 결국 통일이 되려면 어느 한쪽이 흡수통일이 되어야 되는데, 그건 어려울 것 같아요. 동등한 위치에서 같은 정권이 아니잖아요. 민주주의와 독재정권인데 둘 중의 하나는 포기해야 되는 거잖아요. 둘이 함께 존재할 수 있는 것은 아니잖아요. 둘이 함께 존재한다면 다른 나라가 되는 거잖아요. 아니면 민주주의 나 공산주의냐 둘 중 하나로 흡수통일 되어야 한다고 봐요. 한 나라에 대통령이 둘이 될 수는 없으니까요.(아진)

입국 8년 차가 되는 탈북청년은 북한주민들이 자본주의 시장경제를 알고 있고 장마당을 중심으로 북한경제가 작동하기 때문에 북한정권이 경제적 한계에 이르면 권력 유지를 위해 조건부 교류가 될 것이고, 자연스럽게 통일이 될 것이라는 통일에 대한 확신을 보여준다. 그러나 다른 학생은 남북한 모두가 자기 정권을 포기하지 않기 때문에 통일의 가능성이 희박하다고 한다. 즉, 이들의 통일에 대한 의지는 고난의 행군 시기의 탈북민과는 다른 면모를 보여준다. 고난의 행군 시기의 탈북민은 반공전사로서의 안보강연을 하는 등 통일의 당위성만 이야기하지만, 탈북청년들은 열린 시각으로 현실적인 통일 감각을 가지고 있다.

이와 같이 탈북청년들은 통일은 오랜 시간이 걸릴 것이고, 체제 통일은 늦어진다고 해도 상호 교류가 가능한 점진적 통일, 조건부 통일에 대한 열망을 가지고 있다. 통일은 그들에게 새로운 세상을 열어주고, 그들은 남북한의 체제를 경험하고 남한의 앞선 학문과 기술을 배운 자로서 북한발전의 선두주자가 될 수 있다는 자부심을 가지고 있다. 어느 누구보다도 통일에 대한 열망을 강하게 표출한다. 그들에게 통일은 무엇보다도 그리운 가족과 이웃을 다시 만나고, 고향으로 돌아갈 수 있는 유일한 길이기 때문이다.

이들은 현실적으로 당장에 통일이 안 된다면 교류만이라도 허용되는, 아니면 송금과 통신만이라도 허용되는 남북교류를 갈망한다. 은행 수수료만 부담하고 돈을 보낼 수 있는 현실적인 교류, 서로 얼굴을 볼 수 있으면 좋겠고, 지금처럼 어렵게 번 돈을 과도한 브로커비로 낭비하는 비극적인 일이 없었으면 좋겠다고 한다.

(3) 탈북청년들이 생각하는 통일방안

탈북청년들은 통일문제에 대해 현실적으로 접근하면서 실질적이고 가능한 비전을 가지고 있다. 경제적 측면에서 점진적인 통일방안을 제시하고, 다른 한편은 정치 체제적 측면에서, 또 다른 한편은 사회통합적 측면에서 통일 방안을 제시한다.

> 저는 통일이 갑자기 되면 안 될 것 같아요. 갑자기 되면 큰 일이 날 것 같아요. 자본주의가 들어와서 자유가 되면 사람들이 충격을 먹을 것 같아요. 저희가 남한에 온 사람은 3만 명이지만 하나 둘 이렇게 왔기 때문에 적응하지만 갑자기 그 많은 인구가 확 밀려오면 큰일이 난다고 생각합니다. 천천히 왔다 갔다 하면서 북한도 천천히 발전 하면서 어느 날 자연스럽게 남북한이 이제는 통일해도 되겠다는 생각이 들 때 통일 하는 게 좋은 것 같아요. 갑자기 통일 되면 정말 큰일 난다고 생각해요. 통일이 되면 대박이라고 하는데 저는 통일이 대박이 아니라고 봅니다. 북한의 인건비를 남한과 똑같이 준다면 국가적으로 재정의 파탄을 가져옵니다. 따라서 북한의 인건비를 서서히 올리고 북한의 싼 물품을 남한이 사 가고 그렇게 하여 남북한이 비슷해질 때 통일을 하는 것이 좋을 것 같아요.(소연)

한 탈북청년은 경제적 측면에서 통일에 대한 의견을 제시한다. 준비가 안 된 상태에서 갑자기 통일이 되면 혼란이 일어나고 큰일 날 가능성 크므로 점진적으로 교류하면서 북한이 발전되어, 자연스럽게 통일할 수 있는 수준이 되었을 때 통일하는 것이 바람직하다는 의견을 개진한다. 많은 수의 탈북민이 한꺼번에 몰려오면 사회가 혼란되고 재정적 파탄이 온다고 주장한다. 통일은 결코 대박이 아니며 상호 교류하면서 북한의 경제수준이 어느 정도 향상되었을 때 통일을 하는 것이 바람직하다는 점진적이고 현실적인 통일 방안을 제시한다.

일단 북한이 자기 자리를 내어 놓아야 하고, 독재정권을 파기시켜야 하는데, 북한은 절대 그렇게 하지 않아요. 두 나라가 합쳐서 대통령이 두 명이라면 그들은 수긍하겠지만 한 명이라면 김정은 그렇게는 안 할 것에요. 그래서 통일이 되기보다는 왕래가 더 좋은 것 같아요. 통일이 안 되어도 왕래만 되면 그것이 더 좋을 수도 있어요. 더 복잡하지도 않고, 독일은 통일이 되어도 빈부차이가 많고 차별도 심해잖아요. 통일이 되어도 북한사람을 낮게 보는 경향이 있고. 지금도 북한사람을 낮게 보는데, 각자 자기나라에서 왔다 갔다 하면서 일정기간을 지나서 통일을 하는 것이 바람직한 같아요.(정인)

위의 학생은 체제적 측면에서 점진적 통일을 주장한다. 김정은 독재 정권은 정권을 결코 포기하지 않을 것이기 때문에 현실적으로 체제적 통일은 불가능하다. 따라서 교류하고 왕래하는 것이 바람직하고 일정 기간의 교류를 거친 후 통일을 하는 것이 현실적이라고 주장한다.

통일이란 하나가 되는 건데 현실적으로 하나가 되기 힘들어요. 왜냐하면 몇 십년간의 북한의 특성이 있고 여기의 특성이 있는데, 제 생각에는 통일이 된다 하더라도, 북한 사람이 남한에 밀려 왔다가 다시 북한으로 돌아간다고 봅니다. 왜냐하면 남한사회에 적응하는 것이 너무 힘든다고 깨닫기 때문입니다. 특히 나이든 세대는 살아온 방식이 다르기 때문에 더욱 빨리 돌아간다고 생각합니다. 북한의 싼 노동력을 이야기 하는데, 사실 북한이라는 사회가 문을 닫고 있어서 배우지 못하고, 보지 못하고, 듣지 못해 그런 것이지, 그 사람들이 인지 능력이라던가 생각이 떨어지거나 그런 건 아니거든요. 세상을 구경 못하고 그런 환경에 놓여 있어서 그런 것이어요. 개혁, 개방을 하면 자유롭게 세계를 보고, 각자의 여건에 맞게 미국에 가서 살 수도 있고 굳이 한국에만 사는 것은 아니라고 봅니다. 기회가 없어서 못사는 것인데 편견의 시선

을 갖고 바라보아요. 따라서 통일보다 통합이 맞는 같아요. 북한 사람
이 잘 살 수 있는 기회를 주어야 하고, 그리고 자유를 주어야 합니다.
자유가 없어 못한 것이고 여기 와서도 잘사는 사람은 잘 살고 있어요.
그러다가 점차적으로 통일이 된다고 봅니다.(해인)

또한 탈북청년들은 통일이 아니라 통합을 주장한다. 남북한이 오랜
시간 분단체제에 살았기 때문에 남북 각자의 특성이 있고, 따라서 상호
간의 특성을 인정하는 통합이 바람직하다는 것이다. 이러한 통일방안은
통일인문학의 통일방안과 일맥상통한다. 또한, 북한주민이 가난한 것은
능력이 없기 때문이 아니라 개혁, 개방이 안 되었기 때문이라고 하면서
능력 면에서 북한 주민이 낮게 평가되는 편견을 거부한다. 또한 통일에
있어 새로운 관점을 제시하고 있다. 즉, 통일이 되어 북한주민이 남한에
들어온다 하더라도 대부분 북한주민은 북한으로 돌아갈 것이라는 견해
를 피력한다. 남한사회에 적응하는 것이 너무 힘들고, 살아온 방식이
다르기 때문에 빨리 돌아간다고 한다. 이 점은 통일 연구에 새로운 모티
브를 제공한다.

이렇게 탈북청년들이 통일에 대한 다양한 시각을 가지고 있다는 것은
장래 남북한 통일의 역군으로써 통일의 잠재적 주역으로서의 역할을
시사하고 있다. 탈북청년들의 '앞서가는 사람'으로서 자부심은 자신들을
차별받는 소수자로 호명되기보다는, 통일이 되면 중심적인 역할을 수행
할 수 있는 '잠재적인 통일협력자'의 긍정적 정체성을 만들어가고 있다.
또한 그들은 북한을 '기회의 땅'이라고 인식한다. 남북관계가 진전되고

교류가 활성화되면 남한에 '먼저 온 사람'으로서 북한을 잘 알고 북한 사람들의 문화와 심리를 이해할 수 있는 그들이 더 나은 위치를 점할 수 있다는 기대감을 가지고 있다. 기회가 주어진다면 통일 이후, 또는 북한이 개방되어서 남한의 기업들이 진출할 때 중요한 역할을 담당할 수 있다고 생각한다.

따라서 탈북청년들은 통일에 대한 다양한 시각을 가지고 있으며 잠재적인 통일협력자의 긍정적 정체성을 만들어가고 있다. 또한 통일담지자로서의 역할을 행함으로써 남북한 주민 간의 소통의 길이 되기도 한다. 이 점에서 이들은 북한가족과 휴먼커넥션을 강화하면서 실제적인 남북한 주민의 '차이와 다름'을 치유하고 공존하는 역할을 하고 있다고 본다.

2) 탈북민 사회의 갈등 조정자로서의 역할

한국 입국 후 탈북민은 대한민국 국적을 얻었지만 같은 민족의 일원으로 동등하게 대우받지 못하고 있으며, 북에서 왔다는 이유로 사회적 편견과 차별을 경험한다. 또한, 남한 주민들은 분단체제의 영향으로 북한에 대한 적대적 이미지를 탈북민에게 투사하여 탈북민을 북한과 동일시하는 경향이 있다. 남한 주민에게 탈북민은 같은 민족이지만 "민족 내부의 적대적 타자"[240]로 취급된다. 또한 신자유주의 영향으로 사람을 사회경제적 지위에 따라 평가하는 경제주의적 가치관으로, 남한 주민들은 탈북민을 경제적으로 가난한 사람으로 무시하거나 남한국민이 낸

---

240 오원환, 「탈북청년의 정체성연구 : 탈북에서 탈남까지」, 고려대학교 대학원 박사학위논문, 2011, 142쪽.

세금을 축내는 기생적 존재로 여기기도 한다. 탈북민들은 남한주민들의 이 같은 시선을 일상적으로 경험하면서 깊은 좌절을 느낀다.

이들이 느끼는 좌절의 실체는 외국인 이주노동자들이 경험하는 사회적 차별에 대한 불만의 성격이 아니라 같은 민족으로서 대우받지 못하는 데서 오는 불만이다.[241] 이들은 민족적 동포애가 결여된 남한주민들의 이기적 삶, 같은 민족을 적대하거나 차별하는 경험을 하면서 민족 유대가 결여된 남한주민들에게 거리감을 느낀다. 이에 대한 탈북민의 불만은 사회문화적으로 배제되는 소수자 차별의 맥락이 아니라 같은 민족임에도 불구하고 무시당한다는 점에 있다.

이러한 차별에 대하여 탈북민들이 자신들의 존재를 증명하려는 인정투쟁을 하게 된다. 그들은 단체를 결성하거나 연대함으로써 한국사회의 사회적 인정을 이끌어내고 대한민국 국민으로서의 권리를 확보하기 위한 인정투쟁을 전개한다. 그러나 현재 그들의 인정투쟁은 사회적 반향을 일으키지 못하고 국가의 대북정책에 맞물려 위축되어 있는 상황이다.

한편, 탈북민 수의 증가와 구성의 변화는 탈북민을 재인식하는 계기가 되었다. 이제 탈북민은 개인이 아닌 '구분적인 집단'으로 인식되며, 가장 이질적인 집단이면서도 한국 사회에 통합되어야 할 대상이다. 남한사회의 차별과 적대감은 탈북민의 사회적 갈등을 증폭시키고, 그들은 분단체제의 메커니즘과 이데올로기적 경계를 교란하는 경계 사이에서 이방인이 되어간다.

---

241 이병수, 「탈북자 가치관의 이중성과 정체성의 분화」, 『통일인문학』 59, 건국대학교 인문학연구원, 2014, 138~141쪽.

그러나 탈북민이 한국사회에 정착함에 따라 탈북민에 대한 인식과 탈북민의 사회적 위치는 변화되고 있다. 그들은 남한체제의 우월성을 증명하는 상징적 존재가 아니라 분단체제를 극복할 수 있는 경계인으로서 그들이 위치가 재조명되고 있다. 그들은 한국사회에서 소수이고 구별된 존재이지만 남과 북의 거리를 극복할 수 있는 잠재적 자원의 위치에 있다. 남북한 체제를 경험한 그들을 통일의 잠재적 자원으로 인식하기 위해서는, 그들과의 소통,치유의 관계가 형성되어야 하고, 이러한 갈등 조정자의 역할에 있어 장차 탈북청년들의 위치가 크다고 본다. 이제 탈북청년들은 어느 정도 한국사회 정착이 안정화된 상태이고 졸업 후 특정 분야의 전문가로서 사회진출을 하게 된다. 대안학교 입학에서 대학졸업까지 10년의 시간은 그들을 탈북민 사회의 리더로 성장시킨 시간이다.

탈북민이 구분된 소수자, 이질화된 집단이 아니라, 민족의 일원으로서 자리 잡을 수 있도록 상호 갈등의 조정자가 필요하다. 탈북청년은 탈북민 사회와 정서적, 문화적으로 공감대가 형성되어 있기 때문에 탈북 사회의 갈등과 문제를 해결하는 조정자 역할을 한다면 충돌과 거부감이 완화될 것이라고 본다. 현재 북한사회의 변화추이를 감안하면 탈북민과 남한사회의 갈등의 치유와 공존은 한민족 사회적 사회적 통합을 앞당길 수 있다고 본다.

이 점에서 탈북청년들은 북한에서 어느 정도 고등교육을 받았고 한국에서 대학교에 재학 중이다. 졸업을 하고 한국사회에서 한 분야의 전문가로서 사회적 위치를 확보할 때 이들은 탈북민 사회에서 조정자의 역할을 할 수 있으며, 남북 관계의 새로운 리더로서 남북한 사회통합의 중간자 역할도 가능하다고 본다. 탈북민이 남북한 사회통합의 걸림돌이 아닌 디딤돌이 되는 것은 탈북청년들의 역할에 달려있다.

3) 탈북청년의 교량 역할과 기대

탈북청년들은 억압적이고 폐쇄적인 북한체제를 탈출했다는 점에서 정치적, 체제적 의미가 부여되는 존재이다. 경제적 생존을 위해, 더 나은 삶의 목적으로 탈북한 경제적 이주민의 성격이 강하지만, '탈북민'이라는 호칭은 그들의 역사적 위치를 특정하고 본인들의 의사와 무관하게 남과 북의 중간자로서의 역할과 위상이 주어진다.

김정은 시대 탈북청년과 같은 세대들은 북한의 인구 구성비율에 있어 전체 인구의 약 32.2%를 차지하고, 향후 새로운 변화의 세대로서 북한의 사회 변화의 시발점이 될 가능성이 있다. 이들은 이념, 국가관, 민족 등의 이데올로기의 영향에서 벗어나 개인주의, 실용주의적 가치관을 가지고 있다. 이런 특징은 남한의 MZ세대와도 상통하는 부분이다. 출생지가 남과 북이라는 체제적 배경이 다르지만 자유와 공정이라는 시대적 가치를 배경으로 21세기 남과 북의 사회 변혁의 큰 흐름을 만들어 갈 수 있는 가능성의 세대이다.

장마당 세대인 이들은 노동당과 수령의 통제를 당연시했던 이전 세대와는 성장환경이 완전히 다르다. '고난의 행군시기' 이후 출생한 이 세대의 생존은 당의 배급이 아니라 장마당을 통하여 이루어졌다. 장마당이 기르고 한류에 사로잡힌 장마당 세대는 외부 세계를 동경하고 개인주의,

실용주의적 사고방식이 강하다. 이렇게 북한의 장마당 세대가 북한 사회변화의 시작점이 되고 있다는 단서들은 북한 전문 매체들을 통하여 포착되고 있다.

2010년 중동과 아프리카의 '아랍의 봄'은 집권 세력의 부패, 빈부 격차, 청년 실업으로 인한 청년 계층의 분노 등이 원인이 되어 아랍 전역으로 확산되었다. 반정부 시위는 '재스민 혁명'으로 이어져 정권 교체가 이루어지는 결과를 가져왔다. 이러한 위기의식에서 김정은 정권은 북한의 장마당세대에 의한 사회변혁을 차단하기 위해 '청년 세대의 사상정신 상태에서 심각한 변화가 일어나고 있으며, 더는 수수방관할 수 없다'면서 '인간개조론'을 거론하고 있다. 시대의 변화에 따른 북한의 변화, 세대 교체에 따른 북한 사회변화의 중심에는 장마당 세대가 있다고 본다. 이 점에서 MZ세대인 탈북청년과 남한주민과의 공존은 보다 중요한 의미를 가지며, 남북 간의 소통과 통합의 미래적 역할이 주어진다.

한편, 분단체제에서 '한민족'이라는 유대감은 남북한 주민 모두에게 민족적 결합과 정서적 공감대를 갖게 한다. 분단체제의 극복 문제에서 '민족'이라는 관점은 남북한 통합의 출발점이 될 수 있다. 그리고 탈북민들은 강한 민족적 유대의 열망을 가지고 있고, 같은 민족의 일원임을 요구하며 남한주민보다 훨씬 강력한 통일 열망을 지니고 있다. 탈북민이 지닌 강한 민족적 유대의 열망은 그들의 주체성 존중 차원에서도 인정되어야 하지만, 남북의 적대성을 극복하는 맥락에서도 중요한 의미를 지닌다.

탈북청년들의 북을 향한 애정은 남북의 소통, 화해를 위한 매개가 될 수 있기 때문이다. 탈북 후 그들이 겪은 고난에도 불구하고 탈북청년들은 남북의 체제와 문화를 비교 체험한 한반도의 유일한 존재이기 때문에, 남과 북의 상호이해를 증진시키는 교량역할이 가능하다. 또한 탈북청년들은 '남한사람'이자 '북한사람'이라는 이중적 지위를 가진 존재이다. 이러한 이중적 지위는 남한의 체제적 가치와 북한의 정서적, 문화적 가치를 통합하거나, 혹은 남북소통과 화해를 위한 교량 역할, 매개 역할을 가능하게 한다.[242] 이 점에서 탈북청년들의 미래적 역할, 남북 사회통합의 중간자 역할을 기대하게 한다. '먼저 온 미래', '통일의 일꾼', '통일의 예행 연습'이란 말이 지니는 의미도 그들의 중간자 역할에 대한 기대를 반영하고 있다. 이들이 이러한 호명에 따른 역할을 해낼 수 있게 하는 것, 그 또한 우리의 과제라고 할 수 있다.

---

242 이병수, 「탈북자 가치관의 이중성과 정체성의 분화」, 『통일인문학』 59, 건국대학교 인문학 연구원, 2014, 145~147쪽.

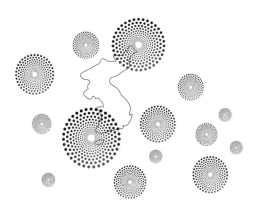

제7부
장마당 세대와 북한 사회
변화의 가능성

제1장 북한사회 변화의 동력, 장마당 세대

북한 사회주의국가 수립이후 북한사회의 구조적 변화와 주민들의 가치관 변화의 전환점은 '고난의 행군시기'였다. 이 시기를 거치면서 북한주민은 사상이 아닌 물질을 중시하게 되었고 개인의식이 대두되었다. 북한사회 변화의 1차적 전환점이 김정일 시대의 '고난의 행군시기'라면, 2차적 변곡점은 김정은 집권 10년 차의 코로나 팬데믹으로 인한 역사의 가속화 현상이라고 본다. 코로나 팬데믹은 예전의 삶으로 돌아갈 것이라는 전망보다는 역사경로를 바꿀 정도로 근대사회의 결정적인 사건으로 평가되고 있다.[243] 레닌의 말처럼 "느닷없이 몇 주안에 십년치의 사건이 벌어질 수 있다는 것이다." 북한도 예외 없이 코로나 팬데믹의 위기 속에 있으며, 국경봉쇄로 북한주민은 생활물자 부족의 고통 속에서 어려움을 겪고 있다. 게다가 예상치 못했던 코로나의 엄습, 세계적인 한류의 열풍, 생활 속에 뿌리내리는 마약의 유통 등의 파도는 북한 사회의 변화를 앞당기고 있다. 고난의 행군시기 이전부터 북한 사회 기층에 잠재되어 있는 변화의 누적된 요인들은 장마당 세대의 비사회적 행태에 의해 촉발되고 이들 세대에 의해 사회 변화의 가속화 현상들이 나타나고 있다.

북한 사회 변화의 동인으로서의 장마당 세대의 가능성에 관한 것, 중동의 자스민 혁명, 최근 홍콩의 우산혁명 등의 사례와 마찬가지로, 김정은 정권은 북한 사회 변화의 세력으로의 청년의 역할을 주시하였다.

---

243 파리드 자카리아, 권기대 옮김, 『팬데믹 다음 세상을 위한 텐 레슨』, 민음사, 2021, 12쪽.

또한 그 이전 김정일 정권 역시 고난의 행군시기 전후 수년간 '새 세대'의 사상성, 사회경제적 가치관 변화에 대한 내용을 청년동맹 기관지 『청년전위』에 게재하여 장마당 세대의 역할에 주목하였다.244 연령별 구성 비율에 있어 북한 인구의 약 32%을 점하는 장마당 세대는 그만큼 사회주도세력이 될 인구학적 요건을 갖추고 있다. 장마당을 통한 경제영역의 확대는 북한의 경직된 제 1사회에서 '제2사회'245의 가능성을 조성하였고, 이 공간을 토대로 장마당 세대는 기층으로부터 제 2사회를 만들어가고 있다. 더욱이 장마당 세대는 '고난의 행군'이후에 태어나 이들만의 독특한 역사적 경험과 사회화의 과정을 거쳤다. 비사회주의적 삶의 양태를 내면화하고 있는 코호트적 특징을 공유하며, 기성세대와 구분되는 의식과 경험세계를 구성하고 있다는 점이다.

2019년 미, 북 '하노이 정상회담'직후 평안북도 청년동맹 위원장은 노동당 내 기관지인 『근로자』에 "청년들을 무방비 상태로 내버려두면 상상 밖의 일이 벌어질 수 있다"고 기고함으로서 2030 장마당 세대에 대한 북한 지도부의 위기의식을 드러내고 있다. 이에 북한은 2020년 12월 한류 유포자를 사형에 처하는 '반동사상문화배격법'246을 제정하여

---

244 이인정, 『북한 '새세대'의 가치지향 변화』, 한국학술정보, 2007.

245 Hankiss의 제2사회의 개념, 소련 및 동구사회주의체제의 붕괴 원인을 사회학적으로 분석한 개념 중 하나가 제2사회 개념이다. 제2사회는 사회주의체제의 공식사회와 공존하면서 형성되어진 비공식사회로서 결국은 공식사회를 전복하는 사회주의권 반체제운동인 시민사회운동을 말한다.(하대성, 김진윤, 「북한사회의 변화와 동요의 흐름, 2원적 분화와 제 2사회의 시각에서」, 『대한정치학회보』 24-4, 대한정치학회, 2016; 홍철, 「북한체제 변화에 대한 제2사회 개념의 적용가능성 분석」, 『대한정치학회보』 11-1, 대한정치학회, 2013).

246 반동사상문화배격법은 "주민들이 남한스타일로 말하고 쓰는 것, 남측 스타일로 노래하는 것, 남측 서체로 출판물을 만드는 것을 금지하는 법"이며, 남측 콘텐츠를 수입 또는 유포하

'반사회주의, 비사회주의'의 열풍을 차단하고 있다. 또한 김정은 국무위원장은 2021년 4월 당 세포비서 대회에서 "청년 세대의 사상정신 상태에서 심각한 변화가 일어나고 있다. 더는 수수방관할 수 없다"면서 '인간개조론'까지 거론한다. 최근 2022년 1월 최고인민회의 제14기 제8차 회의에서 '평양문화어보호법'을 채택하여 남한 말을 비롯한 외국식 말투에 대한 단속을 강화하였다.[247] 이것은 북한정권이 장마당 세대로 인해 체제의 위협을 느끼고 있다는 것을 의미한다. 출생 코호트가 동일한 김정은이 장마당 세대로 인한 사회변동을 사전에 차단하려는 것은 이 세대가 수령과 당의 통제를 당연시 했던 기성세대와는 성장환경이 완전히 다르기 때문이다. 이들 세대는 배급이 아니라 장마당에 의존하여 살아왔기 때문에 그들에게 수령과 노동당의 통제는 '밥을 먹여주는 것도 아니면서 충성만 강요하는 존재'로 인식되어 있다.

배급은 주지만, 1년에 한번정도 감자나 잡곡을 주는데 몇 킬로 정도 줘요, 그래서 장마당에서 장사해서 먹고 살고. 고난의 행군이후 배급은 중단되었어요. 남자들은 다들 직장에 매어서
일을 하지만 월급이 안 나와요. 군인들은 배급이 나오지만 일반 직장인은 돈이 안 나와요.(소연)

구술에 의하면 고난의 행군이후 배급은 중단되었고 남자들은 직장에

는 경우 처형할 것을 규정하고 있다(「북 MZ세대 보고서」, 『조선일보』, 조선일보사, 2021, 6, 11).

247 평양문화어보호법 58조는 "남한말 쓰면 6년 이사의 교화형"에 처하는 것을 규정하고 있다(『연합뉴스』, 2023년 3월 1일)

나가지만 급여가 나오지 않는다. 따라서 장마당에서 장사하여 살아갈 수밖에 없는 것이 북한의 실정이다. 또한 언론매체에 의하면 "요즘 장마당 세대는 당 간부의 말도 잘 안 듣고, 행사에 나오라거나 돈을 내라고 하면 '내가 왜'라는 식으로 반응"하고, 당 간부보다 돈이 되는 법 일꾼이나 무역 일꾼을 더 선호"한다고 한다.[248] 이와 같이 북한의 장마당 세대는 당의 통제와 명령에 따르는 공적부문의 이익 보다는 사적이익을 추구하는 개인주의적 성향이 강하다.

그러나 현재 장마당 세대를 북한 사회 변화의 주체가 된다고 주장하기에는 사회여건상 한계가 존재한다. 사회구조적인 측면에서 북한의 남성은 만 17세부터 군 생활을 시작하여 10년 정도를 군에서 보내는 것으로 알려져 있고, 일부 여성 또한 7년 동안 군사복무를 한다.[249] 북한 사회가 구성하는 생애주기의 측면에서 보면 북한 청년은 20대의 대부분을 군대에서 보내고 있고, 이 때문에 이들이 사회 변화의 주체가 되기에는 구조적 한계가 있다. 또한 이들이 장마당과 같은 사적 부문의 주도세력이 되기에는 이들의 사회경제적 자본이 제한되어있다.[250]

그렇다고 북한청년을 둘러싼 이러한 사회구조적 한계로 인해 이들이 기성세대와 차이가 없다고 단순화하기에는 이들의 가치관과 경험이 기

---

248 「북 MZ세대 보고서」, 『조선일보』, 조선일보사, 2021, 6, 11.

249 미국의 자유아시아방송(REA)은 김정은 정권 출범 뒤인 2014년부터 북한의 군 복무기간이 남성의 겨우 13년, 여성의 경우 9년으로 늘어났다고 보도했다(「북한의 군복무기간 10년에서 13년으로 연장」, 『경향신문』, 2014년 9월 7일자).

250 김성경, 「북한 청년층과 세대문제: 쟁점과 본 연구의 설계」, 『북한 청년들은 "새 세대"인가?』, 경남대학교출판부, 경남대학교 극동문제연구소, 2015, 14-16쪽.

성세대와는 너무 다르다는 점에서 북한 사회의 변화를 견인하는 세대로 주목된다. 공산정권 시절 루마니아 공산당 청년동맹 출신인 그레그 스칼라튜 북한인권위원회 사무총장은 최근 미국의 소리방송(VOA)에서 "북한청년들의 현 상황은 지도자와 사회주의를 겉으로 찬양하는 척했지만 속으로는 믿지 않았던 1980년대 초반 공산 동유럽을 연상하게 한다."고 말한다.

제2장 장마당 세대에 인한 북한 사회 변화의 전망

지난 수 세기 동안 세계의 변화의 동력은 경제성장과 기술의 발전이었고, 이들 발전은 사회와 문화의 변화로 이어졌다. 사회를 정치를 포함한 범주로 본다면, 사회는 문화, 경제, 환경, 정치 등의 분야로 상호 통합되어 있고, 상호 관통하며 연계되어있고, 상호 형성하면서 사회를 구성하고 있다. 사회의 미래를 이야기할 때 미래의 시점은 임의적이며, 과거부터 현재까지의 추세가 지속된다고는 볼 수 없다. 즉 미래의 특정 시점에 무엇이 일어날지 알 수 있는 방법은 없는 것이다.

그러나 우리는 미래의 시대정신에 입각하여 미래예칙이 가능하다고 본다. 시대정신이란 특정 시공간에 있어 특정사회나 공동체의 행동을 이해할 수 있는 지배적 사상과 믿음이다. 세대교체기간을 20년으로 본다면, 20년 후의 미래는 너무 먼 미래도 아니고 너무 가까운 미래도 아니지만, 이 기간 동안 모든 것이 변화하지는 않겠지만 무엇인가 중요한 변화가 일어날 수 있는 기간이다.[251] 이 점에서 우리는 20년 후 북한 사회의 변화, 한반도의 미래에 대한 전망에 관심을 갖지 않을 수 없다.

북한의 2030 장마당 세대는 20년 후 북한 사회의 중심세대가 될 것이다. 그리고 이 세대가 공유하는 비사회주의적 의식과 생활양식의 '세대적 엔텔리키'는 미래 세대의 시대정신이 될 것이고, 이 시대정신은 북한 사회를 변화시키는 동력이 될 것이다. 이러한 관점에서 장마당 세대로 인한 북한 사회의 변화의 조짐과 전망을 북한 사회주의 체제 70년간의 역사적 관점과 현재 북한 사회의 사회문화적 관점에서 살펴보고자 한다. 북한 사회주의 체제는 그 태생부터 잠재적인 자본주의 요소를 배태하였으며 체제의 모순으로 시장화로 인한 사회의 구조적 변화가 일어나고 있다. 그 결과 현재 북한사회는 외적으로는 사회주의 통제체제를 유지하지만 내적으로는 시장화로 인한 비사회주의 의식과 행태가 진행되고 있다.

첫째, 역사적 흐름에서 보면 북한 사회주의체제는 출발 시부터 자본주의적 모순을 배태하고 있다. 해방 직후 북한의 인민국가 건설운동은 인민 대중에 뿌리를 내린 인민민주주의에 기초하고 있다. 반파시즘 통일전선에 기초한 민족해방투쟁의 성과는 제2차 세계대전 후 부르주아독재도 프롤레타리아 독재도 아닌 "제3형"의 권력구조를 낳았다. 이러한 형태의 권력구조는 프롤레타리아 독재를 경유하지 않고 사회주의화 되었다. 1946년 폴란드 공산당 서기장 고물카는 폴란드 사회주의 국가발

---

251 소하일 이냐야툴라,『한국과 아시아의 미래 2040』, 박영사, 2021.28-29쪽

전의 이중성에 주목하여, '사회주의 경제와 지본주의 경제의 특성', '사회적 민주주의 요소와 자유주의적 부르주아 민주주의 요소'가 공존하는 형태의 권력구조를 '인민 민주주의'라고 하였다.[252] 북한의 인민 민주주의 역시 사회주의와 자본주의 요소를 동시에 가지면서 양자 사이에서 발전하는 형태의 권력구조를 형성하였다.

북한의 사회주의 체제는 사회주의와 자본주의 요소를 동시에 가지면서 양자 사이에서 발전하는 권력구조의 형태로 출발함으로서 체제 내에 자본주의적 요소가 잠재되어 있다. 잠재적인 자본주의적 요소는 1960년 대 생산력 증가의 한계와 군사국가화, 1970년 대 김일성 우상화 작업, 1980년 대 경제침체로 시장경제라는 현상으로 표출되었다. 1994년 7월 김일성 주석의 사망, 1995년 대홍수 등의 자연재해, 1995-1997년의 콜레라와 파라티푸스 등의 전염병의 발생으로 북한 경제는 한계에 봉착하여 국가의 중앙배급시스템이 붕괴되고 '고난의 행군시기'가 시작되었다. 즉 북한 사회는 외적으로는 사회주의 체제를 유지하면서 내부적으로는 사적이익추구, 개인주의적 성향, 돈에 의하여 움직이는 시장중심의 사회로 구조적으로 변화되었다. 이러한 사회경제적 여건 속에서 성장한 장마당 세대는 자본주의적 삶의 행태를 공유하는 세대의식을 갖게 되고, 이 시대정신은 북한사회를 변화시키는 동력으로 작용하고 있다.

또한, 북한의 유일지배체제의 한축이 강제력에 의한 국민동원이라면, 다른 한축은 인민들의 자발적인 동원체계이다. 북한 당국은 이러한 자

---

252 김재웅, 「인민국가건설」, 『북한체제의 기원』, 역사비평사, 2018, 24-25쪽.

발적인 동원기제로서 김일성의 '혁명전통'을 북한 사회주의 체제의 수립, 강화, 유지의 기제로 활용하여왔다. 그러나 장마당 세대는 공산주의 사상교육 등 교양학습을 정상적으로 받지 못했기 때문에 김일성의 '혁명전통'을 일상에 내재화 할 기회를 놓쳤고, 김일성과 장마당 세대 사이에 공통의 정서영역을 만들어 낼 수 없었다.[253] 이점에서 북한당국은 향후 북한 사회의 주축이 될 장마당 세대의 자발적 동원기제 형성에 실패했다고 볼 수 있으며, 장단기적으로 체제유지의 한 축이 무너지고 있는 것으로 판단된다.

둘째, 사회문화적 측면에서, 코로나 팬데믹이 장기화되면서 국경봉쇄로 인한 식량 등 생필품 부족사태는 북한 주민들의 체감고통을 더욱 크게 느끼게 하였다. 그 결과 북한 청년들은 한류에 더욱 빠지게 되고, 기성세대는 담배, 독주, 마약 등을 더 찾게 되었다. 북한지도부는 문화의 선전, 선동의 힘을 누구보다 잘 알고 있다. 장마당 세대들이 한류를 통해 남북한 사회를 비교하고, 북 체제의 모순을 알게 될수록 한국처럼 살아봤으면 하는 욕망이 생겨난다. 여기에 자유를 알게 되면 북한 사회의 변화를 일으키는 용기를 가지게 된다. 그래서 북 정권은 주민들이 자유롭게 사고하고 행동하는 '시민'이 되는 것을 가장 두려워한다. 특히 배급을 받아 본적이 없는 장마당 세대는 통제가 잘 되지 않는다. 이를 두려워하는 북 선전기관들은 최근 "청년 세대의 사상적 변질이 북한 사회주의를 무너뜨린다."고 경고하고 있다.

---

253 문미라, 「1950-60년대 북한의 혁명전통 확립과정과 역사인식의 변화」, 『역사와 현실』 119, 한국역사 연구회, 2021, 237쪽, 256쪽.

그럼에도 불구하고 장마당세대를 사로잡은 한류열풍은 북, 중 국경지대뿐만 아니라 '혁명의 수도' 평양에 까지 확산되어 이제 북한에서 한국 드라마나 K-pop를 경험하지 못한 사람은 없을 정도이다. 한류에 심취한 2030세대는 한국 배우, 가수의 헤어스타일과 의상을 모방하고 펜클럽을 만들기도 한다. 더 놀라운 현상은 북한군의 사상무장상태가 해이해지고 있다는 것이다. 100만 북한군의 절대 다수를 점하는 2030 장마당세대는 입대 전 장마당을 통해 돈의 위력을 깨닫고 한류에 심취해 있는 세대이다. 이들은 입대 후에도 한국 영화와 드라마를 끊지 못한다고 한다. 2017년 판문점을 통해 귀순한 북한군 출신 오청성은 "군복무 기간에도 USB에 한국노래 500곡 정도를 넣어서 들었다."고 할 정도로 한류에 빠져 있었다. 또한 북한 전문매체의 보도에 의하면 2020년 8월 백두산 답사에 나섰던 20대 북한 군인들이 오락회에서 BTS의 '피 땀 논물'안무를 따라 추어서 엄중 처벌되었다고 한다.[254] 이에 북한당국은 2020년 12월에 한류처벌을 강화하는 '반동사상문화배격법'을 제정하였고, 군 기강을 확립하기 위해 2021년 3월 개정한 행정처벌법에 "군 입대를 피하려는 사람, 이를 위해 건강진단서를 위조한 사람, 탈영자를 숨겨준 사람에 대해 3개월 이상의 노동교화형을 가한다."는 내용을 담았다. 최근 자유아시아방송(RFA)이 입수한 '평양어보호법'에 의하면 '괴뢰말투로 말하거나 글을 쓰는 자는 6년 이상의 노동교화형에 처하고, 괴뢰말투를 유포하는 자는 10년 이상의 노동교화형에 처하며, 정상이 무거운 경우에는 무기

---

254 데일리 NK, 2021일 10월 25일자.

노동형 또는 사형에 처한다.'고 규정하고 있다.[255]

　나아가 장마당세대는 시장화로 인한 경제영역의 확대와 더불어 북한의 제2사회를 기층으로부터 형성하는 데 직, 간접적으로 영향을 미치고 있다. 이것은 북한의 제1사회와 공존하는 자본주의적 시장영역이 확장된 결과, 북한 주민 및 장마당 세대의 가치의식이 비사회주의 의식으로 변화되었기 때문이다. 제2사회는 사회주의체제의 공식사회와 공존하면서 형성되어진 비공식사회로서, 결국은 공식사회를 전복하게 되는 사회주의 시민사회 운동을 말한다. 사회주의 시민운동은 사회주의 공식세계를 공격하지 않으면서 당국의 영향이 미치지 못하는 제 2사회를 발전시키는 운동이다. 기본적으로 반정치(anti politics)를 지향하고, 제 2사회의 성장은 단순히 시민사회 운동의 결과로서 등장한 것은 아니며 사회의 구조적인 분화가 진전됨에 따라 등장한 것이다. 북한의 경우, 유일지배체제수립이전 까지는 비공식적인 제 2사회의 형성이 가능했으나 1956년 8월 종파사건으로 김일성 유일지배체제가 구축되어 제 2사회 및 제 2경제로 나아갈 통로가 차단되어 버렸다.[256] 그 후 1990년 중반 고난의 행군시기에 국가배급중단으로 수령지배체제의 공식사회가 제대로 작동되지 않음으로써 제2사회가 등장하였다. 그리고 국가의 배급이 아니라 시장에서 살아온 장마당세대가 북한사회의 기층으로 제 2사회를 형성하

---

255 평양문화어보호법 58조는 '남한말 쓰면 6년 이사의 교화형'에 처하는 것을 규정하고 있으며, 59조는' 무기노동교화형 또는 사형에 처한다고 규정하고 있다.(『연합뉴스』, 2023년 3월 1일)

256 홍철, 「북한체제 변화에 대한 제2사회 개념의 적용가능성 분석」, 『대한정치학회보』 11-1, 대한정치학회, 2013.

고 있다. 향후 20년 후 장마당 세대는 북한의 사회주도세력이 될 인구학적 요건을 갖추고 있으며, 북한사회에서 장마당을 위시한 '제2사회'가 점점 확산하고 있다는 점을 감안하면 이 세대가 사회 변화의 주도세력이 될 것이라고 본다. 이들 세대는 수령의 통제에 비판적이고, 집단주의가 아닌 개인주의적 성향이 강하고, 돈에 의하여 움직이는 실리적인 세대라는 점에서 북한 사회의 변화를 이미 만들어 내고 있으며, 코로나 팬데믹으로 인해 그 변화의 흐름이 가속화될 것이다.

또한, 북한의 독특한 통치시스템인 유일체제, 수령체제는 통일 단결의 정치를 추구하는바, 이는 북한주민들의 사회활동으로부터 개인생활에 이르기까지 모든 활동과 생활을 철저하게 조직화하는 것으로, 전 사회의 완전조직화, 조직사회주의의 추구이다.[257] 이는 북한 사회체계의 가장 중요한 특징이라 할 수 있으며, 그것은 오늘날까지 그 기본 틀이 그대로 유지되고 있다. 그러나 "고난의 행군시기"는 북한식 사회주의 시스템의 기본 틀인 배급제도의 붕괴를 가져와 전 사회의 완전조직화를 흔들었다. 그 결과 북한 주민의 사회주의적 가치관은 자본주의적 개인주의적 가치관으로 변화되었고, 기성혁명세대와는 전혀 다른 장마당 세대가 형성되었다. 유일지배체제제라는 견고한 통치시스템을 구축한 세대는 혁명세대인 기성세대이다. 이 세대는 북한 사회주의 국가를 건설하였고 천리마 운동 등 주민동원운동을 통해 북한의 경제부흥기를 이룬 세대라 볼 수 있다. '고난의 행군시기'를 거친 장마당 세대들은 사회주의

---

257 이태섭, 「김정일 후계체제의 확립과 단결의 정치」, 『현대북한연구』 6-1, 북한대학원대학교, 2003, 42쪽.

경제를 경험한 적이 없고 배급이 아닌 시장에 의존하여 생계를 이어왔다. 이 세대는 비 사회주의적이고 반 사회주의적인 세대일 뿐만 아니라, 개인주의적이고 당의 통제를 잘 따르지 않는 세대이다. 또한 돈의 가치를 아는 세대이며, 사회주의 체제와 대척점에 서 있는 사이(in-between) 세대이기도 하다.

장마당 세대는 북한정권의 입장에선 통치체제를 흔드는 존재이지만, 통일의 시각에서는 북한사회의 변화를 기층으로부터 일으켜 한반도 통합을 앞당길 수 있는 가능성의 세대이다. 사회주의이념이 내재화된 혁명세대가 역사의 무대에서 사라지면 향후 20년 내 이들이 북한사회의 중심세력이 된다고 본다. 따라서 북한 청년에 대한 연구는 그 어느 때보다 중요하다. 젊은 지도자의 등장과 더불어 장마당에서 사회화를 완성한 청년 세대들은 북한 사회의 새로운 변화를 만들어 내는 '신입자'와 변동의 '잠재자'이다. 경제와 사회부분에서 변화의 바람이 거세어지는 북한 사회에서 '젊은 청년'은 '새로움'을 만들어 갈 수 있는 가장 유력한 집단이다. 그렇지만 장마당 세대를 북한체제 내의 대항세력으로 단순화하는 것은 아직은 시기상조라고 본다. 오히려 지금 우리에게 필요한 것은 북한 청년의 다면적인 정체성을 좀 더 심도 있게 이해하려는 노력이 필요하다. 한반도의 사회통합이라는 역사적 과제에 있어 북한의 장마당 세대의 연구가 선행되어야만 한다고 본다. 이런 점에서 본 글은 북한 사회주의 국가형성에 주도적 역할을 한 1950-60년의 기성세대와 그 대척점에 있는 장마당세대의 가치관의 변화, 북한사회 변화의 동력, 북한사회 변화의 전망 등을 살펴보았다. 그러나 장마당 세대로 인한 북한 사회의 변화에 대한 구체적인 실증분석, 북한 사회 변화의 전망에 대한 다층적 분석, 그 변화에 대응한 전략적 방안, 즉 한민족 통합을 위한 '상생의 패러다임'에 대한 연구 등이 향후 필요하다고 본다.

제8부
김정은 시대 탈북청년
구술자료

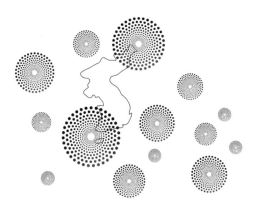

본 구술자료는 김정은 시대 북한사회의 변화, 탈북청년들의 정체성 변화, 그들의 탈북 트라우마, 한국사회에 대한 그들의 시각, 북한사회 변화의 동력으로써 장마당 세대의 위상 등에 대한 연구를 목적으로 6개월 동안 채록한 구술자료이다.

최근 코로나 팬데믹으로 인한 북한의 국경봉쇄로 사실상 탈북이 불가능하였다. 따라서 코로나 발생이전 2017년경에 한국사회에 입국한 탈북청년들이 가장 최근에 입국한 장마당 세대이다. 여기 구술에 참여한 탈북청년 10명은 장마당 세대로서 1991년-1999년의 출생으로 2011년-2017년에 한국에 입국하였고 탈북연도는 2011년-2016년이다. 탈북과 동시에 한국으로 직행한 탈북청년은 6명, 중국에서 3-5년 불법체류 후 입국한 청년이 4명이다. 이들은 북한의 고난의 행군시기 전후에 출생하여 고난의 행군시기를 직접 겪었고, 고난의 행군시기의 경제적 고통과 사회변화의 격동기 속에서 사춘기를 보냈다. 고난의 행군시기 이후의 북한사회의 구조적 모순은 이들을 탈북으로 내몰았고, 탈북 당시 이들의 나이는 적게는 14세에서 20세였다. 탈북 전 북한사회에서 겪은 배고픔, 절망, 가정파탄, 절망, 탈북과 동시에 중국에서 겪은 인신매매, 강제결혼 등의 상처, 탈북과정에서의 비인간적인 행위, 한국사회에 받은 편견과 차별 등의 아픔은 이들의 몸과 마음에 깊게 새겨졌다. 오늘날 이들은 한국사회에서 지난날의 모든 외상과 트라우마를 극복하고 새로운 존재자(new-being)의 삶을 살기위해 혼신의 힘을 다하고 있다. 때로는 시행착오를 행하여 지탄의 대상이 되기도 하지만 우리사회가 그들을 보듬고 포용함으로써 그들은 조금씩 한국사회에 적응하고 뿌리를 내리고 있다.

그들이 한국사회에서 바로 설 때 한반도는 통일에 한걸음 다가가고 한민족은 분열이 아닌 통합으로 나아 갈 수 있다고 본다.

제1장 구술조사 계획

1. 조사기간, 장소 및 조사대상

  1) 조사기간 : 2019. 10. 1 - 2020. 3. 30
      (조사회수 12회, 월 2회, 매회 2시간)
  2) 장 소 : 교회 다목적관 313호실
  3) 조사대상(10명) : 탈북청년(20대), 여학생 7명, 남학생 3명
  4) 조사자 : 김기연, 김종군 교수
  5) 구술참여자 인적사항

(표1) 참여자 인적 사항 (2020.03.30. 현재)

구분	성명 258	성별	출생 년도	탈북 년도	입국 년도	출신 지역	재학 기간	전공	가족 259
인 적 사 항 (10명)	① 송희	여	1999	2016	2017	회령	1년	사 회 복 지	무
	② 은혜	여	1999	2016	2017	혜산	2년	사 회 복 지	무
	③ 정인	여	1997	2016	2016	청진	2년	경 영	유
	④ 시은	여	1998	2013	2017	사리원	1년	피 부 미 용	무
	⑤ 아진	여	1996	2013	2016	혜산	2년	사 회 계 열	무
	⑥ 나희	여	1997	2011	2017	혜산	3년	경 영	무
	⑦ 소연	여	1996	2011	2014	혜산	2년	중문학	무
	⑧ 수철	남	1994	2011	2012	길주	3년	경 영	유
	⑨ 성재	남	1997	2011	2011	혜산	3년	경 영	유
	⑩ 해인	여	1991	2011	2012	온성	졸업	식 품 영양	유

2. 구술조사 일정 및 주제

(표2) 일정 및 주제

회차	일시	주제	비고
1	2019.10.13.	① 남북한 근본적 차이점	
2	2019.10.27.	② 한국 정착상의 근본 문제점 ③ 경제적인 문제	
3	2019.11.10.	④ 문화적 갈등, 충격 ⑤ 정서적 외로움(트라우마) ⑥ 제도적, 이념적 차이	
4	2019.11.24.	⑦ 장래에 대한 확신 ⑧ 생존을 위한 전략적 선택 ⑨ 입국 전 기대와 입국 후 현실과의 　　차이점	
5	2019.12.08.	⑩ 정체성 ⑪ 차별 및 편견 ⑫ 북한의 생활 수준 ⑬ 탈북민 호칭 ⑭ 탈북제도 개선사항(기초생활수급비, 　　정착금지원, 도우미제도 등)	
6	2019.12.29.	⑮ 최근 북한의 상황 ⑯ 경제상황(서민의 생활비, 중산층의 　　생활비, 소득획득방법) ⑰ 경제적 송금 ⑱ 가족해체 요인 ⑲ 탈북 상황 ⑳ 한국문화정보 획득 ㉑ 건강상태	
7	2020.01.05.	㉒ 생존전략 ㉓ 명절 전 대북 송금 ㉔ 통일에 대한 전망	

---

258 성명은 가명이다. 이들의 신변 보호와 탈북과정의 개인적 상처를 보호하는 차원에서 이름
　　(second name)만 표시한다. 대부분 입국 후 북한에서 사용하던 이름을 개명하였다.

259 한국에 함께 거주하는 가족, 부모, 형제자매 유무이다.

8	2020.01.19.	㉕ 한국 사회에 대한 지식 정도 ㉖ 사회관계망의 형성 정도 ㉗ 북한 사람이라 오픈하는 것 ㉘ 탈북자의 자존심 ㉙ 연구참여에 대한 소감, 생각의 변화 ㉚ 위축, 두려움	
9-10	2020.02.09. -03.30.	개인 인터뷰(5명)	O청년, J청년, S청년, C청년, H청년

(표2)에서 보는 바와 같이 제1회 차부터 제8회 차까지는 집단토론회 형식으로 이루어졌고, 총 30개 항목에 대한 구술조사가 진행되었다. 그리고 제9회 차와 제10회 차는 탈북과정에 대한 개별적 구술조사를 실시하였다. 주제를 내용적으로 분류하면, 탈북 전 북한의 실상, 탈북의 사회구조적 환경, 탈북의 개인적 동기, 탈북과정, 탈북으로 인한 정체성 변화, 한국 사회 적응상의 갈등, 통일에 대한 전망, 북한가족에 대한 책임 등으로 나눌 수 있다. 이러한 주제선정은 그들의 탈북과정의 아픔과 한국사회 정착의 경험을 통일과정, 통일 후의 남북한 주민들의 사회문화적 통합의 미래지향적, 긍정적 자산으로 활용하는 것에 초점을 둔 기획이었다.

여기서 구술조사는 크게 두 가지 형태로 이루어진다. 하나는 주어진 주제에 맞춘 집단토론회 형태이고 다른 하나는 개인별 탈북생애사의 구술이다. 이렇게 구술채록방식을 이원화한 이유는 두 조사 방법의 한계점을 보완하기 위한 것이다. 전자는 주제에 합당한 구술내용을 객관적으로 채록할 수 있으며, 개인기억이 지닌 한계점을 보완할 수 있는 장점이 있다. 10명의 탈북청년들이 특정주제에 자유롭게 토론하면서 서로의 기억을 교차 점검할 수 있고, 기억의 공백이나 왜곡을 보완하는 것이 가능하기 때문이다. 그러나 집단토론회는 탈북청년들의 공통 기억이나 보편적 경험에 대한 자료를 확보할 수 있으나, 개인적인 정향, 즉 개인적인 아픔, 심리적 억압, 회피 등의 내면 깊숙이 숨겨진 상처, 개인들의 내밀하고 민감한 화제를 알 수 없는 단점이 있다. 즉, 개인별 탈북생애사를 통하여 그들이 가지고 있는 탈북동기, 탈북트라우마, 정체성변화, 북한이나 중국에서 겪은 충격과 절망 등을 생생하게 재현할 수 있기 때문이다. 예컨대, 탈북과정에서 겪은 인신매매 및 성폭력 등과 같은 이야기나 가정의 개인문제 등은 다수가 참여하는 집단토론회에서 구술하기 쉽지 않다. 따라서 집단토론회를 통하여 유의미한 구술이 가능한 화자를 선별하고, 이들을 대상으로 개별적 심층인터뷰를 따로 진행한 것이다. 개인별 탈북생애사는 중국에서 3-5년간 체류 후 한국사회에 입국한 3명의 탈북청년과 탈북과 동시에 한국에 직행한 2명의 탈북청년를 대상으로 탈북의 전 과정(탈북전 북한생활, 탈북과정, 중국체류, 한국입국)를 채록한 것이다.

제2장 주제별 구술 내용

1. 남북한의 근본적 차이점(2019, 10, 13, 15:00-17:00)

[key word : 자유, 노력에 대한 보상, 생각의 차이, 문화적 충격, 생활수준의 차이, 언어의 차이, 옷 스타일, 돈의 위력, 신분차별, 통행의 통제, 학교잡

부금, 학생들의 자유분방함, 교육여건, 가족중심주의, 분배의 차이, 자유에 대한 개념의 차이, 보상에 대한 개념의 차이, 경제적 관념의 차이, 대화하는 방식의 차이, 정신적 고통]

소연 : 저는 탈북한지가 거의 8년 차가 됩니다. 북한에서 할머니가 잘 해주는 그런 추억들은 많지만 북한에 대한 추억은 별로 없어요. 사춘기 때 중국을 갔었기 때문에 북한에 대한 기억이 없고 중국에서 많이 살아서 북경 같은 경우는 한국과 비슷해서 저는 남과 북의 차이점을 이야기 하려고 하면 별로 많지는 않아요. 저의 기억 속에는 어렸을 때 추억만 있어요. 한국엔 지하철이 다 있지만 북한에는 평양에만 있어요. 북한에서 평양에 답사를 가면 에스컬레이터를 타려고 여러 번에 걸쳐서 오르락내리락 한 경험은 있어요. 한국과 차이점이 너무 많아서 말하려고 하면 오히려 같은 점을 이야기 하는 편이 낫지 않나 이런 생각이 들어요. 16살 어릴 때 중국에서 가서 기억이 별로 없어요. 북경에서는 5년 정도 살았고 나의 자아가 그때 형성되었고, 그래서 중국에서의 기억이 더 또렷하고 기억이 많아요. 한국에 와서 차이가 별로 느끼지 않았고 중국은 땅이 커서 여러 곳을 많이 다녀서 한국에 왔을 때는 지역을 옮기는 느낌을 받았어요, 딱히 다르다는 것은 느끼지 못했어요. 지도를 찾을 때는 구글을 썼고 중국어로 어플을 썼어요. 한국친구가 그걸 보고 중국 사람이냐고 해서 다음부터는 한국어로 된 어플을 써야겠다 생각하고 지금은 쓰고 있어요. 저보고 북한에서 왔냐 그런 적은 없고 중국 사람이냐 하는 질문은 많이 받았어요. 한국에 와서 접했을 때 다르다고 느낀 것은 없어요.

경민 : 저도 2010년도에 탈북해서 5년 동안 이모와 고모들과 살았고 2016년에 한국에 입국했어요. 와서 다른 점은 같은 민족이지만 말이 너무 다르고 외래어에 서울말투, 부산말투가 너무 달라서 놀랐어요. 저는 그래도 중국에서 좀 살다가 와서 적응을 쉽게 할 수 있었지만 북한에서 바로 온 분들은

외래어에 영어에 좀 어려움을 많이 겪어요. 물론 북에서도 영어를 초등 때부터 배우지만 영국식으로 배워서 발음이 다르고 알아듣기가 어려워요. 또한 북에서는 학교가기가 어려워요. 학교에서 돈 내는 것이 너무 많고 일도 많이 시키고 그래서 배우기가 어려워요. 문화가 너무 달라서 지금 현재까지 아직 어려워요. 북한 친구들에게 슬픈 것은 독립으로 자라왔고 일찍 철이 들고 성숙하고 그래서 혼자서 여기 와서 살아간다는 것이 너무 힘들었어요. 근데 저의 나이 또래 한국친구들을 보면 너무 활발하게 즐기면서 살고 그런 면이 한편으로는 부러웠지만 지금 나의 성숙한 마인드를 보면 그래도 이 사회에서 살아가기에는 나쁘지만은 않다는 것을 느꼈고 한국사회에 잘 적응하려고 지금도 노력중입니다. 북한에서는 아빠가 중국인이라는 이유로 차별이 너무 심하고 발전 할 수도 없어요.

시은 : 너무 달라서 상상 밖이어서 어떤 것부터 말해야 할지 모르겠어요. 북한에서 어디로 갈려고 하면 힘들지만 한국에서는 자유롭게 갈 수 있어서 너무 좋아요. 한국에서는 노력하면 노력한 만큼 이루어지지만 북한에서는 노력해도 어렵고 힘들어요. 한국에 와서도 대학 갈 생각은 하지도 못했어요. 북한에 부모님이 계시고 한국에서 혼자서 살고 있어요. 북한과 연락은 안 되고 아빠가 돌아가셨다고 연락이 왔고 엄마는 무서워서 여기 올 수 없다고 하셨어요. 지금도 연락이 안 되고 힘든 상황이에요. 연락하려고 하면 국경지대까지 와야 되는데 오기 힘들어서 통화하기도 힘든 상황이에요. 한국에 온지는 3년이 되고 있어요. 북한과 너무 달라요. 옷 입는 스타일도 다르고 메이크업도 다르고 다른 것이 너무 많아요. 한국에서 알바를 하면 북한사람이라는 말은 못 듣고 외국 사람이냐고 물어요. 한국에서 북한사람이라면 좋은 사람을 많이 만나서 그런지 다 좋게 봐주시고 신기해하고 좋게 봐주셨어요. 중국에서는 3년 살았고 한국에서는 노력하면 잘 될 수 있지만 북한에서는 토대가 좋지 않으면 발전할 수가 없어요. 무엇이든 돈을 내면 될 수는

있지만 그것도 가족이 좋아야 되고 발전할 수 있는 기회가 너무 없어요. 저는 어릴 때 북한에서 할아버지가 남한사람이라는 이유로 괴뢰군 손녀라고 욕하고 차별하였어요. 할아버지는 한국에 와서 찾아보지는 않았어요. 무언가 바라는 것 같아서 찾지는 않았어요.

희소 : 가장 큰 차이는 생각의 차이입니다. 남한의 부모님과 북한의 부모님의 생각의 차이가 커요. 북한은 여자가 공부를 할 필요가 없다고 생각하지만 한국은 체계적인 교육방법이 있어요. 또 법의 차이가 있어요. 북한은 독재로 이루어졌고, 남한은 민주주의라서 하고 싶은 말도 할 수 있고 그런 것이 좋아요. 북한친구들은 어릴 때 먹고 쓰고 입고 그런 것이 차이점이 있어요. 저도 북한에서 탈북한지 10년이 됐지만 한국에 와서 나에 대한 생각이 바뀌었어요. 중국에서는 먹고 살기 위해서 살았지만 한국에서 공부를 해야 되는 마음을 갖고 지금은 공부를 하려고 하고 있어요. 북한에서 나만큼 고생한 사람은 없을 거예요. 어릴 때 나무도 하고 고난의 행군시기에는 소나무 껍질도 우려서 먹었어요. 그러면 변비가 와서 힘들고 고생을 많이 했어요. 그래서 산나물이라고 하면 모르는 것이 없고 다 알고, 제가 중국에서 살면서 어릴 때는 9살부터 17살 까지는 엄청 성숙했다면 중국에서의 17살부터 지금까지는 동심으로 돌아간 것 같아요. 그래서 지금도 생각했을 때 차이를 보면 그때는 많이 성숙했고 지금은 어리다는 느낌을 받았어요. 생각하는 것과 달라요. 나이만 먹었지 많이 어려요.

그래서 저도 학교에서 토론이 있었는데, 어린 친구들이 수제비 뜯고 그런 것 잘 모르잖아요. 어떤 교수님께서 토론하시는데 그러시는 거예요. 복고풍에 대해서 어떻게 생각 하냐? 복고풍이 새로운 것이라는 것에 동의하냐? 그래서 어떤 학생이 유행은 돌고 돌아서 옛날 것이지만 우리에게는 옛날 것이 새로는 것이 될 수 있다고 했어요. 그런 말을 해서 공감이 되었어요. 그래서 제가 동심으로 돌아가는 것도 나에 대한 배려, 선물이라고 생각해요.

정인 : 저는 바로 북한에서 직행으로 왔습니다. 그래서 기억이 많기는 한데 일단 첫째로 문화가 많이 차이가 나는 것 같아요. 한국은 CGV에서 영화를 보고 또 데이트를 할 수 있는 것들이 잘 되어 있지만 북한은 시설이 없어요. 놀 거리는 많지만 영화관이나 문화시설이 진짜 없어요. 김일성, 김정일에 대한 영상, 혹은 회고록 같은 영상물들을 보여줄 때는 가끔 애들을 단체로 데리고 가서 상영하지만 여기처럼 일상화가 되지 않은 것 같아요. 지금은 그래도 북한도 많이 발전하려고 하는 것 같아요. 제가 올 때 까지는 3D, 4D도 나오기도 하지만 아직까지 한국처럼 생활화가 되지 않아서 처음에 한국에 왔을 때는 신기했어요. 그런 것들이 많이 다르고 근데 딱히 말하려고 하면 너무 많아서 말할 것들이 없어요. 그리고 지하철, 인터넷 같은 것들이 편하게 되어있고.

북한에서 어디 한번 갈라고 하면 진짜 너무 힘들어요. 확인서가 필수이고 특히 국경지대로 갈 때는 심각하게 어려워요.(통행증을 무조건 가지고 다녀야 한다.) 그렇지만 돈을 쓰면 그렇게 어려운 것들도 쉽게 할 수 있어요. 모든 것을 돈으로 쉽게 할 수 있고 그런걸 보면 한국도 비슷한 것 같아요. 한국도 돈으로 대부분의 것을 해결 할 수 있잖아요. 제가 북한에 있을 때는 공부에 대한 열정도 높았어요. 엄마들은 다들 자기 자식들을 제1고중에 보내려고 애쓰고 학원 비슷한 과외를 합니다. 군 지역에도 있고 도 지역에도 있긴 한데 대부분 도에 보내려고 합니다. 여기 한국과 비슷해요. 돈 많은 애들은 어릴 때부터 공부시키고 체계적으로 배워주고 올라가거든요. 북한도 어릴 때부터 악기하나 배워야 되고 그런 것이 있어 가지고 그런 점에서 비슷해요. 제가 있을 때는 한국을 많이 따라하려고 했어요. 사고방식에는 차이가 없는 것 같아요. 차이가 굳이 있다고 하면 북한체제를 싫어하는 애들이 있어요. 통제를 받으면서 할 건 다해요. 그러다가 걸리면 돈을 들여서 빠져 나오고 합니다. 그런 것들을 애들은 많이 싫어해요. 저의 할머니가 일본 사람이라서 자본주의를 겪은 분이었어요. 할머니가 항상 자본주의가 그립다고. 솔직히 북한은 자본주의보다 더해요. 학교 다닐 때는 돈 내는 것이 너무 많았어요. 여기는 학비가 정해져 있으면 그걸로 끝이지만 북한은 교육은 무료라고 하지만 실제로는 너무 많은 것을 내요. 예를 들면 군대지원 사업과 같은 것에 돈을 내고... 엄청 많아요. 할머니가 그래서 차라리 학비만 내고 아무것도 안내면 더 좋은 것이 아니냐 그러셨어요. 위에서부터 지시가 내려와요. 학교에서 토끼가죽이나 이런 것을 가져오라고 시켜요. 그럼 집에 없으면 돈을 대신 내어요. 할당제라고 하면서 내어요. 규칙은 토끼를 키워서 내라고 하지만 문제는 집집마다 키우고 쌓여 있는 것이 아니므로 시장에서 사서 냅니다. 꼬마계획이라고 어린아이들이 내는 활동입니다. 그럼 돈을 내고 물건을 내고, 또 가져가지 못하면 아이들 앞에서 망신을 주고 집을 돌려보내서 다시 가져오게 해요.

소연 : 학비는 안내는 대신 자꾸 무엇인가가 해야 되는, 그리고 한국에서 담임은 1년마다 자꾸 바뀌잖아요. 1학년 담임이 다르고 2학년 담임이 다르고 자꾸 다른데, 저희는 초등학교 4년제 동안 담임선생님이 1명이거든요.

제가 다닐 때는 지금은 중, 고등 담임이 같아요. 그 담임도 한명이고, 그러면은 해마다 학부모 모임을 하면 학부모 모임장이라고 해야 되나, 하여튼 그런 이제 학부모들 회장이 말을 해서 한명 당 얼마씩 내라고 합니다. 담임선생님한테 준다고 저희는 혜산에서 그랬어요. 다른 시골이나 이런데는 안 그렇고 저희는 그렇게 해요. 한 명당 얼마를 내라. 그 안내는 부모를 그 회장이 알려 주는 거 에요. 담임 선생님한테. 어느 학생의 부모가 안냈어요. 그러면 선생님이 어떻게 하냐면 다음날부터 그 학생을 이제 왕따를 주는 거죠. 담임이 왕따를 줘요. 학생들이 왕따를 주는 게 아니라.

수철 : 저는 한국에 오자마자 공부가 너무 하고 싶었어요. 한 달 정도 집에서 그냥 지내다가 바로 중학교 2학년에 입학을 했어요. 비교를 해보자면 북한에 비해 남한 애들이 너무 자유분방해요. 저는 그것에 적응이 안됐어

요. 너무 자유분방하고 그냥 다 제멋대로고. 그래서 어릴 때 무언가 통제가 필요한데 그런 것도 없는 것 같고. 그런데 어찌 보면 북한에서 하는 통제라는 것, 기본적인 그런 것이 필요하다고 느꼈어요. 북한에 있을 때는 제가 학교를 많이 못나갔어요. 앞에서 이야기 했던 여러 가지 이유 중에서 돈도 포함이 되고 그리고 학교에서 너무 내라는 게 많고 이러니까 그냥 저는 아예 그냥 통보 없이 안 나가고, 몇 개월을 안 나가다가 초반에 몇 개월 후반에 몇 개월 나가고, 그다음에 중간에는 안 나가고.

한국에 오자마자 여기는 공부를 할 수 있겠다는 생각이 들어가지고 들어 갔는데, 초반에는 좀 그게 너무 자유분방 한 것에 적응을 못해 힘들었어요. 그리고 사회에서 생활하는 것을 보면 진짜 돈만 있으면 필요한 것 다 해결할 수 있는 것 같아요. 자본주의라서 그런 건지 모르겠는데.

명호 : 처음에 저는 문화적 충격이 컸어요. 저는 드라마 보고 탈북을 결심한 사람 중에 하나에요. 그때 제일 처음에 본 드라마가 '천국의 계단'이 었어요. 내가 북한에서 배우고 교육받은 남한의 세상하고 실직적인 드라마 속의 세상과는 너무 달랐어요. 그리고 실질적으로 배우의 기준도 미의 기준도 달랐어요. 남한과 북한 그리고 또 그 안에서 제일 충격이었던 것이 TV에서 뽀뽀하잖아요. 키스죠. 저 사람들은 결혼 어떻게 하지? 왜냐하면 북한에서 키스 신 자체가 없어요. 북한에서 연예인들 자체가 손을 잡는데 까지 끝이지 더 이상 안돼요.

영화에서 뽀뽀해요? '민족과 운명의' 드라마에서 내가 기억 하는 것은 그 여자하고 남자가 샤워하고 둘이 안고 스킨십, '민족과 운명'에서도 제 기억에는 닿을 듯 말 듯 할 때 앵글이 바뀌어요. 왜 이 이야기를 하냐면 제가 군인이었어요. 제게 그런 것이 신선하게 다가왔어요. 여기선 저렇게도 되는 것이, 이 문화라고 하는 것이 다르게 받아졌어요. 더 충격적인 것은 제가 남한에 온지 얼마 안 되어서 버스 안에서 아줌마 아저씨들이 등산복

매고 가더라고요. 그런데 이야기를 들어보면 분명 부부 같지는 않았어요. 북한에서는 있을 수 없는 일이었어요.

고난의 행군시기에 나는 군인이었고, 왜 이 이야기를 하냐면 우리 탈북청년 안에서도 세대차이가 있어요. 나는 북한에서 사회생활을 못했으니까 이런 것들이 낯설었어요. 왜냐면 한국은 북한 말로 아주 문란한 사회로 가고 있구나. 이런 생각은 가정도 있는데 연애 따로 하고 있는 이런 문화적인 충격, 그리고 실제 표현에서도 보면 그 무엇이랄까 가족중심보다는 나의 개인의 이익을 위해 나의 쾌락을 위해 모든 것이 포커스 맞춰져 있다는 생각이 들어요.

북한친구들 보면서 느끼는 건데 일단 나를 희생 하더라도 그것은 가족한테 먼저 올인 하는, 솔직히 돈을 안보내도 누가 무엇이라 하는 사람이 없거든요. 우리 친구들은 어릴 때부터 가족에 대한 것이 남한보다 짙다라는 생각이 들어요. 학생이 되면 돈을 아끼고 아껴서 가족들에게 보내는 것을 보면 남한의 친구들은 그런 것이 없는 것 같아요. 그렇게 하는 문화는 남북한이 같은 동족이면서도 다른 포지션으로 가고 있구나 하는 생각이 들어요. 가족중심사회가 한국도 분명이 있긴 한데 아직도 북한은 남한보다 결속력이 강하다라는 생각이 듭니다. 그리고 지금 많은 이야기가 나왔지만은 생각의 차이가 남한하고 북한이 너무 다르다는 생각이 들어요.

자본주의와 사회주의 차이, 생각의 차이가 커요. 우리는 무조건 가지고 왔어도 리더는 희생을 해야 된다는 마인드가 무의식적으로 깔려 있어요. 그리고 똑같이 나누어야 되지 만약에 이 룰을 깨는 순간에 거의 난리가 납니다. 이 이야기를 하는 이유는 여기서부터 차이가 나요. 남한 회사에서는 CEO가 월급을 많이 가져가는 것에 대해서 하나도 불만이 없어요. 그런데 북한에서 월급에 대한 시스템도 솔직히 탄광에서 일하는 사람들은 월급 좀 더 높아요. 우리한테는 무의식적으로 작동되고 있다는 것입니다. 실질적으로 우리 안에 친구들이 자유를 누린다고 하는데 오히려 남한친구들은 절제된 자유를 누리고 우리는 진짜 프리한 자유를 누리고 있다는 생각이 들어요. 자유에 대한 각자의 갖고 있는 생각의 차이가 너무 달라요. 자유에는 책임이 따르는데 우리는 그 책임에 대해서 일단은 자유대한민국에 왔다 해서 무한한 자유를 누리고 있습니다. 무한한 자유라는 것은 내가져야 될 책임을 벗어난 책임 없는 자유를 누리고 있는 것입니다. 예를 들면, 일단은 차량사고, 불법적인 행위 이런 행위를 하면서 자유세상에서 왜 건드리냐 하는 친구들도 있어요. 우리가 남한에 살면서도 같은 자유라는 주제를 가지고도 남한과 북한의 생각한 자유의 차이는 너무 크다고 생각이 들어요. 실제적으로 남한친구들도 북한을 바라보는 사회주의 기준이 다르고. 그 각각의 사고의 차이들. 북한을 바라보는 시선도 있고 남한을 바라보는 차이도 있죠.

그리고 더 중요한 것은 한국에 왔을 때 기대감이 컸어요. 환상이 큰 거지, 내가 한국에 10년 살면 회장이 되는 줄 알았어요. 기업 회사, 진짜 열심히 모아서 사장, 40-50명 정도 거느리는 사장이 되는 줄 알았어요. 왜냐면 말 그대로 기회의 땅이라 했는데 실질적으로 10년 살아 본 나의 입장에서는 일한 것만큼 보상을 받고 있다? 솔직히 나는 모르겠어요. 왜 이 이야기를 하냐면 이것이 북한에 비해서는 보상을 받는 것은 맞는데 실질적으로 살다 보니까 생각이 바뀌어요. 차이라는 개념을 계속 이야기 하고 있는데 나는 지금 딱 가운데라고 할까, 북한도 아닌 남한도 아닌 혼란의 상태라고 할까. 솔직히 어떤 면에서는 지금 최근에 온 친구들 보면 그 친구들은 이해를 못하고 있고, 그렇다고 내가 남한친구들과 이야기를 했을 때 좀 더 이해를 하지만 그래도 그 친구들의 문화 속에 들어가면 부딪히는 차이들이 있어요. 경제적인 관념, 대화의 관념, 우리는 좀 직설화법을 많이 써요. 남한친구들은 기분 나쁘다는 것을 우회적으로 쭉 돌려서 이야기하잖아요. 그런대, 우리는 그것을 잘 캐치 못해요. 우회적으로 하는 이야기들을 직설적으로 이야기 해야지 알아들어요. 이런 것들은. 그런걸 보니까 소소한 것에 차이

점이 오는 것이다.

돈에 관한 문제도 절대적인 개념인거에요. 상대적인 관념에서 보면 그것은 보상받는 게 아니라는 생각이 들어요. 그런데 열심히 해서 집을 사자고 하면 집 못 사요. 한국에서 먹고사는 것보다 더 이상의 생각하는 것에 대해서는 불안하다는 것을 느낍니다. 상대적으로 보면 박탈될 수도 있다는 걸 느끼는 것입니다. 그것을 조금씩 깨달아 가는 것입니다. 최근에 들어 온지 얼마 안 된 애들은 그렇지 않아요. 한국 오니까 마음대로 움직이고 내가 노력한 것만치 알바하고 주니까 그게 보상인 것 같은데 시간 지나고 보니까 보상이 아니더라고요. 금방 온 친구들 보니까 새 차부터 뽑더라고요. 북한에서 누릴 수 없었던 것을 여기 와서 누릴 수 있으니까 해보고 싶은 것입니다.

김교수 : 저는 초창기 때부터 탈북해서 오신 분들 만나고 했어요. 최근에 북에서 온 분들은 거북하고 이렇게 할지 몰라도, 저는 북에서 온 탈북친구들 명호하고 여러분들 대화하는 과정 속에서 조금 세대차이라고 이야기 하는 것처럼 차이가 있어요. 고난의 행군시기에 중국으로 탈북하여 5,6년 이상 체류하다가 들어 온분들, 국내에 2000년 초반부터 들어오기 시작해서 쭉 들어왔던 분들, 그런데 한국사회에 32,000명의 탈북민이 들어왔다 해도 그 분들을 같은 층에 놓고서 다 이야기 하는 것은 오해를 살만한 부분들이라서 저는 층을 나누어요. 탈북 1세대들 그들이 이제 고난의 행군시기에 와서 중국체험도 했고, 중국에서 공안들에 대한 공포감에 얼마나 떨어보기도 한 분들이고, 그다음에 이제 저는 중간에 2세대로써 탈북 청소년을 갔다 넣었었어요. 엄마들이 탈북을 하여, 전 남편은 북에서 다들 재혼했을 수도 있지만, 북한에 남겨진 자기 자녀들을 가장 먼저 탈북시켰어요. 그 다음에 3세대 탈북이 이루어졌어요.

우리가 흔히 이야기 할 때 고난의 행군시기에 나온 사람들은 생계형 탈북, 먹고 살기 위해서 굶어죽지 않기 위해서 나온 것이고, 그리고 엄마들이 와서 빼내어 온 젊은 친구들, 명호쯤 되는 친구들은 엄마들이 데리고 나온 구조형 탈북이라고 이야기 할 수 있고, 그 뒤에 이주형 탈북으로 북으로부터 남쪽으로 온 경우들이 있다고 유형을 나누어요. 북한사회도 고난의 행군시기도 벌써 20년 정도 된 상황이기 때문에 북한사회를 동일한 층에 놓고 이야기하기 때문에 20년 더 된 이야기를, 우리는 고난의 행군시기에 맞춰 탈북 여러분들을 보고 있어요. 어찌 보면 그 시기를 지나서 태어난 사람들도 있고, 그 유년기를 고난의 행군시기에 보낸 사람도 있고, 북에서는 2000년에 '우리는 고난의 행군시기를 끝냈다 성공적으로 끝냈다' 라고 선포를 했잖아요. 물론 그 뒤에도 어려운 시기를 보냈지만 남쪽에서는 계속 그 이전을 바라보고서 이야기를 합니다. 여러분들도 남한사람들이 우리를 어떻게 바라보는가에 대한 시선에 대해서도 감을 잡고서 대화를 해야 된다는 생각이 들어요. 과정이나 이런 부분에서. 명호가 이야기한 부분에서 보면 명호는 조금 일찍 나온 세대이고 나이가 있고, 그 다음에 입국한 젊은 친구들의 이야기가 중요해요.

예컨대, 최영일이라고 그 당시 나이가 45세나 46세 되는 탈북민이 건국대학교에 늦게 입학했는데, 그 사람을 통해서 탈북민을 처음 알게 되었고, 그때 교양수업으로 '한국인의 삶과 노래'라는 수업이 있어서 내 삶의 18번지 (자기 애창곡)을 소개하는 시간이 있었어요. 자기 일생을 PPT 형식으로 자기 어렸을 때, 유년기 때의 사진을 놓고 자기가 좋아하는 노래 한곡 부르는데, 첫 수업을 했을 때 학부모가 여기 왜 왔지? 학부모가 혹시나 자녀가 몸이 불편한가? 하는 생각을 했어요. 그 다음 시간에 과제를 발표할 때 PPT를 띠워놓고 그 아저씨가 나와서 노래를 했어요. 그 사람이 임진강을, 임진강 맑은 물의 노래를 불렀고, 그 후에 수업하는 애들 앞에서 저는 고향이 '북한이고 함경도입니다' 라고 자기 상황을 커밍아웃하듯이 해서 130명 정도 수업 듣는 애들이 깜짝 놀랐어요. 그 친구가 이렇게 자기 삶을 살았다

고 이야기 했어요

그래서 내가 북한민속이 궁금해서 어머니를 좀 소개해 달라고 해서 자기 모친을 만났어요. 그 모친을 만나서 이야기를 들으면서, 탈북민들의 삶을 제가 그분하고 한번 만날 때 내 연구실에서 3시간씩 이야기를 듣는데, 4번 만났는데 너무 충격적이어서 같이 울었어요. 그분도 울고 나도 울고, 탈북하다가 잡혀서 감옥에서 남편이 죽어가는 이야기 하는데 너무 충격을 받았어요. 그래서 내가 탈북민들의 삶에 대해, 북한의 상황에 대해서 이야기를 해야겠다 라는 생각이 들어서 그 길로 이렇게 연구를 하게 되었어요. 그 후에 황해도 출신의 탈북학생 은정이를 만났어요. 그 친구는 혼자 왔는데, 어떻게 해서 탈북하게 되었는지 등 탈북과정을 이야기 하는데, 첫마디가 '괜히 온 것 같아요'라고 말해서 깜짝 놀랐고, 그 말이 내게 충격이었어요. 전에 만났던 탈북민들이 울면서 이야기를 하면 나도 눈물이 철철 났는데, 그 친구가 '이럴 줄 알았으면 괜히 온 것 같아요' 하는 순간에 내가 잘 못 들었나 하는 생각이 들었는데, 이것이 세대차이라고 생각합니다. 정말 굶어 죽지 않기 위해서 온 친구가 아니고, 이 친구는 엄마하고 갈등이 있어 그냥 이모 따라서 연변으로 왔다가 그냥 한국으로 온 경우인데, 혼자 와서 살아보니까 어렵고 외롭고 그래서 툭 나온 말이 '괜히 왔나 싶어요, 괜히 온 것 같아요' 라고 이야기 한 것 같아요.

시은 : 북한에서 못 먹는 사람들은 육체적으로 힘들지만 여기 온 사람들은 정신적으로 힘든 일이 많아요. 그래서 자살하는 사람들도 많고 한국에서도 북한사람들이 자살하는 경우가 많아요. 정신적으로 힘들 때가 있어요.

정인 : 저는 북한이 더 행복한 것 같아요.

소연 : 난 중국에 갔을 때 그런 생각을 했어요. 내가 여기 왜 왔지? 정신이 나갔구나 라는 생각을 했었어요.

2. 한국정착상의 문제, 경제적인 문제

(2019. 10. 27. 15:00~17:00)

[keyword : 차별의식, 동정의 눈빛, 감시받는 느낌, 한국 사람들의 시선의식, 인간관계의 어려움, 학교생활의 어려움, 경제적 문제, 알바의 어려움, 정서적 외로움, 우울증, 북한에 대한 잘못된 인식, 북한 학교의 잡부금 실태, 북한의 의료실태, 북한의 자본주의 형성]

1) 인간관계의 어려움

시은 : 저는 아직까지 인간관계에 있어 어려움이 없었어요. 나쁜 사람들은 만난 적이 없었고 주변에는 다 좋은 사람들이 있어서 큰 문제가 없어요. 북한에서 가족소식이 올 때 힘들었고 다른 문제는 크게 없어요. 남북사랑학교에서 학생들과도 문제가 없었어요. 한국 사람들하고 만날 때 북한출신이라는 것을 굳이 오픈하고 만나지는 않아요. 친해지면 오픈해요. 한국에서 젊은 사람들은 북한출신이라고 이야기해도 별로 상관 안하는 것 같아요. 말투를 바꾸고 싶어도 북한 사투리가 쉽게 변하지 않아요.

저도 처음에 오픈 안 했을 때 들켰어요. 고등학교 어디서 나왔어 하고 갑자기 물었을 때 말을 하지 못해서 들켰어요. 그래서 숨길 수가 없어서 말을 했어요. 말을 하고 나니까 편했어요.

아진 : 일단 북한사람들과의 관계는 딱히 어려움이 없어요. 탈북민끼리 경쟁이 있는 것 같아요. 같이 왔잖아요, 누가 편하게 살고, 잘 살고, 먼저 정착하고, 잘 나가는 것에 조금 경쟁을 두는 것 같아요. 한국 사람들에게는 북한사람이라는 것을 부끄럽지 않고 편하게 오픈하고 싶어요. 고향이 어디에요 하면 '부산이에요 하는 것처럼 혜산이에요' 라고 편하게 오픈하고 싶어요. 북한사람들이 혜택을 받아서 좋기는 한데. 남한 사람들 속에서 차별을 받는 것 같아요. 난민으로 취급되는 것 같아요. 북한사람이라고 하면 조금

불쌍하게 동정어린 눈빛을 보여요. 그게 너무 싫어요. 대놓고 티내지는 않지만 유럽인과 아시아인이 차별 있는 것처럼 동정어린 눈빛 때문에 북한출신이라는 것을 대놓고 말하지 못해요. 예컨대 알바를 할 때 남한학생도 알바를 하는데 북한학생을 알바로 채용하는 것이 우월적 위치에서 도와주는 것처럼 동정하는 것처럼 보여서 싫어요. 오픈하는 것이 싫어서가 아니라 동정하고 차별하는 눈빛이 싫어서 오픈하지 않는 거예요.

제가 전에 다니던 교회에서 느꼈던 것인데, 한국 사람들도 어려운 사람이 많고 힘든 사람이 많이 있지 않아요. 저희가 교회나 어디서 장학금을 받고 혜택을 받으니까 말할 때 눈치가 보여요. 옷 사고, 선물 받아서 좋은 것을 사용하면 눈치가 보이는 것 같아요. 한국사람들 입장에서 보면 나라 돈 받아서 좋은 것하고 잘 산다고 생각을 하잖아요. 그래서 내가 행동 하나하나 것이 마치 감시받고 있다는 느낌이 들어요. 한국 사람들은 우리가 많은 혜택을 받은 입장에서 좋은 것 이쁜 것을 쓰고 입고하면 안 좋은 시선으로 봐요. 알바하여 아껴서 성형수술을 하는 것도 한국사회에 적응하려고 하는 것인데 우리 세금으로 그렇게 한다고 생각해요. 그렇게 생각하지 말아야 하는데, 그런 건 어쩔 수 없는 것 같아요.

재성 : 혜택이라는 것이 한국에서도 농어촌 혜택이 있는데 똑 같은 것으로 취급하지 않는 것 같아요. 경쟁사회니까 똑 같이 취급할 수는 없지만 국가 입장에서는 몇 년을 내다보고 통일에 대비하는 것이니까. 국민들은 그렇게 생각을 하지 않아요. 북한사람들을 차별하는 의식이 있는 것 같아요. 이웃이 잘 되면 배가 아픈 것처럼.

저는 문제가 두 가지가 있어요. 하나는 같은 고향에서 온 선배들과 동질감이 느껴지지 않고 자꾸 분리되어가는 느낌이에요. 그래서 먼저 온 사람들과 연차가 쌓이면 쌓일수록 거리감이 많이 느껴져요. 두 번째는 저는 북한출신이라는 것을 오픈을 하지 않았지만 한국친구들과는 섞일 수 없는 그런 것들이 있어요, 일상에서는 그냥 잘 놀지만 마음을 터놓고 함께할 수 없는 그런 마음이 있어요. 서로가 겹치지 않아요. 게들이 싫다는 느낌이 들어요. 친해질 수 없는 작은 벽이 있어요.

나희 : 저는 느끼기에 다 같은 심정이라고 생각해요. 제가 다니는 곳마다 어디서나 문제가 다 있는 것 같아요. 우리는 자본주의 사회에 완전 동화된 것도 아니고 사회주의를 완전히 벗어난 것도 아니고, 자본주의 사회에 살다 보니 애매한 위치에 있는 것 같아요. 항상 보면 남한친구들보다 우리가 직설적이라고 하는데 제가 보기에는 한국에 먼저 온 친구들은 당연히 자신이 다 안다는 듯이, 또 나온지 얼마 안 되는 친구들은 당연히 자신을 이해하고 다른 친구들이 이해해주어야 된다는 마인드를 갖고 있는 것 같아요. 그런 면에서 인간관계가 무너지고 그러는 것 같아요. 남한친구들은 뭐 어쩔 수 없지요 자본주의 사회에 자라나고 생활했으니까. 북한사람들은 훤히 다 알고 있는 상황에서 다르게 행동함에 인간관계에서 문제라고 생각해요. 그러다 보니 뿔뿔이 헤어지게 되고 공동체를 만들지 못하고, 그런 상황에서 남한 친구들하고 소통이 잘 될까하는 의구심이 들어요. 저는 한국사회에서 3년째 살고 있지만 인간관계는 쉽지 않아요. 내면적으로 관계에 애쓰고 있어요. 다른 사람이 상처받지 않을까, 때로는 상대방이 나를 많이 아는 것이 부담스러워 벽을 쳐야 되나 그런 생각에 어려운 것 같아요. 남한, 북한을 떠나서 인간관계가 남녀노소 관계없이 힘들어 하는 것 같아요. 남한 친구들도 인간관계가 제일 힘들다고 해요. 이것은 우리가 깊이 생각하고 어떻게 해결할 수 없고 본인이 스스로 해결해야하는 문제인 것 같아요.

2) 학교생활의 어려움

정인 : 저는 제가 스스로 혼자 있고 애들이랑 나이 때도 있고 하니까 일단 벽이 생겨가지고 제가 다가서기가 어려운 것 같아요. 근데 개네들은

막 뭐 수능 얘기도 하고 그러는데 저희는 수능이 없잖아요. 저는 아직 오픈을 안했거든요. 친한 애가 없어가지고 말하기가 어려워요. 애들도 제 나이 또래보다 같은 동갑 친구가 편하지, 저도 마찬가지로 동갑 친구가 편하거든요, 그 친구들도 마찬가지 인 것 같아요.

만나면 인사정도는 해요. 제가 소심해서 그러는 것도 있는 것 같아요. 22살 된 탈북친구가 있는데 그 친구는 성격이 좋아서 애들이랑 빨리 친해지더라구요 .애들이랑 잘 어울리더라구요. 저는 그런 성격이 아니어서 친해지면 괜찮은데, 일단 저는 제 마음속에 북한사람이라는 마음이 있어가지고 먼저 다가가지도 못하고 말하기도 그렇고, 처음에 소개할 때 얘기를 안했으니까 타이밍을 놓친 것 같아요. 저도 말하고 싶어도 뭐 굳이 이걸 말해야 되나하는 그런 생각이 들어요. 학교 CCC 모임에 가서는 북한사람이라고 하니까 다들 놀라고 인증 샷을 보여 달라고 해요. 경희대 같은 경우는 북한 사람들이 거의 없어요, 선배 두 명밖에 없더라구요, 최근에 저희 두 명이 들어오고 그런 시스템도 없고 하니까, 나서기도 그렇고 …

그냥 수업시간에 같이 수업하는 친구는 있어요. 동아리에 처음에 같이 가입한 친군데 그냥 그 친구랑 같이 옆에 앉아서 수업하고 제 속 얘기를 하는 정도는 아니어요. 밥도 같이 먹지만 시간이 다르니까, 그 친구들도 시간 때가 다 달라서, 가끔 수업 끝나면 밥 먹기도 해요.

아진 : 저는 소심한 성격도 아닌데 그게 잘 안 되는 것 같아요. 주변의 시선을 무시하면 되지 않을까? 생각하는데 그게 제일 문제이에요. 우리 사람들은 저기 저 사람이 우리를 어떻게 볼까? 이런 생각을 많이 하는 것 같아요.

시은 : 저는 친해지면 적극적인 것 같아요.먼저 다가가는 게 젤 힘든 거 같아요.

재성 : 저랑 수업같이 듣는 친구가 있는데 그 친구가 빠른 년생이라서

00년생이거든요. 원래 저의 학번은 99년생인데, 그 친구에게 말 편하게 해도 돼? 이렇게 얘기하니까 이 친구가 바로 알아들어요. 그래서 편하게 말 났어요.

수철 : 대학교 와서 느낀건데 저는 웬만하면 오픈했거든요. 처음에는 애들이 신기해하고 이랬는데 지금은 잘 지내고 있어요. 그런 건 있어요, 저의 학교에 북한이탈주민 학생들이 여러 명 있어요. 그런데 그 사람들끼리 서로 피하는 게 있어요. 서로 알고 있어요. 쟤는 북한에서 왔다. 제 동기에 저보다 두 살 많은 형이 들어 왔었는데 친하게 지내고 싶어서 이야기를 하려고 하니 절 피하더라구요.

나희 : 먼저 오픈을 해야 되나? 괜히 오픈해서 먼저 다가 같다가 상대방이 부담가질까 봐 거부감이 들고 그러면 뻘쭘하고 그러니까 오픈을 잘 안하는 것 같아요. 동아리 같은 모임이나 교수님이 누군가 시켜서 소개를 해준다면 너무 편하게 만날 수 있는데 아직 학교시스템이 잘 돌아가지 않다보니까, 그런 게 있는 것 같아요.

3) 경제적 어려움 (수입과 지출, 알바의 어려움)

• 수입과 지출

시은 : 저는 옷을 잘 사고해서 돈을 많이 쓰는 편입니다. 있을 땐 많이 쓰고 없을 땐 못쓰고 대량 부식물이랑 쇼핑, 교통비, 외식 등, 약 50~60만 정도 되고요. 통신비랑 인터넷 관리비등 합치면 한 90~100만은 될 것 같아요. 수급비는 잘렸어요.

아진 : 저도 많이 쓰는 거 같아요. 한 달에 100만 원정도, 대학교 가면서부터 더 많이 쓰는 것 같아요. 여명학교 같은 경우 아침, 점심, 저녁을 학교에

서 먹으니 돈이 들지 않는데, 대학교 가니 애들이랑 밥도 먹어야 하고, 커피도 마셔야하고, 교통비도 1,250원(학생은 720원), 관리비, 인터넷비, 핸드폰비 등, 왜 이렇게 많이 쓰는지 모르겠어요. 대한민국사람들 어떻게 생각하면 대단하다는 생각이 들어요. 집에 돈을 보낼 때가 제일 곤란했어요. 동생한테 돈을 보내는 경우 목돈은 준비해야하는데, 담보도 없고 돈을 대출 받을 수가 없으니, 학교 그만 두고 돈을 벌어야 하지 않나 하는 생각도 합니다. 꿈이 정확치 않은데 공부하는 것이 사치가 아닌가하는 생각이 들어요. 물론 국가에서 집을 주어서 감사하지만, 담당 공무원에게 전화해서 이번에 평택에 집을 받아서 서울에 학교 다니니 집을 서울로 옮겨 달라고 했더니, 입맛에 막는 집을 구하려면 집을 사라는 식으로 말해서 막 울었어요. 공짜로 집을 얻었으니 집을 받는 거라고 감사하라고 하는 말투였어요. 맞는 말인 것 같아요. 어차피 이렇게 사는데 이것 달라 저것 달라 할 수 있는 입장도 아니고,

기초생활수급비를 받고 있는데, 알바비가 문제되는 것이 알바비가 많으면 수급비가 잘려요. 국가에서 그것을 조율해주었으면 좋겠어요. 그래서 알바비를 신고하지 않으려고 해요. 어느 정도 기간 수급비를 주되 정착하면 수급비를 주지 않는 방법으로 조정해주었으면 좋겠어요. 알바비가 수급비보다 많으면 수급비를 안주는 것으로 알고 있어요. 알바비가 40만원이면 수급비가 잘려요. 기회를 주면 좋겠어요. 국가가 잘 정착하라는 건데. 주변에 아는 3인 가족이 있는데 3-4개월에 1억을 벌었는데, 임대주택을 나가야 된다고 연락이 왔대요. 3, 4개월 밖에 안되는 데 돈 번지 얼마 안됐는데 나가라고 하니까 내 것를 운영할 수 있는 자리를 잡게 해야 하는데 불법을 하게 만드는 것 같아요. 그러려면 신고하지 말고 이래야 하니까.

장학금은 처음 여명학교 졸업하면서 미래재단에서 매월 45만원 받았는데, 학점이 안 나와서 2학년 되면 짤릴 것 같아요. 저희 학교에도 장학금이 있다고 하는데 성적이 3.0 이상이어야 합니다. 그런데 저희학교는 탈북민이

많지 않아 한국학생들과 동등하게 경쟁을 해야 하기 때문에 한국애들이 다 가져가요. 장학금 신청면접을 보는 데 2학년 되면 성적이 안 나와서 신청을 할 수가 없어요. 알바하지 않고 공부 열심히 해가지고 학자금 받겠다고 했는데 개뿔? 알바하면 공부를 못 따라가요.

정인 : 장학금 45만원 받고 교회에서 20만원 받아요. 그래도 맨 날 돈이 부족해요. 자취하니까 월세 내고 엄마랑 같이 안 살고. 30만원이상 쓰면 카드 뺏겠데요! 요즘은 엄마 카드도 아껴 쓰려고 하고, 80만 정도 쓰는 것 같아요. 많이 쓴 것 같지 않은데 언제 쓴지 모르겠어요.

재성 : 80만원 넘게 쓰는 것 같아요. 15일쯤 되면 돈이 막 없어요. 교회장학금과 사랑하는 어머니가 보내주는 돈으로 충당합니다.

나희 : 얼마 쓰지? 계산을 해봐야겠어요. 80-90만 정도, 한 달에 들어는 돈이 알바까지 해서 100 얼마 정도 들오는데 일일부터 이십일까지 들어오고 자동으로 나가고 하면, 그 때부터는 돈이 없어서 가계부 열흘 정도 쓰다가 포기했어요.

수철 : 저는 칠팔십 쓰는 것 같아요. 외부에서 30만원 받고 교회에서 20받고, 전에 엄마한테서 용돈 받았었는데, 필리핀 가는 비용 마련할 길이 없어 고민하든 중에, 경찰서에서 이번학기 100만원 준다고 해서 필리핀에 갔다 왔어요. 형사님 좋으세요. 아빠한테서도 받고 했는데 그래도 부족해서 필리핀 카지노에서 15만 벌어서 그거 가지고 썼어요.

• 알바의 어려움, 차별대우

아진 : 알바비가 140만원인데 73만원밖에 못 받아서 전화를 했더니 본인 이야기만 하고 전화를 끊어요. 너무 화가 났어요. 근로계약서를 작성하지 않았기 때문인지, 청량리 롯데매장에서 일을 했는데 최저시급으로 계산하

면 반을 못 받은 것이고, 그 사람들 계산으로 하면 50만원을 못 받은 것입니다. 그 사람 말투는 나를 생각해서 불쌍히 여겨 써주었다는 느낌을 주어서, 그것이 너무 화가 났어요. 조목조목을 문자로 적어 보냈는데 아직도 연락이 없는 상황이에요. 처음에는 주 5일에 180만원 이라고 했는데 지금에 와서는 주 6일에 180만원으로 정했다고 합니다. 전화도 받지 않고 답변도 없어요.

시은 : 상처 받은 것은 없지만 기분 나쁜 일은 있어요. 수급비 받은 것, 병원 혜택을 받은 것에 대해 알바 할 때 주방에 일하시는 이모들이 배 아파해요. 잘 아는 사람들은 그런 이야기 안하는데, 모르는 사람들이 기분 나빠 합니다. 자기들은 못살아도 그 정도 혜택을 못 받는데 우리들이 많은 혜택을 받으니 배가 아프다는 것입니다.

재성 : 세금을 쥐꼬리만큼 내는 사람들이 더 말이 많아요. 고향사람들도 한국에 와서 일을 하면서 세금을 내고 있는 데 초반에는 혜택을 받는 것이 많지만 이 곳에서 쭉 살면서 세금을 낸다면 그것이 더 이득이 많다고 봅니다. 그것을 자기들이 손해 본다고 생각하는 것입니다.

나희 : 저는 상처보다도 트라우마가 있어요. 남북한을 따지지 않고 똑같은 사람으로 대하는데, 여기 와서 도와준 분들은 좋은 분들이어서 상처받은 것은 없어요. 알바할 때 처음에는 순수해서 그런지, 왜 내가 굳이 숨겨야 하나해서 사장님이 고향이 어디냐 물어보셔서 저 북한에서 왔다고 얘기를 했어요. 그것을 숨길이유가 없었어요. 그렇게 알바를 시작했는데 사장님이 자꾸 챙겨주시려고 애를 쓰는데, 무언가 그게...그 느낌이 먼가 찝찝했었어요. 그 느낌은 불쌍해서 챙겨주는 느낌이 들었어요.

그 이후로 알바를 그만 두려고 얘기를 안 하다가 2~3개월쯤에 사장님한테 사장님 제가 학원도 다니고 시간이 안 맞아서 그만 두어야겠다고 이야기하고 좋게 일을 그만두게 되었어요. 바쁘면 연락 달라고 말했어요. 지금도 가끔 연락이 오고 있어요. 그 알바를 그렇게 그만두고 다시 강남 쪽에 알바를 찾았어요. 거기서는 제가 (북한사람)이라고 오픈을 안했어요. 거기서 나이는 같고 나보다 먼저 온 알바하는 친구가 있었는데, 그 친구는 거기서 일을 1년 동안 했어요. 그 친구가 짬밥얘기를 하는 거에요. 그 가게에서 일 하려면 짬밥이 있어야 한다고 뭔가 약간 저한테 무언가 …..(텃세를 부리는 것)같았어요. 그래서 그냥 참고 좋게 하자 그러면서 그냥 무시했어요. 그 친구는 저랑 나이가 같은데 욕을 엄청 잘했어요. 욕도 자연스럽게 잘하더라구요. 키도 저보다 크고, 그냥 무시하자 이렇게 넘기고 그냥 그렇게 넘겼어요. 그런대 그게 어느 순간 참으니까 안 되겠더라구요. 화가 너무 나는 거에요. 그래서 내가 왜 그저 참아야 되지, 제가 처음에 하던 알바는 오픈하고 해서 사장이 뭐라 하면 저도 바로바로 얘기하고 그랬었는데, 그래서 사장님이 너무 직설적이다. 나도 그럴 때는 직설적으로 말하는 방식을 고쳐야겠다는 마음이 있어서 두 번째(강남) 여기서는 그걸 억 누르고 자제하려고 했는데 그러다 보니까 그 친구가 되게 저를 막 너무 낮게 보는 거에요. 그래서 이건 결국 아니다. 내가 어떤 정체성을 갖고 있든 간에 내 본인이 갖고 있는 어떤 성격이나 내 자존심이나 능력이나 이대로 표현하고 사는 게 젤 편하다고 느꼈어요.

3. 이념적 갈등, 생활문화의 차이, 문화적 차이, 정서적 외로움, 북한의 실상 (2019, 11, 10, 15:00 -17:00)

[keyword : 정치 이념적 갈등, 의식주 등 생활문회의 차이, 문화적 차이, 정서적 외로움, 북한에 대한 잘못된 인식, 북한 학교의 잡부금 실태, 북한의 의료실태, 북한의 자본주의 형성, 북한의 통용화폐, 북한의 화폐개혁]

1) 정치적 이념적 갈등, 남한의 개인주의 대 북한의 집단주의

소연 : 정치문화 여기가 좋아요. 저는 남한의 정치에 익숙하고 갈등이 없어요. 광화문 집회가 있어도, 그래도 자유가 있는 것이 좋아요. 어디로 나가도 구속받고 여기서 저기로 이동하는데 통행증을 받아야하는 것이 너무너무 싫었어요.

김일성 뺴지를 모두 달아야하고, 학생은 소년단 뺴찌를 달아요. 뺴찌에는 김일성 사진이 있어요. 뺴찌는 필수적으로 달아야 하고 달지 않으면 잡혀서 풀뽑기 벌을 받아요. 혜산같은 경우에는 도사로청이란 곳이 있는데, 청바지를 입고 잡히면 청바지를 가위로 찢어버리고 일을 시켜요.

선화 :김일성 뺴지를 모두 달아야하고, 학생은 소년단 뺴찌를 단다. 뺴찌에는 김일서 사진이 있다. 뺴찌는 필수적으로 달아야 하고. 달지 않으면 잡혀서 풀뽑기 벌을 받는다. 혜산같은 경우에는 도사로청이란 곳이 있는데, 청바지를 입고 잡히면 청바지를 가위로 찢어버리고 일을 시킨다. .

위로 찢어버리고 일을 시켜요.

시은 : 북한에서는 유치원에서 소학교에 까지 교실에 김일성, 김정일 초상화를 걸어놓고 수령님에 대해서 인사를 해요. 상을 타도 '아버지 수령님 감사합니다' 라고 인사 해요.

아진 : 개인주의랑 한국은 그런 게 있잖아요. 내가 높은 곳으로 가려면 누군가 밟아야 하는게 있잖아요. 너무 개인주의가 심하고 경쟁사회잖아요. 친구가 있어도 친구가 경쟁상대가 되는 것 같아요. 북한은 공동체주의가 크다보니까 같이 무엇을 하려는 게 좀 더 크다보면, 물론 개인주의가 필요하긴 하지만 너무 심한 것 같아요. 그래서 친해지는데 선이 있는 것 같아요. 그게 좀 문화적으로 조금 다른 점이 있는 것 같아요.

어떻게 보면 저희가 와서 적응하다 보면, 반은 북한이고 반은 남한이고 그게 얼마나 내선을 지켜야 되고 얼마나 친구에게 베풀어야 되는지에 대한

게 명확하지 않은 것 같아요. 너무 챙기면 이기적이 되고 너무 안 챙기면 내가 밟히는 수밖에 없는 사회라고. 그게 경쟁사회에게 내가 성공하려면 누군가를 밟아야 되는 게, 예를 들어 시험을 볼 때 똑 같은 시험 답안지를 제출하면 그 친구가 점수가 올라 갈 수 있는데 나 때문에 똑 같은 점수를 받잖아요. 그러니까 알려줄 때 내 것을 챙기고 나머지를 알려주는 그런 게 좀 있어서. 그게 밟는다는 게 아니고 내가 A+을 받으려면 그 기준이 A 아래 점수가 꼭 있어야 하니까, 그 친구들 보다 높아져야만 하니까. 내가 성공하려면 이기적이여 만 하니까, 그러니까 나를 먼저 챙기고 그 친구를 챙기고.

나희 : 북한에서는 아무리 공부를 잘해도 통하지 않아요. 돈이 없으면 아무 것도 할 수 없어요. 사회주의체제 안에 있는 자본주의, 안에서 자본주의를 형성하고 있는 느낌입니다.

2) 의식주 등 생활문화의 차이

• 음식, 옷 스타일

아진 : 북한에서 음식이나 옷 입는 스타일은 남한과 거의 비슷한 것 같아요. 지금 오는 친구들은 오면 바로바로 적응해서 제가 보기에는 북한에서는 제한이 있다 뿐이지 큰 차이는 없는 것 같아요. 예를 들면 서울이랑 지방이랑 차이가 있잖아요. 그런 것처럼 그리고 북한에서는 하고는 싶은데 제한적이라 못하는 정도 차이가 있을 뿐이라고 봐요.

시은 : 남한 음식은 맛있어요, 그렇게 말하면 한국 사람들은 너희 배고파서 맛 있구나 해요. 북한에서 양말 기워 신는데, 한국에는 아무리 못살아도 양말을 기워 신는 사람이 없고, 신다 버리는 걸 보고 옛날 생각 했었어요. 내가 나올 때는 양말을 기워 신지 않고 버리고 했어요. 제가 18살 때는

남의 집에 가서 양말 기워 신은 것이 창피해서 신발을 벗지 않았어요. 요즘은 북한에서 기워 신는 사람들 쭉 팔려서 신발 안 벗어요. 아마 한 세대쯤 차이가 나는 같아요.

- 주거 형태

시은 : 자기 집이지 임대라는 것은 없어요. 빌려주는 것은 있는데 그건 동거라고 해요. 남의 집에 언혀 사는 것을 동거라 합니다. 여기서 말하는 동거가 아니고 월세 같은 개념, 저희 사촌언니가 결혼하고 나서 집이 없어 동거했는데 매월 쌀을 10키로 주고 살아요. 집은 국가에서 안 주어요. 집은 다 사야해요. 매매지 전세 이런 거 없어요. 월세도 개인이 방을 빌려주는데 그게 동거예요. 대부분 쌀을 주는데, 지역마다 다른데 중국 돈 받기도 하고, 집을 사는 데 제한은 없어요. 돈 많으면 큰 집을 살 수 있는 데, 지역마다 조금 차이가 있어요. 제가 살던 사리원은 엄청 큰집은 못 짓게 해요. 저희 동네는 중국에서 온 사람 있는데 그 사람은 외국인이니까 큰집이 되고, 나머지는 안 된다고 해요.

아진 : 군인들은 집 줘요. 근데 제대하면 반납해야 되고, 공무원은 보위부는 안주고 보안원은 줘요. 한국으로 치면 국정원은 안주고 경찰서는 줘요. 저희 사촌언니가 집은 받았는데 제대하니까 집을 반납하고 집이 없는 거예요. 그래서 산꼭대기 동굴 같은데 집을 꾸며서 살았어요.

시은 : 사리원에서 집값은 중국 돈 10만원 정도, 일반적으로 10-20만원 합니다. 한국 돈으로 이천만원 정도, 그것도 지역마다 달라요. 그러나 혜산은 한국 돈으로 5억-10억씩 해요. 혜산에서도 중심지 같은 경우에는 비싸요. 그런 게 있어 집 크고 작고를 떠나서 중심이냐 한국이랑 같아요. 혜산에서는 중국 돈을 쓰지만 우리 앞쪽 같은 데는 아예 중국 돈을 사용하지 못해요.

아파트, 장마당 근처랑, 학교근처는 비싸요. 한국처럼 수도권 이런 인식이 있어, 그런 게 한국이랑 북한이랑 사는 건 똑 같아요. 그냥 가격차이가 다를 뿐이다. 그런데 한국은 북한이 아예 못사는 것으로 인식하는데, 한국이랑 똑 같고 가격차이가 난다는 것뿐이에요.

소연 : 생활에서 남북 간의 차이는, 일단 정부가 다르고 정치가 다르지만, 북한에도 있을게 다 있고 컴퓨터, 노트북. 와이파이, 핸드폰 있을 거 다 있어요. 21세기 것은 다 있는데 모든 것에서 좀 떨어지고 19세기에 사는 것 같아요. 21세기가 공존해서 같이 있는 그런 거 같아요.

3) 문화적 차이

나희 : 문화적 차이가 커요. 우선 사고수준 자체가 다르고 대화를 하다보면 대화가 끊겨요. 상대방이 나보다 많이 배우고 많이 아는 것보다, 보고 듣고 자라난 환경이 다르니까, 우리는 북한에서 보고 듣고 한 것은 많지만, 남한친구들은 남한의 역사, 문화, 책 읽는 것 등 자연스럽게 일반상식처럼 알지만, 우리의 경우는 강제로 책을 보든가, 영화, 드라마를 등을 통해서 많은 것을 접해야 알 수 있는 수준이에요. 예컨대, 팀풀의 경우 어떤 주제가 주어지면 우리는 그 주제에 대하여 생각하는 한계가 있어요. 여기서 보고들은 것이 한계가 있지만, 남한학생은 그 주제에 대해서 체계적으로 너무 잘 알고 있어요. 이것이 문화의 차이라고 여겨져요. 북한의 문화는 한정되어 있고 나라의 '틀'안에서 문화가 형성되어 있지만, 남한에선 그 '틀'을 벗어나 많은 것을 접할 수 있고, 많은 나라 사람들하고 접하고 어릴 적부터 유학을 가고 하니, 우리는 아무리 뛰어도 문화수준을 맞추기는 평생 어렵다고 생각합니다. 여기서 10년 살아도 20년 살아도 문화의 갭은 어쩔 수 없다고 생각해요.

정인 : 청바지를 입고 싶어서 청바지를 입고 시내를 안 다니고 골목으로 다녀요. 청바지는 미국식이라고 입지 못하게 해요. 그렇지만 신기하게도 그런 사람들도 한국문화를 접해서 가방을 크로스 하여 어깨에 매고 다니면, 그것도 미국식이라 하여 잡아가요. 그것이 미국식인지 그 사람들은 어떻게 알지? 그것을 저는 항의를 할 수 없었어요. 엄마가 탈북하여 저는 청년부 같은 소속된 곳이 없어서, 북한은 직장 같은 곳에 소속되어 있어야지, 저는 소속된 곳이 없어서 한번 걸리면 문제가 심각해져요. 그래서 한국에 왔어요. 친구들 중에 보위부 간부의 딸이 있는데 한국유행을 제일 먼저 알아요. 그 친구가 한국영화, 미국영화를 제일 먼저 보고, 그 친구는 아빠를 통해 유행을 알게 되어요. 여러 가지 동영상을 카피해 친구들에게 돌리고 유행을 알려요. 그 친구는 나쁜지 좋은지는 봐야 안다고 하면서, 유행도 알아야 한다고 간부들의 자식들이 먼저 해요. 그 친구 때문에 한국유행을 먼저 알게 되었어요.

소연 : 교복치마도 핏을 잡기위해 짧게 수선하고 입어요. 수선해주는 집도 있어요. 청바지는 장마당에서 사고, 장마당에는 팔건 다 팔면서 단속해요. 그래서 북한사람들이 불만이 많아요. 청바지는 중국 돈으로 200원, 중고도 많아 들어오고 중고는 30원-40원정도 합니다. 남한에서 한국드라마를 보면 지금 북한은 한국의 60-70년대와 똑 같아요. 한국을 따라가는 상황입니다.

4) 정서적 외로움 : 불안감, 우울증, 불면증 증세

소연 : 저는 외로움이 좀 심한 것 같아요. 많은 사람들이 외로움은 다 있는 것 같은데 저는 좀 심한 것 같은 게, 한 달에 한번정도는 웬지 모르게 눈물 나고 다른 사람들보다 좀 심한 것 같아요. 다른 분들도 말을 하지 않는 것이지 다들 힘들고 외로움이 있어요.

저는 중국에서 오히려 외로움을 덜 느꼈어요. 중국에서 일을 하면서 나는 중국어를 잘했기 때문에 모두가 나를 한족인줄 알고 중국친구들도 많았어요. 회사에 일을 하면서 또래 친구들과 함께 놀러 다니고, 함께 합숙하기 때문에 외움을 타지 않았고 중국사람들은 쿨하기 때문에 트라블이 생겨도 넘어가고 했어요. 하지만 한국에 도착하고 집에 왔을 때 아무도 없어서 너무 외로웠어요. 그래서 외움을 느끼지 않으려고 삼일 째부터 일하기 시작했고 외로움을 잊기 위해 내 몸을 혹사하기 시작했어요. 대안학교 다니면서도 알바를 그만 두지 않았어요. 나중에 내 몸이 혹사한다는 것을 알고 외롭다 외롭다 하지말자고 생각했어요. 남한사람들도 다 우울증이 있잖아요. 에타라는 앱에 들어가면 남한사람들이 익명으로 자기의 외로움, 우울증을 이야기합니다. 그래서 조금은 위로를 받아요. 나만 외로운 것이 아니고 남한사람들도 외롭구나 생각하면서. 우리는 부모님이 없이 살아가야 한다는 생각에 외롭지만 한국 청년들은 공부에 대해 스트레스를 받고 부모와 관계가 안 좋고 혼자 우울증이 걸린다 해요. 우리 곁에서도 외로움을 타는 사람들이 많다는 것을 느꼈어요. 남친이랑은 외로운 이야기를 많이 하지만 친구들에게는 하지 않아요. 분단으로 우울한 것이 아니라 시대에 발전에 따라 우울해지는 사람들이 많다고 생각해요. 친구들한테는 우울한 것을 이야기하지 않아요.

시은 : 갑자기 외로워져요. 일하다가도 병인지 모르겠는데, 가족을 동반한 손님이 오면 갑자기 눈물이 나요. 울면 같이 일하는 이모님들이 자기들 때문에 우는 줄 알고 왜 우느라고 물어봐요. 생각하지 않으려고 해요, 생각하면 미칠 것 같아요. 그냥 참지만 쉽지가 않아요. 갑자기 부모님 생각이 나고, 울고 나면 속이 시원해요. 부모님에게 죄책감을 느낄 때가 있어요. 탈북하기 전날에 길가에서 아빠를 보았는데 모른 척 했어요. 그때 그 장면이 꿈에서 계속 나타납니다. 그때 아빠를 돌아봤더라면 후회하지 않을 텐데.

가족은 혜산에서 헤어졌어요. 내가 떠나는 것을 엄마도 아빠도 몰랐어요.

저는 사람이 많은 곳에서 왜 눈물이 나는지? 특히 가족 손님을 보면 눈물이 나요. 엄마하고 딸이 친구처럼 이야기하는 것을 보면 갑자기 눈물이 쏟아집니다. 이것은 병이 아닌지, 병원에 갈 봐야 하는지 하는 생각이 들어요. 같이 일하는 애가 너 갱년기 아닌가 하고 이야기하기도 해요. 정신과 선생님을 만났는데 우울증이라고 해요. 저도 병이라고 느껴요. 저는 심각해요. 손님이 들어와서 아빠하고 딸이 다투면 안타까워서 이야기 해주고 싶어요. 아빠 말을 잘들어라고. 내가 아빠 말을 너무 안 들어서 내 모습을 보는 것 같아요. 아빠가 돌아가셔서 꿈에도 보이고 합니다.

희소 : 저도 잘 울어요. 겉으로는 명랑하게 보이지만 속이 여려서 잘울어요. 다른 사람들은 내가 명랑하니까 외움이 없다고 생각합니다. 하지만 나도 외로움을 자주 느낍니다. 집에 혼자 있으면 잡생각이 나고 외로움을 느끼고 우울증 걸리기 때문에 그래서 밖에서 친구들을 자주 만나면서 외로움을 해소해요. 사람마다 외로움이 다 있어요. 하지만 북한사람들만 외로움이 있는 것이 아니라 남한사람들도 있어요. 그 외로움의 선이 어디서부터 시작되는 것인지가 다를 뿐입니다. 북한사람들은 부모와 헤어지고 중국에 팔려가면서 고생 많이 하면서 한국에까지 오다보니 서러움과 외로움이 많다고 봅니다. 저는 가족과 헤어진지가 10년 되었어요. 중국에서 돈을 벌어 집에 보내고 했어요. 저는 한국에서보다 중국에서 외로움을 더 많이 느꼈어요. 한국에는 동생들이(한국에 와서 만난 대안학교 동생들)있고 아는 사람이 있지만, 중국에는 아는 사람이 없기 때문에. 그때 외로움을 해소하는 방법은 인터넷 게임을 통해 상대방과 대화하면서 외로움을 해소했어요. 외로움은 외롭다고 생각하면 더 나를 찾아와요. 그래서 행복하다고 생각해야 나에게도 행복이 찾아온다고 생각해요.

아진 : 저는 북한을 떠난 지 5-6년 됩니다. 저는 북한에 있을 때부터 많이 사랑을 받지 못해서 정확히 내가 겪는 것이 외로움인지, 애정결핍인지 잘 모르겠어요. 나에게는 애정결핍이란 것이 있어 나를 좋아하는 사람은 나만 좋아해주기를 바랬어요. 엄마가 11살에 돌아가시고 아버지라는 사람은 자식들을 예뻐하는 그런 스타일 아니었어요. 재혼은 안 하시고 아줌마가 여러 명 와서 살다갔지만 아빠가 까칠한 분이어서 오래가지 못했어요. 여동생이 한명 있는데 고모네 집에서 살고 있어요.

그게 마음의 상처인지, 외로움인지 모르겠어요. 이미 내가 겪고 있는 것이, 내가 주목받고 싶어서 잘 하려고 하다 보니 나의 진짜모습이 어떤 것인지 잘 모르겠어요. 그래서 외로움인지 애정결핍인지 그 선을 찾지 못하겠어요. 늘 그렇게 살아왔기 때문에 가끔은 외로움이란 것을 느끼는 것조차도 못 느껴요. 그래서 집에 혼자 있을 때면 늘 불안해서 소리(노트북)을 틀어놓고 있어요. 동생을 데리고 올려고 하지만 돈이 부족해서, 아빠는 안되고 동생만 데리고 올 생각이고, 아빠는 돈만 보내줄 생각입니다.

나희 ; 우울증은 자존감이랑 연관되어 있다고 생각합니다. 자존감이 높은 사람들은 외로움을 덜 느낀다고 합니다. 사람은 태어날 때도 외롭게 태어나고 죽을 때도 외롭게 가는 것처럼 외로움에 어떤 기준이 있다고 말할 수 없어요. 남과 북이라 해서 큰 차이점은 없는 것 같아요. 그 외로움을 어느 정도 느끼고 있는가가 중요하다고 생각합니다. 제자신이 자존감이 높다고 생각하면 최소한 외로움을 덜 느끼는 같아요. 그런데 어느 날부터 내가 그것을 인정하게 되었어요. 그것을 인정하는 순간부터 나는 외로움을 느끼게 되었고 자기도 모르게 머리와 마음이 따로 놀게 되었다.

외로움을 완전히 회복할 수 없고 자기만의 방법을 통해 노래를 부르거나 자기의 취미를 이용해, 때로는 헬스장에 가서 땀을 흘리는 방법을 통해서 외로움을 해소하기도 합니다. 사람들이 못자는 이유가 불면증 때문에 못자는 것이 아니라 다른 이유가 있다고 봅니다. 사람들은 흔히 그것을 불면증이나 어떤 병이라고 단정 짓는 것은 핑계라 느꼈어요. 거기에 자신의 어떤 이유를 부정하고 싶어서 불면증으로 이유를 돌려요. 내가 어떤 이유 때문에 잘 못자는 그 이유를 해소하면 불면증도 없어지는데 내가 불면증 때문에 못 잔다고 이유를 덮어버립니다.

저도 정신과 선생님이 연락이 와서 치료받고 약을 먹으라고 했어요. 주변에 이야기를 들어보면 정신과에 가서 치료하고 약을 먹으면 그 약에 의존하게 되어 재발한다고 합니다. 그래서 자신의 의지가 중요해요. 자신의 의지로 노력한 후 이겨야지, 내의지로 이겨보고 안되면 정신과를 찾아 가야지. 그렇지 않으면 언젠가는 또 타인에게 의존하게 되고 스스로 넘어졌으면 스스로 먼저 일어나야 한다고 생각합니다. 의사 선생님이 연락 와서 상담하고 치료받으라고 했지만, 멀쩡하다고 정상이다 하고 가지 않았어요. 조금은 우울증 증상을 보였지만 혼자 생각할 여유를 달라고 해서 가지 않았고 지금은 잠을 잘 잡니다.

정인 : 저는 엄마랑 같이 있는 시간이 별로 없어요. 한국에 있다는 것이 의지가 되지만 엄마하고 속 얘기는 별로 하지 않아요. 우리 엄마는 무뚝뚝한 편이고 저보다 더 무뚝뚝해요. 엄마는 5년 전에 먼저 나왔어요. 그렇다고 엄마와 불편한 것은 아니어요. 처음에 국정원에서 엄마랑 봤을 때 엄마가 저 보고 깜짝 놀라 못 생겼다고 할 정도로 친해요. 엄마에게 걱정을 안 끼치고 싶어 이야기를 하지 않아요. 필요할 때만 이야기하고 그래서 자식들은 필요 없다고 하는구나 생각합니다. 언니 친구들이랑 놀 때 많이 웃고 놀 때 스트레스를 해소합니다. 학교에서는 늘 혼자여서 외롭고, 자존감이 낮지만, 그렇게 우울하지는 않고 행복할 땐 행복합니다. 남한 친구들에게 제가 북한에서 온 것을 밝히지 않았기 때문에 속애기를 잘하지 않아요. 경영과에 북에서 온 언니가 1명 있는데 시간 맞추어 같이 밥 먹고 합니다.

그게 제일 편한 것 같아요. 예, 그래도 한계가 있어요. 공부가 어렵다고 하면서 다들 시험 잘 보고하니까 저는 굳이 그런 이야기를 하고 싶지도 않고 그래요.

5) 북한에 대한 잘못된 인식

시은 : '이만갑' 방송프로에서 북한을 아예 못사는 것으로 방영하여 북한에 대한 인식이 잘못되어 있어요. 북한사람들은 초가집에서 사는 것으로 알고 있어요. 어떤 집에 이틀 알바를 하는데 강냉이 먹고 똥 싸면 똥으로 나온 강냉이 다시 먹느냐고 물어보아서 황당했어요. 바지를 백번 꿰매서 입느냐고 물어서 하도 어이가 없어서 "그렇다고" 라고 대답해 주었어요. '이만갑' 프로는 통일에 도움이 안 되는 것 같아요. 남한에서도 북한영상 있잖아요. 완전 옛날식으로 촬영해서, 저 어릴 때만 해도 애들이 100달러짜리 코트를 걸치고 진짜 세련되었는데, 영화에서는 그런 사람을 찾아볼 수가 없어요. 일부러 그러는 것 같아요. 여기선 다 촌스럽게 찍고.

김교수 : 초창기에는 '이만갑'을 보고 울기도 했어요. 지금도 20년 전에 온 사람을 출연시켜 방송을 하니 북한에 대한 실상이 왜곡되는 것 같아요. 최근에 온 여러분을 대상으로 방송하면 좋을 것 같다는 생각이 들어요. 지금 우리가 연구하는 것은 탈북민 32,000명 시대에 탈북민의 국내위상 및 탈북민의 문제를 고민해 보자는 것입니다.

이런 것이 계기가 되어서 내가 탈북학생한테 대학원 공부를 권했어요. 북한에서의 경험을 글로 쓰거나 책을 내는 것이 더 바람직하지 않느냐고. 북에서 온 친구들이 경쟁사회에서 살아가기가 쉽지 않아요. 우리 북한의 일상들을 남한학생들에게 전하는 토론회 또는 작은 모임을 가지는 것이 좋다고 생각합니다. 요즘 청년들이 통일에 관심이 없어서 더 남남이 되어가고. 남쪽은 북한을 바라보는 시각이 고난의 행군과 1990년대 후반 2000년 초반에 맞추어져 있고, 북한청소년 이야기도 꽃제비를 이야기하려고 하고.

나희 : 제가 '이만갑'에 출연한 적이 있어요. 첫 출연에는 내 소개를 해야 하니 대본을 거의 쓰지 않았어요. 2번째 출연은 2주전부터 대본을 짜야하는 데 작가를 만나 인터뷰를 합니다. 그때마다 생각을 짜내고 무엇을 말해야 할지 너무 힘들었어요. 일반 고기집에서 알바하는 것보다 돈을 많이 주니 방송출연 하고, 대부분 대학생들이지만 '이만갑' 프로에 나오는 사람들은 자신들이 전달하는 메시지가 얼마나 잘못된 인식을 주는지 잘 모르고 있어요.

작가분도 방송 출연하는 연예인들도 북한사람하면 파격적인 스토리를 원합니다. 사람들을 울게 만드는 스토리, 평양에 금수저가 나타났다 아니면 흙수저 등 갭이 너무 큰 것을 요구해서 평범하게 산 중간계층 사람들은 방송에 나와서 할 애기가 없어요. 작가들도 너무 평범하게 살아서 쓸게 없다고 해요. 처음에 금방 왔을 때 '이만갑' 프로에 나가자고 하는 언니들도 있었고 작가님도 전화가 왔어요. 북한에 부모님도 있고 해서 거절했어요. 작은 곳에서 조용하게 소통하고 싶어 교회에 가게 되었고, 그러다 보면 북한에 대해서도 소통이 되지 않을 가하는 생각을 했어요. 그러나 2년 정도 살아보니 그런 소통은 한계가 있다는 것을 느꼈어요. 경제적인 문제도 있고 해서 '이만갑' 프로에 나가 한국에 온 북한사람들도 행복하게 대학생활을 하고 있다는 것을 보여주고 싶었어요. 한번 출연 경험에 의하면 조용히 작은 소통을 하면서 자가 통일하는 것이 좋다는 생각이 들었고, 언론 매체를 이용한 소통은 어리석은 짓이다 하는 판단을 하게 되었습니다.

아진 : 홍대에 북한 술집이 있는데 어제 가보았어요. 그 가게에서 느낀건데 여기가 잘 되었으면 좋겠다고 생각이 들었어요. 그래서 인식자체가 북한을 낯설어하지 않았으면 해요. 음악도 북한 음악이 나오는데, 일하는 사람이 북한사람인지 물어보니 북한 사람은 한명도 없다고 해요. 북한사람도 쓰고

북한 사투리도 접하고 해서 익숙해져서 곳곳에 체인점이 생겨서 다른 사람들에게 북한사람들이 더 이상 낯설지 않도록 하면 좋을 것 같아요.

6) 북한 학교의 잡부금 실태

소연 : 북에서 벌어지는 상황이지만 사실은 아니에요. 말로만 무료지, 학비를 더 많이 내라기보다는 이것저것, 예컨대 토끼가죽, 꼬마계획 등 여러 가지로 받아가는 것이 많고, 잡부금으로 내는 것이 더 많아요. '꼬마계획'은 어린아이들이 하는 활동입니다. 돈을 내고 물건을 내고, 또 가져가지 못하면 아이들 앞에서 망신을 주고 집을 돌려보내서 다시 가져오게 해요. 오히려 학비를 내게 하면 더 좋다고 생각해요. 학비를 안내는 대신 담임선생님에게 자꾸 무엇인가 해야 됩니다. 한국은 담임선생님이 1년마다 자꾸 바뀌잖아요. 1학년 담임이 다르고 2학년 담임이 다르고 자꾸 다른데, 저희는 초등학교 4년 동안 담임선생님이 1명이거든요. 제가 다닐 때는 중, 고등 담임이 같아요. 그 담임도 한명이고, 그러면 해마다 학부모 모임을 하면 학부모들 회장이 말을 해서 한명 당 얼마씩 내라고 합니다. 담임선생님한테 준다고 혜산에서는 그랬어요. 안내는 부모는 그 회장이 알려 주는 거에요. 어느 학생의 부모가 안냈어요. 그러면 선생님이 어떻게 하냐면, 다음날부터 그 학생을 이제 왕따를 주는 거죠. 담임이 왕따를 줘요. 학생들이 왕따를 주는 게 아니라.

나희 : 이 문제는 제가 방송에서도 얘기 했어요. 저희 엄마가 북한에서 차라리 남한처럼 학비를 달라고 하라고, 사람 피 말리지 말고 매일매일 야금야금 소수하게 나가는 것이 학비보다 많아요. 남한 같은 경우에는 학비를 받아서 그것으로 학교의 모든 시스템을 다 관리하는데, 북한은 사회주의 무료교육이라는 제도 때문에 학비무료 대신 학교시설 관리비, 교직원들 생활비까지도 학생들에게 의탁을 하고 있어요. 학생들은 내가 쓰는 책상은

내가 수리하고 페인트 칠 하는 거 당연하게 생각하고, 학기 전에 페인트칠한다고 하면 모두가 돈을 내야 합니다. 페인트칠 비용을 내지 못하는 친구들도 있는데 그런 친구들은 독촉과 괴롭힘을 당해요. 돈 언제 가져올 것인지 독촉을 받고 또는 가방은 학교에 두고 집으로 돈을 가지러 보내요. 그 압박감 때문에 학교에 나가기 싫어하는 친구들도 있어요. 어릴 적에는 그런대로 넘어가지만 고등학생이 되면 남녀공학인데 여학생 앞에서 그렇게 독촉을 받으면 반항심이 생겨 학교에 가지 않아요.

시은 : 학생들이 선생님들과 싸우는 일도 있어요. 자존심 때문에 선생님과 싸워요. 선생님은 잘 사는 애들에게는 꼼짝 못합니다. 왜냐하면 생활비가 그 아이들한테서 나오기 때문에. 아무리 공부를 잘해도 통하지 않아요. 돈이 없으면 안되요. 위에서부터 지시가 내려와요. 학생들에게 그림 전달이 되어서 내어요. 학교에서 토끼가죽이나 이런 것을 가져오라고 시켜요. 토끼 가죽이 없으면 돈을 대신 내어요. 할당제라고 하면서 내는 거죠. 규칙은 토끼를 키워서 내라고 하지만 문제는 집집마다 키우고 쌓여 있는 것이 아니므로 시장에서 사서 내어요.

정인 : 저의 할머니가 일본 사람이라서 자본주의를 겪은 분이었어요. 할머니가 항상 자본주의가 그립다고. 솔직히 북한도 자본주의보다 더해요. 학교 다닐 때는 돈 내는 것이 너무 많았어요. 여기는 학비가 정해져 있으면 그걸로 끝이지만 북한은 교육은 무료라고 하지만 실제로는 너무 많은 것을 내요. 예를 들면 군대지원사업과 같은 것에 돈을 내고... 엄청 많아요. 할머니가 그래서 차라리 학비만 내고 아무것도 안내면 더 좋은 것이 아니냐 그러셨어요.

7) 북한의 의료 실태

정인 : 공식적으로 진료비가 없는데 실질적으로 진료비는 뇌물이어요. 순서를 기다리면 진료를 안 해줘요. 가만 놓아두는 거여요. 돈이나 담배 같은 걸 주면 진료해주고 순서가 바뀌어요. 그리고 대부분 병원을 잘 안가고 개인이 집에서 의사들을 불러서 왕진하고 치료를 받아요. 의사들은 국가에서 월급도 못 받으니 개인적으로 진료행위를 해요. 의대를 졸업한 의사 면허가 있는 사람한테서 진료를 받아요. 약은 중국에 사와요, 북한도 진짜 알 수 없는 병 같은 건 외국에서 달러로 약을 사와야 해요. 북한은 돈 없으면 죽어요. 북한은 침을 놓는 사람이 많아 웬만하면 병원에 가지 않아요. 어릴 때 척추 수술했는데, 수술하거나, 치과는 병원에 가지만 감기, 몸살 등은 병원에 가지 않아요.

나희 : 맹장수술이나 그런 건 중국 돈 1500원(한화 25만원)정도 주고 했던 것 같아요. 저희 할아버지가 갑자기 맹장수술을 받았는데, 3-4일 입원하고 중국 돈 3000원을 주었어요. 그 중 1500원은 의사한테 가고 나머지는 항생제 등 약값 등으로 나갔어요. 밥도 주지 않고, 병원 건물만 있고 침상만 있는 것이고 약은 밖에서 사와야 해요.

시은 : 그것도 말로만 무료에요. 병원에 약이 없어서 개인 약국에 가서 사와야 해요. 북한에서는 웬만하면 약을 안 먹으니까, 약을 한 알만 먹으면 바로 나아요. 아빠가 아파서 약 한 알 먹으니까 바로 나았어요. 한 알에 500원으로 사온 기억이 있어요. 고향에서는 작은 병은 다 병원가기 보다는 집근처 의사를 불러서 치료해요. 병원에 간 적이 없고, 침을 놓는 사람이 많아요. 북한에서는 의사들이 기본적으로 침을 놓을 줄 알아요. 한의사 일반의사 개념이 없고 웬만해서는 병원을 가지 않아요. 고향에서는 친구들이 맹장수술하면 이뻐진다고 일부러 수술하는 경우도 있어, 나도 하고 싶었

지만 너무 비싸서 하지 못했어요. 친구가 그런 소문 때문에 수술한 적이
있어요.

8) 자본주의 형성 : 사회주의 안에 자본주의

나희 : 사회주의체제 안에 있는 자본주의, 안에서 자본주의를 형성하고
있는 느낌, 한국은 크게 자본주의를 만들었잖아요. 북한은 겉은 사회주의이
고 안은 자본주의가 퍼져나가는 느낌이에요.

소연 : 제가 이화여대에 다니면서 같이 친하게 어울리는 5명의 친한 친구
들이 있어요. 수요일마다 마라탕 먹고 그 중 1명은 내가 중국어 과외합니다.
그 친구가 어떻게 내 컴퓨터를 보고 내가 북한이탈주민이라는 것을 알게
되었어요. 그 친구는 다른 사람에게 말하지 말라고 하면서 북한체제에 대해
궁금해서 물어 보아서, 내가 처음 꺼낸 말은 "북한은 한번도 사회주의인
적이 없었고 봉건주의이고 군주주의인 것 같다" 고 말했어요. 처음에는 봉
건주의라고 생각했지만, 아버지가 왕이고 그 아들이 왕이고 세습이 기본
원리고 왕의 마음에 들지 않으면 죽일 수 있고 김정은도 똑 같다고 생각했어
요. 이것이 봉건주의 체계이다. 예를 들면, 시골에서 농사를 지으면 모든
수확은 국가에 받쳐야 하고, 북한에서는 개인 땅이 없고 모두가 국가 땅입니
다. 국가 안에서는 자본주의가 형성되어 집을 사고팔고 하지만, 어느 날
김정은이가 추방을 하면 그 집은 국가 것이 되고 실질적으로 개인 것이
없어요. 북한의 모든 것이 국가의 것이고, 즉 개인 재산의 보호나 인정 정도
가 한계가 있어요. 언제든지 국유화가 가능해요. 이 친구가 이걸 듣더니
이건 봉건주의보다 더 심하다. '군주주의다' 라고 했어요. 제가 생각했을
때도 공감이 갔어요. 공장에서 생산을 해도 그게 다 나라로 들어가고 생산품
이 1억원이라고 하면 천만원 부분 정도가 내려오고, 윗대가리 순서로 먹고

아랫사람들은 일원 정도만 받으면 그것 가지고 한 끼 식사도 못해요. 말만 사회주의고 내가 생각해도 사회주의인 적이 없어요.

시은 : 나라를 배제하고 일반생활에서는 돈만 있으면 다 해결되어요. 아무리 공부를 잘해도 통하지 않아요. 돈이 없으면 아무것도 못해요. 대학이나 좋은 학교에 돈만 있으면 갈 수 있어요. 그냥 자본주의지 사회주의라고 할 수 없어요. 그러나 평양 1고등학교 같은 최고의 학교는 진짜 실력이 있어야 입학합니다. 한두 명 뽑아서 데려가요. 영어도 외국인 교수가 가르치고 강의비가 비싸서, 한번 강의하면 1000 달러정도 준다고 해요. 속독법도 가르치고 수재들만 모여요. 그래도 일반 대학교는 돈이 없으면 가기 힘들어요.

9) 북한의 화폐 통용, 화폐 개혁

시은 : 혜산 같은 경우는 돈을 쉽게 보내지만 저희 집은 앞쪽이라 통행증이 없으면 혜산에 오기 힘들어요. 엄마도 내가 행방불명이 되어 통행증를 만들 수 없어서 혜산에 오기도 힘들고 전화하기도 힘들어요. 혜산은 중국 돈을 사용하는데 앞쪽은 중국 돈은 사용하지 못하고 달러를 사용해요. 평양은 거의 대부분 달러를 사용합니다. 혜산에서 모두 중국 돈을 사용해서 놀랐어요. 신기한 것이 혜산에서는 누구 집 딸이 중국에 갔다는 등 탈북얘기를 공공연히 하는데, 사리원에서는 그런 이야기하면 잡혀가요. 북한에는 통장이 없어서 다들 현금으로 가지고 있어요. 갑자기 화폐교환이 되었고 1000원 등 잔돈은 교환해주지 않아서 엄마가 잔돈을 주어서 쓰기도 하였어요. 화폐교환하면서 못사는 사람이 잘 살게 되고 돈 많은 사람이 망하고 했어요.

정인 : 혜산에서는 작은 매점에 가도 중국 돈 5원, 1원짜리를 사용합니다. 청진, 함경도 같은 경우는 북한 돈보다 중국 돈을 더 사용해요. 화폐개혁으로 인해서 북한 돈의 신뢰도가 떨어져서 중국 돈을 더 선호합니다. 화폐교환 시 가족 당 10만원에 얼마씩 교환해 주었어요.

이것 또한 어이없는 것이, 정보가 빠른 사람들은 이미 중국 돈으로 바꾸어 가지고 있고 정보가 없는 평민들은 다 망했어요. 김정은 그때 화폐개혁이 잘못되었고 북한경제가 무너졌어요. 저희 집도 달러를 가지고 있었는데 달러도 못 쓴다고 하여 북한 돈으로 바꾸었어요. 사람들이 북한 돈으로 바꾸어서 물건도 사고했는데 한 달쯤 있으니까 바로 시세가 오르고 중국 돈도 가치가 오르고 달러도 오르고 그때 망한 사람들이 많아요. 화폐개혁도 미리 정보를 알았던 사람들은 중국 돈이나 달러로 바꿔서 타격을 입지 않았지만 정보를 모르는 사람들은 다 당했어요. 결국 민초들만 죽어 나갔어요.

북한이 화폐개혁 때 유언비어가 많았습니다. 혜산지역에서는 중국도 화폐개혁한다고 해서 북한 돈으로 다 바꾸었던 사람들이 결국엔 다 망했어요. 정부에서는 힘없는 사람들 사냥한 결과가 되었어요. 지금 북한 돈과 중국 돈의 화폐환율은 (1400:1) 북한 돈 8000원 정도면 한국 돈 1000원 정도라고 생각하시면 됩니다.

소연 : 북한 돈은 원이라고 하고 조선인민공화국이라 쓰여 있어요. 혜산에는 돈을 교환해주는 것을 직업으로 삼고 일하는 사람들도 있어요. 그 사람들이 중국 돈과 북한 돈을 교환해주고 그 사이에서 수수료를 챙기는 식으로 돈을 벌고, 마찬가지로 달러도 바꾸어 줍니다. 혜산에서 평양을 간다고 하면 가기 전에 달러를 조금 바꿔서 가는 사람들도 있고, 달러는 전 지역이 쓰고 중국 돈은 그냥 자국화폐처럼 쓰는 지역이 혜산 청진과 같은 국경에 조금 가까이 있는 지역들이 써요. 그리고 평양도 중국 돈을 가져가면 환율에 따라 계산해서 돈을 사용할 수 있어요. 화폐교환하면서 북한 돈을

사용하지 않아요. 북한 돈의 가치가 왔다 갔다 하여 사람들은 정신이 나갑니다. 예를 들면 물건 하나를 오늘 1000원에 팔았는데, 내일은 1900원에 사와야 하니 900만원 밑지고 그러면서 북한 돈을 쓰지 않아요. 계란도 중국 돈 1원에 팔고 북한 돈을 받지 않아요. 할머니들도 북한 돈을 받지 않고, 북한 돈을 받으면 바로 중국 돈으로 바꾸어요. 시장경제가 무너져도 중국 돈이나 달러는 사용할 수가 있지만 북한돈은 가치가 없어요. 화폐개혁 때 현금을 많이 가지고 있는 사람은 그 돈이 휴지가 되었어요.

북한돈은 화폐의 가치가 자주 바뀌어요. 국가가 환율을 억제할 수 있는 능력 없기 때문에 산업제반 시설이 되어 있고 생산과 유통이 자국 내에서 이루어지고 있으면 환율을 국가가 정할 수 있지만 그게 안 되어있는 북한의 경우 환율이 매일 바뀌니까 그보다는 환율이 안정적인 중국 돈이나 달러를 사용하는 것입니다. 즉 북한에서 중국 돈은 기축통화의 느낌이 강해요. 북한은 은행에 예금을 하지 않는데 예금을 하더라도 화폐개혁을 피해 갈수 없으니까 그걸 사람들이 의식해서 중국 돈으로 갖고 있으려고 합니다. 화폐 개혁이후 사람들은 그전에는 환율에 대해서 모르는 사람들이 많았지만 지금은 모두 환율을 알고 있고 중국 돈과 북한 돈의 환율 계산이 모두가 가능해져서 두 개의 화폐가 다 사용가능해요.

해인 : 제가 놀란 것은 앞쪽에서는 거의 달러를 사용하고 있어요. 대부분 국경지대에서는 중국 돈 위안을 사용하여 장사를 하고, 북한 돈은 가치가 없는 것으로 생각해요. 비록 한국에 대해 모르지만 시장의 흐름은 자본주의와 다른 것이 거의 없어요. 자신의 자본으로 팔고 사고 그 이윤은 자신이 가진다고 봐요.

4. 입국동기, 장래희망, 결혼관, 입국 전 기대와 입국 후 현실과의 차이점 (2019. 11. 24)

[keyword : 입국동기, 한국 첫인상, 장래희망, 결혼관, 기대와 현실의 차이점]

1) 입국동기, 한국 첫인상

재성 : 저는 2015년에 탈북하여 들어왔어요. 고향은 혜산입니다. 기대보다도 한국으로 넘어오는 상황 자체가 싫었어요. 내가 어디에 놓여있던 거기에 적응해서 살아가는 것이지 그것을 회피하는 자체가 나 스스로 나약하다고 생각하기 때문에 끝까지 거기에 남아있고 싶었어요. 미움 받으면 미움 받는 대로, 인정받고 싶은 집착이 강하지만 거기에서 인정받지 못하더라도 북한에 있고 싶었습니다. 그런데 엄마 때문에 대학에 들어갈 수가 없었고, 가고 싶은 대학이 있었는데 돈을 써도 엄마가 행방불명이 되어 대학입학에 불이익을 받아서 대학에 갈 수가 없었어요. 엄마가 올 거냐 하고 연락이 왔어요. 지금은 엄마한테서 돈을 받고 있는데, 엄마가 연로하면 돈을 거꾸로 보낼 수가 없으니까, 이것저것 안 되니까 그래서 한국에 왔어요. 넘어오는 그 순간이 너무 싫었습니다. 다 두고 와야 하니까. 아버지는 돌아가셨어요. 북에는 사촌 가족들이 있어요. 엄마를 찾아서 왔는데 가족의 수가 줄어들었어요. 엄마와 떨어져 사는데 엄마와 같이 있으면 불편한 점도 있어요.

그러나 공항에 도착하니 바닥에 보도 블럭이 다 깔려 있어서, 이것이 참 인상적이고 참 좋았어요. 내가 와서 살건 데도 부러웠어요. 고향에서도 이렇게 했으면 얼마나 좋았을까 하는 생각이 들었어요. 고속도로 끝에서 끝까지 가로등에 불이 켜진 것도 멋있었어요. 고향에서 못사는 사람들이 가슴 아프고 안타까웠어요. 또한, 건물이 유리로 되어있는 것을 보고 놀랐어요. 저는 이과 공부를 해서 유리로 건물을 지을 수 없는 것으로 알고 있는데 어떻게 해서 건물이 서 있는지, 그것을 보니 자본주의에 대해 좋은 생각이 들었어요. 동경하고 경쟁하고 싶다는 생각이 들었어요. 학원을 갔다 오는데, 강남에서 차가 막히는데, 화가 안 나고 너무 멋있었어요. 앞에는 빨간 불이 좍 있고 다른 쪽에는 하연 불이 있고 멋있었어요. 그것이 은하수 같았습니다. 이것은 내 스스로 생각하는 건대, 내 나라가 너무 못 살았구나 하는 것이 짜증나고 슬펐어요. 고향에서는 차가 1분에 1-2대 지나가는데, 이렇게 차가 많다는 것도 뿌듯했어요.

아진 : 저는 한국에 대한 기대보다는 그냥 그곳을 벗어나고 싶었던 것 같아요. 북에 있을 때 제가 엄청난 저소득층이었고, 엄마도 일찍 돌아가시다 보니 제가 사고도 많이 쳤어요. 그런데 북한에는 그런 게 있어요. 제가 뭐 조금 잘못하면 엄마 없어서 보고 배운 게 없어서 그런다는 식의 시선이 있다 보니까 어차피 제가 잘해도 아무도 인정을 안 해준다고 생각하고 막 살았어요. 그래서 한국을 오고 싶은 마음이 있었던 게 아니고 일단 그곳을 탈출하고 싶었어요. 나를 모르는 곳에 가서 새롭게 시작하고 싶다는 마음이 있었어요. 중국에서 한국 올 때도 국적이 필요했던 것이지 무슨 환상을 갖지는 안 했어요. 저는 다시 중국으로 가고 싶었어요. 제가 살던 천진에는 한국기업이 많이 들어가 있어서 한국말 못해도 큰 문제는 안 됐어요. 오히려 한국 사람이라고 조금 우대해주었어요. 그래서 제가 한국사람 조선 사람이라는 것에 뿌듯함이 있었어요. 근데 한국에서는 제가 느낀 것은 제가 말투 때문에 북한에서 왔다하면, 계급사회는 아니지만 계급적으로 조금 낮게 보고, 뭐 계급사회는 아니지만 그래서 중국으로 가고 싶다는 생각을 하게 되었습니다. 중국에 가서 한국국적을 가지고 가계를 차리고 사는 허황한 꿈도 꾸어봤어요. 한국에 대한 큰 기대는 없었고 오히려 중국에 대한 큰 기대를 가지고 있었습니다. 북한에서는 중국에 가면 엄청 많은 돈을 벌

것이라는 기대를 했지만, 중국에 살면서 현실감이 와서 한국에 올 때는 별로 큰 기대는 없었습니다. 옛날에 오신 분들은 그럴 수도 있지만, 최근에 오는 20대들은 TV, 드라마 보고 알 것 다 알고 통화도 되고 어떻게 사는지도 다 알기 때문에 옛날하고는 달라요.

북한에서 살 때 좀 큰집에 살았어요. 제가 원룸에 살았는데 집이 커요. 정말 못 살았지만 집은 꽤 컸어요. 중국에 갈 때 상상한 것이 TV에서 보는 것 같이 엄청 큰집에 가는 줄 알았어요. 그런데 지하에 들어갔어요. 세상에 기가 막혀서.

송희 : 넘어올 때 저는 사춘기였어요. 나가고 싶다는 이런 마음에서 나왔어요. 한국영화를 처음 보았는데 원빈 아저씨가 무서워서 한국도 그렇게 무서운 곳인 줄 알았어요. 아니어서 좋았고요. 기대했던 것보다도 좋았고 한국에 대한 환상 같은 건 없었던 것 같아요. 그리고 아직 고등학생이라 제가 스스로 하는 것보다 챙겨주시는 부분들이 많아 아직까지 큰 어려움은 없는 것 같아요.

소연 : 저도 중국을 거쳐 한국에 왔습니다. 북한 떠날 때는 한국에 오겠다는 마음을 갖지 않고 중국으로 왔습니다. 집 앞에서 빨래를 하면서 중국 장백 마을 항상 보았고 장백은 밤에 밝은데 바로 뒤에 북한은 컴컴했어요. 당시 부모님이 별거를 하신 상태에서 가정형편이 안 좋아서, 아들 같은 남동생을 제가 돌보고 엄마 역할을 하면서 살았는데 너무 버거운 상태였어요. 그래서 동생 앞에서 나 저기 갈까 하면 남동생은 나는 누나가 없잖아 하면서, 그때 동생이 그러면 가만 안 둔다며 투덜대던 생각이 나요. 저도 아진과 마찬가지로 북한을 떠나고 싶었어요. 당시 친구들 중에는 대학가는 애들이 많이 있었고, 탈북한 동기 중의 하나는 고등학교 때 공부를 못하던 친구가 돈이 많아 의대를 간 것을 보고 저도 돈 벌고 싶다는 생각을 했어요. 애는 잘 사니까 대학가는 데 나는 못살아 이렇게 사는구나 하는 생각이

확 들었어요. 그때부터 여기를 떠나고 싶다는 생각을 했습니다. 중국에서는 북한과 다른 것을 느꼈지만 한국에서는 다른 것을 느끼지 못했습니다. 중국에서 그럭저럭 살면서 돈을 벌면 무엇을 하지 생각하니 국적이 없어서, 다른 사람의 민증을 샀는데 제가 돈을 많이 벌어도 제 돈이 아니고 집을 사도 제 명의가 아닌 것입니다. 은행카드도 만들었는데 그 카드도 내 것이 아니라는 생각이 들었어요. 그래서 국적이 필요해서 한국에 왔어요. 공부하려는 마음은 없었고 돈을 벌려고 했어요.

시은 : 네 저도 한국국적을 가지고 중국에 가서 살려고 했어요. 중국 남자랑 결혼도 하고 그러려고 했어요. 중국남자들이 좋거든요. 여자들한테 잘해 주잖아요. 빨래 다하고 집안일 다하고. 중국남자들이 북한남자보다 훨씬 친절해요. 북한 남자들은 허세가 많아요. 돈도 없으면서 차부터 뽑고. 그러나 요즘 북한남자들은 드라마를 너무 많이 보아서 많이 따라하는 편이예요. 여자의 신발 끈을 매어주는 등, 또한 북한도 맞벌이를 하거나 밀무역 같은 것을 여자들이 많이 해서 요즘 북한의 젊은 남자들은 여자한테 잘 해주는 편이예요.

재성 : 고향에서 제일 로맨틱한 날이 3.8절인데, 이날은 북한남자들도 밥도 하고 빨래도 하고 이날 하루만은 친절하게 합니다. 이날은 사회주의 나라에서는 국제 부녀자의 날로 지내요.

정인 : 저는 기대를 많이 했어요. 드라마처럼 모든 사람들이 잘 사는 줄 알았어요. 한국에 가면 집도 엄청 큰데서 살고 그런 줄 알았어요. 엄마 따라 집에 왔는데 집이 13평인데 너무 작아서 이게 뭐지? 하고 생각했어요. 그런데 조금 살다 보니 이 만한 것도 감사해야겠다고 생각하면서 살고 있어요. 연애에 대한 기대도 있었어요. 그런데 막상 와보니 경쟁이 심하고 그렇더라고요. 북한에 있을 때는 엄마가 돈 보내줘서 조금 편했고, 또 한국에

가면 돈이 그저 생기는 줄 알았어요. 북에서 드라마를 너무 많이 보았고 드라마가 사람을 망치는 것 같아요.

은혜 : 저는 어렸을 때부터 북한에서 살 마음이 없었어요. 그래서 공부도 잘 안했어요. 남한에 가면 공부를 안 할 줄 알고 남한에 가고 싶다고 생각했어요. 그렇게 북한에서 고등학교를 졸업하였는데 졸업하고 나니까 딱히 할 게 없더라고요. 제가 맏이라 가정에 대한 책임감도 있고 해서 남한에 가서 돈을 벌어야겠다는 생각을 하게 되었어요. 그런데 막상 한국에 와보니 공부를 해야 되겠더라고요. 한국에서 딱히 어려움은 없었어요.

2) 장래희망, 결혼관

소연 : 저는 하고 싶은 게 있는데 잘 안되니까 절망도 되고, 요즈음 아무것도 안하고 싶다는 생각이 듭니다. 옛날부터 초등 교사를 하고 싶었는데 이게 잘 안되니까 스스로에게 실망도 되고, 요즘은 대학교에서 우리말과 글쓰기라는 수업을 듣는데 맞춤법이라든가 이런 부분에서 북한에서 내가 배운 것하고는 잘 안 맞는 부분이 있어서 불편하고 조금 어려운 부분이 있지만 수업은 재미있습니다. 교수님이 학생 때 선생님이 장래 희망이 무엇이냐고 물었을 때 없다고 하니까 선생님이 안타까워서 자주 개인면담을 하고 그랬다는데, 그때 마다 드는 생각이 장래 희망이 없을 수도 있지 않나? 라고 생각을 했다고 이야기한 것이 기억에 나고, 장래 희망이 백수 이런 것이 꿈일 수도 있다는 생각을 했다고 합니다. 저도 요즈음에는 아무것도 하고 싶지 않다는 생각이 진짜 들었어요. 학교에 다니는 것도 힘들고 과제하는 것도 힘들고 해서. 요즘 데이트를 안 하다가 영화 보려갔는데, 영화 본 후에도 무엇을 빼 먹지 않았나, 해야 할 일을 안 했나하는 생각이 들었어요. 집에 있으면 괜찮은데 밖에 나오면 무언가를 빼먹은 기분이 듭니다. 정신적

으로 너무 힘들어서 아무것도 하고 싶지 않다는 생각이 들어요. 장래 희망은 무엇하고 싶은 것이 있는데 안 되니까 자신한테 실망하고 있어요.

교직과목을 이수 하면 교원자격증을 주지만, 저는 초등 교사를 너무 하고 싶고 적성에도 맞다고 생각합니다. 과외를 해 보았고, 자원봉사도 해보고 해서 잘 가르친다고 합니다. 적성에 맞다고 생각하고 어렸을 때부터 하고 싶었어요. 교직이수를 찾아 봤는데 중, 고등학교 선생님들의 경우 경쟁률이 심하고, 교대를 가기는 쉽지 않지만 일단 들어가기만 하면 교사는 확정이 되는 건데, 지금 상황은 일반대학을 다니고 있으니까 사범대를 나와도 경쟁률이 너무 심하고 심지어 수학 같은 경우는 경쟁률이 50:1이 된다고 합니다. 교대 편입시험에 떨어졌어요. 3명을 뽑는데 경쟁률이 높아서. 창업을 한다면 쇼핑몰 이런 것은 아니고, 복수전공을 교직이수 아니면 심리학과를 선택할 가 생각합니다. 요즘 들어서 젊은 사람들이 정신적으로 건강하지 않고 심리적으로 많이 불안하니까 그런 쪽으로 창업을 해 볼가도 생각해 보았습니다.

결혼을 한다면, 사실 저희 쪽 친구들 남친을 못 만나 보았지만, 결혼은 어느 나라 사람이든 상관없다고 생각합니다. 나랑 잘 맞고 나를 잘 이해해주고 하면 되니까 남한 사람이든, 북한 사람이든, 외국사람이든 상관없다고 생각해요. 북한사람들은 서로의 처지를 이해하는 부분이 있으니까 괜찮지만, 삶의 기둥이 없고, 나도 기둥이 없는데 상대방도 기둥이 없다면 서로 함께 넘어질 수도 있어요. 남한사람들은 인간관계 등 기둥이 있으니 살아가면서 의지될 것 같아요. 한국에서 살 건데 한국에 뿌리가 없으니까 그런 면에서는 한국 사람과 사는 것이 맞다고 생각합니다. 저희 쪽 친구들은 기둥이 없는데 나도 기둥이 없으니까 좀 기둥이 있는 사람들을 만나서 기댈 수 도 있었으면 좋겠어요. 여기 사람들은 만나면 안 좋은 것들도 많아요. 서울 사람을 만나 사귀는데 못질을 할 줄 몰라서 충격 먹었어요. 집에 커튼을 다는데 할 줄을 몰라서 내가 했고, 어려서부터 곱게 자라서 할 줄 모른다고 합니다. 한국남자들도 일을 잘하는 사람이 있지만 그런 분은 많지 않다고 생각합니다. 서로 양쪽에 장단점이 있고 자기한테 잘 맞는 사람이면 어느 나라 사람이든 상관이 없다고 생각해요.

은혜 : 저의 장래에 대해서 지금 딱히 무엇하고 싶다는 건 결정되어있지 않고, 결정된 것은 4년제는 졸업해야겠다. 그 걸 위해서 공부를 좀 해야겠다는 것뿐입니다. 사회복지학과에 다니고 공부 따라가는 데는 별 문제가 없어요. 성공의 기준이 다 다르지만 제가 생각하는 기준은 행복하게 사는 것입니다. 행복하려면 어느 정도 공부도 해야 하고, 사회를 바라보는 사고방식도 있어야 한다고 생각합니다. 4년제를 졸업하고 앞으로 어떻게 될지 모르지만 봉사센터에서 일할 수 도 있고, 지금은 현재에 그냥 집중해야 한다고 생각합니다.

고향은 혜산이고 혼자 중국을 거쳐 한국에 바로 왔어요. 사회복지사 자격증을 처음엔 쉽게 생각했는데 점점 올라가면서 힘들다는 걸 느끼고 있어요. 다른 학과와 달리 사회복지과는 자격증이 따야 합니다. 한국사회가 노령화되고, 또 복지 쪽으로 예산도 많이 편성되고 있는 부분도 있고, 통일이라는 것을 생각했을 때 통일 후 사회복지를 어떻게 할 것인가 하는 부분도 있으니까 큰 의미를 가지고 있다고 생각합니다. 결혼관에 있어 남한사람과 북한사람의 차이점을 잘 모르지만, 결혼을 지금 한다면 두 가지 선택을 할건데 돈이 많은 사람이거나 저한테 잘하는 사람이랑 할 것 같아요.

수철 : 저는 제 원래 성격이 먼 미래를 내다보는 편이 아니어서 길어 봤자 이달 말까지 무엇을 할 것인가 이런 고민을 하지, 10년 뒤에 무엇을 할까 이런 고민을 하지 않습니다. 왜 해야 하는지도 실감이 되지 않고, 학교에서 교수님과 진행하는 프로젝트가 있는데, 교수님과 얘기를 해봐도 먼 미래를 내다볼 필요가 없고 현재에 충실해라고 합니다. 교수님들은 학생들이 못 보는 인사이트를 제공해주는 사람이니까 그런 이야기에 공감을 하고

있어요.

전번 학기에 교직과목들을 들어 봤었는데 힘들긴 하지만, 프로젝트를 하는 과정에서 욕심이 생기고 길게 한번 써보고 싶다는 생각이 들었어요. 순간순간 일을 찾아서 처리합니다. 5년 후 10년 후 내가 무엇을 하고 있을까하는 생각은 않습니다. 무엇을 하던 최선을 다하자고 해요. 이번에 워홀 가는 것도 기회를 잡으려고 가는 것도 있습니다. 카지노 쪽을 공부하다가 보니까 일본이 10조 이상을 들여서 복합리조트를 만들고 있어서 한국 카지노에는 위기지만 젊은 사람들에게는 기회니까 그쪽도 눈을 돌려봐라 해서 그런 부분도 있어요. 확실하게 미래 목표가 무엇이라고 얘기를 드릴수가 없는 것 같아요. 저보다 인생을 더 오래 사신 분들께 조언을 듣는 것이 중요하다고 생각합니다. 그분들은 저보다 오래 살았기 때문에 시야도 넓고, 또 최선을 다하는 게 중요하다고 생각합니다.

아진 : 저는 대학교 갈 때도 직업 때문에 간 것이 아니었고, 처음의 꿈은 변호사가 되고 싶었는데 대학교에 가서 접었어요. 변호사는 학력도 중요하지만 제가 지금 학점을 잘 받아야 로스쿨 갈 수 있는데, 학업이 어려웠고 학점관리가 잘 안 돼서요. 지금은 대학교 다니는 것을 그만 둘까 하는 고민을 하고 있어요. 초창기 북한에 있을 때는 헤어 만지고 다른 사람을 꾸며주는 것을 좋아 했었는데, 그것이 북한에서는 그렇게 큰 직업으로는 아니어서, 한국에 와서는 제가 좋아하는 것이 아니라 따라가려고 했던 것 같아요. 그냥 지금 이 시대에 맞춰가려고 했던 것 같아요. 저는 네모인데 동그라미에 맞추어서 그냥 들어가려고 했던 거 같아요. 저는 태어나서 학교에 가는 것을 싫어 본적이 없었는데, 정말 요즘은 너무 안 맞아서 학교를 가기 싫었어요. 처음에는 제가 특별전형으로 대학교를 들어왔기 때문에 저로 인해 대학교를 못 들어온 사람들을 생각하면 졸업은 하자하고 생각했는데, 지금은 나를 위해 살아야겠다고 생각하고 있어요.

잠깐 휴학하고 방학 때 미용실 같은데서 스탭으로 일을 하면서, 정말 이 일이 내게 맞는지, 하고 싶었던 일인지 한번 해보고, 괜찮다 싶으면 전공을 바꿀까도 생각하고 있습니다. 지금 고민을 많이 하고 있습니다. 제가 전공을 바꿀 때 아무 일도 안하고 전공을 바꾸는 것 보다 일단 경력을 쌓아야 할 말이 있거든요. 저희 학교는 면접형이라 면접 때 할 말이 있어야 돼서 아무것도 안하고 있다가 그때 가서 제가 갑자기 '미용을 선택하고 싶어졌어요' 라고 할 수는 없으니까요. 제가 지금 제일 후회하는 것은 너무 급하게 전공을 선택해서요. 내가 좋아하는 것을 생각해봐야 하는데, 주변에서 선생님들이 말씀해 주시고 조언해 주시는 것이 정말로 그것이 제가 좋아하는 것이고 잘하는 것이라고 착각을 하게 돼서요. 지금은 제가 체험해 보고 정말 좋아하는 것을 찾고 싶어서요.

기초가 약해서 공부하는 것이 어렵지만 제가 노력해서 성과가 나야 동기부여가 되는데, 일 학기 때 엄청 열심히 했어요. 딱히 어려운 점이 없었어요, 영어도 솔직히 웬만치 했고, 정말 많은 투자를 했는데, 상대적으로 학점이 너무 안 나오니까 동기부여가 안 되어서 어려웠어요. 공부하는 스타일도 다르고 제가 하고 싶은 공부가 아니었어요. 저는 교수님이 말씀하시는 것을 듣고 제 얘기로 활용하여 쓰고 싶은데, 교수님이 원하시는 방식으로 안 쓰니까 학점이 확 떨어졌고, 말씀을 토씨하나 안 빼고 잘 적은 사람이 더 학점이 높아요. 물론 아니신 분들도 있는데, 제가 1학기 때 교수님의 원하는 방식으로 안 써서 중간 점수가 낮았고, 기말에 녹음해서 똑같이 외워서 쓰니까 점수가 확 올랐거든요. 그때 너무 좌절했어요. 내가 교수님을 배우려고 대학에 간 것이 아니므로 대학에 대한 생각이 떨어지고, 사회복지과에 가서 미용도 같이 하는 것이 어떤가 하는 생각도 해봤어요.

시은 : 저는 성공이라는 것이 제가 하고 싶은 것을 행복하고 즐겁게 하는 것이라고 생각합니다. 저는 피부 쪽을 좋아해요. 학교 가서 열심히 해서,

취업보다는 샵을 차리고 싶어요, 회사에 매일 출근하는 것이 싫어서 개인사업을 하고 싶어요. 제가 어릴 적부터 좋아했었고, 여기 와서도 친구들 해주면 피부가 좋아지는 것을 보면 기분이 좋아지고, 친구들도 좋아하고 해서. 처음에는 경복대를 가고 싶었는데 거리도 멀고, 서울전문대 교수님들이 면접 때 잘해 주셔서 서울 전문대를 선택하였습니다. 그런데 1학년 때는 네일 헤어 등 여러 가지를 같이 배우고, 2학년에 가서 하고 싶은 것을 집중적으로 한다고 하더라고요. 취업이 잘 된다고 하긴 하는데, 저는 취업을 안 할 생각입니다. 저는 다른 사람 밑에서 일하고 매일 출근하는 게 싫어서 샵을 차려서 사장님이 되고 싶어요. 전에는 처음에 패션 쪽으로 일을 하려고 했는데, 아는 언니가 그쪽으로 공부하고 있는데 경쟁력도 심하고 어렵다고 해서 접었어요.

결혼은 장담할 수는 없는 것 같아요. 앞으로 어떤 남자를 만날지. 남한남자도 만나고 싶고 처음에는 남한 남자들이 조금 어렵다고 생각했는데 요즘은 남한남자들도 괜찮아졌어요. 연애를 좀 많이 해보고 싶어요. 연애를 못해 보아서, 갑자기 드는 생각이 남한남자도 만나보고 싶고, 남한 남자는 그냥 편한 것 같다는 생각이 들어요.

송희 : 회령이 고향이고 2013년에 입국했어요. 학교는 가천대 물리치료학과에 입학할 예정입니다. 아직 대학교 입학을 안 해서 현재는 대학교 4년을 잘 졸업 하는 것이 목표입니다.

3) 입국 전과 입국 후의 차이점

시은 : 환상은 별로 없었던 것 같아요. 저는 중국에서 한국가면 남한 남자들과 사귀고 싶었어요. 중국에 별로 잘 생긴 남자가 없어서 남한남자와 연애 해보자는 꿈이 있었어요. 한국 올 때 그렇게 큰 기대나 꿈은 없었던 것 같아요. 처음에는 뭐 꿈을 찾을 수 있다는 것도 몰랐어요. 그냥 그곳을

벗어나고 싶었어요. 기대는 없었고 중국이랑 사는 것은 똑 같았어요. 바로 온 것이 아니고 중국에 있다 왔으니 기대 같은 것은 하지 않았어요. 공부할 수 있고, 한국가면 공부해야겠다는 생각도 못했어요. 북한에서는 못 배웠고 여기 와서 배우기 위해 대부분 그렇게 말해요. 이건 TV에서 나오는 이야기에요. 북한에서는 할 수 없었지만 여기 와서 꿈을 이루고 싶다고 하는데 그것은 조금 가식적이고, 대본에 있는 대로 이야기하는 것입니다.

아진 : 북한 사람들이 한국 사람들 앞이나 프로그램에 나가면 빼놓지 않고 하는 말이 있는데 북한에서는 사는 게 어려워 배우지 못해서 한국에 꿈을 찾고 배우고 싶어서 왔다고 합니다. 물론 정말로 그런 사람들이 있겠지만 모두가 다 그런 것은 아니라고 봅니다. 북한에서도 공부하고 싶다면 할 수 있어요. 거기는 의무교육이고 무상으로 교육을 받을 수 있어요. 여기가 공부하는 것이 더 치열하고 경쟁이 심해요. 배우고 싶어서 목숨을 걸고 탈북했다는 것은 조금 과장된 것 같다는 생각을 해요. 그 사회에서 벗어나 다른 사람이 되고 싶었지, 공부를 하기 위해 목숨 걸고 탈북 한 것은 아니라고 생각해요. 그래서 한국 사람들의 질문이 고정된 것 같아요. 남한이랑 북한 다른 점이 뭐예요? 사실 저희는 한국에 와서 그렇게 와 다르구나 이렇게 크게 느끼는 게 별로 없거든요. 계속 물어보니 저희는 대답할 다른 점을 찾아야 하는 입장이 돼요. 마치 희한한 행성을 보고 온 것처럼 요. 뭔가 대답해야 될 것 같아 찾고 있는 것 같아요.

재성 : TV영상에 보면 우리가 공항에 도착하니 우리를 위해 불을 다 켰다고 말하는 것을 보았어요. 한국에 와서 불이 다 켜진 거 보고 신기했고, 그리고 불빛을 보고 뭐 그랬냐고 하는데 혜산 같은 경우에는 중국만 건너다 봐도 불빛이 보이는데, 북한에서도 중국이나 한국이 북한보다 잘 산다는 것을 아는데 일부러 자극적이게 말하는 것 같다는 생각이 들어요.

소연 : 물론 다른 게 많기는 해도 이미 알고 있는데, 그걸 굳이 새롭게 안 봤던 것 같아요.

저도 가끔 그런 생각을 합니다. 중국에서 살다가 왔으니까 중국은 공산주의체제와 자본주의 체제가 잘 어우러져 있는 곳인데, 중국에서 살 때는 중국이 자본주의처럼 보였는데 한국에 오니 중국이 공산주의 국가라는 것을 알게 되었고, 거기 있을 때 불편한 점이 더 많았다는 것을 깨닫게 되었어요. 그 체제에서 살 때는 잘 모르지만 밖에 나와서 보면 잘 알게 되었습니다. 한국과 비교하면 자유가 잘 보장되어 있진 않지만 그 나름대로 장단점이 있어요. 한국은 시위라든가 이런 부분이 많은데 중국은 그런 게 없어요. 국가에서 언론 통제하니까 자유도 좋지만 맨 날 싸우는 걸 볼 땐 싸우지 않았으면 좋겠다고 생각합니다.

송희 : 북한에서 한국에 처음 왔을 때 제일 큰 차이점은 그냥 다 다른 것 같아요. 가장 확 떠오르는 것은 북한은 별이 많은데 한국은 별일 별로 없는 것 같아요

5. 정체성, 차별 및 편견, 북한의 생활수준, 탈북자 호칭, 탈북자 지원 제도의 문제점 (2019, 12, 8)

[keyword : 정체성, 차별, 편견, 북한생활수준, 탈북자호칭, 기초 생활수급비, 정착지원금, 주거급여, 신변보호담당관, 탈북브로커비]

1) 정체성 혼란

소연 : 저 같은 경우는 적응력이 빠르다고 생각하거든요. 중국에 있을 때도 어떤 분들은 고향에 대한 그리움이 있어서 고향음식을 찾아서 드시거

나 만들어서 먹더라구요. 근데 저는 중국에 있을 때 고향음식을 찾아서 먹지를 않았어요. 그래서 저는 중국에 와서 중국 사람인가하는 착각을 하게 되요. 저는 한국에 왔어도 북한 사람이에요. 제가 태어난 곳이 북한이라는 것을 부정할 수는 없을 것 같아요. 남한 사람들은 안 그러시는 분들도 많지만 북한을 안 좋게 생각하시는 분들도 많아서 말하기도 힘들고, 어린아이들도 내가 북한사람이라고 하면 깜짝 깜짝 놀랍니다. 한국에 있는 것보다 외국에 있으면 똑같은 아시아인으로 생각하기 때문에 차별을 별로 느끼지는 않지만, 한국에서는 북한사람이라는 이유로 차별을 많이 느끼니까 정체성이 사라지는 것 같아요. 내가 어느 나라 사람인지 구별 못하고. 그래서 저도 혼란을 겪다가 이제는 북한사람이라고 정했어요. 북한이라고 말하기보다는, 통일을 이야기하고 한다면 헌법에도 있듯이 북한이나 남한은 같은 나라라고 하잖아요. 저는 어떤 자리에서는 어쩔 수 없이 말을 해야 되지만 평소에는 그냥 북한이라는 말을 안 하고 그냥 고향친구나, 옛날에 있었던 일, 집에서 있었던 일, 뭐 이런 식으로 말을 해요. 북한에서는 조선이라고 하지 따로 남한이라고 하지는 않아요. 한국 사람들이 남한이라는 말을 잘 쓰지는 않지만, 북한을 북한이라고 꼭 찍어서 말을 하는 것 자체가 차별이라고 봐요. 남들이 봤을 때는 모르겠지만 저는 차별이라고 생각하고 북한이라는 단어를 저는 웬만하면 안 쓰려고 노력하고 있어요. 최근에 와서 남한을 아랫동네 아니면 한국이라고 하고 공식적인 자리에서는 남조선이라 합니다. 젊은 세대들은 한국이라는 말을 사용해요. 일상생활에서는 아랫동네라고 부르고 어르신들은 남조선이나 아랫동네라고 해요.

시은 : 황해도에는 남한을 아랫동네라고 해요. 영화에서는 대한민국이라고 나와요. 북한에서는 북한을 조선민주주의인민공화국이라고 해요. 국가에서는 남조선이라고 부르고, 남북 간의 사이가 안 좋아지면 괴뢰라고 불러요.

소연 : 국가정체성 측면에서 저는 대한민국사람이라고 생각하되, 북한을 같은 대한민국 나라로 인정해달라는 것입니다. 왜냐하면 북한이라고 말하는 자체가 북한을 차별하는 것이라고 생각해요. 나는 대한민국 국민이라고 생각하고 있지만 사회적으로는 그렇게 생각하지 않아요. 같은 통에 담겨진 물하고 기름 같아요. 국민이라는 정체성과 민족이라는 정체성이 어느 것이 더 크냐고 묻는다면, 아무래도 북한에서 나와 있는 대한민국인이니까 한민족이라는 정체성이 더 크다고 생각합니다. 중국에 대해서는 저는 항상 중국인은 아니었어요. 북한에서 중국에 왔을 때 외국에 왔구나 하는 느낌이었는데, 한국에 왔을 때는 북한 고향에 온 느낌이고 익숙하고 그런 느낌이었어요. 고향에서 어느 지방에 간 느낌이지 외국에 온 느낌은 아니었어요. 언제 그런 생각이 들었냐 하면 저번에 주민센터에서 전화가 와서 장학금을 준다는 했어요. 그런데 장학금만 주는 행사가 아니고 어르신들이랑 높은 자리에 계신 분들이 있었는데, 애국가를 부르고 그렇게 했어요. 북한에서도 행사할 때마다 국가를 부르고, 그래서 북한에 온 그런 느낌이었어요. 전에 하나원에서 출소한 분이 이야기하기를 교육을 마치면 주민등록증을 주면서 행사를 할 때 애국가를 부르는데, 나이 60이 되어 나는 두 개의 국가를 불려야 하나 생각하니 자기의 신세가 처량하다는 느낌이 들었다고 말했어요. 아마 세대차이인 것 같아요. 나이 많은 분은 북한에 익숙해있으니까요.

재성 : 저는 왔을 때 엄청 낯설고 그랬어요. 고향에 있을 때도 이사를 잘 안가고 한 곳에서 죽 살았어요. 공항이 너무 크고 번쩍번쩍 하고 멋있고 다 좋았어요. 고향에서 느끼지 못하는 것들을 다 느끼면서 여기는 괜찮은 곳이구나 생각했습니다. 영화에서 보는 것처럼 사람들이 다 줄서서 순서를 기다리는 것을 보고, 교과서에서나 볼 수 있는 행동을 하는 것을 보고 놀랐어요. 저희들은 먼저 들어가서 행하는 것이 능사였는데 이렇게 도덕적이고 문화적인 줄 몰랐어요. 버스를 타도 어르신들이 서 있으면 자리를 양보하는

것을 보고 문화적으로 떨어진 곳에서 살았구나 라고 생각했지요. 다르다는 것을 많이 느꼈어요. 너무 많이 달랐어요. 처음에는 친한 친구도 없고 혼자서 많은 것을 해결하다 보니 외로움을 많이 느꼈어요. 북한에서 왔다고 애기를 안 해서 차별은 그렇게 많이 느끼지 안했지만, 그래도 넘을 수 없는 벽이 있어요. 아무리 내가 사투리를 안 쓰고 친해지려고 해도 그게 잘 안되어요. 친구들하고 2살 정도 차이가 있는 것도 있고, 여기 애들은 어릴 때부터 문화적인 데이터도 많고 저는 그런 것이 없으니까 무언가 이야기할 때도 조금씩 달라요. 그래서 저처럼 대인관계가 미숙한 친구들끼리 친해지는 것이고, 여기서 말하는 일상적인 친구들하고 친해지기가 너무 어려워요. 여자 친구들은 술도 진짜 잘 마시고 말도 진짜 잘 해고 다 잘해요. 그런 친구하고는 친해지기가 어려웠어요. 인간적으로 덜 성숙하여 그래 북한에서 왔어하고 무시하는 친구와는 태초부터 달라서 서로 차별되는 것하고는 달라요. 덜 성숙한 사람들이 차별하는 것은 그냥 무시하고 지내가면 되고, 오래 동안 살면서 적응하면 문제가 다 해결 될 것이라고 봐요.

수철 : 해외에 나가서 'where come from?' 이라고 하면 필터 안거치고 바로 Korea 라고 말해요. 그러면 한국문화에 대해 물어보지 북한 문화에 대해 물어보지는 않아요. 예를 들면 필리핀에서 샘몰이라는 쇼핑몰에 있는데 거기 가면 물건이 여러 가지 많아서 직원들에게 물어보다보면 직원들이 어디서 왔냐고 물어요. 그러면 korea라고 대답해고, 고향이 어디냐고 물어보면 서울이라고 바로 대답합니다. 상황에 따라 바뀌기도 합니다. 해외에서는 바로 그냥 한국인이라고 하지만, 탈북민들 장학금을 준다고 하면 생각 안하고 바로 신청해요. 그래서 경우에 따라 생각이 달라지는 것 같아요. 또 한 예를 들면 필리핀에서 버스를 타고 가는데 옆자리에 앉은 kt직원이 BTS노래를 들려주면서 어떠냐고 물어서 good이라고 대답했어요. 그때는 북한출신이라는 것을 조금도 의식하지 않았어요. 그래도 고향은 항상 그리

움의 대상인 것 같아요. 축구경기를 보면 북한이 이겼으면 마음속으로 생각해요. 북한이 이기면 기분이 좋고 대견하다는 생각이 들어요.

재성 : 얼마 전에 통일부 사람이 탈북민에 대해 이야기했다는 것을 들었어요. 우리나라 사람들이 단일민족이라는 것을 강조하고 있는데, 이것은 통일을 위해서 강조하는 것이라고 생각해요. 사실 통일을 염두에 두지 않으면 단일민족이라는 것이 단점이라고 생각해요. 단일민족이라는 특유의 문화가 있지만, 그렇다고 우리가 세계에 내놓을 수 있는 문화가 없잖아요. 통일을 염두에 두지 않으면 단일민족이라는 정체성이 의미가 없다고 봐요. 여기 친구들은 통일에 대해 독박 쓴다고 안 좋게 생각하는 것을 보고, 학교에서 무슨 교육을 하는지에 대한 의문이 들었고, 왜 통일에 대해 교육을 안하지하는 생각은 저희 생각인 것 같아요. 여기 젊은 친구들이 통일에 대해 깊이 있게 생각하지 않은 것 같아요. 통일을 반대하고 싶어도 북한은 언제가 내가 가야하는 고향이니까. 북에서 교육은 모든 것이 통일 지향적입니다. 한국은 초등학생들에게 지도를 그리라고 하면 남쪽 절반만 그리는데. 북한은 지도를 배우면 전체를 다 배우게 합니다. 날씨도 전체를 다 알려주고 황해나 이렇게 쓰지 않고 조선 동해, 조선 서해 이렇게 불러요. 저는 한국국적을 받고 한국에 오래 살아도 내 속에 있는 고향은 북한이 아니고 혜산이라고 생각해요. 특정 지역을 이야기하지 전체를 퉁치고 들어가서 북한이 다른 국가라는 인식을 버립니다. 앞으로 탈북민들이 더 많아 지면 북한에 대한 인식이 바뀌지 않을지....

정인 : 저는 어디 가서 북한사람이라고 말하는 것이 창피합니다. 제가 북한사람들이 잘못되었다는 것은 아닌데, 북한사람들에 대한 인식이 너무 안 좋고, 잘 된 사람보다 사고치는 사람들이 많아서. 싸우는 사람들도 있고 불법하는 사람들도 있어서, 낮게 보는 경향이 있어요. 또 시선에 대한 부담 때문에 자존감이 많이 낮아지고, 발표할 때 사투리 사용하면 안 될 것 같아

서 오히려 말을 더 많이 하지 않습니다. 시선 부담감 때문에 말투를 고쳐야 되지 않을까 생각해서 자신을 더 표현 하지 못해요. 어디 가서도 북한에서 왔다는 말을 하지 못하고 표현을 하지 못해서 답답한 느낌을 갖고 있어요. 외국인 5명이 북한에 갔다 온 다큐를 보았는데, 외국인들은 북한에 가는데 우리는 가지 못하니까 마음이 많이 안타까워요. 해외 나가서 외국인 만나 한국 사람이라고 말을 할 때는 자존감이 확 올라갑니다. 하지만 한국 사람을 만날 때는 오히려 자존감이 내려가요. 완전한 한국 사람도 아니고 북한 사람도 아닌 정체성의 혼란이 와요.

아진 : 저도 마찬가지입니다. 외국에 나가면 다 영어권이고 우리 사투리에 대해서 별로 구분이 안 되니까 한국 사람이라고 해요. 한국 사람들 사이에서 차별이 있으니, 그래서 중국이나 외국에 나가 살고 싶다고 합니다. 북한의 그 환경이 싫어서 한국에 왔는데, 여기 와서도 차별 받으니까 또다른 곳 가서 살고 싶은 생각이 들게 합니다. 한국사회가 그렇게 만드는 것 같아요. 저희는 그것에 맞추어서 살아야하고, 늘 저희는 항상 낮게 보이고 무엇을 할 때마다 차별을 느껴요. 알바 할 때 처음부터 말을 안 하면 사투리 때문에 이상하게 보고, 이야기를 하면 차별의 시선으로 봅니다. 예전에 한의원에서 일을 했는데, 한의원에서 부황을 하고나면 피가 옷에 묻어요. 따뜻한 물로 피를 지웠는데, 하시는 말이 북한에서 와서 무식해서 피를 더운 물로 지운다고 핀잔을 받았어요. 원래 피는 찬물에 지우는 것이라고 합니다. 한국친구들도 모를 수 있잖아요. 나만 모른 것이 아니잖아요. 내가 그 말을 듣고 내가 처음부터 말을 하면 이런 시선으로 보는구나 하는 것을 알게 되었어요. 영어수업 시간에도 외국인 교수가 자기 고향을 소개하라고 할 때, 혜산이라고 말하기가 무엇해서 북한이라고 말하였어요. 북한 전체가 나의 고향이 아닌데도 불구하고. 국내에서는 어쩔 수 없는 차별을 느껴요. 해외 나갔을 때는 문화도 다르고 하여 다 아시아인으로 보니까 차별을 받는

느낌이 없어요.

가끔은 정체성에 혼란이 와요. 내가 한국 사람인지 북한사람인지? 한국에서 저희를 도대체 왜 북한이탈주민으로 정한 것인지, 그냥 왔으니까 한국사람으로 정한 것인지 어디에 맞추어야 하는지 혼란스러워요. 어떤 친구에게는 벽을 치고, 어떤 사람에게는 저의 본 모습을 보여 주어야 하는지, 외양은 한국 사람이고 내면은 북한사람으로, 이것이 피곤합니다.

송희 : 정체성에 대해서 깊이 생각해보지는 안 했지만, 북한에서 태어난 한국 사람이라고 생각합니다. 낯설거나 그러지는 안 해요. 알바를 할 때도 물어보면 이야기하려고 했는데 안 물어보아서 이야기를 안했습니다.

나희 : 혼란스러워요. 질문의 차이인 것 같아요. where are you come from?과 고향이 어디냐? 저희한테는 큰 차이가 있어요. 일주일 전에 캄보디아에 갔다 왔어요. 거기 갔었는데 영어를 다 잘해요. 후진국이라 생각했는데 호텔에 일하는 청소부까지 영어를 너무 잘해서 깜짝 놀랐어요. 어디서 왔느냐고 영어로 물어서 South Korea 라고 했어요. 만약 home town으로 물었다면 North Korea 라고 대답 했을 것입니다.

어디에서 왔느냐? 물어 보니까 South Korea라고 말을 하고, 어디에서 사냐고 하니까 서울이라고 했어요. 그래서 외국에 있으면 한국에 있는 것보다 정체성 문제나 그런데서 편하다고 느끼고, 외국에서도 고향이 어디냐고 물어보면 차별을 느낄 것 같은데 한국에서는 어디에서 왔냐? 가 아니라 고향이 어디냐? 고 물어보잖아요. 그러니까 대답하기가 그렇고 해서 정체성 혼란을 겪는 것 같아요. 거부할 수 없는 혼란을 겪어요. 서울에 살면서 서울이 고향이 아니라는 혼란. 지난 2월에 제가 러시아에 선교를 갔다 왔어요. 러시아에 있는 북한 노동자들에게 생필품을 주는 선교인데, 처음으로 탈북민이 선교를 하는 게 제가 처음이라고 하더라고요. 처음에는 두려웠어요. 북한사람을 만나는 것이, 북한사람을 알아 볼 수 있을 까 하는 것이.

장소를 정해서 북한사람을 만나는 것이 아니라, 시장에 가서 북한사람인지 알아봐서 하는 것이었는데 처음에는 어떻게 알아볼까? 고민을 했어요. 그런데 북한사람을 보니 바로 눈에 바로 들어오더라고요. 처음으로 정체성을 느꼈는데, 피는 피로구나, 알아본다는 게 신기했어요. 그분들에게 이야기를 하면서 그 분들이 통일에 대해서 먼저 이야기 하고 자신들은 통일을 원한다고. 그런데 한국 사람들이 오히려 원하지 않는다고 말을 하더라고요. 한국에 와서 사는 탈북민조차도 살기가 힘들어서 통일에 대해 관심이 없는데, 이 사람들은 통일을 이야기 하는구나. 그래서 정체성에 대해서 생각하게 되었어요. 정체성에 대해서는 평생 생각해야 되는구나 그런 생각을 했어요. 많은 사람들을 다 생각을 바꿀 수 없지만 조금씩 다가가고 노력하면 개선되지 않을 가 생각해요. 정체성 문제는 탈북민이 탈북하는 그 순간부터 느끼고 가지고 살아야하는 혼란 속에 있지 않을까 생각해요. 통일의 문제도 작은 것부터 시작하면 나중에는 시간이 걸리더라도 전체로 이어지지 않을까 생각합니다.

은혜 : 저는 처음부터 북한사람이라고 밝혀서 친구들이 다 알고 있는데, 나랑 같이 다니는 친구들이랑 그렇지 않은 친구들의 입장이 매우 다른 것 같아요. 다른 친구들은 여기서 배워 온 것이 북한에서는 못 살고 밥도 잘 못 먹고 그런 생각이 자리 잡아 있더라고요. 단지 차이점은 북한에서 태어났다는 것입니다. 저희는 북한에서 태어나고 싶어서 태어난 것은 아니잖아요.

2) 차별, 편견

시은 : 북한사람이라고 말하기가 쉽지 않아요. 말하면 불쌍히 여기고 태도가 달라져요. 사투리를 쓰니까, 손님이 고향이 어디냐고 물으면 당황하여 강원도라고 대답해요. 그러면 강원도 어디냐고 물어, 속초라고 답했더니 자기도 속초가 고향이라고 하여 황당했어요. 알바 할 때 사장님 친구가

와서 고향을 물어보아서 속초라고 했는데, 자기 누님도 속초에 산다고 어느 동이냐고 물어보아서 말하기 싫어요 하고 도망간 적도 있어요. 그 후에 사장님이 우리도 고향을 하나 정하자고 했어요. 긍정적으로 생각하려고 하고 있어요. 한국 사람들도 사투리 많이 사용하잖아요. 지금 개성이나 평양은 젊은 층들이 거의 한국말을 씁니다. 영화, 드라마를 따라서 한국말을 써도 누가 무엇이라고 하지는 않아요. 옛날에는 차이가 있었지만, 지금은 그렇게 차이가 나지 않아요. 저는 한국드라마를 본 적이 없고, 중국이 어디에 있는지도 몰랐어요. 쉽게 말투가 고쳐지지 않아요.

소연 : 저는 밖에 나가면 북한사람이라고 말은 안 합니다. 대안학교에서는 오시는 선생님들은 저희가 북한사람이라는 것은 알고 있어요. 수업시간에 어떤 선생님이 너희들 다 소고기 못 먹어 봤지 하는 차별성 발언에 기분이 나빠서, 선생님 저는 소고기 먹어 봤어요 하고, 그 자리에 문 열고 나가 수업을 듣지 않았어요. 결국 그분은 학교를 그만 두었지만 그 선생님이 나쁜 것은 아니었어요. 그렇게 말이 나왔다는 것은 북한사람에 대한 차별적 인식이 있기 때문이라고 생각합니다. 한국친구들이라면 묻지도 않았을 질문을 받아서 차별을 하는 것 같았어요

또 다른 선생님은 책을 펼치면서 남한에서는 페이지라고 하는데 너희는 북한에서는 무엇이라고 하느냐 하는 말에 깜짝 놀랐어요. 왜 이런 말을 하는지? 젤리를 주면서 젤리를 못 먹어 봤지 하는데, 이 말을 왜 하는지? 앞에 앉아 있던 언니가 어이가 없어서 '예 못 먹어 보았어요' 하고 대답한 적이 있어요. 말투에서 차별을 느끼는 것이 아니라 저희들을 불쌍히 여기고 '밥도 못 먹고 살았구나' 하는 그러한 마인드가 문제라고 생각합니다.

재성 : 내 친구가 학교에서 점심시간에 삼겹살이 나왔는데, '너 삼겹살 먹어 봤냐?' 하면서 비아냥거려서 미친 새끼하면서 싸웠던 적이 있어요. 설사 못 먹어봤다고 하더라도 조심스러워해야 할 부분인데, 사실 여기 친구

들이 사람들 대하는데서 더 품위 있게 할 것이라고 생각했는데 전혀 그렇지 않았어요.

정인 : 그것은 그 사람을 탓 할 것이 아니라, 북한이 못 살고 밥도 못 먹고 하는 그 시대에 대한 인식을 아직 갖고 있기 때문입니다. '이만갑' 방송프로에서 북한사람들은 밥도 못 먹고 죽도 못 먹는 못 사는 것만 보여주니까 남한사람들의 인식이 그렇게 되어 진다고 봅니다. 이것은 개인의 문제가 아니라 국가정책적인 문제입니다. 북한에 관심도 없고, 알고 싶지도 않으니까 보여주는 것만 봐요. 교육방식도 문제이고 '이만갑' 방송프로그램도 문제라고 생각합니다.

나희 : '이만갑'에 고정 캐스트로 나오는 사람들은 탈북한지 20년이 다 되어갑니다. 그 사람들은 고난의 행군시기에 나온 사람들이고 20년 전에 나온 사람들이에요. 새로 온 사람들로 교체해서 북한의 최근의 실상을 이야기해야 하는데 고난의 시기의 북한을 말하고 있어요. 이것은 어쩔 수 없는 것 같아요. '이만갑'에 출연 해 보았는데, 작가 분들이 새로온 탈북민을 찾고 섭외하지만 방송에 잘 안 나가려고 하고 방송을 유지해야하니 기존의 캐스트를 출연시키는 수밖에 없다고 봅니다. 프로그램 유지를 위해 제작진들, 작가님 등 지푸라기라도 잡고 싶어 하고, 미리 시나리오 다 써놓고 진행합니다. 그 분들도 어쩔 수 없이 하는데 안타까워요.

아진 : 방송에 나가고 안 나가고 가 무엇이 중요해요. 내가 아무리 열변을 토해도 제작진이 신을 짜르면 그만이잖아요. 생방송이면 나가고 싶어요. 제발 그런 시선으로 보지 말고 새로운 시선으로 다가가서 새롭게 접근해야지, 내가 태어나기도 전에 이야기를 계속하고 있고. '모란봉 크럽' 방송도 편집을 이상하게 하고 있어요.

3) 북한의 생활수준

은혜 : 자꾸 못 산다 못 산다 하는데, 못 사는 사람들도 있겠지만 그렇게 밥을 굶는 사람은 없어요. 북한에서 친구들은 자살하겠다는 사람이 없는데, 한국에서는 스트레스를 많이 받아 자살하는 사람이 많이 있잖아요. 각자의 장단점이 있는 것 같아요.

아진 : 요즘 북한에서 그렇게 밥을 못 먹고 못 살아서 오는 사람들은 거의 없습니다. 남한에서 수급자가 있듯이 북한에서 동네마다 인민반, 여기서 말하면 통장이 있어, 못사는 사람들에게 구호를 해주어서, 굶어죽는 사람은 없어요. 저희 집에서도 받은 적 있어요. 제가 태어난 96년도 고난의 행군시기에는 굶어 죽는 사람이 많았다고 하는데 지금도 그렇지 않아요. 그 인식 자체가 엄청난 차이를 가져옵니다. '굶어 죽는다는 것과 굶지 않는다' 것의 차이가 커요. 한국도 못 사는 사람도 있고 길거리에는 노숙자들이 많잖아요. 북한에도 노숙자들이 있고.

소연 : 한국의 생활수준과 북한의 생활수준의 차이는 많이 납니다. 경제 차이는 50배 정도 차이 난다고 하지만, 실제로는 50배에서 많게는 200배 차이가 난다고 생각합니다. 그래도 굶어죽는 수준은 아니에요. 네 당연히 살아갑니다. 차이가 있다면 이런 것이에요. 여기서 일을 하면 한 달에 200만 원 정도 벌어 쓰고 남은 것은 저축해서 일을 못할 때, 학교에 갈 때 사용한다면, 북한에서는 잘 사는 사람들은 돈을 쌓아두고 사는데, 평균적으로 일반 사람들은 하루 벌어서 하루 살고, 한 달 벌어서 한 달 살아요. 예컨대 옷을 살 때도 한 달에 만원 만원씩 모아서 바지를 사요. 한국의 하층민과 비슷하여 평균적으로 보아서 저축할 여력이 없어요. 엄마가 돈을 벌면 한 달 먹을 식량을 사놓고, 그 다음 달에도 한 달 먹을 식량을 삽니다. 내가 장사를 하는 밑천은 움직이면 안 되니까, 돈을 벌면 만원씩 모아두었다가 모이면

옷을 사고, 가구를 사고합니다. 어떻게 보면 북한이 발전가능성은 더 많아요. 머리만 잘 쓰면 집을 더 쉽게 살 수 있어요. 한국에서는 네트워크가 너무 잘 되어 있어서 남이 다하고 있으니 무엇을 할 지 모르잖아요. 모든 정보가 공유되어 있어서 오히려 힘들어요.

재성 : 장마당에서 하루 벌어서 하루 살아요. 아버지들은 직장 다니지만 실제로 이름만 걸어 넣고 안 다녀요. 배급은 고난의 행군 이후로 안 준다고 보면 되고요. 아버지들은 호적만 가지고 있고 집에 가만히 앉아있는 사람이고 나무 팰 때 필요한 사람이에요. 남자들은 다들 직장에 매어서 일을 하지만 월급이 안 나와요. 군인들은 배급이 나오지만 일반 직장인은 돈이 안 나옵니다. 배급은 주지만, 1년에 한번 정도 감자나 잡곡을 주는데 몇 킬로 정도 줘요. 그래서 장마당에서 장사해서 먹고살고. 거의 남자들은 장사 하지는 않아요. 할아버지나 할머니는 장사를 하지만, 젊은 사람들은 없어요. 남자들은 운전을 하면서 청진에서 물건을 사서 혜산에 팔거나, 짐을 나르거나 하고, 남자들은 돈을 벌면 많이 벌고, 못 버는 경우는 집에 가만히 앉아 있어요. 차는 사고 팔아요 북한은 개인재산이 허용이 안 되니까, 차 자체도 기업이름으로 걸고 세금처럼 한 달에 일정한 돈을 내요. 최근에 개인재산이 허용이 된다고 들었어요.

4) 탈북자 호칭

수철 : 탈북자의 공식명칭은 북한이탈주민인데, 공모하여 새터민이라고 했을 때 새터민이라는 말에 대한 반감이 많았어요. 우리가 두고 온 북한이 헌터냐? 북한이 못 산다는 의미지가 있다는 등 반대가 심했어요. 북한이탈주민이란 말을 줄여서 '탈북민'이라는 말을 쓰기도 합니다. 탈북자, 북한이탈주민, 북한이주민, 북한 이주민, 새터민 등 구별되는 용어는 다 마음에 안 들어요.

소연 : 저는 구분을 해야 된다고 생각을 해요? 왜냐면 구분을 안 하고 안하겠다면 그럼 저희가 받는 모든 지원도 받지 말아야 된다고 생각해요. 무언가를 얻고 싶은데 잃지 않겠다고 생각하는 것은 아니라고 생각해요. 저는 안 받아도 상관없어요. 차라리 한국 사람이라고 하면서 구분하지 않고 아무 지원도 받지 않는 것으로 하면 좋겠어요. 그런데 구분하면 다 기분이 좋지 않아요. 구분은 안하면 모든 지원 받을 수가 없어요. 구분하면은 또 어떤 표현이든 다 반감이 생길 것 같아요.

5) 탈북자 지원제도의 문제점

- 기초생활수급비

아진 : 저희가 나오면 청소년과 성인은 수급비에서 많은 차이가 있어요. 청소년은 80만-100만원까지 지급하고 성인인 경우 47만원입니다. 고등학생 때는 더 많은 보호를 받고 돈 쓸 일이 적지만, 대학생이 되면 학점 받아야 하고 알바를 해야 하고 돈을 더 많이 쓰는데 수급비가 줄어드니 생활이 어려워져요. 전번에 어떤 설문조사할 때 이런 문제점을 적었어요. 적으면서도 이것은 욕심이 아닌가 하는 생각을 했어요. 내가 어떤 입장인가에 따라 관점이 바뀌는 것 같아요. 똑 같이 사는데, 똑 같이 받는데 이렇게 생각하니 나만 안주는 것 같아요. 차라리 차별 안 주는 것이 좋다고 생각합니다. 40만원이면 40만원, 80만원이면 80만원으로 통일했으면 좋겠어요.

송희 : 그것이 아니고 수급비 자체에 포함되어 있어요. 성인은 수급비가 50만원을 넘지 않는데 청소년은 80만원을 받아요. 고등학교 다니면서 성인이 되어도 대학들어가기 전까지는 청소년 수급비를 받아요. 구청마다 조금은 차이가 있는 것 같아요. 제가 처음에 강남구청에서 40만원을 받았어요. 고등학생이라고 신청을 하니 80만원으로 주었어요. 그리고 다른 구로 옮기면서 청소년수급비라고 하니 따로 지정된 것은 없다고 해서 여명학교 재학

증명서를 제출하여 청소년수급비를 받았어요. 청소년이라 똑 같이 주는 것이 아니라 무연고인 경우에 주어요.

정인 : 저는 엄마가 먼저 한국에 나와서 수급비를 못 받는 입장에서 보았을 때, 청소년이 성인이 되었을 때는 그에 맞는 수급비를 지급해야 하는데 성인이 된 후에도 여전히 청소년 수급비를 받는다는 것은 국가가 잘못 한다고 봅니다. 신청할 줄 몰라서 수급비를 못 받는 사람도 있어요.

은혜 : 기초생활비 같은 경우는 통장에 돈이 들어오는 것을 보고 기초생활비 금액을 조정하는 것으로 알고 있어요. 소득이 없으면 수급비를 주는데, 돈을 벌면 수급비가 끊겨요. 100만원 이상 정도 벌면 끊기는 것으로 알고 있어요. 100만원 이상이 되면 수급비를 아예 안주고 100만원 이하이면 일부 주는 것으로 알고 있어요. 학생 같은 경우는, 장학금인지 일해서 버는 돈인지를 보는 것 같아요. 일해서 들어오는 소득이면, 예컨대 50만원 벌면 일정 비율로 조정하여 수급비를 준다고 해요.

• 정착지원금

소연 : 정착금이 적다거나 그런 생각은 전혀 안했어요. 집주는 것도 감사하고 수급비 주는 것도 감사해요. 성인 기준하여 400만원이예요. 가족이 같이 온 경우 700만원이고요.

은혜 : 성인은 나올 때 400만원이 들어있는 통장을 가지고 나오지만, 청소년으로 나오는 경우 남북하나재단에서 통장을 관리하고 나중에 집 받으면서 돌려줘요.

아진 : 정부에서 총 2000만원이 개인당 지급이 되는데 성인으로 집을 받고 나오는 경우에는 LH에 바로 보증금으로 1300만원을 주고 개인에게는 처음에 400, 나와서 매달 100만원씩 3개월 주는 경우도 있고 집 보증금을

조금 더 보태서 그냥 400만원만 받는 경우도 있어요. 청소년일 경우에는 처음에는 아무것도 없이 나오고 성인 되면, 아예 다 집계약해주고 정착금을 지급합니다.

● 주거급여

은혜 : 집을 받으면 주거급여가 십만 원 정도 나와요. 서울이나 지방에 따라 다르지만 약 14만원 받았어요. 주거급여비는 월세로 들어가고 관리비, 난방비, 전기세 등은 본인 부담해야 해요. 그래도 한 달에 사십만 원으로 살아간다는 것은 쉽지가 않아요. 기초수급비 들어오면 휴대폰 비, 관리비 등 20만 원 이상 자동으로 빠져나가요. 요즘 마트에 가면 고기가 비싸서 야채를 샀는데, 야채가 더 비싸서 야채를 빼달라고 했어요. 돈을 받아서 감사하긴 한데 물가가 너무 비싼 것 같아요.

아진 : 집 문제? 집을 받을 때 학생들은 좀 배려를 해서 학교 근처로 해주면 좋겠어요. 저 같은 경우에는 학교가 서울인데 집이 평택에 나온 거예요. 그래서 다시 해약했는데 보증금1300만원으로 서울에 갈수 있는 집이 없어요. 서울에 LH의 경우에도 보증금이 1700만-1800만원 들어요. 집을 바꾸어 달라고 했더니 돈을 벌어서 집을 사라고 해서 울었어요.

● 신변보호담당관

소연 : 신변보호 담당관인 보호경찰관이 주변 탈북민 몇 명 정도를 담당합니다. 가끔 연락하고 그래요. 민간인 분들이 자원봉사로 도우미 하시는 분들도 있어요. 하나원 나올 때 제 담당 여자 도우미는 안 나오시고 남자 도우미가 전화번호 주면서 전화하라고 했지만 사실 불편했어요. 그냥 봉사 시간 필요한 사람들 말고 정말 관심 있으신 분들이면 좋겠어요. 서로 부담

안 되고 상처받지 않게요. 금방 나왔는데 건성건성 대하면 상처받을 수도 있으니까요. 그리고 너무 나이 드신 분이신 경우에는 제가 알려드리는 게 더 많아요. 제가 어르신을 모시는 경우가 되었어요.

수철 : 저는 지금이라도 전화통화 할 수 있어요. 처음에 한국에 와서 노량진 할머니 집에서 살았어요. 그래서 할머니 보호경찰관이 저의 보호경관이 되었어요. 한 달간 집에 있으면서 머리를 깍지 않았어요. 학교 가고 싶다고 이야기하니 저를 미용실도 데려가 주시고 학용품도 사주고 학교에 등록도 해주셨어요. 가끔씩 붕어빵도 사들고 할머니 집에 오곤 했어요.

6) 탈북 브로커비

은혜 : 요즘 브로커비가 최대한 400만원이고, 북한에서부터 한국까지 오려면 1500~2000 만원 들어요. 제가 올 때는 1500만원 들었어요. 중국에서 한국까지는 최대가 400만원이어요. 처음에는 얼마를 내야 한국에 오는지 몰랐는데 와서 보니, 또 내가 무사히 왔다는 것만 해도 감사해서 그냥 돈을 줬던 것 같아요. 재단에 가서 마땅한 이유를 말하면 가끔 주기도 해요. 예를 들면 북한에 엄마가 아파서 돈을 보내야 된다는 등 합당한 사유를 제출해야 해요. 그런데 절차가 너무 까다로워요.

아진 : 브로커들은 북한사람도 있고 중국 사람도 있고 같이 하기도 해요. 원래 1500만원이었는데, 지금은 2000만 원정도 북한에서 중국으로 넘어오는 비용이고, 중국에서 한국에 들어오는데 450만 원정도 든다고 해요. 브로커마다 다르지만 300만-450만정도.

소연 : 중국에서 계약서를 작성해요. 한국에 와서 주소를 알려준 적도 없는데. 하나원 출소때 찾아 왔어요.

6. 북한의 경제적 상황, 대북송금, 가족해체요인, 마약의 일상화, 건강상태 등(2019. 12. 29)

[keyword : 빈부격차, 장마당, 불법장사, 밀무역, 대북송금, 평균수명, 건강상태, 마약유통, 가족해체, 탈북브로커비, 한국문화 접촉, 초기 김정은 체제]

1) 북한서민의 생활비, 빈부격차

소연 : 보통 사람들이 중국 돈 300-400 위안이면 먹는 것만 3인 가족 기준으로 1달 생활할 수 있어요. 한국 돈으로 7-8만 원 정도, 북한 돈으로 40만~50만원 입니다. 1위안에 북한 돈으로 1000~1500원 왔다 갔다 해요. 제가 올 때에는 하루에 북한 돈으로 1,200원이면 먹고 살았어요. 쌀 1지대(25kg)는 중국 돈 100-120원 정도입니다

재성 : 한 달 식량만 6-7만원 들어서 일반서민들은 없으면 없는 대로 그 돈으로 살아가요. 일반적으로 밥은 세끼 다 먹고, 저녁에 국수 먹으면 고구마를 쪄서 먹어요. 북한은 세금이 없어요. 전기요금은 한 달에 북한 돈으로 100원정도, 전화비도 몇 백원 정도 들어요. 수도요금는 없고, 대신 인민반에서 도로관리비, 시설관리비 등으로 돈을 거두어 갑니다.

은혜 : 북한에서 고기 1 kg이 12원하기 때문에 서민에게는 10원도 큰돈인데, 잘 사는 중상층 사람들과는 비교할 수 없어요. 예컨대 삼성 이건희 회장과 일반서민의 차이만큼 납니다. 잘 사는 사람은 중국 돈 이천 원으로 생활한다고 보면 됩니다.

아진 : 어제 우연히 현빈이 나오는 '사랑의 불시착'이란 드라마를 보았어요. 현빈이가 여자 집에 초대 받아갔는데 평양 부자 집은 스테이크 먹을 정도로 빈부격차가 나요. 한국에서 북한영화를 찍은 것 중에서 신경 써서

제일 리얼하게 만든 것 같아요. 옛날 영화는 너무 과장되게 찍었는데 이번 영화는 진짜 잘 찍었어요. 진짜 북한 같은 느낌이 나요. 실제로 빈부격차가 엄청 납니다. 그런데 서울사람들이 북에 대한 인식 자체가 옛날에 고정되어 있어서 그것을 보면 전부 거짓말이라고 생각합니다.

2) 북한의 소득원천 : 장마당, 불법장사, 밀무역

소연 : 북한에서 소득은 장마당에서 장사를 해서 벌어요. 고난의 행군이후 배급은 중단되었지만 주는데도 있어요. 혜산 인구가 약 70만 명인데 약 5%정도가 배급을 받는다고 봅니다. 혜산은 작지만 인구는 많아요. 매달 주는 것은 아니고 가을에는 감자, 옥수수 등 가끔씩 줍니다. 잘 나가는 회사는 배급을 줘요. 큰 아빠가 무역금융회사에 다니는데 매달 쌀, 기름 등 배급을 받았어요. 시골에서 일을 하면 그 수확은 상부에 보내고 일부 배급을 받지만, 도시는 배급이 거의 없어졌어요. 배급이 쌀로 나오면 장마당에서 옥수수 등 양이 많은 것으로 바꾸고, 그래도 부족하면 동네에서 잘 사는 사람한테서 꾸어서 먹고 살아요. 빚은 다음 해 농사지어서 갚고, 농장 밭도 있고 개인 밭도 있어서 거기서 나오는 것으로 갚아요.

아진 : 남자들은 돈이 있으면 차를 회사이름으로 사서 운수사업을 해서 돈을 벌어요. 예컨대 청진에서 생선을 사서 내륙지방에 팔아요. 짐을 나르는 사람들도 있어요. 주로 불법으로 돈을 버는데 차 밑에다가 구리 등을 싣고 위에는 옥수수로 위장하여 짐을 운반해요. 남자들은 돈을 벌면 크게 벌수 있고 아니면 하나도 못 벌어요. 장사는 여자들이 더 잘 하고 남자들은 장사를 잘 못해요.

재성 : 장마당은 다 소매상이고, 장마당에서 취급하는 물건들은 농산물은 농촌에서 가지고 오지만 공산품은 중국에서 가져옵니다. 큰 도매하는 사람

은 따로 있고 그 사람들은 물류창고를 가지고 있어요. 장마당 뒤쪽에 엄청 많은 물건이 있고 혜산에서도 싸게 파는 데가 있고, 창고를 대여해 주기도 해요. 중국에 대방이 있어 물건을 무역회사 이름으로 구입하여 북한에 가져 오기도 합니다. 저희 가족은 엄마와 큰 아빠가 무역을 했는데, 엄마가 소상 인으로 여권을 가지고 중국에서 물건을 사서 보내면 큰 엄마가 무역회사 이름으로 북한에서 물건을 받아요. 물건 실은 차량번호를 미리 연락하면 세관을 통과하자말자, 그 물건을 바로 받아서 판매합니다. 다른 루트는 밀수 하는 것인데 밀수는 물량이 많지 않아요. 여름에는 물건이 적고 겨울에는 강이 얼어서 물량이 많아요.

소연 : 저희 집 이야기를 하면, 엄마가 '나르개'를 했는데, 밀수하는 사람 은 중국에서 물건을 가져오거나 중국에 물건을 파는 사람을 말하고, '나르개' 는 밀수하는 사람에게서 물건을 받거나 파는 사람을 말해요. 또는 지방에서 물건을 수집하여 파는 중간수집상을 말하기도 합니다. 예컨대 청진에서 혜산으로, 사리원에서 혜산으로 물건을 나르는 것을 말해요. 예전에는 집이 강둑 옆이라 엄마가 밀수를 했는데, 이사를 가게 되어서 밀수를 못하고 '나르개'를 하게 되었어요. 처음에는 아빠가 밀수를 했는데 남포지방에 고속 도로 공사에 차출되어 가는 바람에 밀수선이 끊겼어요. 그래서 엄마가 밀수 를 하다가 집을 이사 가는 바람에 '나르개'를 하게 되었고 불법적인 물건을 모아서 밀수하는 사람에게 팔았어요. 예컨대, 금, 은, 동 보석 같은 것을 장마당에 서 있으면 사람들이 알아보고 물건을 가져와요. '돈데꼬'는 환전상 을 말하는 데, 중국 돈도 바꾸어주고 달러도 바꾸어주고 북한에서 불법적으 로 돈을 바꾸어 주는 사람을 말합니다. 어릴 때 저희도 엄마와 함께 '나르개' 를 했어요. 엄마가 '나르개'를 되게 잘 했어요. 배띠를 만들어 가지고 배띠에 금이나, 은을 끼워서 배에 차고 옷을 입으면 띠가 나지 않아요. 우리 쪽 사람들은 말라서 배띠를 해도 표가 나지 않아 그렇게 해서 물건을 가져다줍

니다. 특히 애들 같은 경우는 단속을 잘 안하니까 부모들은 애들을 이용해요. 애들 옷에 물건을 넣고 애를 엎으면 단속을 피할 수 있어서, 애기 있는 엄마들이 돈을 잘 벌었어요. 여러 가지 물건이 다 있어요. 노루, 꿩, 잣, 오미자 등 약초도, 짐승도, 토끼도 있어요. 중국에 파는 물건은 다 있어요. 제일 돈을 많이 버는 것은 동이나, 은 등이며 금 장사하는 사람들이 돈을 잘 벌어요. 금 장사는 저희 아빠가 금을 취급했는데, 북한에선 일정지역의 금 광산을 사서 금을 캐거나 금 광산회사에 취업하여 금을 채굴해요. 아빠는 금 광산회사의 책임자로 근무하면서 불법적으로 금을 조금씩 빼왔어요. 금을 조금 가져와도 중국 돈으로 200-300원하여 한 달 동안 먹고 살아요.

3) 대북 송금

아진 : 보낸 돈을 어떻게 사용하는지는 몰라요. 여기와 같이 통화를 편하게 하는 것이 아니고 산이나 브로커 집에 가서 몰래하기 때문에 짧게 통화합니다. '사랑의 불시착'드라마에서 본 것처럼 한국주파수가 잡히면 검사가 들어오기 때문에 짧게 빨리 통화해야하기 때문에 내가 보낸 돈을 어떻게 사용한지를 물어볼 시간이 없어요. 이름도 못 부르게 하고 돈을 받았다는 것만 확인하는 정도입니다. 정기적으로 돈을 보낸 적은 없고요. 처음 하나원에 나와서 돈이 좀 있어서 일 년에 400만원 보냈어요. 하나원에서 정착금 400만원 받아서 300만원 보내고 그리고 100만원 보냈어요. 중국에서 돈을 벌어 브로커비를 내었기 때문에 하나원을 나올 때 브로커비가 없었어요. 이번에 하나원 나온 지 3일된 친구를 만났는데, 그 친구는 돈 받아주는 일을 했는데, 실제로 30% 떼는 것은 공식적이고 도착한 후에는 사람에 따라서 반도 안주는 경우도 있다고 합니다. 영상통화 할 때는 돈을 다 받았다 하라하고, 영상통화가 끝나면 이래서 얼마 들고 이래서 얼마 든다고 해서 그 돈을 주고나면 반도 안 된다고 해요. 예컨대 중국 돈 3000원을 보내면

30%를 떼고. 또 이런 이유 저런 이유로 500원을 떼고 1500원만 건너 준다고 해요. 실제로 가족이 받는 돈은 내가 보낸 돈의 절반 정도입니다. 돈은 있으면 보내고 지금은 학생이라서 정기적으로 돈을 보내지 못해요. 부모님이 전화오지 않으면 딱히 생각해서 보내주지는 못합니다. 지금은 1년에 백만 원 정도 보냅니다. 처음에는 정착금이 있으니 그렇게 보냈지만 지금은 많이 보낸 것을 후회해요. 아빠 혼자 계시니까 100만원이면 생활하는 데는 문제가 없다고 봅니다. 문제는 돈을 받아서 소비만 하면 끝이잖아요. 그것을 받아서 장사밑천을 만들려면 많이 보내줘야 하고, 최소한 200만-300만원을 보내야 합니다. 예컨대, 혜산 장마당 자리(약 1평정도) 하나 사는데 중국 돈 3만원이고, 한국 돈으로 6백만 원입니다. 그리고도 매일 자릿세를 북한 돈으로 약 5000원씩 받아요.

소연 : 정기적으로 조금씩 보냅니다. 한 번에 보내는 금액은 백만 원씩 1년에 2번, 설날이나 추석 때 보냅니다. 5년 전에 중국에 있을 때 집에 중국 돈 3000원를 보냈어요. 그리고 얼마 후에 차를 산다고 5000원을 보내라고 연락이 왔어요. 그때부터 돈을 많이 보내면 돈이 있다고 생각한다고 싶어 정기적으로 일 년에 두 번 보내요. 전화가 오면 50만원을 보내려고 해도 브로커비 떼고 하면 엄마 손에 들어가는 돈이 얼마 안 되기 때문에 100만 원정도 보냅니다. 전화 받으면 엄마는 미안해서 가만히 있으면, 브로커가 돈 벌 욕심으로 많이 보내라고 해요. 일 년에 전화가 두 번 와요, 설전에 추석 전에. 지금 전화 올 때가 되어서 어떻게 100만원 준비하나 걱정하고 있습니다. 송금은 고정적인 루트를 이용하고 있어요. 얼마 전에 중국에서 사람을 보내서 전화가 왔어요. 그 사람을 통해서 돈을 보내면 엄마가 고맙다고 몇 백원을 준대요. 그래서 브로커비에 다 포함되어 있는데 왜 주느냐 하니까. 이사람 아니면 어떻게 돈을 받느냐고 고맙다고 돈을 준다고 해요. 말로는 30%라 하지만 실제로 얼마가 가는지는 저도 정확하게

알지 못해요. 그건 이해 해주어야 한다고 생각해요. 여기처럼 돈 받으면 확실히 일을 처리해 주는 그럼 개념이 아니라서, 인사치례로 하는 그런 문화가 있고 또한 불법이라서. 처음에는 너무 열 받았어요. 내 돈이 아까워서 나 같은 경우는 한 40%정도는 날라 간다고 생각해요. 얼마 전에 300만원 보내 달라고 연락이 왔는데 100만원만 보냈어요. 이게 사람 심리를 너무 이용하는 것 같아요. 9년 만에 사진을 보내왔어요. 전번에는 산에서 통화를 하다 보니 산에 천막 같은데서 찍어 보냈는데, 이번에는 동영상을 보냈는데 집 아래에서 찍은 것 같아요. 9년 만에 엄마를 보니 많이 늙으셨고 눈물이 났어요. 이것이 사람의 신리를 이용하는 것 같아요. 동영상을 보내면서 300만원을 보내라고 하니 이번에도 속는 것 같아서요. 300만원을 빌려야 하니 나도 돈이 없다고 했어요. 엄마를 한국에 오라고 하니 올 생각이 있는 것 같으면서도 못 간다하고 돈을 보내라고 하는 것 같아요. 일전에 아는 언니가 엄마를 데리고 올려했는데 올듯하면서 이것도 필요하고 저것도 필요하다 해서 돈만 1000만원을 보냈데요. 결국 엄마가 안 왔다 합니다. 속상했어요. 밤에 잠도 못자고 돈 보내라는 전화가 와서, 윗채 아이디가 자꾸 먹어서 여기서 ID를 만들어 보내주면 전화한다고 해서 ID를 보냈어요. 전번에 돈을 보낸 것 받았는지 물어보면 대답은 안하고 돈 보내라는 이야기만 해서 짜증이 났어요. 이틀 전부터 전화가 오고 수업 시간에 전화 오고 그랬다가 다시 끊어지기도 하고 엄마랑 통화하고 싶은데, 브로커가 전화를 계속해서 짜증이 나서 돈 안 보내겠으니 엄마를 집에 돌려보내라고 했어요. 어제 밤 11시부터 오늘 아침 8시까지 전화를 했어요. 그 이유는 전화를 하다가 파장이 잡히면 감청 당한다고, 중간 중간에 전화를 끊고 다시 하고 해서, 밤새 전화 오기 기다리고 문자오고 해서 결국 100만원 보냈어요. 그래서 다른 브로커를 알아보고 있어요. 내가 아는 언니는 돈은 여기로 보내고 연락은 다른 브로커에게 확인하면 그 브로커가 솔직하게 말하니까 비용이 적게 든다고 해요. 전화하는 사람에게는 전화비로 중국 돈 100원 주고하면, 직접 돈을 전달하는 브로커보다는 절약이 된다고 해요.

어떤 사람들은 중국에 연락하면 북한의 부모님들이 딸을 찾아달라고 전화가 많이 온대요. 그러면 그 언니가 부탁을 한데요. 나 죽었다고 하라고. 자주 돈을 보내라고 하니까 힘들어서 그러는 것 같아요. 항상 전화 오면 차사고 났다, 집에 불이 났다, 암에 걸렸다 하고 돈을 보내라고, 몇 일 후에는 오진이었더라 하면서 돈을 보내라 하니 자식은 부모의 이러한 행태에 절망하게 됩니다.

재성 : 저는 수수로 1%만 주고 돈을 보냈어요. 중국에 아는 사람을 통해서 만원 미만은 10%를 떼고 만원 이상은 1%를 주었어요. 밀수 돈이라 하고 밀수하는 사람을 통해서 전달되었어요. '돈뗏고'가 중국에 밀수하는 사람과 연결시켜 줘요.

정인 : 북한에 외할머니와 큰아버지(외삼촌)가 있어서 돈을 보냅니다. 저의 엄마는 30%만 주고 보내요. 일 년에 두 번 보내는 데 한번 보낼 때는 300만 원정도 보내요. 큰아버지도 있고, 자식들도 두 명 있으니까요. 엄마가 힘든다고 하니까 설 전에 전화가 와야 하는데, 외할머니가 미안해서 그런지 아직 전화가 없어요. 외할머니는 제일교포이고 김일성 북송사업 때 북한으로 왔어요. 할머니는 일본에서 태어났다고 해요. 북한에서는 손위는 큰 아버지, 손아래는 삼촌이라 해요. 엄마의 오빠는 큰 아버지, 엄마의 동생은 삼촌이라 불러요. 마찬가지로 아빠의 누나는 큰 엄마, 동생은 고모라 부르고, 큰 이모도 큰 어머니라 불러요.

시은 : 돈을 보내고 싶어도 못 보내요. 엄마하고 연락이 안 되어서. 집이 사리원이어서 사리원까지는 돈이 전달이 안 되어요. 사리원에서 혜산까지 와야 하는데 차비가 너무 비싸고 제가 여기에 와서 엄마가 움직이는 것이 힘들어요. 그리고 돈도 100만원 가지고는 힘들어요. 작년에 고모가 혜산에

와서 통화를 했는데, 엄마한테 집을 사주라고 하더라구요. 나도 어려워서 돈이 없다고 하니 그러면 연락하지 말라고 하면서 엄마와 연락 안 시켜 주겠다고 협박했어요. 고모는 평산에 살면서 돈이 많은 부자인데, 아빠는 암에 걸려서 아프고 엄마도 힘 든다고 해서 고모한테 100만원 보냈어요. 그런데 그 돈이 전달되었는지 모르겠어요. 중국에 있을 때 아빠하고 한번 통화하였고, 중국 돈 4000원을 보냈어요. 그 돈을 전달하는 친한 언니가 돈을 떼어 먹고 전달하지 않았다고 해요. 그래서 엄마, 아빠가 혜산에 왔다가 힘들게 돌아갔다는 이야기를 들었어요. 이동하기가 어려워요. 앞쪽 지역에서 국경지역으로 가는 것은 진짜 어려워요. 의심도 하고 이동이 제한되어요. 돈을 주면 가능하지만 집 팔아서 돈을 줘야 할 정도로 돈이 많이 들어요. 앞쪽으로 내려가는 것은 쉬워요.

알아보니 작년에 아빠가 돌아가셨다고 해요. 엄마가 장사를 안 하고 살아서 장사할 줄 모르고 집을 팔았다고 해요. 엄마와 할머니가 함께 살고 있어 엄마만 한국에 데리고 올수도 없는 형편입니다. 2020. 2월경 사리원 엄마한테서 전화가 왔어요. 사리원 집 전화를 혜산에 있는 브로커의 핸드폰과 연결하여 통화를 할 수 있었어요. 엄마가 집도 없고 생활이 너무 힘들다고 해서 돈을 400만원을 보냈어요. 100만원을 보내려고 하니 브로커 들이 돈이 적다고 심부름을 하려고 하지 않아서. 혜산에서 '이간'이란 방법을 통해서 돈을 보내는데, '이간'은 혜산에서 사리원에 상품을 보내면 그 상품을 사는 사람이 돈을 엄마에게 지급하는 방법입니다. 브로커비는 40% 정도를 주었어요.

은혜 : 엄마하고 동생이 있는데, 돈이 없어서 보내지 못 했어요. 아버지는 돌아가셨어요. 저도 일 년에 두 번씩 보내요. 추석 때 한번 보내고, 3. 4월에 보내요. 친구가 브로커라서 처음에는 안 떼었어요. 그 다음에는 30% 떼고, 어떤 때는 더 떼기도 해요. 때어도 돈이 가족에게 들어가면 그것만이라도

감사하지요.

해인 : 저희 부모님 같은 경우에는 되게 미안해하세요. 엄마한테 돈을 일 년에 두 번 정도 보내요. 돈을 안 보내면 그쪽 사람들은 다 죽어요. 예전에는 브로커비 30%였지만 지금은 더 떼어요.

나희 : 탈북민들이 남쪽에서 돈을 보내고 돈이 유통되면 다른 시골에 비해서 함경도 지역이 훨씬 더 잘 살고 삶이 윤택해져요. 우리 탈북민이 보내는 돈이 도시 하나가 돌아가는 경제와 비슷해요. 여기서 우리가 돈을 보내지 않으면 혜산은 돈이 돌아가지 않는다고 해요.

4) 북한 사람의 평균 수명

시은 : 저는 아직도 아빠가 죽었다는 것이 믿기지가 않아요. 한 번도 감기에 걸린 적이 없는데 아빠가 암에 걸렸다는 자체가. 아빠 나이가 53세 이지만 엄청 동안이었어요. 엄마하고 고모, 아빠가 같이 다니면 아빠가 유난 히 젊어요. 아빠가 병에 걸릴 사람도 아니고 너무 팔팔했어요.

소연 : 북한에서 대부분 사람들이 80살이면 정말 오래 살았다고 합니다. 60-70세 정도 되면 대부분 다 돌아가세요. 50-60세에 가셔도 막 그렇게 아깝 다 생각하지는 않아요. 한국 같은 경우는 50-60세에 돌아가시면 한창 일 할 나이에 돌아가셨다고 하시잖아요. 북한에서는 50-60세에 돌아가셔도, 빨리 돌아가신 편이긴 하지만 막 그렇게 아깝다고 생각하지는 않을 정도로 수명이 짧은 것 같아요.

재성 : 잘 못 먹고 힘들고 위생상태도 안 좋아요. 영양상태가 안 좋고 대부분 담배를 많이 피우고, 독한 술을 많이 먹어요. 담배 안 피우고 술 안 먹으면 살기가 힘드니까요. 담배만 피우면 다행이에요. 최근에 들어서

는 마약 같은 것을 많이 해가지고 애들이 다 볼 수 있을 정도로 심해요.

은혜 : 북한 술이 독해요. 집에서 만들어요. 시루(소주고리)에서 한 방울씩 떨어져요. 술을 만들어 장마다에서 팔아요. 개인집에서 술을 사기도 합니다. 술은 어디에서도 살 수 있어요. 저희 아빠는 47살에 돌아 가셨어요. 건강하셨는데 술, 담배를 많이 하시고, 일을 많이 하다 보니 갑자기 돌아가셨어요.

5) 마약의 유통

소연 : '빙두'라는 마약이 있어요. '얼음'이라고도 해요. 사용하는 기계가 있어요. 녹여가지고 연기를 마셔요. 혜산사람들은 거의 대부분 다 한다고 보시면 됩니다. 어린이들은 안하지만 웬만한 어른은 다 해요. 빙두는 양귀비가 아니고 화학물질인데 얼음처럼 생겼어요. 하얗고 투명하고 사카린 비슷하게 생겼어요. 하얀 사탕을 쪼개 놓은 것 같아요. 빙두는 함흥에서 생산합니다. 그것을 중국에 팔아서 외화벌이 한다고 해요. 중국에서도 많이 수입하고요. 사람들은 어느 집에서 판다는 것은 다 알고 있으며, 저희 집에서도 기타 안을 열면 빙두가 있어요. 저희들은 그냥 생각 없이 봐요. 저도 집에 가면 아빠와 새 아줌마가 '빙두'를 해요.

아진 : 그것은 엄청 비싸요. 요만큼에(손톱만큼)엄청 비싸요. 그냥 요만큼에 1g도 안 되는 것을 넣어서 등분해서 개인이 팔아요. 아는 언니가 중국에서 빙두를 하는데 가루가 손톱만큼 떨어졌는데 은박지로 막 긁어서 담아요. 그 만큼 비싸다는 것입니다. 그냥 연기 한모금 빠는 데 북한 돈으로 2-3만 원정도, 1g에 중국 돈으로 180~200원 정도 하는 것 같아요. 그런데 그 비싼 것을 해요. 돈이 없어서 살기 힘들어도 마약은 해요. 저희는 사는 게 힘들다 보니 그것을 살 돈조차 없어요. 아편은 심어 아프면 그걸 약으로 해서 맞거나 먹거나 하지만, 빙두를 살 수 있는 돈이면 1g 살 돈이면 쌀

한 지대 사거든요. 그것도 내가 먹고 살고 여유가 있어야 하지, 저희 주변에서도 하는 사람이 있지만, 하는 사람은 그나마 여력이 되니까 하지요. 그것도 정말 먹고 살기도 힘든 사람이 한다면 이미 중독되었다고 봐요. 내가 중독도 안 되었으면 쌀 안 사고 그것 사지는 않아요. 이미 중독되었으면 어쩔 수 없이 안 먹고 거기에 돈을 쓰고 그렇게 해서 나중에 집다 말아먹어요. 저희 아빠는 영양실조 상태였어요. 원래 보위부 지도원(경찰) 하다가 총기사건 있어서 감방 같다 왔어요. 그래서 아프니까 보위부에서 단속하면 많이 아픈 척 연기를 하면서 내가 이렇게 아프다고, 증명증(한국의 진단서)을 보여주면서 비상 약으로 갖고 있어야 된다고, 그러면 봐주었어요.

재성 : 북한에서 어른들의 마약 사용은 중독까지 아니고 담배처럼 일상화는 된 것 같아요. 북한사람이라면 모르는 사람이 없어요. 잘사는 사람은 대부분 빙두를 하고 못사는 사람은 아편을 해요. 아편은 일반화 되었어요. 양귀비를 집 뜰에 심어요. 저도 어렸을 때 외할머니 집에 강냉이밭(옥수수) 중 가운데 심었어요. 섞어서 심으면 티가 안 나거든요. 양귀비를 심는 것은 불법이고 북한 정권에서 단속해요. 중국이랑 계약을 해서 팔기로 해서 농촌에 밭들 있는 것도 거의 없어졌어요. 어르신들이 집에 있으면 조금씩은 허용해요. 왜냐면 고혈압 이런 것에 되게 좋거든요. 그것을 아플 때 쫄여서 먹으면 아픈 게 다 나아요 . 마약류도 의사 진단서 같은 것이 있어야 소지할 수 있어요. 빙두를 하면 정신이 온전하지 못해요. 아빠 친구는 빙두를 하고 정신이 없어서 집에 서랍을 열어 물건 훔쳐가고 그랬어요. 듣기론 빙두를 하면 자신감도 높아지고 기분이 좋아지고 잠도 안 오고 무서움이 없어진다고 해요.

은혜 : 북한에서는 마약 때문에 수명이 짧아지는 것 같아요. 일단 의학이 발달이 안됐으니까요. 한국은 의학이 발달해서 수명을 연장하는 그런 것도 있고 의학이 뛰어 나잖아요. 북한은 의술이 일반화되지 않아 빨리 사망하는

것도 있는 것 같습니다. 북한은 큰 병 걸리면 거의 죽는다고 생각해요. 아편은 진짜 아파서 먹고 맞기 시작한 것이고, 빙두는 밤에 밀수하는 사람들이 잠을 못자기 때문에 더 많은 돈을 벌려고 하는 것 같아요. 제가 아는 언니는 빙두에 중독되어 국정원에서 걸렸어요. 그래서 약을 복용해서 지금은 낳은 것 같아요. 빙두를 한번 한 적이 있어요. 양산백 추격대 드라마를 밤을 새워 보려고 해보았어요. 그래서 국정원 검사 때 걸릴 까봐 무서웠어요.

6) 가족 해체 현상 : 바람피우는 것, 경제적 문제. 가부장적 사고방식

정인 : 북한의 가정이 깨어지고 해체되는 근본적 원인이 바람인 것 같아요. 돈이 있으면 바람을 피워요. 그런 점은 남한이나 북한이나 또 같은 것 같아요. 남자만 피우는 것이 아니라 여자들도 바람 피워요. 저는 차이점이 여기서는 연애를 많이 해 볼 수 있잖아요. 이 사람도 만나고 저 사람도 만나고 해서 모든 면이 맞아야 하잖아요. 근데 북한 같은 경우는 한번 보고 중매로 결혼을 하다 보니 마음에 안들 수도 있는데, 그러다 보니 남자도 여자도 바람을 피우게 되지 않나 생각합니다. 부모님 시대는 연애가 아니라 다 중매니까, 저희 또래는 그래도 연애랑 하고 하니까 그런 문제는 없다고 생각합니다.

아진 : 경제적인 문제인 것 같아요. 돈이 없어 부부싸움을 많이 해요. 돈이 없으니까 결론은 돈입니다. 아빠가 대체로 여자를 무시하는 가부장적인 것도 문제라고 생각해요. 할아버지 시대에는 그랬다는 것 같아요. 그 때는 완전 가부장시대고, 아버지 때는 조금 그런 게 있었어요. 할아버지 시대에 엄격한 집에서 자란 사람이면 아빠도 똑같이 가부장적이고, 그나마 좀 느슨한 집에서 자란 사람이면, 또 여자 만나서 바뀔 수도 있고 그런 거 같아요. 저희 큰엄마(고모)는 고모부가 돈을 많이 벌어요. 직장을 다니시는 데 뇌물을 받아서 돈이 엄청 많아요. 큰 엄마도 교사 하시는데, 큰아빠(고

모부)가 다른 여자가 있어요. 장마당에서 신발장사 하시는 분인데 돈이 많아요. 그런데 큰 엄마가 그런 것을 알면서도 그 여자와 친해요. 큰 아빠가 가정을 지키니까 명절날 같이 만나기도 합니다, 사람 나름인 것 같아요. 그런 부분에 대해서는 사람 사는 것이 똑 같아요.

소연 : 북한에서 이혼은 쉽게 돼요. 둘이 합의되어 신고만 하면 됩니다. 간통죄 이런 것은 없어요. 귀책사유 그런 것은 없고, 법원 비슷한 곳에 가서 둘이 합의하고 도장만 찍으면 끝이에요. 재산을 서로 반반씩 나누어 가져요. 북한도 이혼이 정말로 많아요. 요즈음은 이혼이 더 많아졌어요. 결혼도 안하고 사는 사람도 많아요. 저희 엄마, 아빠는 합의가 안 되어서 이혼을 못했어요. 아빠는 이혼 안한 상태에서 다른 여자와 함께 살고 있어요. 엄마는 수시로 그 여자 집에 가서 싸우고 이 물건은 내꺼다 하면서 물건을 가져오고 했어요. 아빠 만나면 둘이 또 싸우고 해요. 이혼할 때 자식들 양육권은 한국과 비슷해요. 엄마가 키우는 경우도 있고 아빠가 책임지는 경우도 있고, 저도 엄마한테 갔다가 아빠한테 갔다가 할머니 집에 갔다가 하면서 살았어요. 북한에서는 가정을 가지고 있어도 남자나 여자나 바람피우는 것이 일반화 된 것 같아요, 그런 점에서 보면 어느 나라나 똑 같다고 봅니다.

시은 : 나도 아빠가 바람나서 엄마하고 살거냐 아빠하고 살거냐 해서 둘 다 싫고 할머니와 살겠다고 했어요. 그래서 아빠는 그 여자와 헤어졌어요. 그 여자는 엄마와 친구이고, 그 여자 딸도 저하고 친구였어요. 아빠가 불법적으로 장사를 하고 있었는데, 엄마가 그 여자를 소개 시켜주어 아빠와 함께 장사하게 했어요. 우리 아빠는 여자들하고 바람 안 피우는 줄 알았어요. 둘이서 혜산에 장사하려가서 둘이 좋아하게 되어 바람이 나게 되었어요. 진짜 드라마 같은 일이에요. 그래서 그 여자 집에 친구를 데리고 가서 창문 깨고 도망치고 했어요.

7) 탈북 브로커비

소연 : 저희들은 중국에 살다가 한국에 왔는데, 다들 북한에서 살기 힘들어서 자발적으로 탈북을 했어요. 압록강 상류인 혜산에서 도강하여 장백으로 넘어가는 것은 쉽지 않아요. 잡히면 죽으려고 어떤 사람은 쥐약을 준비해오고, 칼을 가지고 오는 사람도 있어요. 혜산에서 장백 넘어갈 때 브로커하고 같이 도강해요. 브로커들이 안내를 하면서 강을 건널 때 사선으로 물을 건넜어요. 그 때가 10월이라 물이 차가웠고 물은 목에 까지 차서 죽을 뿐했어요. 밤에 넘어가고 국경경비대하고 짜고 넘어가요. 저는 팔려가서 도강비를 얼마 주었는지 몰라요. 사는 사람이 브로커에게 돈을 주어요.

아진 : 저는 안 짜고 국경경비대가 교대하는 시간에 건너갔어요. 얕은데는 허리정도 물이 차고, 깊은 곳은 목까지 와요. 혜산은 강 중상류정도라고 생각하시면 되고 강폭이 꽤 넓고 키보다 깊은 곳도 있어요. 보천이라는곳은 강폭이 좁고 깊지도 않아요. 도강은 밤에 이루어지고 11월 말에서 12월 정도면 강이 20cm 두께로 얼어붙어요. 그때는 걸어서 넘을 수도 있습니다. 요즈음 도강 브로커비는 저희 때와 달라요. 저는 그냥 건너다보니 북한에시 잘 아시는 분의 큰 엄마가 저를 받아주었어요. 원래 팔려가야했는데, 중국 식당에서 일을 해서 도강비로 중국 돈 12,000원(한화 약 200만원)을 주었어요. 지금으로 따지만 엄청 싼 것입니다. 현재 도강비는 한국돈으로 1500만 - 2천만원 정도 합니다. 저는 동생을 데리고 올려고 동생하고 연락을 하고 했는데, 고모가 밀수를 해서 보위부의 요시찰 대상으로 주파수가 잡혀서 보위부에 잡혀가서 3월에 나온다고 아는 대방으로 부터 연락을받았어요. 그때 까지는 연락이 안돼요.

시은 : 저는 팔려가서 도강비가 얼마 들었는지 몰라요. 브로커를 찾아서중국에 넘어가야 하는데 전 브로커를 알지 못해서 혜산 역에 서 있으면서

브로커가 온다고 해서 혜산 역에 서 있었어요. 역 앞에서 엄마를 만나 엄마가 가지 말라고 하면서 나하고 싸웠어요. 그것을 본 브로커가 중국에 갈거냐고 물어왔어요. 3개월만 중국에서 일하고 오자고 꼬셨어요. 나는 앞쪽사람이라 중국에 가면 무엇을 하는지 몰랐고 그래서 속았어요. 가기 전에 친한 친구한테 전화하여 상의 하였더니 이 친구도 앞쪽 사람이라 중국에 가면 무엇을 하는지 모르고 있었고, 좋겠다 하면서 중국을 빨리 갔다 오라고 말했어요. 저는 창피해서 중국으로 갔어요. 아버지가 바람난 것이 지역에 소문이 나서 모르는 사람이 없었고, 사리원에서 "옥"이라하면 동네방네 다 알아서 혜산에 온 김에 중국가자고 생각했어요. 친구들도 앞쪽에 살아 중국이 보인다 하니 신기해하고. 아무 생각 없이 중국으로 넘어 갔어요.

은혜 : 북한에서 한국까지 오는데 총 합쳐서 1500만원 들었어요. 저는 돈을 내고 와야 되는지도 몰랐어요. 오니까 1500만원 달라고 했어요. 북한을 떠나서 한국까지 오는데, 국정원, 하나원 포함하여 5개월 걸렸어요. 중국에서 한국까지 20일 걸리고 직행으로 오면 한 달 정도 걸려요. 외삼촌이 한국에 먼저 와 계셔서 넘어 왔어요. 여기에 왔을 때 1500만원 브로커비는 제가 갚았어요. 1년 동안 일을 해서 갚았어요. 주말에 감자탕 집 서빙 알바를 하여, 한 달에 100만원씩 갚았어요. 처음에는 4년 동안 돈 모아서 엄마를 데려 올 생각이었는데, 지금은 생각이 바뀌었어요. 브로커비가 계속 오르기 때문에 빨리 데려 올려고 해요. 올해쯤에는 엄마를 데려올 계획입니다. 엄마를 데려올 돈은 어느 정도 준비를 했는데 동생까지 데리고 올려면 돈이 부족해요. 외삼촌들은 수원이나 화성 쪽에 살고 가족이 있으니, 전화를 잘 안하고 있어요. 삼촌들은 주고 싶겠지만 숙모들이 있으니 지금은 아예 안가요.

정인 : 저는 엄마가 기획하여 한국에 왔지만 4년 전에 1000만원 주었어요. 한국에 오는데 300-400만원 들었어요.

8) 한국문화 접촉

소연 : 북한에서 한국 드라마는 장마당에서 CD, USB 등을 구입하여 봅니다. 장마당에 돈뗏고 구역, 나르개 구역이 있듯이 CD, TV, USB를 취급하는 구역이 있어요. 사람들이 그 구역을 알고 돈뗏고처럼 서 있으면 찾아와요. 그러면 그 사람을 창고로 데리고 가서 물건을 팔아요. 즉 암시장이 따로 형성되어 있어서 한국 드라마가 입력된 CD나 USB를 살 수 있어요. 한국영화는 USB로 팔기도 하고 혜산에서는 친구들이 돌려가면서 봐요.. 그렇게 해서 한국드라마가 유포되고, USB는 하나에 20-30위안 정도합니다. 심지어 앞쪽 사람들도 혜산에 와서 한국드라마, 영화를 사가요. 단속에 걸리기 때문에 가지고 나오지는 않아요. '유리구두' 드라마를 보았고, 그리고 '비와 송혜교' 나오는 드라마를 봤어요. 제가 7살 때 '남자의 향기'라는 드라마가 너무 기억에 남아서 중국에 가서 다시 찾아보았는데, 그 때는 별로였어요. 저는 돈뗏고를 해 보았는데. 사람마다, 지역마다 조금씩 환전률이 달라요. 그곳에 가만 서 있으면 사람들이 알고 환전하려 와요. 혜산에서도 중심시내보다 '위연'이라는 외곽지역이 환전율이 높아요.

은혜 : 요즘에 한국의 드라마는 금방 들어오지만, 기억나는 드라마는 별로 없어요. 2000년대 노래는 많이 들어요. 음악은 많이 들어요. 예능프로는 보지 못했지만 드라마를 보는 것을 좋아 합니다. 북에서 온 친구들이 가장 좋아하는 드라마는 '풀하우스'와 '천국의 계단'이고 최지우, 권상우가 나오는 드라마. 한국문화에 대해서 국경지대는 다 알지만 앞쪽에는 몰라요. 한국 같은 경우는 인터넷으로 교류가 되지만 북한은 교류가 안 되어서 모르는 지역은 아예 모르고 단절되어있어요. 혜산. 무산, 온성 등 국경도시에서는 한국문화를 일반적으로 알고 있는데. 항해도 같은 앞쪽에서는 한국에 대해 거의 모르고 있어요. 아는 사람은 알고 모르는 사람은 모르지만 일반화 되어있지는 않아요.

9) 초기 김정은 체제에 대한 북한 주민의 기대

아진 : 저는 오기 전에 김정은을 싫어하지는 않았어요. 왜냐하면 신세대 같다는 느낌이 들었어요. 원래 북한은 가부장적인데 여자가 어디 할 정도로. 김정은은 해외 물을 많이 먹어서 그런지 한국 사람과 별다른 차이점 없이 와이프를 꼭 데리고 다녀서 역시 신세대라는 느낌을 주었어요. 저는 공부를 엄청 싫어했지만 축구반 만들고 해서 좋았어요. 학교 분위기가 문화적으로 확 바뀌었어요. 서클활동 등 취미생활을 확대했어요. 그러나 처음에는 기대를 했는데 나중에 가면서 점점 기대에 못 미쳤어요.

소연 : 장군님, 김정은에 대해서는 욕을 하지만, 김일성 시대는 잘 살았기 때문에 김일성 수령님에 대해서는 욕은 안합니다. 혜산 같은 경우 거의 절반되는 사람들이 김정은이 나쁜 것을 알아요. 저희 아빠가 친구들과 함께 도박게임을 하면서 김정은 욕을 많이 해요. 자기네들 끼리 욕을 해요. TV에서 보면 김정은, 이설주가 나오면, 이설주가 김정은 앞에 걸어가는 것을 보고 어른들은 재수 없다고 욕을 합니다.

10) 탈북청년의 건강 상태

시은 : 몸이 안 좋아서 병원에 가서 검사를 받았는데 심각하다고 합니다. 검사하니 한국사람 50대의 건강상태라 20대에 죽을 수 있다 해서 놀라서 1주일 동안 영양가 있는 것만 먹어더니 몸무게가 2kg 늘었어요. 한국에 있는 20대와는 건강상태가 전혀 다르다고 해요. 계속 피곤해서 병원에 가니 간이 안 좋고, 간이 바짝 말라 있대요. 지금 관리를 잘하면 괜찮아지지만 관리를 못하면 평생 약으로 살아야 한 대요.

아진 : 한국 애들은 어릴 때부터 부모들이 건강을 챙겨주는데, 저희는 약을 챙겨주는 사람도 없고 챙겨먹지도 않아서 체질이 약한 것 같아요. 겉은 강하게 보이지만, 병원에 가는 것이 무서워요. 모르면 상관없지만 알면

스트레스 받기 때문에 그냥 병원에 잘 안가요. 어디가 아픈지 검사하려고 해도 종합검진비가 너무 비싸요. 북한에서는 병원을 자주 안 가다 보니까 사람들이 병이 있는지도 모르고 살고 있고 또 아파도 병원보다는 개인 의사들을 찾아 치료받아요. 여기처럼 정밀하게 분석하고 병명을 찾는 건 어려워요. X-레이 한 번 찍으려고 해도 병원 찾아가서 몇 시간씩 기다리고 돈도 줘야 해서 돈 없는 사람들은 검진받기도 힘들어요.

소연 : 건강이 안 좋은데 중국에 있을 때부터 빈혈이 있어요. 갑자기 쓰러지기도 해요. 일하다가도 앞이 안 보이고 옆으로 쓸어졌어요. 철분제 먹으니까 변비가 심해지고, 기본적으로 몸이 차고 냉이 심해요. 저희들의 경우 겨울에 차가운 물을 건너와서 그 당시는 위급한 상황이라 그 때는 추운 줄 몰랐어요. 냉기가 몸에 배어 지금에 와서 나타나는 것 같아요. 몸이 항상 차고 냉이 심해요. 또한 대부분 탈북친구들은 치아가 안 좋아요.

해인 : 제가 영양공부를 하면서 마음이 아팠어요. 우리 환경이 마음껏 먹을 수 있는 환경이 아니잖아요. 우리 친구들이 못 먹어서 크지도 못했고, 여기 친구들은 어릴 적부터 엄마가 비타민도 보약도 챙겨주는데 비해, 어릴 적부터 영양이 따르지 못하여 체력이 많이 안 좋은 것 같아요.

7. 삶의 목표, 통일전망(2020, 1, 5일)

[keyword : 비젼, 낙심, 취업, 통일에 대한 시각, 점진적 통일, 연방제 통일]

1) 각자의 삶의 목표

정인 : 삶의 비젼이 딱히 없어요. 일단 졸업을 해야 하고, 발등에 떨어진

것부터 해결하고, 졸업 후 회사 취직하여 사회생활하면 좋겠지만, 그게 안 되면 엄마의 가게를 물려받을까 생각해요. 졸업한다고 취직한다는 보장이 없잖아요. 없으면 없는 대로 살고, 생기면 생기는 대로 살아요. 그렇게 살아요. 제가 살아보니까, 너무 계획적으로 살고 이러니까, 그것도 틀어지면 좌절감이 많이 생기고 그런 게 있어서, 가끔은 풀어놓고 사는 것도 인생에 도움이 된다고 생각해요. 가끔 보면 대학생들이 너무 공부에 집중하여, 그래도 자기 외모는 가끔 가꾸어 주는 것도 필요하고 남들이 보기에도 편안한데, 모자만 뒤집어쓰고, 마스크 쓰고 그렇게 다니니, 인생 한번 뿐인데 꼭 이렇게 살아야 되나하는 생각이 들어요. 저가 여명학교 다닐 때 3년 내내 공부를 잘해야 한다는 부담감 때문에 대학에 들어가서는 지친 것 같아요. 그러다 보니 너무 이렇게 살아도 안 되겠다 나부터 몸을 챙기면서 살자고 생각해서, 그래서 지금은 편하게 살려고 하고 있어요. 지금 생활에서 꼭 필요한 것은 경제적인 문제, 학업을 따라 가는 것. 영어도 많이 딸리고 영어공부하려고 하는 것입니다.

시은 : 저는 대학생활보다 기술을 배우려고요. 피부미용 전공공부를 열심히 해서, 남한테서 일하는 것은 싫어서 샵을 내고 싶어요. 학기가 2년제이니까 제가 좋아하는 것이어서 열심히 하고 싶어요. 어릴 적 꿈이었어요. 현실적인 꿈은 엄마를 데려오는 계획을 세우고 있어요. 돈도 많이 들고 엄마 데려오는데 2천만 원 정도 들어요. 우선 200만원 주면 사리원에서 중국까지 데려오고 확인 후 1800만원을 보내면 한국으로 오는 것으로. 2000만 원 정도면 지금 상황에선 많이 달라는 것은 아닌 것 같아요. 저희 집은 앞쪽이니까 비싼 편은 아니어요. 혜산도 1700만원 달라고 해요. 돈은 대출을 받을 생각이예요. 이자가 좀 많은 제3금융권에서 대출이 가능하다고 합니다. 문제는 엄마를 한국에 데리고 와도 생활하기가 힘든다는 것입니다. 엄마도 한국에오면 활동을 해야 하는데, 그것이 현실적으로 어려워요

소연 : 하고 싶은 것은 너무 많아서 애가 되는 것 같아요. 예전에는 사람이 계획대로 안 되니까, 철이 일찍 들어서 인생이 그렇구나 하고 생각을 했어요. 지금은 다시 아이로 돌아가서 하고 싶은 것이 엄청 많아요. 중문과 졸업하면 회사 취업은 쉬운 것으로 알고 있어요. 이화여대라는 타이틀이 있으니까 취업하는 것은 쉬운 것으로 알고 있어요. 모든 회사들은 중문과 출신을 잘 받는 것으로 알고 있어요. 중국어하고 영어를 잘 하면 취업 잘 된다고 들어서 그건 문제가 없다고 생각합니다. 저는 취업 생각도 하고 대학원 생각도 하고 대학원 가면은 대학교수도 하고 싶어요. 중국어는 잘해요. 중국어를 말하면 그냥 중국사람 인 줄 알아요. 저는 한국어를 잘 못하는 것 같아요. 대학교에서 전공수업은 점수를 잘 받았는데, 우리말과 글쓰기는 잘 못해서 C학점 받았어요.

아진 : 1학년 마치고 전공을 소비자 학과를 선택했어요. 처음에는 꿈도 크고 해서 변호사를 하고 싶었어요. 나중에 학교에 들어가서 현실에 부딪치고, 다시 설계하다보니 소비자학과 다니면서 부전공으로 심리학과를 공부하려고 해요. 처음에 욕심이 많아서 잘하려고 하다 보니 포기하고 싶기도 했어요. 잘하지도 못하면서 왜 이렇게 대학교를 꾸꾸 다녀야 하나 하는 회의감도 들었어요. 일단은 졸업을 하자는 마음이 커서 한 가지를 깊이 파지 말고 조금 조금씩 여러가지를 경험하는 것도 나쁘지 않다고 생각하고, 소비자 학과를 졸업하고 아모레 퍼시픽 화장품회사에 취업을 생각하고 있어요. 현재는 국내에서 제일 좋은 화장품 회사를 목표로 삼아야 나중에는 그 보다 낮은 곳에 취직이 될 것 같아서요. 처음에는 허황한 꿈을 가졌어요. 변호사를 포기한 것은 제가 로스쿨을 갈 수 있는 환경이 안 된다는 것을 알았기 때문입니다. 환경이 된다 해도 능력이 안 되어요. 1학기에 성적이 잘 안 나와서 의욕이 떨어지다 보니 2학기는 1학기보다 성적이이 더 안 나왔어요. 그런 것 같아요. 혼자 오다보니 제가 모든 것을 결정해야하고

규칙적으로 살아야하고, 흐트러지면 생활이 무너지니까. 때로는 예민해져서 막 일탈 하고 싶었어요. 정확한 시간에 일어나고 하는 것, 가끔 학교도 땡땡이 치고, 남들이 손가락질 하는 그런 삶을 살고 싶어요. 내가 사는 정확한 삶에서 다 벗어나고 싶어요.

은혜 : 저는 솔직히 취업에 대해서는 아직 생각 안 해봤어요. 우선 졸업하자 생각하고 있어요. 현재 사는 데는 힘든 것이 없지만 엄마를 데려와야겠다는 생각이 힘든 것 같아요.

해인 : 저는 4학년인데 취업해야지요. 1월 10일에 자격증 발표가 나요. 올해는 연계 전공하는 것이 있어서 코스모스 졸업을 할까 아니면, 휴학해서 인턴을 할 가도 생각하고 있어요. 졸업하고 기업이 취업을 할까 이런 생각도 해요. 다른 문제도 많지만 잘 이겨 나가야죠. 한국에 왔지만 경제적으로 넉넉하지 못해서 '여기가 북한인가?' 이런 생각도 해요. 북한에서 보다도 옷을 못 입었어요. 제가 북한에서 장사를 했고, 부모님이 옷을 하나 입어도 좋은 옷을 입게 하셨어요. 잘 살았는 것은 아니지만 남이 10개 살 때 저는 좋은 것 하나를 샀어요. 엄마는 공업품 장사를 해서 질적으로 좋은 것만 선호 했어요. 거기서는 옷이 많지는 않지만 이쁜 옷을 입었어요. 한국에 와서는 마음에 안 들지만 살아야 하니까 다른 사람들이 주는 옷을, 안 맞고 안 이쁘지만 입고 살았어요. 먹고 싶은 것도 절제하고 경제적으로 풍족하게 누리지는 못하는 것 같아요. 아직 학생이라서 그렇다고 생각해요. 앞으로 좋아질 것이라 생각합니다.

2) 통일의 전망

은혜 : 제가 생각하는 통일은 옛날부터 통일을 준비해왔으니까 통일을 하려면 빨리하는 것이 좋다고 생각합니다. 지휘자가 한명이 되어야지요.

그렇지만 통일은 어렵다고 생각하고 있어요. 예전에서부터 통일이 된다고 했지만 아직까지 안 되고 있잖아요. 저희 세대는 통일에 대한 관심이 없고요.

소연 : 어른들이 생각하는 것과 저희 세대가 생각하는 것이 다르잖아요. 자기들은 북한 사람이라 생각하고 저희는 북한이 고향인 한국 사람이라고 생각하므로 통일에 대한 생각도 다른 것 같아요. 그런 마인드라서 그런지 저는 통일이 갑자기 되면 안 될 것 같아요. 갑자기 되면 큰 일이 날 것 같아요. 자본주의가 들어와서 자유가 되면 사람들이 충격을 먹을 것 같아요.

저희가 남한에 온 사람은 3만 명이지만 하나 둘 이렇게 왔기 때문에 적응하지만 갑자기 그 많은 인구가 확 밀려오면 큰일이 난다고 생각합니다. 천천히 왔다 갔다 하면서 북한도 천천히 발전하면서 어느 날 자연스럽게 남북한이 이제는 통일해도 되겠다는 생각이 들 때 통일 하는 게 좋은 것 같아요. 갑자기 통일되면 정말 큰일 난다고 생각해요. 예를 들면 하나원에 있을 때 어떤 아주머니가 사람을 잡아놓고 억압한다고 항의 하는 것을 보았어요. 자유와 규칙은 다르지만 집단에는 규칙이 있고 그 규칙을 지켜야하는데, 이런 생각을 가진 사람이 몰려온다면 큰 혼란이 온다고 보기 때문이에요. 통일이 되면 대박이라고 하는데 저는 통일이 대박이 아니라고 봅니다. 북한의 인건비를 남한과 똑같이 준다면 국가적으로 재정의 파탄을 가져와요. 따라서 북한의 인건비를 서서히 올리고 북한의 싼 물품을 남한이 사가고 그렇게 하여 남북한이 비슷해 질 때 통일을 하는 것이 좋을 것 같아요.

시은 : 통일이 되어도 갑자기 북한 사람이 남한으로 몰려오는 것은 아니라고 봅니다. 통일은 바라지만 우리세대는 안 될 것 같고요. 통일이 늦어지더라도 통화나 연락은 편하게 자유로워지면 좋겠어요. 연락만 되어도 좋을 것 같아요. 남한의 젊은 사람들은 통일에 관심이 없는 것 같아요.

정인 : 통일은 저희 세대에서는 안 될 것 같아요. 30년 전부터 통일된다고 했지만 안 되었잖아요. 일단 북한이 자기 자리를 내어 놓아야 하고, 독재정권을 파기시켜야 하는데, 북한은 절대 그렇게 하지 않아요. 두 나라가 합쳐서 대통령이 두 명이라면 그들은 수긍하겠지만 한 명이라면 김정은 그렇게는 안 할 것에요. 그래서 통일이 되기보다는 왕래가 더 좋은 것 같아요. 통일이 안 되어도 왕래만 되면 그것이 더 좋을 수도 있어요. 더 복잡하지도 않고, 독일은 통일이 되어도 빈부차이가 많고 차별도 심해잖아요. 통일이 되어도 북한사람을 낮게 보는 경향이 있고, 지금도 북한사람을 낮게 보는데, 각자 자기나라에서 왔다갔다 하면서 일정기간을 지나서 통일을 하는 것이 바람직한 같아요. 서로 얼굴을 볼 수 있으면 좋겠고, 지금처럼 어렵게 돈 벌어서 뜯기면서 자기 돈을 보내는 이런 비극적인 일이 없었으면 해요. 또 한 가지 문제는 통일이 되면 남한 사람들이 북한 땅을 사서, 잘 사는 사람은 더 잘 살고 북한사람은 땅을 다 빼앗기고 더 눌려서 빈부격차가 더 심해질 것 같아요. 그것은 바람직한 것은 아니지요. 그래서 남한자본과 기술을 받아 어느 정도 발전을 이루는 방향으로, 서로 좋은 점을 받아서 가는 것이 효과적인 통일이 아닌가 생각해요.

해인 : 그게 바로 연방제인데, 두 개 국가체제를 인정하면서 왕래하는 것입니다. 여기 사람들은 연방제를 원하지 않는 것 같아요. 제가 생각하는 통일은 연방제입니다. 그것이 가장 현실적인 방법이라고 생각해요. 그래야 통일이 더 빨리 이루어질 것 같아요. 통일이란 하나가 되는 건데 현실적으로 하나가 되기 힘들어요. 왜냐하면 몇 십년간의 북한의 특성이 있고 여기의 특성이 있는데, 제 생각에는 통일이 된다 하더라도, 북한 사람이 남한에 밀려 왔다가 다시 북한으로 돌아간다고 봅니다. 왜냐하면 이 사회에 적응하는 것이 너무 힘든다고 깨닫기 때문입니다. 특히 나이든 세대는 살아온 방식이 다르기 때문에 더욱 빨리 돌아간다고 생각합니다. 북한의 싼 노동력

을 이야기하는데, 사실 북한이라는 사회가 문을 닫고 있어서 배우지 못하고, 보지 못하고 듣지 못해 그런 것이지, 그 사람들이 인지능력이라던가 생각이 떨어지거나 그런 건 아니거든요. 세상을 구경 못하고 그런 환경에 놓여 있어서 그런 것이지. 개혁, 개방을 하면 자유롭게 세계를 보고, 각자의 여건에 맞게 미국에 가서 살수도 있고 굳이 한국에만 사는 것은 아니고. 기회가 없어서 못 사는 것인데 편견의 시선을 갖고 바라봅니다. 따라서 통일보다 통합이 맞는 같아요. 북한 사람이 잘 살 수 있는 기회를 주어야 하고, 그리고 자유를 주어야 해요. 자유가 없으니 못 사는 것이고 여기 와서도 잘 사는 사람은 잘 살고 있어요. 그러다가 점차적으로 통일이 된다고 봅니다.

아진 : 당연히 통일이 되기를 바라는데 가능성은 희박하다고 생각해요. 결국 통일이 되려면 어느 한쪽이 흡수통일이 되어야 되는 데, 그건 어려울 것 같아요. 동등한 위치에서 같은 정권이 아니잖아요. 민주주의와 독재정권인데 둘 중의 하나는 포기해야 되는 거잖아요. 둘이 함께 존재할 수 있는 것은 아니잖아요. 둘이 함께 존재한다면 다른 나라가 되는 거잖아요. 아니면 민주주의 나 공산주의나 둘 중 하나로 흡수통일 되어야 하지요. 한 나라에 대통령이 둘이 될 수는 없으니까요. 통일은 하나가 되는 건데, 저도 통일까지는 안 바라도 연방제가 괜찮은 것 같아요. 왜냐하면 북한사람들도 그들만의 나름의 방식으로 힘들게 살아왔는데, 저희가 한국에 와서 굳이 한국에 맞춰가야 되는 거는 좀 아닌 것 같아요. 우리는 우리만의 독특성이 있는데, 한국사회에 잘 적응해서 살아야 한다고, 우리는 우리대로 살면 되는데 왜 적응하여 살아야 하는지, 이것은 하나로 인정하는 것이 아니잖아요. 부산사람은 부산사람 나름대로, 혜산사람은 혜산사람 나름대로 살면 되는데, 잘 적응해라 잘 정착해라 하는 이야기는 너는 우리와 똑 같아져라 하는 이야기 잖아요. 그것은 통일되었을 때 우리에게 잘 적응하라고 강요하는 것이잖아요. 그렇게 살고 싶은 사람은 그렇게 살고, 여기에 맞추어 살고 싶은 사람은

여기에 사는 것이 통일보다는 오히려 더 도움이 될 것 같아요. 왜냐하면, 통일되면 혼란스러워지고 엄청 격차가 심하므로, 서로 왔다 갔다 하는 것이 좋을 것 같아요. 돈을 수수료 없이 은행수수료만 붙여서 보낼 수 있다면 그것만으로도 감사하지요. 저희 학교수업 때 통일된 한반도를 그리고 수도를 정하는 프로그램이 있었는데, 한국입장에서는 서울이 수도이고 북한 입장에서는 평양이 수도입니다. 통일되었을 때 어디에 수도를 정할 것인가 하는 것이 문제이었습니다. 개성을 수도로 하자는 의견이 있었고 의견이 분분하였어요. 수도 정하는 문제도 이렇게 복잡한데 사전에 준비되지 않으면 통일되어도 혼란스럽겠다는 생각을 했어요. 그래서 서서히 준비해나가는 통일이 중요한 것 같아요. 국기도 문제가 되고, 국가명칭도 문제가 되고.

8. 한국사회에 대한 지식, 사회관계망 형성, 구술에 대한 평가 (2020. 1. 19일)

[keyword : 정치, 경제, 사회 지식, 문화 습득, 인간관계, 마음의 장벽, 북한출신 오픈, 자존심, 차별의식 내재화, 치유]

1) 한국사회에 대한 지식

재성 : 제가 북한에 산다고 해서 북한을 다 아는 것은 아니잖아요. 여기 있는 친구가 아는 정도는 저도 비슷하게 알고 있다고 봅니다. 갭이 있다면 여려서부터 같이 성장한 그런 것이 없다는 것입니다. 한국정치상황에 대해서는 대화를 나눌 수 있는 정도로 관심을 갖고 있습니다. 여기 정치세력은 다 마음에 들지 않아요. 더럽기는 양쪽 모두 마찬가지입니다. 경제 같은 경우도 역시 다른 사람들과 대화가 가능한 정도는 알고 있어요. 어떤 기업이 어떠하다는 정도, 한국의 기업순위 정도는 알고 있고 우리나라가 수출주도

의 경제성장을 하고 있다는 것도 알고 있어요. 전공이 경영학과라서 조금 더 알고 있는 것 같아요. 사회문제에 대해 관심이 많아요. 대통령 탄핵과 미투운동, 더불어민주당의 조국 사태 등을 알고 있고 그것들에 관심이 많아요. 미국과 우리나라의 갈등 관계에 있어서, 저의 입장에서는 미국이 너무 싫어요. 이란 수뇌를 죽인 것도 내정간섭이라고 생각해요. 여론을 형성하는 중심적인 기관이 언론이란 것도 알아요. 탈북민은 강력한 구심점이 없어요. 지금부터 준비를 해야 한다고 생각해요. 많은 탈북단체들을 하나로 연결시키는 것이 필요합니다. 자연적으로 포지션을 차지하는 비율이 많아지면 힘을 갖게 된다고 봅니다. 지금은 힘이 없지만 10년 후, 우리들이 힘이 커지면 그렇게 해도 될 것 같아요. 어르신들은 관심이 없는데 청년들은 뭉쳐야 한다는 이야기를 많이 해요. 어른들은 가족이 있고 먹여 살려야하니까 그렇게 못하는 것을 이해합니다.

해인 : 우리가 이 땅에 먼저 온 사람으로 북한 땅을 회복시켜야 하지 않을까 생각해요. 우리가 탈북자, 이탈주민이라는 꼬리표가 달린 사람으로 정착하는 개념이 아니라, 먼저 온 사람으로서 북한 땅을 회복시켜야 한다는 개념이었으면 좋겠어요. 이런 생각을 가진 청년들이 많아져서 뭉쳐서 그렇게 나아가면 남한사회가 보는 시선도 달라진다고 생각합니다. 저는 동생들보다 한국에 오래 있었지만 한국의 정치, 경제, 사회에 대해 관심이 없어요. 삶에 그만치 여유가 없어요. 저 개인적으로 여유 없어서 제 앞에 있는 일부터 해야 하기 때문에 뉴스를 볼 시간이 없어요. 신문을 구독했는데 과제하고 알바하다 보니 신문을 볼 시간조차 없어서 신문을 끊었어요. 드라마, 뉴스 보는 시간을 줄여서 공부했어요. 요즘은 조금 여유가 있어 뉴스, 신문을 보는데 어느 정도는 알고 있어요. 한국경제 움직임에 대해서 기본적으로 파악하고 미래를 유추하는 것이 중요하잖아요. 이 사회경제가 어떻게 되고 내가 가지고 있는 JOB이 어떻게 발전할 것인지는 생각해요. 우리나라의 드라마, 팝송 등을 너무 안 보아서 요즘에 조금 보고 있어요. 알바하고

학원가고 공부하다보니 시간이 없었어요. 현재는 2000년대부터 한국문화를 접하려고 애쓰고 있어요. 지금 뉴스를 보면 크게 차이가 나거나 그렇지는 않아요. 남한사회가 탈북민을 보는 시각을 바꾸어야한다고 생각해요. 우리들이 앞장서서 남한사회가 잘 모르는 왜곡된 시각을 바꾸어야 해요. 그리고 수동적으로 잘 봐주기를 바라기 보다는 우리가 스스로 잘하는 모습을 보여야 한다고 생각해요.

정인 : 한국사회에 관심 있는 것은 없어요. 경제는 뉴스를 통해 알지만 관심 있게 보지는 않아요. 정치도 관심이 없어요. 정치인들은 다 문제 되는 사람들이 많아요. 서로가 문제가 되면서도 힘겨루기를 하기위해서 그런 것 같아요. 통일부장관이 탈북자가 대한민국 사람이냐 하는 애기를 듣고 충격을 받았어요. 장관이 그런 마음을 갖고 있는데 어떻게 북한사람을 생각하겠느냐 하는 생각이 들어요. 앞으로 탈북자 큰 단체가 생기면 문제가 될 것 같아요. 정부가 경계할 것 같아요.

시은 : 정치에 대해 관심이 없었는데 알바 하는 식당의 사장님이 정치에 관심이 너무 많아서 이야기를 해주어서 관심을 갖게 되었어요. 대기업들이 외국에 다 나가게 생겼다고, 정치를 잘 못해서 문제인 문제라고 하고, 내 집을 딸에게 넘겨주는데, 세금을 너무 많다고 불평을 하기도 해요. 앞으로 우리나라가 어떻게 될지 모르겠다고 걱정해요. 이번에 식당을 팔았어요. 다른데 투자를 많이 해서 돈을 벌었데요. 요즘에는 개인사업을 하려면 자기 혼자서 자그마한 식당을 하는 것이 좋다고 해요. 경제가 너무 안 좋아서. 문화적으로는 여기 있는 친구들하고 이야기 하면 공감되는 이야기가 없어요. 어릴 때 이야기하면 더욱 그렇고, 일상적인 이야기만 해요.

아진 : 한국사회에 대해 당연히 여기 사는 애들보다는 아는 정도가 적지만, 지금상황에서 무엇이 제일 중요하고 이야기 했을 때 무슨 소리인지 정도는 알아요. 저도 사실 원래 정치외교학과에 가고 싶어서 정치에 관심이

많았는데, 요즘은 정치에 관심을 안 갖고 싶어요. 경제도 한국경제가 IMF 때보다 안 좋다고 하지만 백화점에 가보면 잘 사는 사람은 엄청 잘 살고, 없는 사람은 정말 없는 이런 상황인 것 같아요. 없는 사람은 없는 대로 살고, 있는 사람은 있는 대로 사는 것 같아요.

소연 : 여기 친구들과 대화할 정도는 됩니다. 정치에는 관심이 있어요. 저희 쪽 친구들이 남한 친구보다 정치에 더 관심이 많아요. 한국친구들은 아예 정치에 관심이 없는 친구들이 많아요.

2) 사회관계망 형성

정인 : 제 주변에 친하다고 생각하는 사람은 10명 정도입니다. 다들 북한친구이고 남한친구는 없습니다. 3년 내내 여명학교 다녀서 모두 북한친구들이고, 대학 1학년 밖에 안 되어서 같은 과 아이들은 다 어리고 아직까지는 친하지 않아요. 남한친구가 있어도 아직은 친구라 할 정도는 아니에요. 북한 친구들하고는 공식적인 네트워크나 정기적인 모임은 없고, 그냥 시간되면 만나는 관계입니다. 갑자기 무슨 일이 생겨 SOS 치면 엄마를 제외하고 달려올 친구는 2명 정도는 됩니다. 앞으로 관계의 폭을 넓혀가는 것이 숙제이고, 경험에 의하면 너무 친하게 깊게 사귀는 것도 문제가 있어요. 시간이 지나면 다들 헤어지고 그래요. 지금은 학생이니까 친구이상의 관계형성이 힘들 것이고 2-3학년 지나면 달라질 것이라고 생각합니다.

소연 : 저의 친구는 많다면 많고 적다면 적은데, 남북한 합해서 15명 정도 됩니다. 그 중 남한친구는 6명이 있습니다. 한국친구들이 생각하지도 아니했는데 생일에 선물을 주어서 고마웠어요. 두 친구는 내가 북한출신이라는 것을 알게 되어도 비밀을 지켜 주어서 감사했고요. 그들도 북한출신을 무시하는 사람이 있다는 것을 알기 때문에 다른 사람에게 이야기 안하겠으

니 언니도 이야기하지 말라고 했어요. 이야기를 하면 통하는 친구가 있는데, 나이는 제가 많지만 나이 차이를 안 따지고 친구처럼 지내서 이름을 부르고, 편하고 좋은 것 같아요.

아진 : 저는 나이가 25세로 20대이지만 남한친구 20대와 말이 안 통해요. 저희가 생각하는 수준이 30-40대 수준이고, 저만 그렇게 생각하는지 모르겠지만 남한친구들과 이야기해보면 애들 같아요. 같은 20대인데 말이 통하지 않아서 한 세대정도 차이가 나는 것 같아요. 오히려 어른들하고 이야기하면 말이 더 잘 통해요. 생각 자체가 차이가 많이 나서 애들이랑 이야기 하면, 우리 엄마 같다 우리 할머니 같다 이런 다니까요. 충격 먹어서 그 다음부터는 입을 다물고 있어요. 저는 친구가 몇 명 안 되고 거의 다 친한데, 무슨 일 있을 때 나를 도와줄 친구는 3-4명 정도입니다. 제 휴대폰을 보면 한 달 내내 전화하는 사람이 3명으로 고정되어 있어요. 어떤 때는 하루 종일 한명하고 한 시간 넘게 통화를 해요. 저는 관계영역이 좁은 것 같아요. 어쩔 수 없는 것이 대화가 안 통하고 한국 애들과 이야기 하려면 긴 이야기를 다 해야 하고, 그 얘기를 했을 때 그들이 얼마나 받아들일 수 있는지도 의문이고, 또한 제가 속 이야기를 하면 상대방은 알고 싶지 않아 부담스러워 할 수도 있잖아요. 어떤 마음인지 모르니까 이야기를 못하는 것이지요. 우리가 꼭 한국 사람들과 친해질 필요는 없다고 봐요. 저희는 같은 고향에서 와서 친해지지만 꼭 영역을 넓혀 한국 사람과 힘들고 피곤하게 인간관계하는 것보다 나쁘지 않게 관계하는 것이 좋다고 생각해요. 문제는 한국친구가 한명도 없어요. 정말로 없어요. 저 나올 때 도와주신 집사님 몇 분을 제외하고는. 저는 죽을 일이 없어서 잘 모르겠지만 급한 일이 생겼을 때 저를 도와 줄 사람은 자주 전화하는 사람뿐입니다. 여기에 와서 보호자 역할을 하는 사람은 있지만 돈을 대어주는 사람은 없어요. 의지할 사람이 한명도 없어요. 당장 죽을 것 같아서 몇 천만원이 필요하다면 도와줄 사람이 없어

요. 친구들 다 돈이 없어요.

시은 : 저는 많게는 20~30명 됩니다. 그런데 연락은 자주 하지는 안 해요. 생일날에는 와 주기는 하지만, 속마음을 털어놓을 수 있는 친구는 5명 정도입니다. 그중 한국 친구가 3명 있는데 두 명은 불편한 친구이고 한명은 자기가 먼저 자기 어렸을 때 쌍둥인데 힘들게 살았던 경험을 이야기를 해서 저도 북한사람인 것을 이야기하고 친해졌어요. 힘들 때 돈을 빌려주어서 도움을 받았고 그 친구가 무슨 일 있으면 꼭 도와주고 싶어요. 친한 친구가 되려면 계기가 있어야 된다고 생각해요. 진짜 힘들 때 도와주면 고맙고 마음을 열게 되요.

재성 : 저는 한국에 와서 친구들이 오히려 없어요. 일반 고등학교 다니면서 북한친구들하고 연락을 안 해서 북한사람들을 잘 몰라요. 모임에 가면 다른 사람들 다 서로 아는데 저는 몰라요. 고등학교 다닐 때도 2학년 때까지 아예 말을 안 하고, 3학년에 가서 친해져서 친한 친구 두 세명 정도 있었고, 대학교 와서 애들이랑 친해졌는데 그 친구들 다 군대 가서 지금은 딱히 이야기할 사람이 없어요. 여기 친구들은 15명 정도 고향친구는 5~6명 정도이고 저는 누구한테 도움 받는 것을 진짜 싫어해요. 다른 사람들을 도와주는 것은 괜찮은데. 친구는 진짜 눈에서 멀어지면 마음에서 멀어져요.

해인 : 알고 연락 할 수 있는 사람은 30- 40명 정도 돼요. 현재 연락하는 사람들은 10명 정도 됩니다. 연락하는 사람들만 연락합니다. 남한 사람들 10명 미만이고, 고향사람들도 10명 미만입니다. 근데 저희는 꼭 연락을 안 해도 서로 마음으로 통하는 친구이고, 생일 때는 생각하지도 안 했는데 선물도 주고 해요. 남자 친구는 없어요. 거기에다 에너지 쓰기보다는 공부하는 것이 더 중요해요.

3) 북한 출신 오픈

소연 : 저 같은 경우에 오픈을 안 하는 것은 굳이 오픈할 필요가 없기 때문에 안 합니다. 친한 남한친구 한명은 내가 북한출신이라는 것을 미리 알고 있는데, 이 같은 경우에는 대화를 하면 말해도 되겠다 라는 생각이 들어요. 어떤 친구들은 대화를 하다가 기분이 싸 해지고 나랑 맞지 않다고 생각되거든요. 정말 친해지면 오픈을 하는데, 굳이 모든 사람한테 오픈할 필요는 없다고 생각해요. 숨기는 게 아니라 꼭 필요가 없기 때문에 안하는 거예요. 학교생활에서 동아리나 팀플의 경우 물어보면 굳이 고향을 말해야 하냐요? 하면서 그냥 넘어갑니다.

시은 : 굳이 지방 어디냐고 물어보는 것에 대비하여 고향을 하나씩 정해 놓는 것이 필요하다고 생각해요. 주민센타에 서류 발급받으려 왔다고 하니, 내가 보기에는 지위가 있어 보이는 분이 너무 친절하게 대하였어요. 그런데 북한에서 왔다고 하니까 갑자기 표정이 바뀌어서 너무 황당하여 대안학교 선생님에게 하소연한 적도 있어요. 샘이 그 사람이 이름이 무엇이냐고 물어서 김혜선이라고 대답하고 이직도 그 사람 이름을 기억합니다. 어른들은 고향을 물어보고 싶어 하더라고요. 전라도, 강원도, 대전 하면서. 제가 손님 한분한테 북한 사람이라고 말했는데 옆 친구한테도 저 친구도 북한사람이 냐고 하니까? 그 친구가 북한 말투로 북한 사람이라고 대답하여 웃었어요. 오픈해도 절대 친해질 수 없는 벽이 있어요.

아진 : 알바를 할 때 제가 외국인처럼 생겼나 봐요. 짜증나요. 손님이 고향이 서울 아니지 하고 물어, "예"하고 대답하면 "비행기타고 왔어요?"하 고 또 물어봐요. "비행기를 타고 왔지만 비행기 타고 갈 수 있는 곳은 아니어 요." 하고 대답했어요. '한국말 잘 하네'하고 이렇게 물어보는 것이 너무 짜증나요. 그 사람들한테는 내가 어디서 왔는지가 중요한 일이 아닌데, 왜

알바생 신상을 털는지? 내가 자기 며느리 될 것도 아니고 사기꾼도 아닌데, 한국 사람들 만나는 것이 피곤해요. 제 같은 경우는 외국인인지 아닌지를 확인하고 싶어 하는 거예요. 그게 기분 나쁘고, 그러면 여기에 와서 일하는 외국인은 차별의 눈빛을 받아야 하잖아요. 나는 왜 이렇게 생겨 가지고. 저 역시 그래요. 저희가 오픈 안하는 이유는 크게 보면 두 가지 입니다. 하나는 기존의 오신 분들이 엄청 잘해서 북한사람들에 대한 인식을 좋게 하였고, 북한사람들이 열심히 살더라는 이미지이면, 북한에서 왔어요 하고 오픈하겠어요. 그러나 북한이 못 산다는 이미지도 있지만, 여기에 와서 도움을 받고, 저소득층이라 챙겨줘야 하고, 보통 좋은 영향은 안 미치고 나쁜 영향만 끼치니, 북한에서 온 것을 감추고 싶어 해요.

해인 : 진짜 여기를 따라가야 하기 때문에 내가 북한에서 왔다는 것을 오픈 안했어요. 오픈 안했을 때 장점은 애들하고 친해지면서 북한 이야기를 자연스럽게 할 수 있지만, 오픈하게 되면 애들이 거리감을 가지게 되어 함께 어울릴 수 있는 기회를 놓치게 되는 경우도 있어요. 상황에 따라서 이야기를 해요. 오픈 했을 때 한사람의 친구가 없을지라도 오픈 할 것이라는 마음을 가지고 살았어요. 한국 사람의 시선은 편견이 있는 것 같아요. 똑같은 잘못을 하여도 북한에서 왔기 때문에 그렇다는 등 그런 게 있는 것 같아요. 그냥 사람 대 사람이지만 서로 공감대가 좀 없는 것 같아요. 문화적 차이를 좁혀 문화적 공감대를 형성해야할 필요성을 느껴요.

사람에 따라 다른 것 같아요. 나 북에서 왔는데 어쩌라고 존중해줘 하면서 밀고 나가요. 북한친구들이 소통을 닫는 경우도 있어요. 오픈하면 너무 편해요. 안 통하면 안 통하는 대로 통하면 친해지고. 제가 애들이랑 7년 차이가 나요. 애들이랑 이야기하면 우리 엄마 같다는 말을 많이 들어요, 생각이 깊고 좀 성숙란 애들은 저하고 통해요. 사람에 따라 오픈하고 그렇게 하면 될 것 같아요.

4) 자존심 문제

해인 : 저보고도 자존심이 세다고 하는데 저는 그것을 모르겠어요. 저는 센 것 같지 않은데. 여기서 고등학교 공부를 할 때 애들은 말하는 자체가 둘러서 이야기하는데, 우리는 바로 직설적으로 이야기해요. 듣기 싫은 말을 하면 단번에 표정이 바뀌고 표정관리가 안 돼요. 학교에서 팀플을 하는데 파트를 나누고 각자 과제준비를 했어요. 모여서 회의하면서 자기가 준비한 것을 이야기 하는 과정에 다른 친구가 제가 준비한 것과 겹쳐서 저는 간단히 말했어요. 그래서 팀플회의가 빨리 끝내야 좋겠다고 생각했어요. 팀플 끝나고 개인적으로 톡이 온 거예요. 제대로 준비 안 해오면 팀에서 아웃시키겠다고 연락이 왔어요. 제가 북한 출신이란 것은 다 알아요. 이 친구 말을 하는 것 보면, 너는 북한에서 왔기 때문에 못 할 거야 이런 생각이 깔려 있는 것 같았어요.

정인 : 한국 사람들은 내색을 안 하고 숨기려고 하는데, 북한사람들은 그때그때 표출을 하고 살아온 문화의 차이라고 봅니다. 표출하면서 쭉 살아왔으니까.

재성 : 어려운 환경일수록 바로바로 즉흥적으로 적응하고 직설적으로 표현할 수밖에 없고, 경제적으로 환경이 좋으면 참고 인내하는 그런 면이 발달된다고 봅니다. 마시멜로시험에서 보듯이 경제적으로 여유 있는 친구는 기다리고 인내하는데, 어려운 친구는 바로바로 행동하는 것을 볼 수 있어. 북한사람은 잘 해도 잘 했다고는 안 해요.

소연 : 자존심 센 것은 개인차이라고 생각해요. 한국 사람들도 자존심이 센 사람도 많잖아요. 한국 사람들은 표출을 안 하고 북한사람들은 표출을 할뿐이지 자존심은 다 있는 것 같아요. 한반도 특징이 모든 사람은 자존심이 세다고 봐요. 한국 사람들도 대화를 해보면 자존심이 엄청 세어요. 저는

알바하면서 한 번도 북에서 왔다고 이야기한 적이 없어 차별을 느낀 적은 없었어요. 오히려 대안학교를 다니면서 차별을 느꼈는데, 지금 와서 생각하면 왜 잘 넘어가지 못했을까 하는 생각을 해요, 차별을 받아 기분이 나쁘다고는 생각하지 않아요. 그 사람들의 선입감이 그냥 북한 사람들은 못 산다는 생각에서 나오는 것 같아요. 얼마 전에 엄마한테서 어릴 때 사진을 받았는데, 보니까 앞머리도 하고 옷도 잘 입고해서 촌스럽지 않더라구요. 북한사람들은 못 산다는 마음의 기준이 있으니까 차별적인 말과 행동이 나오는 것 같아요. 그렇게 생각하는 것이 기분이 나쁘지만 왜 내가 넘어가지 못 했을까 하고 후회해요. 사람들은 나이가 들면서 철이 나서 다음에는 이런 일이 생기면 지혜롭게 넘어가야지 하고 생각합니다. 한국 사람들이 북한을 불쌍하다고만 생각하면 차별적인 생각과 행동이 없어지기 쉽지 않을 것 같아요. 한국 사람들이 현실적으로 북한을 이해하기 전까지는 저희가 스스로 상처를 안 받는 것이 중요 할 것 같아요. 환경적 차이 있는 것 같아요. 뭐 부산사람과 서울 사람이 다르듯이 지역차이도 있는 것 같고요. 북한은 직설적으로 표현하고 남한은 에둘러서 표현하는 차이인 것 같아요.

시은 : 그 샘은 학교에서 후원도 많이 하고 실력도 좋았는데, 수업 중에 이야기 하다가 "너희들 소고기 못 먹어봤제?" 무심코 이야기 했는데, 소연이 민감하게 받아들이고 수업을 나가는 바람에 그 샘은 그 다음날 학교를 그만두었어요. 저는 자존심이 센 것 같지는 않지만, 다른 사람들이 볼 때는 세다고 해요.

5) 차별의식의 내재화

해인 : 한국 사람들의 북한에 대한 인식이 바뀌어야 될 것 같아요. 북한도 스마트 폰도 있고, 전화도 있고, 한국 드라마도 보고, 독일영화, 미국영화도 보고, 북한사람들의 생각은 이미 자본주의화 되어있어 내가 벌어서 내가

씁니다. 그럼에도 불구하고 북한에 대한 인식이 잘못 되어 있어요. 영화에서도 북한이 사용하지 않는 말을 사용하고 있고, 예컨대 '내래', '아바이' 이런 말들은 북한에서도 사용하지 않아요. 북한에 대한 남한사람들의 인식이 고정되어 있어요. 음식도 양보다 질을 중요시 하고, 쌀도 중국산을 먹지 않아요. 너무 북한을 20년이나 30년 전으로 보는 것은 좀 잘못된 것 같아요.

소연 : 항상 조심스럽고 남의 눈치를 보고 살았어요. 이제는 남의 눈치를 보고 살고 싶지 않아요. 이제는 남의 눈치를 볼 때가 아니잖아요. 남의 시선을 의식하지 않는 북한사람은 한명도 없는 것 같습니다. 그래서 성형을 하는 것이고 위축이 안 되기 위해서 말을 안 하는 것입니다. 나이를 의식 안 합니다. 20살이라고 생각하고 애들한테 소연 소연라고 했어요. 나이와 고향을 얘기 안 해요. 내가 북한사람이고 나이가 많다고 말을 하는 순간 그 친구들이 다르다고 느끼기 때문에 말을 잘 안 해요. 말을 하면 애들이 불편해 해요. 차이를 인정하고 수용하면 좋겠지만 안 그렇잖아요. 북한사람은 빨갱이다, 북한사람은 좌빨이다 하는 것을 보면 가슴이 아프지만, 내가 그 사람들을 동화시킬 수 없으니까 내가 알아서 내가 살 수 밖에 없습니다. 자기 상황에 맞추어 편한대로 생활할 수밖에 없어요.

재성 : 이 사람과 진짜 친하고 싶은데 그것 때문에 안되요. 여기 살면 남의 시선을 의식하지 않을 수 없어요. 만약에 이야기를 해서 잘못되면 '북한사람이기 때문에 잘못 되었다.' 라는 이야기를 들어요. 오픈을 안 하는 이유 중 하나가 뭔가 잘못을 하였을 때 그냥 그 사람 자체로 봐줘야 되는데 북한에서 와서 그렇다고 하니까 잘 오픈 안하는 것 같아요. 이야기 안하면 너무 편하니까 오픈을 안 해요. 당당하지 못해서 이야기 안하는 것이 아니고 이야기할 필요성이 없으니 조용히 살아가는 것입니다. 저도 고등학교에 가서 이야기 하려고 했는데, 그 때 종소리가 나서 타임을 놓쳤어요. 그래서 이야기 안하고 그냥 지냈어요.

시은 : 국경을 넘어 중국에서 담대하게 살았지만, 지금은 마음이 작아지고 어려워요. 죽을 고비를 넘기고 여기에 와서 살아가는데, 실질적으로 남의 눈치보고 위축당하고 두려워요.

아진 : 너무 낮게 보아요. 북한에서 왔다면 저희를 너무 불쌍한 눈빛으로 보고요. 그게 아니면 오픈하고 살 수 있어요. 그저 다른 지역에서 왔구나 정도로 알아주면 좋겠어요. 제 스타일대로 살아가지만 그렇지 않은 것을 그렇게 보면, 본인은 당당하게 살아라 하지만, 본인이 그렇게 느껴보지 안하니까 그렇게 말 하는 것입니다. 그게 그렇게 뜻대로 안 되는 것은 제가 그렇게 보이기 싫기 때문입니다. 저는 스스로 남의 시선을 많이 의식하는 편입니다. 북한사람들은 보통 좋은 영향은 안 미치고 나쁜 영향만 끼치니, 북한에서 온 사람한테서 상처도 받고, 그러한 이미지를 통합하여 비치고, 일단 먼저 불쌍한 눈빛으로 보고, 그것이 아니면 저도 오픈하고 싶어요. 이번한 상영한 '사랑의 불시착'을 안 믿는 것처럼 북한을 너무 낮게 보아요. 북한에서 왔다면 저희를 너무 불쌍한 눈빛으로 보고요. 그게 아니면 오픈하고 살 수 있어요. 왜 이런 고민을 해야 되는지 모르겠어요. 오픈할 것인가 말 것인가? 를 고민하는 것 자체가 차별인 것 같아요. 상황에 따라 행동하고 선택해야 된다고 봐요.

6) 구술 치유

재성 : 저는 이 프로젝트를 통해서 저의 삶을 되돌아 볼 수 있어서 좋았던 것 같아요. 정체성에 대해 생각해보는 시간이여서 좋았던 것 같아요. 내 스스로 정체성에 대해 결론을 내릴 수 있었어요. 정체성을 생각하지 않았는데 어느 정도 필요하다는 생각을 갖게 되었어요. 내가 어려웠던 시간을 기억하지 않고 지우려고 하고, 도전 정신을 잃고 야성을 잃고 있었는데, 그런 점에서 자신을 되돌아 볼 수 있어서 좋았어요.

시은 : 일반적으로 북한이야기를 잘 안 하잖아요. 이번 기회에 북한에서의 저의 삶을 다시 돌아 볼 수 있어서 좋았어요.

정인 : 저는 대학교에서 제가 북한에서 왔다는 것을 편하게 이야기 하지 못하고, 내 자신이 북한에서 왔다는 것을 숨겨야 되고 불편한 점이 많았는데, 여기에서는 서로 다 알고 편하게 말할 수 있어서 속이 뻥 뚫리는 느낌이 들었어요. 편하게 소통하고 서로에 대해 더 알아 갈수 있어서 좋았어요.

아진 : 첫 번째로는 누구한테도 하지 못했던, 나조차도 잊고 있던 이야기까지 끌어낼 수 있어서 좋았고요. 두 번째는 내가 살아온 삶이 마냥 힘들기만 한 줄 알았는데 뭔가 도움이 되고 어떤 자료로 사용될 수 있다는 게 제가 필요성이 있는 사람이라는 것을 느낄 수 있어서 좋았어요. 마지막으로는 저만 힘든 게 아니라 나보다 더 힘든 사람들도 있구나 하는 생각을 하게 되었고, 다름을 인정하는 시간이여서 좋았던 것 같아요.

소연 : 저도 좋았어요. 저도 나가서 누구에게 이런 말을 할 수가 없었는데, 저의 이야기를 숨김없이 편하게 이야기 할 수 있어서 좋았어요. 힐링도 되고 좋았어요.

해인 : 저는 너무 좋았어요. 교회 나와서도 여기 있는 친구들과 얘기도 제대로 못하고 헤어지는데, 이런 시간을 통해서 얘기 나눌 수 있어서 좋았고 만나게 되어 더 좋았어요. 제가 북에서 온 것을 오픈해서 좀 더 열심히 했던 것 같아요. 북에서 태어난 것이 중요한 것이 아니고, 그냥 고향일 뿐이고, 한국 사람들도 각기 다르듯이 북한에서 태어난 것이 중요한 것이 아니라는 것을 확실히 인식하게 되었어요.

제3장 개인별 탈북생애사(2020. 2. 9 - 2020. 3. 30)

1) S 탈북청년의 탈북생애사

2007년도까지는 학교에 잘 다니고 평온하게 살았다. 아침에 학교에 갈 때 용돈 받고 남한 학생처럼 살았다. 평양에 견학을 갔다가 집에 오니까 엄마가 집에 없어서 깜짝 놀랐다. 아빠와 싸워서 엄마가 집에서 쫓겨난 것이다. 엄마가 없어서 그때부터 제가 밥하고 빨래하고 살았고, 엄마는 집에 가끔 와서 아빠와 싸우곤 했다. 전에 아빠가 러시아에 가 있는 동안에 엄마가 다른 남자와 무슨 일이 있어서 아빠와 대판 싸웠다고 한다. 그 일도 잘 지나갔고 그 뒤로 엄마와 아빠는 몇 년간 잘 살았다. 싸우는 이유는 돈 때문이었다. 엄마가 장사하다가 돈을 사기 당해서 돈 때문에 매일 매일 싸웠다. 결국 가정불화로 엄마는 쫓겨나고 아빠와 헤어지게 되었고, 남동생과 아빠와 제가 같이 살게 되었다. 북한에서는 가부장적인 것이 강하여 남자들이 여자를 많이 때리고 그런 경우가 너무 많고, 그렇게 해서 엄마는 쫓겨 난거나 마찬가지였다.

제가 살림을 살고 동생 학부모 모임에 참석하고 동생에게는 엄마 역할을 하였다. 그렇게 살다가 집안이 어려워 집을 팔아서 작은 아파트로 이사를 했다. 제가 어렸을 때는 대홍단에 계시는 외할머니 집에 4살 때까지 살기도 하고 자주 갔었다. 대홍단은 시골이지만 잘 사는 시골이었다. 집을 팔고 난후 외할머니 집에 가고 했는데, 어느 날 할머니가 집에 오지 말라고 하였다. 엄마와 이혼 했으니 그 자식은 보기도 싫고, 이제 늙어서 힘 든다고. 그때가 14살 사춘기였는데 할머니가 가라는 말이 제일 슬펐다. 집에 오니까 내가 없는 동안에 집을 팔고 아파트 2층에서 4층으로 이사를 갔고, 집에 웬 여자가 살고 있었다. 동생과 나이가 동갑인 아들이 와 있었다. 동생과 그 아들이 자주 싸우고 했지만 아이들이라 보고 넘겼지만, 어느 날 그 여자가 동생을 욕하는 것을 보고 그 여자와 싸웠다. 그 장면을 보고 아빠는 아니다 싶어, 그 여자를 쫓아 내었다. 그 여자는 집을 팔고 우리 집에 들어 왔는데, 쫓겨내서 집이 없어서 아빠가 집을 사주어서 우리 집은 더욱 힘들게 되었다.

그 때가 2009년도인데 화폐교환을 한 해였다. 한 가정에 공평하게 10만원씩 주었고, 한 사람 당 5만원을 500원으로 바꾸어 주었다(교환비율 100:1). 이 시기에 시골에는 5만원도 없는 사람이 많아서, 현금을 많이 가진 사람은 배낭에 돈을 넣어가지고 시골에 가서 5만원씩 나누어 주고 교환해오면 50원씩을 주었다. 돈을 모두 바꾸지 못한 부자들은 보천보 기념탑 있는 김일성 동상 앞에서 돈을 뿌리거나 태우고 했다. 우리도 화폐개혁 전날에 집을 팔아서 가지고 있는 모든 돈이 물이 되었다. 다행이도 그때 아빠는 금 장사를 해서 중국 돈을 조금 가지고 있어서 크게 망하지는 않았으나 집안은 점점 어려워졌다. 아빠가 장사하는 것도 힘들어지고 화폐개혁으로 인해 전국이 장난이 아니었다. 처음에는 쌀 1kg에 10원이었는데 3-4일 지나고 보면 10원이 100원되고 100원이 1000원 되고, 돈 가치도 중국 돈 1원이 100원이 되고 1000원이 되고 10배씩 뛰어 오르니까, 사람이 만원을 가지고 쌀 20kg을 살 수 있었는데, 다음날에는 쌀을 살수가 없었다. 점점 화폐가치가 떨어져 사람들이 멘붕이 오고 그때부터 중국 돈을 쓰기 시작했고 북한 돈은 사용하지 않았고, 집안생활은 점점 어려워졌다.

엄마는 아니지만 새 아줌마가 있을 때는 가정 일을 그 여자가 하니까 그렇게 힘들지는 않았으나 아줌마가 나가고, 가정 일을 모두 내가 해야 하니 무척 힘들었다. 아빠가 하는 말이 너희들만 없으면 나는 괜찮고 다른 여자하고 살 수 있는데, 너희 때문에 그렇게 하지 못 한다고 했다. 아빠 말도 이해는 되었다. 때로는 아동폭력을 당하기도 하고, 저 보다는 남동생이 많이 당했다. 생활이 점점 힘들어서 살림을 살아야 하기 때문에 학교를 자퇴하고 장사를 하기 시작했다. 처음 시작한 장사가 계란 장사였다. 친구 엄마가 앞쪽에서 계란을 가져오면, 그것을 혜산에서 팔았지만 돈이 되지 않았다. 그래서 돈댓고(소규모 환전상)를 시작했다. 밑천이 없어서 얼마 벌지를 못하고, 그 일을 하면서 스트레스를 너무 많이 받아서 어린나이에 흰머리가 나기 시작했다. 정말 슬펐다(눈물). 아빠는 장사를 하지 말라 하지만, 아빠가 벌어서 주는 돈으로 생활을 할 수 없어서 장사를 하지 않을 수 없었다. 장사를 하지 않으면 밑천을 까먹기 때문이다. 10대에 집안 돈도 관리하고 살림을 내가 살았다. 내가 나올 때 돈을 집에 다 놓고 나왔으며, 아빠는 자주 친구들과 도박을 했다.

어느 날 엄마가 단련대에서 알게 된 사람의 딸을 통해서 엄마의 편지를 보냈는데, 단련대(구치소)에 잡혀 있으니 밥을 넣어달라고 했다. 그동안 엄마와 연락을 안 해서 단련대에 잡혀있는 줄 몰랐다. 단련대(안전부 소속)에서는 밥을 강냉이로 30개씩 세어서 주기 때문에 그것으로 살수가 없었다. 그래서 밥을 가져다주고, 겨울에 추우니까 땔감도 갖다

주고 했다. 그 여자애와 한 번 두 번 만나다보니 친해져서, 그 여자애의 집에 가보게 되었다. 방이 아주 작아(약 2평정도) 불을 피우면 방에 온통 연기가 가득 찰 정도를 작았다. 엄마가 밀수하다가 잡혀갔다고 한다. 그 여자애 동생이 있는데 너무 불쌍해 보였다. 그렇게 사는 것이 상상이 안 될 정도로 가난했다. 나도 힘들지만 그 여자애에 비하면 잘 사는 쪽이었다. 그래서 도와주기도 했다. 그 여자애가 중국에 갈 것이라고 이야기해서, 내도 힘드니 같이 가자고, 갈 때는 알려 달라고 했다. 그 애는 위연동 살았는데 위연에 사는 사람은 중국을 많이 가니까 중국사정 을 내가 사는 곳 보다는 잘 알고 있었다. 저희가 사는 지역은 좀 잘 사는 동네이기 때문에 중국에 가는 사람이 많지 않았다. 혜산에서 왔다 고 하면 대부분 위연동에서 온 사람들이 많다. 얘가 중국에 간다고 해서 내 전화번호를 주었는데, 어느 날 어떤 여자한테서 전화가 왔다. 중국에 갈려면 어디로 오라고 해서 거기 갔더니, 나 혼자라서 5명이상 모여야 되니 기다리라고 하면서 그 여자가 임시로 집을 정해 주었다. 왜냐하면 1명을 보내서는 가격이 맞지 않으니 여러 명을 모아야 하기 때문이었다. 또 한곳에 오래 있으면 발각될 위험이 커서 브로커가 정해주는 집으로 여기저기 옮겨 다니면서 한 달 정도 갇혀 있었다. 그러는 동안 잠깐 나와서 집 동네에 가다가 친구를 만났는데 아빠가 찾아 왔다고 했지만, 무서워서 집에 가지 못하고, 그러다가 5명이 모여져서 중국으로 건너가 게 되었다.

　그 때는 겨울이라 엄청 추웠다. 두려워서 강물이 차가운 지도 모르고 건너갔다. 혜산에서 맞은편 중국 땅까지는 강폭이 교실 정도의 폭이라

약 10m-20m 정도 되어 강을 건너는 데는 어려움이 없었다. 압록강 상류라 물이 있는 쪽은 약 10m 정도이다. 11월 달이었지만 강은 얼지는 않았고 물이 엄청 차가웠다. 강이 깊은 곳은 머리까지 물이 찼다. 강을 건너 때 맨 앞장서는 것이 가장 안전하며 맨 뒤쪽이 위험하다고 한다. 혜산에서 강을 건너면 중국 장백현 마을이다. 국경 경비대를 사전에 브로커들이 매수했기 때문에 경비대에 붙들릴 염려는 없었다. 나 같은 경우는 팔려간 것이다. 5명이 장백현에 도착하자, 다른 브로커들이 대기하고 있었다. 요녕성에 있는 다른 브로커에게 넘겨지고, 그 브로커은 다른 브로커에게 각자 한명씩 넘겼고 그 브로커는 남자를 찾아 떠난다. 두 번째 브로커 집에 갔는데 거기는 시골이고 집이 무너지는 질 정도였다. 화장실에 갔는데 땅을 파놓고 판자도 없이 대소변을 볼 정도였다. 깜짝 놀라서 북한에 돌아가고 싶었다. 먹는 것은 잘 먹는데 북한보다 더 못 사는 것 같았다. 정말로 때놈들이라 생각했다. 정말 더러워서 북한에 가고 싶었다. 거기서 한 달 동안 있었다. 두 번째 브로커도 북한 사람이었는데 저한테 옷을 사주는 것이 아니라 심지어 팬티마저도 자기 입던 것을 주어서 너무 충격적이었다. 그래도 처음 브로커는 옷이 젖었다고 속내의는 사 주었다. 그때 나이가 16살이었는데 브로커가 20살이라고 말하라고 했다. 그 때부터 내 나이가 몇 살인지 헷갈렸다. 나이가 너무 어리면 데려가지 않는다고 했다. 남자가 들어와서 괜찮다고 하면 데려가는 것이었다. 중국 돈으로 4만원(한화 약 8백만원)을 주고 나를 데리고 갔다. 남자는 26살이라 하는데 아무리 보아도 얼굴에 주름이 많아서 26살로는 보이지 않았다. 그래서 26살 맞느냐고 물어드니 대답을 하지 않았다. 쌍둥이라고 해서 너 형이 몇 살이냐고 물어보니 30살이라고 대답했다. 그러면 너도 30살 아니냐고? 울면서 내가 16살이고 너하고 나이 차이가 몇 살이냐고.

요녕성 처양에 있는 그 집에 10일 정도 있다가 도망쳤지만, 갈 곳이 없어서 다시 브로커 집으로 갔다. 그 당시 처양에는 탈북자가 많아 북한 사람이라는 것이 표시가 난다. 그 집에서 못 살겠다고 했지만 브로커가 나를 다시 그 집에 데려다 주었다. 어쩔 수 없어 거기서 살았다. 그 집에 7-8개월 살면서 5번을 도망쳤다. 도망가서 밖에서 2달 정도 살다가 갈 곳이 없어서 다시 그 집에 들어갔다. 다행한 것은 내가 중국말을 빨리 배워서 핸드폰을 구입하여 인터넷을 사용할 수 있었다. 그 사람한테 민증을 사달라고 해도 사 주지 않아서 심양으로 도망쳤다. 심양에 일자리가 있어서 1년 반 정도 사는 동안 말도 익숙하게 배우고 민증을 구입했다. 2년 정도 되니 말도 잘 하게 되고 그때부터 북한 사람이라 말하지 않았고 좀 편하게 살았다. 남의 민증으로 은행거래도 하였다. 그런 면에서는 내가 담대한 것 같았다. 공장에 일하면서 중국아이들을 무시하고 싸우기도 하였다. 신고하면 내가 걸리는데도 불구하고 무슨 배짱으로 그렇게 했는지 모르겠다. 심양에서 일하다가 북경으로 와서 보딩 시에서 일하였다. 쇼파 공장에서도 일하였고, 신발 공장에서 1년 반 동안 일하면서 재미있게 살았다. 신발 공장에서 일하는 중국 애들은 16살 정도로 중학교 졸업하고 일하러 오는 경우가 많았다. 공장인데 돈을 받고 일하는 학교 같은 느낌이었다. 공장에는 어린애들이 너무 많았다.(중국에서는 18살이면 결혼한다) 저는 돈을 버니까 정기적으로 아빠한테도 보내고 한국에 들어올 때는 중국 돈 2만원이 있었다.

신발 공장에서 일하다가 몇 개월 놀았다 번 돈을 쓰면서. 베이징에서 다시 일하다가 한국에 가고 싶다는 생각이 들었다. 일을 하다 보니 돈이 조금씩 모아졌다. 중국 공장의 급여제도는 특이한 것이 연말에 한꺼번에 급여를 지급하는 제도였다. 매월 생활비로 500-600원씩은 주지만, 그래서 연말이면 15,000-20,000원을 받는데 이것은 그 당시에는 큰 돈이었다. 한 달에 5000-6000원을 받는 것입니다. 그 당시 북경에 작은 아파트는 50만 위안이었다. 차도 사고 싶고 집도 사고 싶었는데 신분증이 내 것이 아니어서 그렇게 할 수가 없었다. 북한에서 엄마도 쫓겨나고 새로운 아줌마도 쫓겨나는 것을 보았기 때문에 남을 의지하지 않고 내 것을 가지고 싶었다. 신분증을 확보하는 방법은 한국에 가면 모든 것이 해결된다는 것을 알게 되었다. 왜 일찍 한국에 가지 않았나 하는 후회감이 들었다.

2016년도에 입국했으니 중국에 16세 와서 거의 5년을 중국에서 살았다. 장용일이라는 한국에 사는 북한출신 브로커를 통해서 들어오게 되었다. 사람은 보지 못했고 돈을 보내주면 정해준 장소에 가서 브로커가 보내준 사람을 따라 연결한 버스를 타고 국경을 넘겨 된다. 버스를 타고 가는 과정에서 이상한 일이 있을 뻔 했다. 버스기사들이 니네들 여기에 있으면 공안한테 붙들려가니 자기와 함께 자자는 등, 너는 나하고 자고 너는 저사람 하고 자는 등 성적유린을 당하기도 한다. 거기서 나는 신분증이 있고 같이 간 그 애도 신분증이 있어 위험하지는 않았다. 둘이서 몰래 나와서 4시간 정도 산책하다가 버스로 돌아가니 다들 자고 있었다.

버스는 2층으로 3-4일 장거리를 가기 때문에 버스 안에서 자기도 한다. 버스가 곤명에 도착하면 다른 브로커가 나와서 라오스로 안내하고 태국으로 들어간다. 한국브로커 장용일은 원격 조정하여 브로커들을 연결함으로 얼굴을 본적이 없다. 처음에 2백만 원을 주고 한국에 가면 100만원을 주는 것으로 하였다. 3백만 원 주는 것이 억울하여 100만원을 주지 않았다. 그러자 장용일이 민사소송을 내어서 법원에서 처음 얼굴을 보게 되었다. 법정이자까지 포함하여 130만원을 주었다. 태국에 도착하면 각자 경찰서를 찾아서 난민신청을 한다. 경찰서에서 일주일 정도 갇혀 있다가 태국난민수용소로 이송되어 각자 원하는 국가를 신청한다. 수용소 내에는 원하는 국가별로 방이 구분되어 있다. 한국으로 가는 사람은 북한사람 수용하는 방이 따로 있고, 한국 대사관에서 일주일에 한번씩 도시락을 제공한다. 경찰서에 수감된 것 까지 포함하면 한국으로 오는데 한 달반 정도 소요되었다. 한국으로 출발하는 날이 가까워지면 개별적으로 여권을 만들어주고 일괄하여 인천공항으로 입국한다. 한국에 입국하는 것도 정식절차를 거치지 않고 들어온다. 수용소 생활은 그리 힘들지 않았다. 밥은 안남미 밥으로 맛이 없어서 대부분 사 먹는다. 매일 매일 물건을 파는 사람이 온다. 필요한 것을 살 수 있었고 외부에 주문하면 과일도, 닭백숙도 가져다준다. 태국에 도착한 사람들은 중국에서 오거나 부모님이 데리고 오기 때문에 대부분 돈이 있었다. 일주일 한번씩 밖에 나가서 물건을 살 수 있고 전화 통화도 가능했다. 한국에 도착하여 국정원에서 한 달간 조사받고 조사받는 기간은 수용소에 있는 것과 마찬가지였다. 단지 깨끗한 수용소, 음식이 풍부한 수용소이다.

이런 기억은 떠올리기 싫지 않았고, 특히 중국으로 건너 왔을 때의 첫 고통을 기억 속에서 지우고 싶었다. 그래서 탈북자 지원단체에 가면 탈북과정에 대해 쓰라는 것이 제일 짜증이 난다. 안 쓰고 싶은데 생활비 지원한다고 하니 안 쓸 수도 없었다.

저는 밤에 압록강을 넘었어요. 도강하는 것은 별로 어렵지 않았어요. 북한에서는 무엇을 하려고 해도 숨어서 몰래몰래 하는 것에 익숙해 있어서 그렇게 힘들다 그렇지는 않았어요. 장사를 하려고 해도, 인터넷상에서 보면 북한사람들은 다 범죄자라고 하잖아요. 그것은 북한정부의 입장에서 봤을 때는 그 말이 맞아요. 저희는 북한 법으로 따졌을 때 다 범죄를 하고 살고 있고, 장사도 범죄고 심지어 옷을 팔아도 범죄가 되요. 그렇게 안하면 살 수 없으니까. 북한에서는 모두가 범죄자이에요. 말 안하고 불 안 지르고, 누구한테 상처를 안주고, 사람을 안 죽여도 범죄자입니다. 그런 삶에 익숙하다보니, 엄마는 동, 철, 은 등을 밀수했고, 짐승, 꿩 이런 것도 팔았어요. 그러면 엄마가 나르는 일을 할 때, 아이들은 조사를 잘 안하기 때문에 저도 학생 가방에 넣어서 나르고 했어요. 그러면 저도 아동범죄이잖아요. 엄마는 밀수를 하다가 선이 끊겨서 그 중간 다리 역할을 했고, 아빠도 밀수를 했어요. 그렇게 몰래 몰래 하는 일에 익숙해졌어요. 넘어갈 때도 산에 올라가서 밤이 될 때까지 숨어 있었어요. 저희는 산에도 많이 가니까 딱히 무섭다는 생각은 안했어요. 11월이어서 강에 살 얼음이 얼어 있어도 추운 것을 못 느끼고 도강을 했어요. 어두워 진 다음에 브로커 두 명이랑 강을 건너서 중국 브로커 집을 갔어요. 브로커가 북한사람인데 그들은 중국신분증을 사서 중국에서 살고 있었어요. 그때 거기에서 충격적인 일이 있었는데, 저희들 대부분이 어리고 예쁜 편이어서 성적유린을 당합니다. 일행 중에 언니가 두 명이었는데 한 명을 데려갔어요. 나중에 들으니까 그 언니가 브로커와 잤다고 해요. 그러면서 하는 말이 한 명을 남기려고 하는데 저에 대해서 물어봐서 어려서 안 된다고 했대요. 그래서 다른 언니가 남게 되었습니다. 그것이 첫 번째 충격이었고 저희는 다른 브로커에 의해서 요녕성 쪽으로 이동했어요. 두 번째 충격은 두 번 째 브로커 집에 갔는데 화장실이 없어서 충격이었어요. 밖에 땅을 파 놓고 거기서 대소변을 봐요. 그 집에 한 달간 있었는데 이상한 냄새가 너무 났어요. 북한사람들은 아무리 못 살아도 깨끗하게 사는데, 거기는 더럽게 살아서 많이 충격이었어요.

팔려 갈 때가 제일 충격이었어요. 16살 어린 나이니까 잘 몰랐던 것 같아요. 지금 생각하면 충격이었습니다. 저는 그래도 괜찮지만 다른 사람들은 병신한테 팔러가기도 했어요. 내가 아는 어떤 이모는 살짝 모자라는 사람한테 팔려가기도 했어요. 그 이모는 거기서 살고 있고 남편이 자기보다 어려요. 나이가 많아서 오신 분들은 오히려 연하한테 시집가요. 저는 1주일 만에 도망갔는데 갈 곳이 없었어요. 그 사람은 한족인데 부모님이 없어서 도망가기가 쉬웠어요. 도망가도 갈 곳이 없었어요. 밥하고 집안일은 그 사람이 다하고 저는 아무것도 하지 않았어요. 음식이 안 맞고 거의 안 먹으니 한 달 만에 10kg 빠졌어요. 나중에 그 사람이 하는 말이 애를 낳아주고 애가 5살이 되면 그때 가고 싶은 곳에 가래요, 돈도 주겠다고. 개소리 한다 했어요. 그때부터 동네에 나가 다니면서 북한 사람들을 만나고, 동네에 북한 사람들이 엄청 많았어요. 내 또래 친구들도 많았고, 한두 살 많은 언니도 있었는데 다 도망갔어요. 시장에 가면 서로 알아보니까 말을 합니다. 한 친구는 유흥업소에서 일하다가 6개월 후 한국에 갔고, 2명의 친구는 애기가 있었는데 한국에 간다고 하면서 2개월 만에 사라졌어요. 어떻게 가냐고 하니까 그냥 비행기 타고 간다고 해서, 믿어지지 않아서 같이 가자는 말을 못했어요. 한국에 데려준다 하면서 다른 데 또 팔아넘긴다는 소문이 있어서 확실히 알고서 행동하려고 했습니다. 다행히 저는 7개월 함께 살면서 중국말을 빨리 배웠어요. 그 사람한테 민증을 사달라고 해도 사주지 않았어요. 인터넷을 배워서 바이두에서 검색해서 민증을 샀어요. 호구를 사면 10만원(한화 2000만) 정도 인데 민증은 5000원(90만)정도 해요. 저는 인터넷을 빨리 배웠어요. 얼마 전에 엄마에게 핸드폰을 사주었는데 사용하기 힘들어 했지만 남동생은 금방 사용했어요. 민증을 해결하고는 밖에서 일하기 시작했어요. 북경에 한국의 알바몬 같은 것이 있는데 그런데서 직장을 찾아서 일하고, 처음에 신발공장은 지인이 알려줘서 했고, 식당 알바 같은 경우에는 앞에 '알바 구합니다'라고 쓰여져 있는 경우가 있는데 그렇게 찾아서 하고 했어요. 저는 다행히 남들이 중국 사람으로 보아서 어렵지는 않았어요. 제일 힘들었던 것은 금방 가서 일 년 반의 기간이었어요. 맨 마지막에 있었던 곳이 베이징입니다. 처음에는 심양에 있다가 허베성 보딩시의 신발공장에 제일 오래 있었어요. 거기서 일하다가 베이징으로 갔어요. 신발공장에는 100명 이상의 사람들이 있어요.

베이징에서 곤명까지 2층 버스를 타고 가는데, 중간에 한번 바꾸어 타고 해서 3박 4일 걸렸어요. 곤명에 도착하니 이미 모여 있었고, 사람들이 저희 (저와 다른 분 1명) 둘을 기다리고 있어서 바로 출발 했어요. 라오스까지 산을 넘는데 5시간 정도 걸렸고, 라오스 브로커를 따라 밤에 넘어갔어요. 비가 오는데 불도 켜지 못하고 길도 없는 산을 넘었어요. 1시간 정도 걸린다고 하는 사람들도 많은데, 넘는 길마다 달라서 산을 건너서 라오스에 도착해서 하루 밤을 잤어요. 자고나서 차를 타고 메콩강 쪽으로 가서 아주 좁은 배에 7명이 타고 태국까지 갔어요. 태국에 도착하면 경찰서에 가고 그리고 방콕 수용소로 이송되었어요. 처음에 수용소에 도착 했을 때는 와 감옥이구나 하고 거의 기절할 뻔 했어요. 한국에 와서 남북대안학교 다니면서 열심히 했어요. 교회 다니는 친구들은 다 열심히 공부하고 그래요. 어떤 분들은 나와서 일하시는 분들도 있고, 안 좋은 쪽으로 나가는 분들도 있고, 외롭기 때문에 일찍 결혼하여 애를 낳는 경우도 있어요. 20대 초반에 애기 엄마를 보면 속상해요. 탈북과정에서 트라우마, 상처는 여전히 남아 있어요. 중국에 있을 때를 생각하면 억울하고 슬프고, 북한에 있을 때보다 지옥이었어요. 생각하고 싶지도 않아요. 중국에 있을 때는 1년 반 동안 정신적인 스트레스가 너무 심했습니다. 16살 꽃 다운 나이에 30살 아저씨를 만나서 힘들었어요. 한국사람 30살이면 주름 없고 깔끔한 사람이 많이 있어요. 그 사람은 나이가 많은 것은 아닌데 주름이 많고 나이 들어 보였어요. 잘해 주었지만 일단 제가 원해서 간 것이 아니니까 하루하루가 지옥이었어요.

작년에 남북 하나재단에서 진행하는 발표 경진대회가 있었어요. 남북한 학생들이 같이 모여서 사회통합에 관련된 주제를 정해야 하는데, 그때 언니 한분이 한국에 왔을 때 가장 필요 했던 것이 뭐냐고 물어보았어요. 그때 제가 했던 말이 있는데 '가족이 제일 필요하다'고 했는데, 지금도 똑 같아요. 다행히 요즘은 엄마와 연락이 되어 너무 좋아요. 그래도 가장 필요한 것은 가족이에요. 어제도 통화 했고 오늘도 통화했어요. 남들은 누군가에게는 베풀 때 돌려받고 싶다는 심리가 있는데, 가족은 그렇지 않으니까 가족이 제일 중요한 것 같아요. 한국에 와서 힘든 것은 인간관계였고, 이 문제 때문에 고민을 많이 했어요. 중국에 있을 때는 인간관계에 대해서 고민하지 않았고, 중국 사람들은 쿨해서 그런 생각을 안했었어요. 한국 사람들은 말로 괜찮다 해도 아닌 경우도 있고, 이런 저런 생각이 들어서 저희 쪽 친구들이 불편해 지기도 하고, 예컨대 저희 쪽 사람들은 말을 함부로 하는 것이 신경이 쓰였어요. 힘든 데 굳이 만나야 하나 하는 생각이 들었어요. 모임에 가지 말고 나 혼자 살까하는 생각도 하고 그러면 외롭지 않나하는 생각도 들었어요. 그렇다고 여기친구들이 편하지도 않고 제한적이고, 그런 것들이 많아서 힘들었던 것 같아요. 사실 돈이 중요한 것이 아니고 사람 사이의 관계가 제일 중요한 것 같아요. 다른 건 힘든 것은 없어요. 공부는 처음에는 학교를 갈 생각은 없었어요. 일을 했던 경험이 있으니까, 하나원에서 나왔을 때 알바몬에서 알바를 찾아서 3일 만에 알바를 했어요. 나 같은 경우는 없어요. 알바를 한 이유는 외롭고, 할 일이 없어서 돈이나 벌자하고 시작했어요. 알바를 시작하고 제가 고등학교 졸업을 못해서 대안학교에 가게 되었어요. 대안학교에서 공부를 제일 잘 했어요. 제가 북한에 있을 때 반에서 항상 5등 안에 들었어요. 대안학교에서 수학선생님이 수학을 어디서 배워냐고 물어서 북한에서 배웠다고 했어요. 수학은 똑같았어요. 학교를 편하게 다녔어요. 그런데 학교에서 저보다 공부를 못하는 친구들이 대학을 간다고 해서, 처음에는 자격지심 때문에 가려고 했던 것 같아요. 이왕 갈 것 같으면 좋은 대학, 가고 싶은 대학에 가자고 생각했어요. 그 때부터 무엇을 하고 싶은지 생각을 했어요. 고향에 있을 때도 의대나 교대를 가고 싶었는데, 아빠는 의대를 가라고 했고 저는 교대를 처음부터 가고 싶었어요. 북한에서도 의사는 굶어 죽지 않고 잘 살아요. 북한은 가난해도 의사는 잘 산다고 했어요. 의대와 교대를 두고 고민을 했어요. 의대는 공부를 많이 해야 하니까 무서워서 못 갔어요. 그러다가 수시 정시 개념을 몰라서 수시에 합격되어서 정시 교대는 지원할 수 없어서, 이화여대 중문과에 다니게 되었어요. 1년 동안 배운 것이 많은 것 같아요. 정말 많이 배웠어요. 예컨대, 소녀시대 게임을 하면 저는 그 노래를 모르니까, 집에 가서 노래를 배워요. 애들이랑 놀러가서 노래 들으면, 모르는 것이 나오면 집에 가서 그 노래를 찾아서 배워요

만약 통일이 된다면 평양에 가서 살고 싶어도, 집에 가서 살고 싶지는 않아요. 통일이 되면 북한을 위해서, 평양에 가서 초등학교 교사를 하고 싶어요. 여기서 졸업하고 10년 이상 살게 되면 북한 가서 살기는 어렵다고 생각해요. 가끔 한국에 온지 오래된 분을 만나면 그 분의 북한 사투리를 들으면 귀에 거슬려요.

2) ○ 탈북청년의 탈북생애사

저는 창피해서 넘어가던 것 같아요. 북한에 있을 때는 집이 너무 잘 살았습니다. 쭉 잘 살아왔고 아빠는 불법사업을 하고 있었어요. 엄마의 절친한 친구가 있었고, 친구의 딸도 저 하고 절친 이었어요. 아빠가 불법적인 사업을 하고 있었고, 엄마친구도 불법적인 일을 해서 엄마가 친구를 아빠에게 붙혀 주었습니다. 그러던 중 아빠가 엄마 친구와 혜산에 한 달 동안 일 때문에 갔다가 서로 눈이 맞아서 바람을 피우게 되었어요. 북한에서는 잘 산다면 소문이 나요. 동네에서 저희 집도 저도 모르는 사람이 없어요. 아빠가 혜산에 한 달 동안 있다가 사리원에 왔는데 물건을 엄청 많이 사왔습니다. 혜산에서 옷가지들을 많이 사오고 친구에게는 100 달러 되는 털이 달린 가죽옷을 사주었지만, 내 것은 아무것도 사오지 않았어요. 여기로 말하면 명품으로 그 친구는 그 옷을 제 아빠가 사 주었다고 친구들에게 자랑을 하면서 다니고, 친구들은 너희 아빠는 왜 혜산까지 가서 너 선물은 안 사오고 친구 선물만 사왔느냐고 묻고 그랬습니다. 사온 물건은 모두 그 여자 집으로 가져가고 우리 집에는 하나도 가져오지 않았어요. 그 여자는 과부로 느낌이 이상했습니다. 아빠는 일 핑계로 그 여자 집에 가서 살다시피 했습니다. 제가 북한에서 깽패 같은 아이들을 많이 알고 있어요. 주먹이 세면 짱 이듯이, 남한의 일진 같은 애들을 알고 있었어요. 우리 동네에 여자 깡패가 있었는데, 나도 그 여자깡패 5명에 속해 있었어요. 무언가 이상해서 밤 2시에 그 여자 집에 가서 문을 두드리니, 후레쉬가 왔다 갔다 하면서 옷을 입는 소리가 들렸어요. 문을 안 열어주어서 창문을 돌로 깨뜨렸고, 아빠가 엄청 화를 내고 나를 욕했어요. 평소에 나를 그렇게 사랑했는데 그 여자 때문에 처음으로 욕을 먹었습니다. 그 때부터 불화가 시작되고 아빠는 엄마와 헤어지자 하고 서로 갈등이 나기 시작했어요. 엄마는 너는 어떻게 하겠느냐고, 저 한테 물어보아서 저는 할머니하고 살겠다고 했어요. 제가 외동딸이라 저 때문에 이혼까지는 안가고 아빠가 그 여자에게 헤어지자 했습니다. 이에 알심을 품고 그 여자가 아빠의 불법을 신고하여 집에 있는 돈을 다 주고 잡혀가지는 않았어요. 아빠가 잡혀갈 수 있었는데 돈을 써서 잡혀가지는 안했습니다. 북한은 뇌물을 주면 일이 다 해결되어요. 그 결과 집은 망하고, 소문이 나서 한동안 어디로 피신해야 할 것만 같았어요. 북한에서는 돈 좀 있으면 소문이 나고, 집이 망해도 소문이 빠르게 퍼져요. "누구 아빠가 엄마 친구와 바람이 나서 집이 망했다고."

혜산에 아빠 신세진 사람도 많고, 돈을 꾸어 준 사람도 많았어요. 여자 때문에 집안이 망했다는 소문이 창피해서 아빠가 혜산에 가자고 했습니다. 돈이 거덜 났으니 아빠가 혜산에 돈도 받을 것도 있고 해서 여행 삼아 우리 모두 혜산에 가자는 제안을 했고, 엄마, 아빠, 나 그렇게 3명이 혜산으로 오게 되었습니다. 중국산 '뻘'(건어물 뭉치)를 사다가 앞쪽에 팔면 돈이 되기 때문에 혜산에 가서 돈을 받아서 그 물건을 사자고 하였어요. 혜산에 도착하니 앞쪽에 중국이 뻔히 보였어요. 아빠는 빌려준 돈을 회수하자 사기도 당하고, 생활이 좋으니까 집에 갈 생각은 안하고 혜산에 머물면서 주패 도박도 하여 그러다가 거덜이 났어요.

그래서 마지막으로 돈을 많이 빌려준 집으로 가서 돈을 받을 때까지 그 집에 놀러 살았습니다. 혜산에 왔지만 생각처럼 돈 받기도 어려웠고 그렇게 일 년이라는 시간을 혜산에서 보내던 끝에 집에 가야 할 시간이 되었어요. 이제 사리원에 가면, 집도 다 팔았고 소문도 안 좋아서 창피해서 가고 싶은 마음이 없었습니다. 엄마와 저는 먼저 사리원에 가고 아빠는 혜산에 남아서 돈을 받아 가겠다고 했어요. 집에 안 가겠다고 하니 아빠는 중국에는 가지 말라고 했어요. 아빠하고 싸우고 그 집에서 나와서 중국에 가려고 혜산 역에 서 있었어요. 어떤 여자가 와서 중국 가겠냐고 물어서 중국에 가겠다고 했어요. 마음속으로 다행이다. 하늘이 나를 도왔구나 하면서. 사실 저는 중국에 대해 아무것도 몰랐어요. 팔려간다는 것도, 중국가면 어떻게 되는지도. 내가 마음이 바뀔까봐 브로커가 자기네 집에 가자고 했어요. 그 여자 집에 있는데 아빠가 와서 가지 말라고 했어요. 그 다음날 떠나는 날인데, 아빠한테 안 가겠다고 거짓말을 하고, 떠나는 그 날 길에서 아빠를 보게 되었어. 아빠가 자꾸 뒤를 돌아다보는 느낌이었어요. 브로커는 쳐다보지 말라고 했어요. 보면 못 간다고, 그날이 아빠를 본 마지막 날이 되었습니다. 보천으로 가서 여러 명이 같이 강을 넘게 되었고, 넘어 갈 때는 화김에 갔지만 넘어오자 말자 후회했어요. 중국에서 아빠에게 전화했는데, 돌아오라고 했어요. 보위부 사람도 많이 알고 있으니 걱정하지 말라고 하면서. 지금 생각해도 그 창피 때문에 넘어 온 것 같아요.

엄마는 사리원으로 내려갔고, 전화를 했는데, 중국에 가지 말고 같이 살자고 했어요. 돈을 받을 것도 많이 있으니 살 수 있다고 했지만, 그

때는 할머니가 집을 판 상황이었습니다. 2013년 11월에 중국에 넘어가서 중국에 3년 있었어요. 저는 기억하기도 싫어요. 제가 기억을 상기시키면 너무 힘들어요. 북한에 있을 때 감옥이 뭔지도 몰랐고 주변에 있는 사람이 감옥에 가는 것도 보지 못했어요. 문제되면 돈으로 해결했으니까요. 아빠는 "기지장"으로 농토관리 책임자였어요. 땅콩 등을 심어서 평양에 보내고 했어요. 그것을 가지고는 돈을 벌지 못해요. 혜산에 와서 충격을 먹은 것은 대부분 나무를 때고 있어요. 사리원에서는 갈탄을 때고 못사는 사람만 나무를 때어요. 혜산에는 아파트도 나무를 때었어요. 혜산에서는 탄이 냄새난다고 나무를 때는 사람이 잘 사는 사람이라고 해요. 고난의 행군시기에 무산 등 함경도 사람은 굶어 죽는 사람이 많았지만, 사리원 등 황해도는 들이 넓어 농사를 짓기 때문에 굶은 사람은 별로 없었습니다. 고난의 행군시기에도 저희 집은 할머니가 돈이 많아 괜찮았어요. 지금 걱정인 것은 엄마가 편하게 살다보니 장사를 할 줄 몰라서 더 걱정이어요. 엄마가 공안에 잡혀있다고 연락이 와서 엄마를 구하기 위해 1400만원을 빌려서 보냈어요. 브로커 말을 믿고 보냈는데, 그 때에는 엄마가 석방되었는지 안 되었는지를 알 수가 없었습니다. 현재는 빚을 값고 400만원 남았어요. 남자친구가 500만원 빌려주고 제가 500만원 준비하고, 알바 사장님이 400만원 빌려주었습니다. 제가 사람은 잘 만났는 것 같아요. 사장님은 천천히 벌어서 값으라고 했습니다. 작년 8월에 엄마가 혜산 쪽으로 돈 받으러 오다가 공안에 잡혔어요. 엄마는 말 주변이 없어 곳이 곳대로 혜산에 딸이 보내주는 돈을 받으려 간다고 했어요. 딸도, 아빠도 행방불명이고 하니, 탈북을 하려고 혜산가는 것으로 보였어요. 지금은 엄마가 풀려서 사리원으로 간 것으로 확인 되었습니다. 지난 일 년간 엄마 때문에 무척 힘들었어요. 학교도 다녀야 했고, 알바도 해야 해서 무척 힘들고 몸도 안 좋아서 자주 아팠어요. 그래서 지금은 좀 쉬고 있습니다. 아직까지는 한국에서 나쁜 사람은 안 만났어요.

제가 탈북하기 전 2011년도 사리원에서는 살기가 힘들지는 않았어요. 제 별명이 "동네방네 ○○이"라고 불렀어요. 동네 여기저기 너무 잘 다녀서 사리원에서 일어나는 일은 대부분 잘 알고 있었어요. 탈북 당시 꽃 제비는 많아도, 못 먹어서 굶어죽는 사람은 없었습니다. 제가 올 때에는 사리원에 노트북, PC 등 전자도서관을 현대판으로 만들어서 전시도 하고, 거기서 게임을 하기도 했어요. 사리원에 오는 사람은 여기는 현대판이라고 놀라고 했어요. 김정일 때에는 엄두도 나지 않았는데, 김정은으로 바뀌면서 많은 것이 변했어요. 사리원에 전자도서관도 그때 만들어졌습니다.

아빠가 여자와 바람이 나서 집이 어려워져서 사탕을 포장하는 알바를 했어요. 10 kg을 포장해서 1300원을 벌어서 엄마에게 주었고, 엄마의 칭찬이 듣기 좋아서 아침부터 알바를 했어요. 제가 탈북할 때는 2013년 11월이었고 18살이었습니다. 혜산은 협잡꾼도 많고 사기꾼도 깔렸어요. 저희는 앞쪽 사람이라서 아빠가 돈을 받으면 협박를 당하고 했습니다. 사리원에서는 남조선 소식도, 중국 소식도 알 수 없었고, TV에서 남조선 드라마, 중국 드라마는 거의 볼 수가 없었습니다. 혜산에서는 남조선 이야기, 중국 드라마를 TV에서 볼 수 있었어요. 앞쪽에서는 남조선이 못 산다고 들었는데 혜산에서는 한국이 잘 산다고 했어요. 혜산에서는 소매치기가 너무 많아서 먹는 빵도 빼앗아가고, 꽃 제비가 너무너무 많았어요. 꽃 제비들은 압록강에서 벌거벗고 목욕하고 옷을 벗어서 이를 잡고 있었어요. 사리원에선 볼 수 없는 풍경이고 앞쪽 중국에서 사진을 촬영하고 있어서 챙피했어요. 예전에는 잘 살았지만, 사리원에 가도 집도 없고 살 일이 막막했습니다. 망했다고 소문도 났고 얼굴 들고 살 수가 없었어요. 우리가 잘 살 때 친척들을 많이 도와주었지만 사리원 가는 차비를 보내달라고 해도 외면했어요. 저는 이무 것도 몰랐고, 중국 가면 잘 생긴 남자에게 시집가서 잘 산다고 해서 탈북하려고 했습니다. 중국에 도착하니 브로커들이 온통 팔아먹는 이야기만 하고 있었어요. 북한에서보다 정신적으로 더 힘들었습니다.

브로커를 만나려고 혜산 역에 4시간 정도 서 있었습니다. 말투, 옷 입은 모습을 보면 어느 지역에서 왔는지는 금방 알아볼 수 있었어요. 브로커가 접근하여 '갈래' 하기에 중국 간다고 하니까 마음 변할까 싶어 자기 집에 가자고 해서 브로커 집에서 이틀, 보천에서 이틀간 머물었어요. 브로커한테 아빠한테 1000원을 줄 수 있느냐 하니까, 너가 넘어가면 아빠에게 1000원을 준다고 했어요. 아빠에게도 말을 했어요. 내가 가면 1000원을 받으라고. 아빠가 사리원 갈려면 차비가 있어야 했기 때문이에요. 나중에 알았는데 브로커는 돈을 주지 않고 브로커가 가지고 살라졌어요. 보천에서 산에 있다가 밤이 되어서 압록강 쪽으로 무조건 뛰어라 해서 강에 뛰어 들었어요. 살 어름이 깔린 강에 뛰어들어도 추운 줄은 몰랐어요. 갑인이라는 친구하고 같이 넘어갔는데 .그 친구는 춥고,

무섭다고 야단이었습니다. 밤에 눈비가 오고 검푸른 강물이 출렁 걸려서 무서웠어요. 브로커가 나를 앞장 세워서 강을 건너가게 해서 나는 별로 무섭지 않았어요. 강을 건너니 온 몸이 얼었습니다.

강을 넘어가서 장백이라는 마을에 도착했고, 두 시간 동안 기다리니 "안경다리"라는 별명을 가진 북한출신 중간 브로커가 다른 북한출신 여자와 함께 차를 가지고 왔습니다. 차가 엄청 좋았어요. 새 옷을 주어서 차 뒤에서 속옷까지 다 갈아입고 차를 타는 동안 차멀미를 하고 토하고 해서 차에 누워 있었어요. 몇 시간 달려서 호텔 같은 방으로 데리고 갔고, 팔려갈 때까지 몇 일간 있어야 한다고 말했어요. 다음날 선 보러 간다고 해서 무슨 말인지 몰랐어요. 제가 철도 없고 연애 경험도 없고, 집에서 일도 안하게 해서 남자 사건 경험도 없었습니다. 브로커가 처음에는 식당에 일하면 돈 많이 번다고 했고, 팔려간다는 생각은 하지도 않았어요. 이야기 들어보니 나부터 돈 많은 남자한테 팔려고 하는 것 같았습니다. 다음날 나를 데리고 농촌에 갔고, 그 집에 도착하니 한족 신랑의 친척들과 가족이 모여 있었습니다. 신랑 되는 남자는 25살이라는데 뒷머리가 희고, 팔 한쪽을 쓰지 못하는 사람이었어요. 남자는 잘 생겼고 엄청 잘 사는 집 이었습니다. 그런데 내가 눈이 높아서 싫다고 하였고, 언니 브로커는 내가 나이가 어리다고 내 의견을 들어주었어요. 함께 온 다른 언니를 내 대신에 그 집에 데려갔고 그 언니는 그 집에 살게 되었습니다. 다음날 그 언니가 그 집에 못 살겠다고 울면서 전화 왔어요. 그래서 그 언니는 다른 집에 4만원에 팔려갔습니다.

브로커 언니의 애기를 돌보고 집안 청소하면서 한 달 동안 함께 살았습니다. 브로커 언니의 남편이 나를 바라보는 눈이 이상하고, 부모님에게 돈을 보내야하고, 어차피 팔려온 것을 생각하고 맞선을 보겠다고 했습니다. 어느 집에 갔는데, 집이 엄청 좋고 방안장식도 너무 잘해놓았어요. 남자는 키가 작았지만 괜찮게 생겼고, 그래서 이 집에서 살아야겠다고 결정했습니다. 남자 엄마가 제가 너무 어려 보이니까 애를 낳겠나 하고 이야기 했어요. 결혼식을 하고 그 집에서 3년을 살았습니다. 신랑 엄마와 함께 살았고, 신랑엄마는 내가 도망가지 못하도록 늘 따라다녔어요. 신랑은 28살인데 일하려 가면 몇 달씩 집에 오지 않았어요. 그 집에 살면서 제가 6만원에 팔려온 것을 알게 되었습니다. 애를 낳지 않으려 했는데 북한에 돈을 보내려면 애를 낳지 않을 수 없었어요. 애가 태어나서 자주 아파서 엄청 힘들었고, 신랑 누나들과 싸우고 해서 도망가려고 마음을 먹었습니다. 신랑이 일하러 가고 없는 동안에 애를 시 엄마한테 안기고 택시타고 도망쳤어요. 도망하여 조선족 아저씨한테 한국에 가고 싶다고 브로커를 소개시켜 달라고 했습니다. 탈북할 때 함께 나온 언니는 잡혀서 북송되었다는 이야기를 들었습니다. 시가집에서 나와 한국 가는 탈북자들이 모이는 대로 함께 출발하였어요. 중간 중간에 브로커들이 계속 바뀌고 버스타고 가는데 신분증 검사도 자주 있었어요. 그럴 때마다 자는 척했습니다. 다행히 문제가 없어서 곤명을 거쳐 라오스를 지나 태국에 도착했어요. 배 타고 길 없는 산을 밤에 7시간 걸었고, 태국에서 경찰 유치장에 6일 있었고, 재판받고 수용소에서 한 달간 있었습니다. 수용소에서 다툼도 있었고 생활이 힘들었어요.

한국에 2016년에 들어왔고, 아무것도 모르고 너무 힘들었습니다. 북한에서 배우지도 못했고 북한에서 배운 것은 한국에서 아무 소용이 없었어요. 북한에서는 대학을 나와도 돈이 없으면 쓸모가 없어요. 한국에 오는 브로커비는 280만원으로 주기로 계약했고, 하나원 나올 때 400만원 받아서 280만원을 주었습니다. 120만원으로 살수가 없어서 그래서 남자 친구를 사귀게 되었어요. 중국에서 어려울 때마다 도와준 언니가 한국에 먼저 들어와 있었고, 하나원 나와서 만나는 데 남자친구를 소개 시켜 주었습니다. 남자 친구도 탈북자이고 나보다 2-3개월 전에 먼저 한국에 왔어요. 거절하지 못해서 몇 개월간 사귀었고, 같은 남북사랑 대안학교에 다녔어요. 남북사랑학교 다니면서 알바를 시작했습니다. 모르니까 알바하면서 힘들었어요. 고기집 알바인데 처음에는 말을 알아듣지 못해서 사장님한테 욕을 먹었어요. 냅킨, 후레쉬 등 외래어는 전혀 이해를 못해서, 말 배우는 것이 무척 어려웠습니다. 북한 사람이라는 티를 안 내려고 애를 썼어요. 손님들이 고향이 어디냐고 물으면 강원도라 이야기 하면서 한국말을 배우려고 노력했지만, 때로는 북한에 왔다고 이야기 하는 것이 편하기도 했습니다. 단골손님은 열심히 산다고 칭찬하면서 팁을 주기도 했어요. 단골손님도 많고 진상을 부리는 손님이 없어서 편했습니다. 사장님에게도 인정받고 주방 이모님들도 잘해 주어서 열심히 하니 그만큼 보상이 주어진다는 것을 알게 되었습니다. 감사한 것은 아직까지 나쁜 사람을 만나지 않았다는 것입니다.

이제는 엄마를 데리고 오는 것이 숙제입니다. 지금은 돈이 없어서 엄마를 데리고 올 계획을 세우지 못해요. 요즘은 건강이 안 좋아서 알바를 쉬고 있습니다. 바타민을 사 먹으로고 해도 너무 비싸서 먹지 못하고 있어요. 전번에 친구가 먹는 비타민을 보니 7만원이었고, 몇 일전에 건강진찰을 받았는데 처방을 해주면서 약을 먹으라고 했어요. 앞으로 통일이 된다면 북한 가서 샵을 내고 사업은 하고 싶지만 북한에 살고 싶지는 않습니다. 북한에는 돈 많은 사람이 많아서 샵이 잘 될 것이라고 생각해요. 앞으로 기계가 일을 다 하면 직업이 거의 없어지지만 미용은 사람이 손으로 해야 하기 때문에 피부미용을 택했습니다. 그리고 피부미용을 해주고 나면 애들이 무척 좋아하는 것을 보면 내가 엄청 행복해서 내가 좋아하는 것을 선택했어요. 이번에 학교에 가면 메이커업, 헤어, 네일아트를 배운다고 해요, 이것은 내가 모두 하고 싶은 것들입니다.

3) G 탈북청년의 탈북생애사

함경북도와 평안남도의 생활이 다른 것 같아요. 평안남도 사람은 함경북도를 땅해도라 불러요. 땅해도란 별명은 일제시대에 함경도 사람과 평안도 사람을 죽일려고 끌고 가는데 함경도 사람이 자기 죽을 것을 모르고 빨리 가자는 일화를 두고 생긴 별명이라고 해요. 예전에는 함경도를 땅해도라 불렀지만 지금은 깽해도라 합니다. 15살 때 황해도 사리원, 강원도를 가보았습니다. 사리원은 김정일이 방문하여 민속촌처럼 깨끗한 거리가 되어 있었어요. 황해도, 강원도 지역과 함경도지역은 생활권이 다르다는 것을 느끼게 되었어요. 이 쪽은 평양에 가까운 지역이라 지역 내에서 식료품이 많이 생산되지만, 저희 함경도 쪽은 유통도 안 되고, 생산하는 것도 없는 산악지대로 농사도 잘 안되고, 우박도 터지고 자연재해가 많은 지역입니다. 황해도 지역은 날씨도 따뜻하고 평야지대가 많아 벼농사를 하지만 우리 쪽은 옥수수 농사를 합니다. 저희는 원래 강원도에 살았어요. 강원도는 여기서 보면 북쪽이지만 함경도에서 보면 남쪽입니다. 벼농사도 하고 강원도에서는 잘 살았어요.

　엄마가 함경북도 사람인데 몸이 안 좋아서 함경북도로 이사 와서부터 고생이 시작되었어요. 함경도에 와서 저희 동네를 보니 대부분이 못 살아요. 아이들은 거의 학교를 못 다녀요. 학교는 가지만 적을 걸어놓고 애들은 농사, 약초채취, 짐승 키우기, 술도 만들고, 두부도 만들고 별것 다 합니다. 장사도 하고 다들 그렇게 살면서 학교를 가지 못합니다. 제가 7살 때부터 밥도 하고 12살 때에는 어떻게 하면 잘 살지 하는 생각밖에 없었고, 그때부터 머리에 세치(흰머리)가 났어요. 농사를 짓는데 농사가 잘되지 않아요. 1200평 토지에 약 500kg의 수확밖에 거둘 수 없었어요. 게다가 토지를 관리하는 사람에게 잘 보이고 뇌물을 주어야 잘 돌아가는 시스템이었습니다. 대부분 공부 못하고 장사하는 애들이 수도록 합니다. 제가 아는 남자아이는 한글도 모르고, 그 아이의 엄마와 아빠는 매일 싸워요. 그 아빠는 매일 술만 먹고 여자를 때렸어요. 왜, 저 아줌마는 매일 맞으면서 사나? 내 같으면 혼자 살겠다고 생각했어요. 그 때 제 나이가 10살이었는데 그것을 보고 결혼하면 안 되겠다, 결혼은 죄악이라고 생각했어요. 그런 사회구조였어요. 저는 9-10살 때 부모님을 원망했어요. 공부를 무척 하고 싶었어요. 하루는 학교에 가고 하루는 농사일을 시키니 저는 억울하다는 생각이 들었고, 그런 삶이 유지되니 흰머리가 났어요. 동네 애들은 저만 그런 것이 아니라 다 들 그래요. 애들이 모이면 무엇해서 잘 살까, 무슨 장사를 할까하는 생각이

9살, 10살 12살 애들의 대화였어요.

15살 때 강원도 큰 아빠 집에 갔는데 엄청 잘 사고 있었어요. 8층짜리 아파트 50평집에 살고 있었고 수산물 회사의 부장으로 일하고 있었어요. 그 쪽은 엄청 잘 살고 우리 쪽은 못 살고 그 쪽은 달러를 사용하는데, 우리 쪽은 중국 돈을 사용하고 있고 스케일이 달랐어요. 식료품도 지역 내에서 생산하고 저희 쪽은 중국 것이 없으면 살 수 없는 그런 상황이었어요. 저는 공부를 하고 싶어도 경제적 뒷받침이 안 되었어요. 학교에서는 직접 돈을 내라고 하지 않지만, 토끼가죽, 호랑이 콩, 강낭콩 등 잡부금을 내라고 합니다. 그런 것을 잘 내고 돈이 많으면 학급장도 하고, 선생님에게 잘 보이면 성적도 좋게 나오고 뇌물이 그렇게 작동하니, 애들에게는 못사는 것이 창피하고 수치스러운 것이었어요. 나도 그렇게 사는 것이 억울했어요. 나도 인간이고 너도 인간이고 똑같이 태어났는데, 왜 이렇게 살아야 되지? 하면서도 어떻게 할 수 없어서 장사를 하기 시작했습니다. 청진에서는 식료품, 공업품을 사고, 평성에서는 옷을 사서 시골에 팔고, 시골에서 옥수수 등 농산물을 사서 청진에 가서 팔았어요. 함경북도에서 장사하는 학생들은 청진, 평성 등 자국 내 생산하는 식료품 및 공업품을 도매하여 시골에 판매합니다. 14살, 15살에 동생과 함께 장사하고 때로는 강도를 만나기도 하였어요. 그런 생활을 하면서 희망이 없었고, 잘 살려고 노력해도 잘 살아지지 않았습니다. 돈 있는 사람이 돈을 빌려주어도 이자가 많아서 아무리 장사를 해도 잘 살 수가 없었어요. 부모님도 이렇게 저렇게 생활을 하지만 엄마가 환자여서 생활이 좋아지지 않았어요. 어릴 때 한창 연애하고 놀아야 할 시기에 어떻게 하면 잘 살까, 어떻게 하면 이곳을 벗어날까, 이것은 인간답게 사는 것이 아니다 라고 생각했어요. 돈 있는 사람은 돈으로 권력을 휘두르고 있고, 장사하는 사람들은 매일 힘들게 살았어요. 그래도 저는 장사를 하면서 적게 먹어도 질적으로 먹자고 생각했습니다. 12살 때부터 새벽 5시에 밥을 하고 가정살림을 살았고, 15-16살에는 장사를 본격적으로 했습니다. 사리원에 꿀이 잘 팔린다 하여, 진짜 꿀을 가지고 팔러갔는데 사람들이 믿지 않아서 속상하기도 했어요. 그러면서도 저는 항상 배우고 싶은 욕망이 있었습니다.

저희 쪽은 중국 도문이 가까워서 불빛이 반짝반짝 보이고 음력설에는 불꽃 축제도 보이는데 저희 쪽은 시커먹고, 저희는 자전거를 타고 다니고 중국 쪽에는 택시가 왔다 갔다 했어요. 아빠가 염소를 키워서 염소를 지키면서 강 건너 중국 쪽에 지나가는 택시를 한 시간 동안 세어보았는데 100대 이상이었습니다. 야, 저기는 신기하다 우리는 뭐하는 것이지 생각했어요. 배우고 싶고 부모님이 아파서 여기서는 살아보았자 계속 이렇게 살 것 같았습니다. 배우고 싶은 욕망이 너무 강했어요. 초등학교 때 공부를 잘 했고 박사가 되고 싶었어요. 공부를 안 시켜주고 책이 없어서 공부를 못하는 것이 너무 억울하고, 배우지 못한 것이 부끄러웠어요. 고향에서는 장사 잘하고 돈 계산 잘 하는 여자가 최고였습니다. 제가 아무리 장사를 잘 해도 밑천이 없으니 돈을 벌수 없었고, 돈 장사도 해보았지만 밑천이 적으니 돈이 남지 않았어요. 어린 나이에 해볼 것도 별거 다 해보았어요. 엿도 만들어 보았고 술도 만들어 보았어요. 엄마는 빵 장사도 하고 미용도 하고 할 수 있는 일을 다 해보아도 여전히 못 살았습니다. 우리만 못 사는 것이 아니라 그 지역 전부, 윗 지역, 그 윗 지역 등 함경도 전체가 못 살았습니다. 잘 사는 사람은 드물지만 엄청 잘 살았어요. 제 친구 아빠는 땅을 관리하는 직업을 가졌는데, 큰 주택에 세탁기, 냉장고 등을 갖추고 살았어요. 또 제가 아는 사람은 불법적인 사업을 하여 차는 자가용, 오토바이 등을 가지고 있었고, 북한은 불법을 해야 잘 살 수 있는 구조였고, 오토바이 있는 집은 엄청 잘 사는 집이었습니다. 아무리 살아도 희망이 없기 때문에 나는 가야겠다고 생각했고, 제가 21살에 결심을 하고 부모님한테 이야기를 했습니다.

졸업을 한 학생들은 본인의 의사와 관계없이 나라에서 지정해주는 직장에서 일을 해야 했습니다. 직장에 가지 않을 경우 구치소에 갇혀요. 무보수로 일을 해야 하고 나라에서 주는 배급은 거의 없어요. 아주 가끔 배급을 준다고 해도 노트 4~5권 살 정도였어요. 학생 때는 증명서 없이 출생증으로 움직이는데 지장이 없었으나, 졸업을 하니 민증이 나오고 강제적으로 무보수 노동을 시켰어요. 500명 직장인데 거기서 밥을 해주는 식모 일을 했습니다. 우리 집에 당장 먹을 것도 없는데 나라 일을 하라는 사회구조가 틀렸다고 생각했어요. 친구들도 그것을 알지만 함부로 목숨을 걸지 못하고 간다간다 하면서 실제로 가지 못했지만, 나는 아무 말 안하다가 넘어왔습니다. 이런 구조에 사는 것이 인간답지 못하는 것을 알고 있었고, 다른 나라들이 어떻게 살고 있는지를 친구를 통해서 방송매체를 통해서 알고 있었어요. 나무 때어서 사는 것이 아니고 가스로 살고, 먼지 없이 산다는 것을. 여기서 이렇게 살면 안 되겠구나 생각하고, 여기서 살면서 그냥 죽느니, 가다가 죽는 것이 낫다고 결심했습니다.

　제가 올 때는 도강을 하면 총을 쏘라고 했어요. 김정일 때에는 따라가서 잡아라고 했지만 김정은 때에는 사격하라고 명령했어요. 이렇게 사는 것이 너무 힘들었습니다. 경제적으로 힘들니까 엄마, 아빠가 계속 싸우고 가정불화도 잦았어요. 이렇게 사니 가다가 죽어도 상관없다고 생각하니 무서운 것이 없었습니다. 저희 쪽 강에는 중국 사람들의 밀수를 방지하기 위해서 2m 높이의 철조망이 설치되어 있었어요. 언니가 6개월 전에 한국에 먼저 도착해서 언니가 연결한 브로커가 차를 대기하고 있어서, 중국에 머물지 않았고 쭉쭉 연결되어서 바로 오게 되었고, 음력설이 끼어서 조금 지체되었지만 길이 바로바로 열렸습니다. 음력설 동안에 중국에 잠깐 머물면서 동생과 같이 왔기 때문에 브로커에게 안 당했어요. 저는 두만강을 넘어갈 때 브로커 없이 깡도강했어요. 겨울이었고 강이 얼어 있어서 넘어 왔어요. 저는 수영을 못해요. 낮 12시에 넘어 왔는데, 경비병 교대 타임에 맞추어 도강을 했어요. 보기는 가까운 곳인데 뛰어보니 먼 거리였어요. 죽어라고 뛰어서 강을 건너 차가 오기를 기다렸어요. 중국에서 기다리고 있다가 사람들이 모이면 출발했어요. 저는 중국에 오면 비행기 타고 한국에 바로 오는 줄 알았어요. 2-3일이면 가겠지 했는데, 자꾸 자꾸 여기 걸치고 저기 걸치고, 곤명을 거쳐 라오스, 악어강을 지나 산을 넘고 해서, 이런 일은 두 번은 못하겠다고 생각했어요. 브로커를 믿을 수밖에 없어서 하라는 대로 따라갔어요. 중국에서 이 사람이 바뀌고 다른 곳에 가면 다른 사람이 있고, 하자는 대로 할 수밖에 없었습니다. 태국에 도착하니 옥수수 밭 같은데서 사람을 흩뿌리는 느낌이었어요. 이제는 알아서 찾아가라는 것이고, 경찰서 찾아가니까 남자들은 족쇄를 차고 있어서 충격 먹었어요.

메콩강을 건너자 한사람씩 오토바이에 태워 한명한명 이송하는데, 저는 동생을 잃어버릴까 바 걱정했어요. 동생이 중국에서 기다리는 동안 엄마한테 가겠다고 난리 피워서 힘들었어요. 막내라서 막내의 기질이 나왔어요. 저는 언니 덕분에 막힘없이 넘어 왔어요. 넘어오는 과정에 중국에서 브로커가 너를 팔겠다. 며느리하자고 협박했지만 언니가 기다리고 있어서 안 된다고 하면서 안전하게 넘어왔습니다. 브로커 비용 받는 것보다 너네들이 예뻐서 파는 것이 돈을 더 많이 번다고 협박도 했습니다. 브로커들은 옷도 안 입고 자고, 팬티만 입고 자고, 저희는 자지 못하고 뜬 눈으로 밤을 새웠어요. 그런 와중에 중국 국적을 가지고 중국말을 잘 하는 어떤 이모가 합류해서 좀 편하게 잘 수 있었습니다. 그 전까지는 저희를 어떻게 할까바 잠을 자지 못했어요. 칼도 가지고 있었습니다. 브로커는 중국에는 북한사람, 조선족, 라오스는 라오스 사람 등, 현지인들이 네트워크 되어있어요. 태국에 도착해서는 북한에서 겨울옷을 입고 왔기 때문에 쇼핑을 했어요. 한국 브로커는 앉아서 돈을 벌고 현지 브로커는 뛰면서 돈을 벌어요.

탈북과정에서의 공포, 상처 등의 트라우마는 없었던 것 같아요. 그 이유는 탈북이 당연히 힘들 것 이라고 생각했고 목숨을 걸었기 때문에 무서운 게 없었습니다. 제가 탈북한 이유는 인간답게 살기위한 것이며, 꿈도 있고, 인권도 유린당하지 않는 삶을 살기위한 것이었습니다. 더 이상 북한에서 살 수 없기 때문에 가다가 죽어도 좋다고 목숨을 걸었기 때문에 무서운 것이 없었어요. 그때는 하나님을 몰랐지만 신이 있다고 믿었어요. 그러나 북한에서 12살-14살 어린나이에 어른처럼 살아왔기 때문에 그때의 삶이 트라우마로 남아 있어요. 저는 유별나게 철이 빨리 든 것 같아요. 제 내면에 왜 이렇게 살아야 하는 질문은 제가 꿈이 있었기 때문입니다. 공부를 좋아하는 아이였습니다. 경제적 어려움 때문에 하루는 학교를 가고 하루는 밭농사 일을 해야 했어요. 하고 싶은 공부를 마음껏 하지 못하는 것에 대해, 왜 이렇게 살아야 하는지 대해 가난이 죄처럼 느껴졌어요. 가난 때문에 하고 싶은 공부도 못하고, 가난 때문에 부끄러웠고, 가난 때문에 할 말도 못 하고 참고 살았습니다. 권력 있는 사람한테 할 말을 하면 우리 집이 해를 당하기 때문에 할 말도 못 하고 살았어요. 나에게는 가난이 트라우마가 되었습니다. 제가 나올 때 빈부격차가 엄청 심했습니다. 도마다 다르지만, 평양근처 사리원에 갔을 때, 거기는 달러를 사용하고, 잘 사는 동네지만 잘 사는 사람은 소수입니다. 마찬가지로 남한에서도 잘 사는 사람은 소수지만 못 사는 사람들도 기본 베이스로 생계유지가 가능합니다. 그러나 북한에선 미 공급 되면서 가난한 사람들은 풀죽을 먹고 살아야했습니다. 제가 12살부터 자본주의에 대해 알게 되었어요. 강 건너 중국을 보면 택시가 왔다갔다하고, 불빛이 환하고, 내가 사는 곳은 불도 없고 이곳은 사람 사는 동네가 아니다. 나는 왜 이렇게 살지? 라는 생각이 들었습니다. 동네의 많은 사람들은 생계유지를 위해 살았지, 자기가 하고 싶은 일, 꿈, 여가선용 이런 것은 거의 없었습니다. 북한에서 생활총화는 있지만 저는 생계유지를 위해 살아야 했기 때문에 회사를 6개월 밖에 다니지 않았어요. 북한에 있을 때 한국은 잘 사는 나라이고 내가 노력하면 노력의 대가가 있는 나라라는 것을 알고 있었어요. 돈이 없어서 학교도 가지 못했고, 자존감이 떨어지고, 돈 때문에 부모님이 다른 사람에게 굽신거리는 것을 보는 것이 힘들었어요. 열심히 하면 잘 살 수 있고, 그리고 꿈을 이룰 수 있는 곳이라고 생각했습니다. 남한에 외사촌이 있는데 탈북한지가 10년이 넘었어요. 애들도 있고 자리 잡고 잘 살고 있습니다.

한국에 입국하여 국정원에서 조사를 받았어요. 조사를 받아야 하니까 조사를 받았지만, 국정원 직원이 소리치고 해서 약간 무서웠습니다. 퇴소할 때 엉덩이를 툭툭 치면서 이야기하는 것이 기분 나빴어요. 그런 불쾌한 느낌은 제 뿐만 아니라 다들 느끼는 감정이었습니다. 그것을 생각하면 인격적으로 무시당하는 느낌이 들었어요. 조사받는 과정에서 특별히 어려움은 없었고, 그 분이 경상도 사람이라 말을 알아듣기가 힘들었어요. 자술서는 7장정도 썼고, 저희는 학생이라 특별히 쓸 것은 없었습니다. 하나원에 입소하여 그곳의 생활은 나쁘지는 않았어요. 그렇다고 즐겁지도 않았고, 마음에 맞는 친구도 없고 청소도 내가 많이 했어요. 한방에 6-7명이 공동생활 했어요. 방은 침대가 아니고 온돌 바닥이었습니다. 단체 생활이어서 긴장되어 살았어요. 하루일과는 아침에 일어나서 체조하고, 밥 먹고, 한국사회정착생활이라는 수업을 들어요. 영어수업, 국어수업도 있고, 회계도 배우고. 운전면허 필기도 배웠어요. 하나원에서 배운 것들이 퇴소 후 한국의 사회생활에 1/3정도는 도움이 되었다고 생각합니다. 한국말을 가르쳐 주는데 사회생활에 현실적으로 사용할 수 있는 한국말을 더 많이 가르쳐주면 좋겠다고 생각했습니다.

하나원에서 3개월 배운 것이 현실적이지 않고 이론적이었습니다. 하나원에서 3개월 동안 배운 것으로는 실제생활에 적응하기에는 부족했습니다. 제 생각에는 우선적으로 언어교육에 중점을 두어 1;1 스피치 교육을 강화하여 표준말을 가르치는 것이 필요합니다. 아직은 남한사회의 편견, 차별의 시선이 강하기 때문에 언어교육이 중요합니다. 두 번째는, 인터넷 사용 교육을 강화할 필요성이 있습니다. 북한에서는 대부분 인터넷을 사용하지 못하게 합니다. 검색하는 방법을 가르쳐주면 현실적인 도움이 됩니다. 셋째는, 능동적으로 살아야한다는 교육이 필요합니다. 북한에서는 취직을 강제적으로 시키고, 한국은 본인이 능동적으로 알아서 해야 하는 사회입니다. 북한사회에서 수동적으로 살아왔기 때문에, 그런 문화에 익숙하지 않는 북한사람들이 있을 수 있다고 생각합니다. 본인이 능동적으로 살 수 있도록 다양한 정보들을 알려주는 것이 필요합니다. 넷째, 하나원 교육이 지역사회와 분리되어 현장감이 부족하고 너무 이론적인 측면이 있어요. 그 곳에서 음식은 잘 맞았어요. 하나원에서 주말에 교회 가서 찬양하고 기도하고, 하나원에서 하나님을 만났어요. 한번 외출하는데, 안성 하나원에서 목포에 도시문화체험을 다녀오기도 했어요.

하나원 나와서 집에 들어갔을 때 집이 생겼다는 것이 너무 행복했어요. 고향에서 있을 때 아파트에서 사는 꿈을 꾸었고, 가스를 사용하고, 입식부엌을 꿈꾸었는데, 그 꿈이 다 이루어져서 너무 감사하고 행복했습니다. 북한에서 잘 사는 사람은 가스를 사용하고, 아파트에 살고 빈부격차가 하늘과 땅 차이였어요. 한국으로 보면 서민과 재벌의 차이입니다.

첫 날밤에는 언니, 동생과 함께 있으니 외로움은 없었지만 앞으로 어떻게 살아야하나 하는 것이 불안했습니다. 아는 사람도 없고 돈도 없고, 정착금을 브로커비로 주어서 통장은 비어 있었어요. 그때 불안지수가 굉장히 높았습니다. 다행히 언니가 6개월 전에 한국에 먼저 와서 냉장고 등을 사주었어요. 그 때 적십자 자원봉사하시는 분이 도우미로 도와주셨습니다. 그 분이 버스 타는 방법이랑 엄마처럼 따뜻하게 대해 주셨어요. 그분도 바쁘고 저도 바쁘다 보니 지속적인 관계를 갖지 못했습니다. 하나원에서 나왔을 때 그렇게 도와주는 실질적인 도움이 부족하다고 생각했어요. 한국에서는 고아나 마찬가지이기 때문에 불안심리가 엄청 컸습니다. 제가 알아서 생활해야하고 동생을 돌보아야 하고 엄마역할을 해야 하기 때문에 그 무게감이 너무 무거웠고, 여유가 하나도 없었습니다.

하나원을 나와서 일주일 만에 알바를 구했어요. 기초생활수급비를 3개월 밖에 안 준다고 해서, 알바를 빨리 구했어요. 알바를 하면서 한국 사회는 대학을 안가면 이 사회에 한 발자국도 전진할 수 없다는 것을 깨닫게 되었어요. 처음에는 일을 하려고 일자리를 알아보던 중 '사서 알바'를 찾았는데, 그 자격이 대학졸업자로 되어 있어서 무조건 대학을 가야겠다고 생각했어요. 그래서 하늘 꿈 대안학교를 졸업하고 대학을 갔어요. 학생이 되면 조건부 기초생활수급자가 되어 매달 수급비를 받게 되었습니다. 하나원 나와서 6개월 후에 하늘꿈 학교에 입학하였고, 그 중 3개월은 컴퓨터 학원에 등록하여 공부하였어요. 학원증이 있으면 조건부 기초수급자에 해당되어 수급비를 받을 수 있었기 때문입니다.

처음에는 커피숍 알바를 구했으나 구하지 못하고, 제가 사는 동네에 있는 다이소에 알바 구하는 광고를 보고 찾아갔어요. 북한에서 왔다는 것을 이야기하고 일을 하고 싶다하니 이력서를 가지고 오라 했습니다. 마침 거기에 북한에서 온 선배가 한분 일하고 있었는데, 일을 너무 알뜰하게 잘 해서 저를 채용했어요. 그 기서 6개월 동안 다이소 카운터 알바를 했습니다. 그때(2013년) 시급이 6000원이고, 학원에 다니고 하니 하루에 4시간 정도밖에 일을 할 수가 없었어요. 돈이 부족해서 김밥도 못 사먹고 도시락 가지고 다녔어요. 부모님도 챙겨야 하고 동생도 챙겨야 하기 때문에, 옷도 남들이 주는 것을 입고 먹고 싶은 것도 절제했어요. 알바해서 받는 50-60만원을 집에 보낼 수 있어서 기뻤습니다. 꿈을 이루기 위해 입는 것 먹는 것 다 절제하면서 살았어요. 신기한 것이 북한에서는 옷을 잘 입었는데 오히려 한국에 와서는 옷을 잘 입지 못했어요.

하늘 꿈 학교에 가서 공부하는 것이 어려웠어요. 애들이 어린 나이이고 저는 대학생 나이이고, 물론 저보다 나이가 많은 언니도 오빠도 있었지만, 특히 수학공부는 힘들었어요. 수학의 기초가 없어 단계 단계적으로 배우지만 수학 수업이 어려웠고. 애들보다 못했을 때 마음이 비참했어요. 꿈이 선생님이었고 선생님하고 싶었지만 경제적 기반이 없어서 내려놓았습니다. 공부할 때 너무 힘들어서 울기도 했습니다.

정착초기에 물질적으로 도와주는 것은 별로 없지만 보호경찰관같이 나를 보호해주는 것에 대해 감사하고 있습니다. 친척도 있지만 지방에 있기 때문에 일 년에 한번 보는 정도이고, 거의 교회분과 친하고 주로

만납니다. 고향 친구들 만나면 서로 공감하고 좋지만, 서로 아프니까 그 이상의 관계는 맺지 않으려고 했습니다. 공감이 안 되어도 여기 친구를 사귀어야 해고 그것이 더 중요하다고 생각했습니다. 고향 친구들을 만나면 정서적으로 좋지만, 해야 할 일이 많기 때문에 서로 자주 만나지 못합니다.

대학 들어가기 전에 알바 하는 게 힘들었어요. 컴퓨터 학원 다니면서 알바를 했는데, 시간적으로 공부할 시간이 없고, 모르는 단어들이 많아서 힘들었습니다. 예컨대 대일밴드, 워셔액 등 3개월이 지나도 이해 못하는 단어들이 많았습니다. 3일 참고 3개월 참고 3개월 참으면 6개월 참고 살았어요. 대학에 입학하여 처음 OT가서 가위바위보 게임에서 다이어리 상도 받고 장기자랑도 했어요. 하늘 꿈 학교의 선생님들한테서 사랑도 많이 받아서 하나님에 대해서도 알아가면서 자신감이 생겼습니다. 1학년 후반기 때 북한친구가 왔어요. 저는 북한에서 온 것을 오픈하고 싶지 않았습니다. 색안경 끼고 보는 것이 싫고, 북한에서 왔다는 그 사실이 나의 발전을 방해할 것 같아서 오픈을 안했어요. 그런데 그 친구하고 함께 다니니까 남한친구들과 소원해지고 내도 북한출신이라는 것이 알려졌습니다. 어느 날 과제를 너무 잘했다고 교수님이 수업시간에 공개적으로 이야기해서 북한출신이라는 것이 오픈 되었어요. 이후 학생들의 나를 대하는 타도가 달라지고, 편견과 차별이 느껴지고 힘들었습니다. 스스로 남의 시선에 대한 의식이 엄청 커지고 어깨에 더 힘이 들어갔어요. 애들이 서로 인사할 때도 재수하여 나이가 있는 친구는 전과 다름없이 친하게 지내지만, 그렇지 않은 친구들은 화장실에서 일대일로 만나면 어색했습니다. 그래서 더 활동적으로 조장도 하고, 친구들의 생일도 챙기고 빼빼로 day때는 빼빼로도 챙기고, 중국유학생도 챙기고, 매주 친구들을 챙기고 하여 관계를 회복하려고 노력했습니다. 그럼에도 색안경을 끼고 나를 보는 것 같은 느낌과 모르는 것이 자기들보다 많겠다 라는 느낌을 받아서 힘들었어요. 편견에 대한 인식을 바꾸는 방법은 제가 더 열심히 하는 것 이라고 생각하여 다른 친구들이 놀 때 더 열심히 공부를 하였습니다. 그러나 오픈함으로서 더 벽이 생기는 같았습니다. 오픈하지 않았을 때는 벽이 없고 편했습니다. 오픈함으로써 색안경을 끼고 나를 보고 각인된 이미지 안에 갇히게 되었어요. 저는 제가 하는 일을 잘하게 되었을 때 오픈하고 싶었어요. 북에서 왔기 때문에 못한다는 이미지를 깨고, 그 쪽에서 왔지만 잘 한다는 말을 듣고 싶었습니다. 그 어려운 기간이 2학년 때까지 지속되었습니다. 너무 힘들어서 '남북한청년 공동체 모임'에서 이야기하기도 해고 기도하면서 견디었습니다. '공동체 모임"의 멘토들과의 만남에서 많은 위로를 받았습니다. 1학년 때 가장 어려웠던 공부는 화학실험 보고서 작성이었습니다. 저는 문과여서 실험보고서 작성이 생소하여 너무 힘들었지만, 교회선생님에게 의논했더니 화학과 선생님을 소개해주어서 그 선생님과 같이 공부를 했어요. 인체생리학, 생화학 과목은 과 교수님께서 멘토-멘티를 하기 때문에 신청을 하여 도움을 받았습니다. 영어공부가 어려웠는데 학교의 교수학습개발센터에서 진행하는 영어 멘토님과 함께 열심히 했어요. 그래도 영어는 C학점 받았습니다. Reading 시간에는 잘 하지 못하지만 자진하여 읽고 스스로 주눅 들지 않으려고 노력했어요. 1학년의 평점은 그래도 3.0 이상이었습니다.

집을 주신 것도 감사하고, 공부할 수 있는 것도 감사한데, 부모님이 안 계시니 외롭고, 공부하는 것이 힘들고, 집에 들어가면 반겨주는 사람도 없고 암울하고 침침한 분위기가 사람을 우울하게 만들었습니다. 너무 앞만 보고 달려 오다보니 지치고 감사하는 마음도 잃어버리게 되었어요. 북쪽에서 왔다는 이유로 어린애들하고 팀플하고 함께하는 학교생활에서 애들의 간섭과 시선을 느껴야하는 것이 너무 서러웠습니다. 그러다 보니 감사함이 사라지고 마음이 지쳐서 베트남 선교를 다녀왔어요. 선교에서 어린아이들을 보면서 다시 감사함을 회복하게 되고, 정서적 불안감도 많이 회복되었습니다. 마음을 회복하여 공부에 집중함으로써 성적은 평점 3.5을 얻었어요. 그러나 육체적으로는 너무 힘들었습니다. 대학생활을 하면서 가장 어려웠던 것은 팀플 보고서 작성이었습니다. 교수님의 스타일 파악도 안 되서 많이 힘들었고, 팀플 시 주제에 대해서 저는 확인 차원에서 다시 물어보는데, 물어보는 것에 대해 부정적으로 생각하는 경향이 있어요. 알아서 하면 되지 왜 물어보지? 라는 상황이었습니다. 대학생활 4년은 편견의 시선, 관계의 어려움에서 자유스럽지 않았습니다. 그러나 제가 맡은 일을 열심히 하니까 북한 출신이라는 것에 대한 부정적 편견도 깨어지게 되었습니다.

매월 고정적 수입은 기초수급비 47만원, 교회장학금 20만원과 학교에서 장학금을 받아 충당합니다. 생활비는 대략 80만정도 지출되며, 임대료, 관리비 등 40만원, 나머지 40만원을 가지고 살아야 했습니다. 애들 친하기 위해 카페에 가서 커피마시는 것도 부담스러울 때가 있습니다.

부모님에게 돈도 보내야하고 경제적으로 여유가 없어요.

　한국 사회에 대한 첫 번째 시각은 중, 고등학생들이 예의가 없다는 느낌이었습니다. 한국에 살고 있는 여자애들의 마인드가 너무 연약하고, '할 수 있다 보다'는 '할 수 없다고' 가능성을 차단하는 것을 보고 왜 그렇게 할까라고 생각했습니다. '할 수 있는데'도 '할 수 없다'라고 생각하는 부정적 경향이 있다고 생각하게 되었어요. 이번 코로나 대응시스템을 보고 한국사회가 상당히 잘 되어있다는 자랑스러운 마음을 갖게 되었고, 한국사회를 긍정적 바라보는 것은 자신이 열심히 하면 어느 정도까지는 올라갈 수 있는 가능성의 기회가 있다고 생각하게 되었습니다. 처음부터 높은 곳을 바라보지 말고 현재 할 수 있는 것을 한 계단 한 계단 걸어서 가면 어느 정도 하고 싶은 일은 할 수 있다고 생각하여 기회가 있는 곳이라고 생각합니다. 너무 많은 욕심을 부리지 않으면 행복하게 살 수 있는 사회다. 현재에 안주하는 삶이 아닌 창의적인 사고도 하면서 살아가면 기회가 있는 곳이라고 생각합니다. 두 번째 시각은 우리는 인정도 있고 정도 있는데, 여기 와서 느낀 것은 차갑다는 것입니다. 저희는 간식을 먹을 때 같이 나누어 먹고, 혼자 먹는 것 자체가 이상한 것이었어요. 대학생활에서 친구가 옆에 있는데도 간식을 혼자서 먹고 하는 모습은 대단히 낯 설었습니다. 자기밖에 모르는구나 하는 생각이 들었습니다. 프린트 할 때 백 원도 받는 것을 보고 와 냉정하고 차갑다는 것을 느꼈어요. 더취페이 문화, 이제는 그런 문화에 익숙해져 처음보다 낯 설지는 않아요.

　그러나 남북한의 문화융합의 가능성에 대해 융합이 어렵다고 봅니다.

서로서로 존중해주어야 한다고 생각합니다. 제가 언어를 바꾸고 싶은 마음이 있었습니다. 나를 다 바꾸면 나는 껍데기로 살아야 하나? 나는 껍데기인가? 나를 존중해주면 안 되나?하는 생각이 들었어요. 내가 북한에 태어난 것이 죄처럼 느껴져요. 내가 스스로 바꾸고 싶은 마인드가 되어야 하는데, 이 사회에서 살아남기 위해 모든 것을 바꾸어야 한다는 것에 대해 반발심이 생겨났어요. 내 자신에게 물어 보았어요. 왜 바꾸어야 하나? 정착하기 위해 바꾸어야 한다면 내가 내 돈 쓰고 살고 있는데? 보여주기 위하여 내 자신을 바꾸고, 숨긴다면 나는 껍데기만 남는다는 생각을 강하게 갖게 되었습니다. 이것은 정체성에 관한 문제였습니다. 현재 언어를 바꾸어야 하는 내 자신을 설득할 수 있는 이유를 찾는다면, 의사소통과 상대방의 선진화된 문화를 배우기 위해서 바꾸어야 한다고 긍정적인 생각을 합니다. 그래서 서로가 다름을 인정해주면서 좋은 것은 서로가 배우면 좋겠어요. 상대방의 좋은 점을 배우기 위해서는 내가 바뀌어야 한다고 생각하면, 저는 언어뿐만 아니라 제 자신을 바꾸어야 한다고 생각을 했어요. 그 바꾸어야 한다는 것이 오히려 제가 껍데기처럼 사는 것이 아닌가 하는 생각이 더 들었어요. 물론 북한사회가 후진국이지만 북한사람은 강인함이 더 크다고 봐요. 여기 친구처럼 살려고 하니 저의 개성이 사라지고 이것도 아니고 저것도 아니고, 우유부단하고 줏대가 없는, 정체성이 없는 사람이 되는 느낌이 강했어요. 북한사람의 강인함을 살린다면 한국사회는 북한사회보다 더 좋은 환경이기 때문에 분명히 한국사회에서 살게 되면 더 발전할 수 있고, 더 잘 살 수 있고, 더 능력을 가진 자가 될 수 있다고 생각했어요. 그럼에도 현실적으로 탈북자들이 그렇게 잘 살지 못하고 있는 이유는 북한의 속성을 버리고 남한사람 되려고 하니, 남한사람이 아닌데 남한사람처럼 살려고 하니까, 껍데기처럼 살아서 그렇다고 생각합니다. 내가 자발적으로 변화되는 것과 껍데기 화 되는 것은 천지차이라 생각합니다. 자발적으로 변화되는 상황을 갖는 것이 아니고, 한국 사람의 눈치에 맞추어 살아가기 때문에, 타의에 의해서 눈치에 맞추어 살아가기 때문에 내 능력을 발휘하지 못한다고 생각합니다. 제가 4학년 1학기에 슬럼프에 빠진 적이 있어요. 내가 할 수 있는 데도, 북한에서 왔다는 각인된 이미지가 박혀서, 무언가 바꾸어한다고 하니 바꿀 것이 너무 많았어요. 그래서 내가 껍데기로서 사는 것 같고, 남한사람처럼 살려고 하니 나도 모르게 '이것은 어려워, 이것은 못해'하는 연약한 모습을 갖게 되었습니다. 원래 이것은 나의 모습이 아닌데, 나는 집에 문제가 있어도 문제를 해결하고, 어려운 환경에서도 문제를 해결하는 해결사처럼 살아왔는데, 껍데기가 되어 눈치를 보고, 나도 모르게 여기 있는 애들처럼 '힘들어! 어려워!'하면서 나의 기본 속성을 잃어버렸어요. 나의 유니크한 독창성을 잃고 살아서 슬럼프가 강하게 왔습니다. 자신이 자발적으로 변화해야 하고, 자기의 속성을 잃어버리지 않고, 할 수 있다는 마인드로, 실패하더라도 실패는 성공의 발판이라고 생각하고, 한국의 문화를 익히면서 산다면 남한사회에서 성공적으로 살 수 있다고 생각합니다. 그런 긍정적인 삶의 자세를 갖게 되고, 사회에 영향을 미치게 되면, 그 한 사람을 통해서 북한에서 온, 고향이 북한인 사람들의 위상이 본의 아니게 높아진다고 봅니다. 북한이 고향이지만 '생각보다 일을 잘해, 능력 있다' 이런 말을 들을 수 있도록 산다면 탈북자의 문제는 문제가 되지 않을 것입니다. 제가 최근에 어렵게 온 친구들을 많이 만났어요. 고향에서 온 친구들, 초등학교 친구들, 그 친구들은 북한이 고향일 뿐이지, 하나도 내가 북한출신이라는 그런 것이 없었어요. 못해도 자신감이 있고, 잘해도 자신감이 있지만, 잘 하지 못하는 상황에서, 북한이라는 것을 오픈했을 때 스스로 북한이라는 '틀'속에 갇혀있는 경우가 있어서 오픈이 좋은 것만은 아니다 고 생각합니다. 오픈하는 시기도 자신이 그 울타리를 깰 수 있는 능력을 가졌을 때 해야 하고, 자신이 능력이 있지 않을 때 오픈하면 스스로 잘하지 못한다는 생각에 각인되기도 하고 편견으로 바라보는 시선에 억매여서 더 힘들어 져요.

만약 통일이 된다면 북한에 가서 하고 싶은 일, 진짜로 하고 싶은 것은 선생님입니다. 지금은 레스트랑을 차려서 사람들에게 맛있는 음식을 해주고 싶고, 그리고 성경적 건강관리센타를 세워 하나님 말씀에 근거하여 심리적으로 사람들을 치유해주는 그런 기업을 세우고 싶어요. 언젠가는 통일이 될 수 있다고 생각합니다. 왜냐하면 모든 주민들이 자본주의를 알고, 시장경제로 돌아가고, 현재도 시장경제로 돌아가지만, 계속 버티다 보면 주민이 살아가기 힘드니까 통일이 될 거라고 생각합니다. 그렇지만 제가 보기에는 북한의 최고 권력자가 정권을 내어 놓치는 않을 것 같고, 대신에 조건부 왕래를 하지 않을까 생각합니다. 나라는 국민이 있어야 나라가 돌아가고, 국민을 잃으면 나라가 망하잖아요. 따라서 여권을 허용하되 조건부로 왕래하면 자연적으로 통일이 된다고 봅니다. 북한에는 이동의 자유, 거주지 이전의 자유가 없다고 하지만,

저희가 강원도에 살다가 함경도로 이사 왔는데, 실제로 거주이전의 자유가 없지는 않아요. 통행하는 것을 허가는 받아도 그렇게 이동의 자유가 통제되지는 않아요. 생활총화가 있어 겉으로 통제받는 것 같아도 내부적으로 활동하는 데는 큰 제한이 없어요. 지역 간의 정보가 차단되고, 지역별 통제가 심하지만 '섬 사회'는 아닙니다. 물자 유통도 되고, 정보 유통은 장사하는 사람들을 통해서 정보가 흐르고 있어요. 많이 깨어있지만 내가 소리를 못 내고, 내가 직접 트라이 해본 적이 없어서, 예컨대 문을 밀고 여는 것만 알지 옆으로 여는 것을 해본 적이 없는 것과 마찬가지 상황입니다. 장마당과 매체를 통해서 많이 알고 있어요. 각 지역마다 장마당이 다 있습니다. 장마당 세대는 어릴 때부터 장사를 많이 해서 돈의 개념이 철저합니다. 돈만 있으면 되고, 대학교 10개 졸업해도 돈이 없으면 아무것도 할 수 없습니다. 돈 계산 잘 하고 시집 잘 가면 된다는 것이 북한사람의 마인드입니다. 돈은 어릴 때부터 장마당에서 벌어요. 내가 쓰는 것은 내가 벌어서 씁니다. 예컨대 봄철에 달래를 캐어서 장마당에서 팔아 내가 사고 싶은 것을 삽니다. 모든 어린애들이 어릴 때부터 장사를 합니다. 소매를 하다가 안 팔리면 도매상에게 싸게 팔아요. 돈의 개념이 철저하여 여기에 와서도 돈의 개념은 철저합니다. 어릴 때부터 돈의 개념이 철저하고 돈 장사를 합니다. 저는 아직도 한국사회에 적응했다고 생각하지 않습니다. 갈급한 마음이 강합니다. 영어, 중국어 공부를 더 해야 하고, 아직은 정착하고 있는 단계입니다. 70%정도 정착했다고 봅니다. 한국에서 졸업하고 취업을 하면 일단 성공한 케이스이고, 그러면 저는 꿈을 이루었다고 생각합니다. 취업을 해서 회사에서 인정

받아야 정착을 했다고 생각합니다.

4) J 탈북청년의 탈북 생애사

저는 2013년 11월, 18살 때 탈북을 했습니다. 탈북 당시 그 때는 김정은 체제이었고, 김정은이 금방 직위에 올랐을 때입니다. 경제적 상황은 그냥 잘사는 사람은 잘 살고, 못사는 사람은 못살았던 것 같아요. 제가 올 때까지만 해도 굶어죽는 사람은 별로 없었던 것 같아요. 먹고 살 정도는 되었습니다. 김정은이 되고나서 청년들은 좋아했던 것 같아요. 왜냐하면, 학교 스타일부터 확실하게 젊은 사람이 좋아하는 것으로 바뀌었고, 공부위주가 아니었고, 머리, 교복 등 규제가 많았는데 규제를 풀고 프리하게 애들을 풀어 놓아주었어요.

저의 경우 탈북의 결정적 동기는 엄마가 11살 때 돌아가셨기 때문입니다. 아빠는 보위부 직원이었는데 지방으로 발령이 나서 오래 동안 엄마와 떨어져 살았어요. 그러다가 엄마가 유방암에 걸러 온 전신에 전이되어 돌아가셨어요. 친 할아버지는 교수이고 박사였어요. 혜산 농업대학교에 재직하셨고 할아버지 쪽은 인텔리 집안이었습니다. 엄마 집안은 안전부장이어서 돈이 많았어요. 엄마 집은 할머니가 자식을 아홉을 낳아서 많았고, 아버지는 3대 독자였습니다. 할아버지와 좋은 아파트에 같이 살다가 아빠가 지방에 발령이 나서 저희가 나가 있는 동안에 큰엄마(큰고모)가 잠깐 들어와 살게 되었어요. 엄마가 돌아가시고 아빠가 힘들어서 총기사고가 나서 감옥에 갔어요. 아빠가 보위부에 다녀서 제가 어릴 때는 정말 잘 살았어요. 어릴 때 잘 살았던 것은 의미가 없어요.

제가 철이 들었을 때부터 집안은 힘들기 시작했어요. 엄마는 아빠와 떨어져 살면서 밤새도록 재봉 일을 해서 힘들어서 일찍 돌아가신 것 같아요.

제가 태어났을 때(1996년)가 고난의 행군시기였고, 아빠는 대학생이었고 할아버지와는 7살 때 까지 같이 살았습니다. 할아버지는 일찍 돌아가셨어요. 아빠는 대학교도 좋은데 나왔고, 군대도 좋은데 갔고, 키도 크고 잘 생겨서 '오카상'이었어요. 북한에서 '오카, 유카'라 하는 것은 인텔리 집안이어야 하고, 키도 크고 잘 생겨서 김일성 주변에서 근무하는 사람을 말합니다. 엄마가 아빠 얼굴보고 결혼했나 봐요. 엄마는 못생겼어요. 혜산으로 다시 왔는데 큰고모가 집을 차지하고 주지 않아서 엄마와 저는 외할머니 집에 살았어요. 저는 어릴 때부터 사고를 많이 쳐서 엄마를 놀라게 하고, 때로는 저 때문에 기절하기도 했어요. 지금 생각하면 사랑을 받지 못해서 주변 사람의 관심을 끌기 위하여 사고를 친 것 같아요. 엄마가 돌아가시고, 아빠는 대부분 북한의 아빠처럼 가부장적이고 한국의 아빠처럼 딸을 예뻐하는 이런 스타일은 아니었습니다. 저는 맏이고, 어릴 때부터 사랑도 못 받았고, 엄마가 돌아가시자 제가 가정을 책임지게 되었어요. 나가서 돈을 벌어야 했어요. 학교는 입학하였지만 다닐 형편이 안 되었습니다. 북한은 학비는 없지만 토기가죽 등 잡부금을 내는 것이 많았어요. 제가 다니는 학교는 부모님이 고위직에 있는 것이 아니고 돈 많은 애들이 많았어요. 그러다보니 너무 위축되고 엄마 없다는 것이 부끄러운 일이라서, 엄마 뭐하니 물어보면 장마당에서 달리기 장사를 한다고 말하고 했어요. 엄마 이야기를 자주 안하니까, 어떻게 하다가 보니 엄마가 없다는 것이 소문이 나서, 거짓말 한 것이 되어 쪽 팔려서 학교를 못나가게 되었어요. 그리고 중간 중간에 장사를 하면서 애들한테 들켰어요. 여기 같으면 편의점 같은 소매대에 껌 같은 물건을 도매로 파는 장사를 했어요. 아침에 물건을 뿌리고 저녁에 돈을 받으러 갑니다. 물건은 밀수하는데 가서 외상으로 받아서 팔아요. 제가 나이도 어린데 외상으로 물건을 가져오기 위하여, 신뢰를 쌓기 위하여 그 집에 가서 거의 종노릇을 했어요. 빨래 해주고 심부름하고, 밤에도 부르면 가서 일하였고, 그 언니 집에서 입던 옷을 주면 그 옷을 입고 살았어요. 그때 11살 때부터 남의 집에서 일하기 시작했어요. 아빠는 수입이 없었고, 취직할 의무도 없고 취직을 해도 돈이 나오지 않았어요. 남자들은 돈 벌 수 있는 길이 없었습니다. 자존심이 세어서 낮은 직장에는 가지 않았어요. 그러다가 고모부가 군인이라서 군부대 창고를 관리하는 창고 장으로 취직을 시켜주어 나중에는 괜찮았다고 합니다.

제가 하루에 많이 벌어야 2800원 벌었고. 그 돈으로 쌀 1 kg을 살 수 있어요. 처음에는 음식 만드는 집에 가서 밤새 음식을 만들고 기름에 튀기고, 같이 일하는 아줌마들의 비위를 맞추어야 하고, 미움 받으면 어리고 엄마도 없고 해서 저를 아무도 믿지 않기 때문입니다. 그 집에서 잡일을 하고 돈을 적게 받아도, 그 집에서 일하는 것은 밥을 먹여주어서 입을 하나 들 수 있기 때문이었습니다. 내가 그렇게 살아야 한다고 생각하니 빨리 일을 습득하고 어른들보다 일을 잘 했어요. 거기서 일을 그만둔 것은 그 집에서 돈이 없어졌는데, 타겟이 저 밖에 없었어요. 그래서 제가 너무 억울했는데 아무도 제 편을 들어주지 않았고, 아빠마저 저를 믿지 않았습니다. 솔직히 제가 벌어서 집에 가져다주고, 심지어 못 벌어 오면 화를 내고 했어요. 그렇게 산 것이 11살부터 18살까지 7년이 되었습니다. 음식점을 3년간 하고, 그 다음에는 발전하여 좀 깨끗한 식품을 돌리는 일을 했어요. 그 언니가 저를 믿고 물건을 외상으로 주었어요. 외상으로 가져오면 돈이 안드는 장점은 있었습니다. 그러나 중국 돈으로 물건을 가져와서 소매대에 나누어주고 돈을 받을 때는 북한 돈으로 받기 때문에 돈때(한율)에 따라 돈이 오르락내리락 합니다. 예컨대 껌을 2000원에 받아서 2300원에 넘기고, 환율이 올라 껌 값이 2500으로 오르면 제가 200원을 물어야 합니다. 그러다가 중국 돈 200원을 빚져서 갚을 능력도 없고, 그 언니의 신뢰에 미안하고 무서워서, 어린 생각에 이모집에 숨어버렸습니다. 그 당시 중국 돈 200원은 나에게 엄청 큰돈이었습니다. 지금 같았으면 사정 이야기를 하고 벌어서 갚겠다고 이해를 구할 수 있었어요. 그 당시 아빠마저 믿지 않아서 그냥 이모 집으로 도망갈 수밖에 없었습니다. 제가 매장에 외상으로 준 것을 받아야 하는데, 그냥 잠수함으로서 이 돈은 못 받고 저 돈은 갚아야 해서 금액이 엄청 커졌어요. 그래서 아빠가 집에 있는 소니 TV를 주고 해결하고 저를 찾아왔습니다. 엄청 울었어요.

그렇게 살다보니 친구도 하나 둘 떠나가고 저에 대한 소문이 너무 안 좋게 났어요. 사기꾼이 된 것 같았어요. 전 번에 음식점에서 잃어버린 돈 100원을 찾았대요. 그 일로 인하여 경찰청에 잡혀갔는데, 큰 이모무가 경찰청장이라서 풀려 나왔어요. 큰 이모는 엄청 잘 살았는데 그 집에 가면 거지 취급하고 집에도 들어가지 못하고 집 밖에 세워놓고 쌀 몇

kg을 주었어요. 너무 자존심 상해서 안 갈려고 해도 아빠가 자꾸 보내서 너무 싫었어요. 어떻게 하든 잘 살아야지 하고 결심을 하고 했어요. 그런 삶이 찌들 찌들하고 너무 힘들었어요. 아빠가 혼자 살다가 여자를 만났어요. 그 여자 분은 똘끼가 넘치고 돈이 많았습니다. 그런대 빚이 더 많아요. 그런 분이 저와 아빠 사이를 이간질하기 시작했어요. 아빠는 저를 안 믿고 그 아줌마 말만 믿었습니다. 북한에 기침, 천식에 먹는 '이소'라는 강한 약이 있어요. 돈을 모아서 100알을 샀어요. 어른이 하루에 한 알만 먹을 정도로 독성이 있고 수면제 성분도 있는 약입니다. 이약을 자주 먹으면 머리가 나빠지고 기능을 저하시키는 독성이 있어요. 아빠는 이 여자한테 잘해주고 나를 너무 믿지 않았고, 엄마가 살아 있을 때는 잘 해주지도 않고, 술 취하면 엄마와 나를 구타하기도 했어요. 어느 날 아빠와 그 여자가 함께 있는 앞에서 나와 그 여자 둘 중 하나를 택하라고 했습니다. 도저히 이 여자와는 못 살겠다고, 안 그러면 '이소' 약을 먹을 것이라고 했어요. 그때가 17살이었습니다. 학교도 못 다니고 애들한테 손가락질 받고, 제 이름을 대면 나를 좋아하는 사람은 한명도 없고 다들 나를 싫어했습니다. 정말 이렇게 살면 결혼도 못하고 이렇게 살 수밖에 없다는 절망감, 미래가 보이지 않았습니다. 차라리 죽은 것이 낫겠다는 생각이 들었어요. 그런데 그 여자가 말리기는커녕 물을 가져 왔어요. 더 화가 난 것은 아빠가 가만히 보고만 있었습니다. 그래서 약을 먹었습니다. 4일 동안 혼수상태로 있었고, 4일 만에 눈 떠보니 살아있더라고요. 휴유증이 있어 기억도 깜빡 깜빡하고, 몸이 굳어서 팔이 올라가지 않았어요. 시간이 가자 몸이 회복되었습니다. 그래서 죽는 건 아니고 돈을 많이 벌어야겠다는 생각을 하게 되었고, 무언가 시도를 해야겠다는 생각을 했습니다.

그 당시 아는 오빠가 있었는데, 그 가족 모두가 탈북을 하려고 준비하고 있었습니다. 그 오빠 엄마가 나의 힘든 사정을 알고 중국에 같이 가겠냐고 해서 중국까지만 기겠다고 했습니다. 한국에 가겠다는 생각보다는 중국에서 돈을 벌어서 북한에 보내야겠다는 생각이 들었어요. 그렇게 되서 짧게 손 편지를 써서 아버지 호주머니에 넣고 떠났는데, 그 날 못 가게 되어서 편지를 태웠어요. 바로 전화가 와서 그냥 오라고 해서 바로 출발하게 되었습니다. 저희는 브로커 없이 그 오빠랑 같이 강을 건넜는데, 큰 엄마의 남자친구가 차를 가지고 마중 나오기로 되어 있었는데 휴대폰 없이 출발해서 어떤 차가 저희를 데리러 온 차인지 찾는 것도 어려웠어요. 그래도 다행히 차를 잘 찾아서 큰 엄마가 있는 집으로 갔어요. 그 때가 11월이어서 물이 차가웠지만 추운 것을 느낄 수 없었고, 국경경비가 교대하는 시간에 넘어갔습니다. 물은 허리정도 깊었고 강폭은10m-20m 정도였어요. 저는 하나님이 살아계신다는 것을 느꼈어요. 어느 차인지 모르고, 저 차가 맞을 것이라는 느낌으로 손을 들었는데, 그 차가 맞았어요. 바로 심양 쪽으로 가려고 했는데, 그 당시 중국의 경비가 너무 심해서 장백에 있는 큰 엄마 친구의 집에서 6개월을 머물었습니다. 저는 중국 건너가면 어리어리 하고 그럴 줄 알았는데 그렇진 않았고, 그냥 좋았던 것은 먹고 싶은 것 마음대로 먹고, 따뜻한 집에서 불 켜진 집에서 매일 TV보는 것이 행복했어요. 동생은 보고 싶었지만 아빠가 내게 못되게 굴어서 아빠에 대한 미련은 없었어요. 같이 온 오빠는 다시 북한에 들어갔어요. 가족이 요시찰 대상이어서 오빠가 있어야 풀려 나올 수 있어서. 문제는 오빠의 큰 엄마 남자친구분이 조선족이셨는데 저를 화상채팅 같은 일을 시키려고 했어요. 큰 엄마가 설명을 해주었어요. 저 남자는 비록 남편처럼 살지만 우리를 돈으로 보고, 화상채팅은 성매매 비슷한 것이라고 설명해 주었어요. 제가 큰 아빠한테 가서 말 했어요. 그렇게 하면 다 신고하겠다고, 이렇게 살려고 북한에서 넘어 오 것이 아니라고, 막 난리를 쳤어요. 그때 다른 팀이 넘어와서 그 여자를 제 대신 보냈어요.

　큰 엄마는 천진의 큰 식당에서 주방장으로 일을 하다가 조카가 나온다 해서 장백으로 온 것이었어요. 큰 엄마는 저를 많이 예뻐해 주어서 저를 절대 팔수 없다고 해서 두 분은 헤어졌어요. 큰 엄마와 같이 천진이라는 곳으로 가서 식당 일을 하게 되었습니다. 그런데 그분이 너를 파는 대신에 돈을 주어야 한다고 했어요. 그래서 벌어서 주겠다고 했는데 지금 주지 않으면 데려간다고 했습니다. 식당 사장님이 먼저 중국 돈 8000원을 주면서 같이 있으면 또 팔려간다고 큰 엄마도 함께 쫓아버렸어요. 저는 여기서 하나님이 나를 계획하고 데리고 왔으며 살아계신다 것을 또 한 번 느꼈어요. 너무 감사해서 그 집안 모든 일을 했습니다. 저는 일을 빨리 배워서 모든 음식을 제가 다 만들었어요. 양고치 양념도 제가 다 했어요. 그렇지만 어린 나이에 너무 힘들었고 언제까지 음식 장사를 해야 하나? 하는 생각도 들었어요. 한국말을 할 수 있고 사투리지만, 조선족도 많고 조선족 사투리도 사용하지만, 중국 사투리 쓰는데 중국말을 못하면 의심을 받아요. 천진도 도심 쪽으로 들어오면 한국

사람이 많아 의심하지 않지만, 시골 쪽으로 들어가면 북한 탈북민이 많아서 의심을 합니다. 천진에는 조선족 아가씨 방들이 많아서 식당에 와서 음식을 먹으면서 나한테 말을 걸면서 의심하기도 했어요. 그 식당에서 1년 6개월 일해서 매달 월급을 2300원을 받았다. 2000원은 빚을 갚고 300원은 내가 받았고, 남자 사장님이 내가 열심히 한다고 따로 매달 200원을 주었습니다. 집어 엄청 커서 나는 따로 큰 방을 사용하게 되었고, 그렇게 큰 걱정 없이 살았습니다.

안정적으로 생활하던 중 어느 날 큰 엄마가 연락이 와서, 자기가 더 큰 식당에 일하고 있으니 그 쪽으로 오라고 했습니다. 사장님한테 살짝 비추었더니, 만약 그렇게 한다면 신고하겠다고 했어요. 너무 무서웠습니다. 물론 안 보내려고 그렇게 한다는 것은 알지만 이러다가 평생 여기에 잡혀 있을 수밖에 없다는 생각이 들었습니다. 그분들은 나쁜 사람은 아니지만 원래 "그쪽 사람들은 그렇다, 새로운 사람을 뽑기도 힘들고 해서 너를 안 보내줄려고 할 것이다"라고 하면서 큰 엄마가 택시를 타고 와서 몰래 빠져 나왔어요. 한국분이 사장인 큰 식당으로 갔습니다. 그 식당은 조선족보다 한국 사람들 삼성, LG직원들이 더 많이 이용하여 전체적으로 레벨이 높은 편이었습니다. 처음에는 월 2500원을 받다가 일을 잘 해서 3000원을 받았어요. 제가 한국말을 잘 하니까 한국직원들과 대화도 통하고, 사장님 조카라고 소개하여 고생한다고 팁을 주기도 하였습니다. 다들 예뻐해 주어서 너무 좋았어요. 그 식당에 실장과 나와 4명의 종업원이 있었습니다. 조선족 출신인 실장은 처음에는 나를 좋아했는데, 사장이 나를 좋아하니 질투를 해서 왕따 시키기 시작했습니다.

다른 직원들은 나하고 말도 못하게 하고 엄청난 스트레스를 받아 살이 빠질 정도였습니다. 그 당시 58kg이었는데 10kg 이상 빠졌어요. 그때 큰 엄마는 스카웃되어서 큰 식당으로 갔습니다. 큰 엄마와 의논하니 민증이 없어 우리가 무시당하고 제대로 말을 할 수 없으니 한국에 가서 민증을 만들어 다시 들어오자고 해서 한국행을 결심했어요. 거기서 8개월 동안 일하면서 마음껏 사먹고, 옷을 사고 쓰고도 남은 돈은 14,000원 있었습니다. 사장님은 안된다하는 것을 큰 엄마가 사장님한테 아직 나이가 어리고 시집도 가야하고 민증도 있어야 한다고 설득하였습니다.

한국 식당에서 일할 때 처음에는 한국 손님이 말하는 외래어를 이해할 수 없었습니다. 특히 국제학교가 있어서 영어를 사용하는 경우에는 전혀 알아들을 수가 없었어요. 그래서 한국에 가서 신분을 찾아야겠다는 생각을 하게 되었습니다. 큰 엄마와 함께 나를 중국으로 넘긴 브로커, 큰 아빠를 찾았어요. 그분은 탈북민을 교회선교사와 연결하여 안전하게 한국으로 보내고 했습니다. 브로커비로 중국 돈으로 12,000원을 요구하였어요. 함께 택시를 타고 지정한 곳에 내려서 기다리니 선교사와 목사님이 와서 나를 교회로 데리고 갔습니다. 브로커도 선교사도 서로 얼굴을 안보이고 나를 넘겨주었고 그때 처음으로 햄버거를 먹었어요. 교회 도착하여 3개월을 대기하였고, 나는 브로커비를 주었기 때문에 다이렉트로 바로 한국에 갈 줄 알았습니다. 3개월 동안 공부를 하라고 해서 말을 안 듣고 난리 피우고, 그래서 남들은 3개월 만에 한국에 오는데 저는 4개월 걸렸어요. 나중에 목사님도 구출비용으로 중국 돈 3만원을 주었다는 말을 듣고 교회에 대한 생각을 달리 했어요. 브로커는 결국 이중으로 돈을 받았어요. 내가 말을 안 듣고 하니까 선교사님은 이렇게 해서는 한국에 가서도 견딜 수 없으니 한 달 더 교육을 받으라고 해서 4개월 만에 한국에 도착했어요. 아침부터 저녁까지 성경만 공부하고 성경요약을 했어요. 한국에 올 때 성경책과 요약 분은 안 버리고 가지고 왔어요. 그 당시는 중국에 있는 선교센타에서 세례 받고, 세족식하고, 방언 받고, 그렇게 하여 버스를 타고 태국으로 출발했어요.

버스 타고 가는 중 공안검문이 있을 때는 자는 척 하거나, 미리 내려서 화장실에 가는 사이에 검문이 끝나면 다시 타고 출발했어요. 사전에 버스기사와 공안이 짜고 하는 검문이라 그렇게 위험하지는 않았습니다. 곤명 도착하기 전에 내려서 승합차를 바꾸어 타고 곤명에 도착하여 다른 브로커를 따라 라오스로 가는데 12시간이 걸렸습니다. 그날은 비가오고 발이 빠지고 해서 더 시간이 걸렸다고 했어요. 5명이 메콩강을 건너 태국에 도착하니, 브로커들이 풀어놓고 그냥 가버렸어요. 그래서 제가 선교센타에서 배운 짧은 영어로 폴리스를 찾았습니다. 태국사람들은 영어를 저 보다 잘 했어요. 경찰차가 와서 경찰서 유치장에 1주일간 갇혀 있다가 재판을 받고 수용소로 옮겨졌어요. 버스 타고 갈 때 버스 기사가 개인 짐을 맡겨라 하여 맡겼더니 선교사님이 선물한 비싼 옷을 가져가 버리고, 다행히 성경책속에 숨겨둔 돈 2,000원은 안 가져가서 수용소 생활 할 때 도움이 되었어요. 난민수용소에서 Y와 다른 언니를 만났고 세 명이 자매처럼 지냈어요. 세 명이 같이 조사받았고 청소년 기독교반에 가서 같이 공부하고, 국정원, 하나원도 같이 있었고 여명학 교도 같이 공부했습니다. 1개월 동안 태국수용소에 있다가 2015년 9월에 한국에 입국했어요. 공항에 도착하니 국정원 직원들이 나와 있었는데, 우리를 죄수 취급하여 기분이 나빴습니다. 국정원 조사를 마치고 하나원에 있다가, 쉼터로 가지 않고 바로 여명학교에 입학하여 기숙사 생활을 시작했어요. 여명학교가 기독교 학교인줄은 몰랐습니다. 기숙사 사감선생님도 북한사역 했던 분이라 감사했어요.

한국에 와서 제일 좋았던 것은 제가 다른 사람이 될 수 있다는 것입니다. 북한에 있을 때는 인정도 못 받고 그렇게 살았어요. 그 때 제가 제일 하고 싶었던 것은 학교에서 학급반장 같은 간부를 하고 싶었어요. 북한에서는 돈 있는 애들만 반장을 해요. 한국을 좋아했던 것은 내가 노력하면 성취할 수 있다는 점이 좋았어요. 제가 여명학교에서 학급반장도 했고, 기도하여 학생회장도 했어요. 제는 생각도 못했어요. 내가 리더가 되어 무언가를 할 수 잇다는 것이 꿈같았어요. 인정받는 것이 좋았어요. 공부도 잘하고 책임감 있다고 인정해 주는 것이 좋았고 한편으로는 부담도 되었어요. 저는 학생회장 나가기 위해 1학년 때부터 준비를 하고, 아이들하고 좋은 관계를 유지해 왔어요. 선거 때 3팀이 나갔는데 저희 팀이 몰표를 받았어요. 그때 저는 '노력은 배신하지 않는다.' 하는 것을 깨달았어요. 늘 외면당하고 무시당하고 했는데 여기에 와서 인정받고 믿어주는 것이 너무 좋았어요. 그러나 가장 힘들었던 것은 대학생활이었습니다. 공부가 너무 힘들었어요. 잘 해야겠다는 마음은 큰데 학점이 안 나오고 바닥이다 보니, 나 자신에 대한 실망이 너무 힘들었어요. 여명학교에서 Y와 저가 공부를 잘 했어요. Y는 청진1고를 다녀 기초가 잡혀있지만 저는 11살 때부터 공부를 안 해서 기초가 없어서 수학 같은 경우는 개념을 모르고 깡으로 외웠어요. 저는 분수도 모르고 왔어요. 11살 때부터 공부를 안 한 내가 노력하여 대학에 갔다는 것은 대단한 일이었습니다. 지금은 제가 경영학과이다 보니 졸업하고 아모레 퍼시픽이라는 화장품 회사의 마케팅 부서에 취직하고 싶어요. 이번에 장학금을 신청했는데 학점이 좋지 않아서 떨어졌어요. 이번 학점을 잘 받는 것이 목표입니다. 저는 나중에 남북교류가 되어도 북한에서 살고 싶지 않고 한국에 살면서 북한에 왔다 갔다 하고 싶어요.

5) Y 탈북청년의 탈북생애사

저는 청진에서 태어났고 어릴 때 엄마 아빠가 이혼을 해서 무산에서 학교를 다녔어요. 부모님은 6살 때 이혼하고, 소학교까지는 청진에서 다니고 중학교는 무산 외할머니 집에서 다녔어요. 거기가 '일 고등학교'라서 공부를 빡세게 했어요. 그러다가 엄마가 2011년 제가 중학교 3학년 다니는 중에 탈북을 먼저 했어요. 북한은 중, 고등 6년제인데 중학교 3년 마치고 자퇴했습니다. 엄마가 저를 한국에 데려간다는 말에 그만두었어요. 저는 그 이후 4년 동안 집에서 놀았습니다. 이모가 청진에서 식당을 하는데 이모 집과 외할머니 집을 왔다 갔다 하면서, 그냥 친구들이랑 노는 시간이 제일 많았어요. 집에서 그냥 친구들이랑 놀고 서로 만나서 놀기만 했어요. 제일 친한 친구랑은 같이 잠도 자고 엄마가 한국 간 것을 유일하게 아는 친구였어요. 친구 부모님과 친하고 의지하면서 살았던 것 같아요. 그 친구가 제가 탈북하기 1년 전에 군대를 가고 엄마가 사람을 보내서 2015년에 탈북을 했습니다. 할머니 집에서는 저희

할머니, 큰아버지(외삼촌), 외숙모, 조카 2명이 함께 살았어요. 엄마가 돈을 보내주어서 살았고, 외숙모는 중국에서 10년 동안 살다가, 엄마가 조카들을 다 키운 다음에 북한에 돌아왔습니다.

엄마는 이혼한 다음 여러 가지 일을 하였고, 재봉일과 옷을 팔기도 하였습니다. 엄마 돈을 할머니가 투지한다고 말아먹었고, 달러를 가지고 있었는데 달러를 못쓴다하여 북한 돈으로 바꾸어서, 화폐교환 때문에도 가지고 있던 돈이 모두 물이 돼버렸어요. 그래서 엄마가 더욱 탈북의 마음을 가졌습니다. 원래 엄마친구와 함께 탈북하려고 했는데 친구가 먼저 가고, 한 달 후에 엄마가 바로 탈북했던 것 같아요. 엄마가 탈북하고 6개월 만에 연락이 왔어요. 그리고 6개월에 한번 200만~300만 원 정도 보내주었습니다. 그걸로 살 수 있었어요.

저는 브로커를 통해서 왔어요. 청진에서 무산으로 와서 전화를 받고 하루 전에 떠날 준비를 하라고 해서 바로 다음날 떠났어요. 츄리링 복장으로 저녁에 떠나서 공장 같은데 숨어 있다가 새벽에 강을 건넜어요. 경비병 교대시간에 6명이 모여서 강을 건너고 중국 브로커 집에서 다 씻고 하루 정도 쉬었습니다. 돈이 입금되는 대로 한명 씩 한명 씩 브로커 집에서 출발했어요. 돈이 입금 안 되면 팔아버린다고 했어요. 그때는 8월이지만 물이 많지 않아 허리정도였고 강폭은 교실 너비 정도여서 금방 건넜습니다. 저는 입금이 되어서 먼저 떠났어요. 다음날 브로커기 시키는 대로 혼자 출발하여 버스를 타고 갔지만 그렇게 무섭지는 않았어요. 아침에 출발하여 버스를 죽 타고 저녁에 마지막 정류장에 내린 후, 어떤 사람이 사진보고 나를 보더니 얼굴을 확인하더니 데리고 갔어요. 중간에 검문도 없었고 심양 쪽에 내린 것 같았어요. 거기서 6명이 모여서 하루 밤을 자고 기차를 타고 곤명으로 갔습니다. 내려서 라오스까지 산길을 타고 메콩강을 건너 왔습니다. 도중에 할머니 한분이 몸 상태가 안 좋아서 산을 타는 내내 힘들었어요. 중간에는 검사하고 그런 건 없었어요. 산을 넘는데 3시간정도 걸렸고, 태국 경찰서에 도착하니 알아서 다 해주었습니다. 경찰서에는 3~4일 있다가 재판을 받고 불법 체류자들이 모이는 수용소에 한 달 동안 있다가 비행기를 타고 한국으로 왔어요. 태국수용소에서 J를 만났고, 국정원에서 같이 왔고, 하나원에서 학교를 같이 다니면서 많이 친해 졌습니다. 그래서 여명학교도 같이 들어왔어요.

엄마 덕분에 쉽게 넘어 온 것 같아요. 무산을 출발하여 한국에 도착할 때 까지 한 달 10일 정도 걸렸어요. 지금 생각하면 여러 가지 경험할 수 있고 자유가 있어서 좋은데, 예전에 제가 북한에서 살았던 것처럼 행복하다는 말은 할 수가 없어요. 북한에서는 엄마 돈을 받아서 고생을 안했어 그런지, 저는 여기에 와서 경쟁사회이고 모든 것을 스스로 해야 되고, 순위에 치여서 마음이 지치고 편안함이 없었던 것 같아요. 몸은 편한데 마음은 항상 긴장하고 예민해 있어요. 북한에서는 경쟁을 별로 느끼지 않는데, 보통 사회주의 체제에서는 전부다 받는 쪽이고, 여기서는 자기가 챙기고 자기가 알아서 해야 하니까 힘들어요. 여명학교에 와서 처음에 공부는 대충대충 했어요. 중학교 때 북에서 공부를 열심히 했기 때문에, 기초지식이 있어서 그렇게 어렵지는 않았습니다. 수학 같은 것은 북한에서 오히려 더 빡세게 배우는 것 같아요. 영어도 북한에서 다 외웠던 단어들이라 어렵지는 않았어요. 저는 오히려 교재를 보면 북한이 수학진도가 더 빨라던 것 같아요. 어떤 공식은 북한에서 중1때 배웠는데 여기서는 나중에 배우고 했습니다. 기초가 괜찮으니까 공부에는 지장이 없었어요. 일단 여명학교는 작은 공간이니까 크게 힘들지는 않았습니다.

그러나 지난 1년 동안 대학교 다니면서 공부를 따라가지 못해서 힘들었어요. 저는 처음부터 일단 욕심을 내려놓았어요. 학교에서 다 상위권에 있던 아이들이고 다 잘하는 아이들이니까, 너무 욕심을 내면 쉽게 포기 할 수도 있다고 선배들에게서 들었어요. 그리고 여명학교 때 1등의 자리 때문에 너무 지친 것 같아요. 그래서 마음을 내려놓았습니다. 문제는 내가 공부를 잘 하는 것도 아니고 무엇을 특별하게 잘 하는 것도 아닌데, 지금 가는 길이 맞나 그런 생각에 뭔가 막막하고 마음이 불안한 것이 제일 힘들었습니다. 대학을 다니지 않았으면, 저는 그냥 자격증 같은 것을 취득했을 것 같아요. 특별이 잘하고 좋아하는 기술이 없고 또 못하지는 않아요. 흔히 말하는 손재주 같은 것이 있어서, 그냥 배우고 하면 할 수 있을 것 같았습니다. 특별히 잘하고 이런 것이 없어서 너무 고민인 것 같아요. 한 가지라도 특별히 잘하는 것이 있으면 그 길로 가면 되는데, 이것도 아니고 저것도 아니어서 그것이 더 고민이어요. 대학교에서 친한 친구들도 없고, 나이 어린 애들과 어울리는 것이 어렵고, 사교성이 없는 편이라 팀플 할 때 말도 안하고 해서 친구 사귀기가 쉽지 않아요. 경영학과는 200명인데, 2학년이 되면 새로운 각오까지는 아니고 포기하지 않고 그냥 무사히 학교를 잘 다녀서면 합니다. 엄마도 졸업은 해야지 해요. 전에는 꿈을 가지고 다녔는데, 공부하는 것이 쉬운 것도 아니고, 제게 잘 맞는 과목이 아니라는 생각이 들었습니다. 회계가 잘 맞는다고 생각했는데 정작 공부하니 아닌 것 같았어요. 학점이 안 되어서 이번에 미래장학금도 짤려서 너무 어려워요. 2학년 올라갈 때 학점을 제출하는데 3.0이 안되어 장학금 신청도 하지 못했습니다. 미래 재단 장학금, 물망초 장학금, 하나재단 장학금이 있지만, 학점도 부족하고 또 수급자라는 증명서가 있어야만 되어서 그 조건에는 대상이 되지 않았습니다. 저는 대학 졸업하고 회사보다는 네일 자격증 따고 기술 쪽으로 나가고 싶어요. 지금은 아직 마음의 결정이 없어요. 1년 더 공부 해보고 과연 이것이 내가 가야될 길인가 다시 생각해 보고 결정할 작정 입니다. 만약 통일이 된다면 저는 북한에서 살고 싶어요. 남한에서 배운 것을 알려주고 싶고, 고향이고, 가족도 있고 친구들도 있고 공기도 좋고 하니까 북한에서 살고 싶어요.

참고문헌

자료

탈북대학생 집담회 인터뷰 자료, 2019.
통일부, 『2019년 북한이탈주민 정착실태조사』, 2020. 3. 26.
통일부, 『2019 북한이탈주민 정착지원 실무편람』, 2019.
통일부, 「북한이탈주민 입국현황」, 2020. 6.

단행본

강대기, 『현대사회에서 공동체는 가능한가』, 대우학술총서 508, 아카넷, 2001.
강동완·박정난, 『한류, 북한을 흔들다』, 늘품플러스, 2011.
건국대학교 통일인문학연구단, 『구술로 본 코리언의 역사적 트라우마』, 선인, 2015.
건국대학교 통일인문학연구단, 『분단 트라우마와 치유의 길』, 경진출판, 2015.
건국대학교 통일인문학연구단, 『분단체제를 넘어선 치유의 통합서사』, 선인, 2015.
건국대학교 통일인문학연구단, 『코리언의 민족정체성』, 선인, 2012.
건국대학교 통일인문학연구단, 『코리언의 역사적 트라우마』, 선인, 2012.
건국대학교 통일인문학연구단, 『탈북민의 적응과 치유 이야기』, 경진출판, 2015.
김귀옥, 『구술사 연구』, 한울아카데미, 2014.
김명섭 외, 『통일의 신지정학』, 박영사, 2017.
김성민 외, 『통일인문학, 인문학으로 분단의 장벽을 넘다』, 알렙, 2015.
김종군·정진아, 『고난의 행군시기 탈북자 이야기』, 박이정, 2012.
김흥광 외, 『김정은의 북한은 어디로』, (주) 늘품플러스, 2012.
민성길 외, 『탈북자와 통일준비』, 연세대학교출판부, 2012.
박순성, 『통일논쟁, 12가지쟁점, 새로운 모색』, 한울아카데미, 2015.

박종철 외, 『북한이탈주민의 사회적응에 관한연구: 실태조사 및 개선방안』, 민족
    통일연구원, 1996.

배학수, 『프로이드의 문명변증법』, 세창출판사, 2018.

백낙청, 『분단체제 변혁의 공부길』, 창작과 비평사, 1994.

백낙청, 『흔들리는 분단체제』, 창작과 비평사, 1996.

백영옥, 「「한민족 공동체」 형성과정에서의 교포정책』, 민족통일연구원, 1993.

송봉선, 『김정은 체제 장기화는 지속될 것인가』, 선인, 2017.

신갑철, 『한민족의 새 디아스포라』, 푸른사상, 2015.

안현민 외, 『2019 북한이탈주민 경제사회통합 실태』, (사)북한인권정보센타,
    2019.

엄태완, 『디이스포라와 노마드를 넘어』, 경남대학교출판부, 2016.

염돈제, 『독일통일의 과정과 교훈』, 평화문제연구소, 2010.

유세경, 『방송학원론』, 이화여자대학교 출판부, 2007.

윤여상, 『북한이탈주민의 적응과 부적응』, 세명, 2001.

윤인진, 『북한이주민, 생활과 의식, 그리고 정착지원정책』, 집문당, 2009.

윤택림, 『구술사, 기억으로 쓰는 역사』, 아르케, 2010.

이 석, 『북한의 경제변화와 지속』, 체제통합연구회, 명인문화사, 2015.

이기영, 『북한이탈주민의 사회통합을 위한 지역복지실천의 모색』, 집문당, 2006.

이순형 외, 『탈북가족의 적응과 심리적 통합』, 서울대학교출판부, 2007.

이순형 외, 『탈북민의 가족해체와 재구성』, 서울대학교출판문화원, 2009.

이정우·김현수, 『탈북이주자 사회정착지원 개선방안』, 한국보건사회연구원,
    1996.

이종석, 『분단시대의 통일학』, 한울아카데미, 1998.

이종석, 『새로 쓴 현대북한의 이해』, 역시비평사, 2000.

임채완 외, 『코리안 디아스포라의 다중정체성과 모국관계』, 북코리아, 2019.

장필기 외, 『구술자료 만들기』, 국사편찬위원회, 2009.

전태국 외, 『배제와 통합 : 탈북인의 삶』, 진인진, 2019.

조성렬, 『동북아 정세와 한중관계』, 성균관대학교 출판부, 2016.

조성렬, 『전략공간과 국제정치』, 서강대학교 출판부, 2016.

조성렬, 『한반도의 비핵화 리포트』, 백산서당, 2019.

조용관·김윤영, 『탈북자와 함께하는 통일』, 한울아카데미, 2009.

조정아 외, 『탈북 청소년의 경계 경험과 정체성 재구성』, 통일교육원, 2014.

조정아·최은영, 『평양과 혜산 두 도시 이야기』, 통일연구원, 2017.

주성하, 『평양자본주의 백과전서』, 북돋움, 2018.

최승완, 『동독민 이주사 1949-1989』, 서해문집, 2019.

최완규 외, 『경계에서 분단을 다시보다』, 울력, 2019.

홍제환 외, 『북한민생실태 및 협력방안』, 통일연구원, 2018.

4.27시대연구원, 『북한 바로 알기 100문 100답』, 사람과 사상, 2019.

국내논문

강진웅, 「한국시민이 된다는 것 : 한국의 규율적 가버넌스와 탈북 정착자들의 정체성 분화」, 『한국사회학』 45-1, 한국사회학회, 2011.

김광억, 「문화소통과 문화통합: 통일에 대한 인류학적 접근」, 『21세게 민족통일에 대한 사회과학적 접근』, 서울대학교 출판부, 1999.

김근식, 「김정은 시대의 "김일성-김정일주의":주체사상과 선군사상의 추상화」, 『한국과 국제정치』 30-1, 경남대학교 극동문제연구소, 2014.

김동성, 「바람직한 통일논의의 방향모색」, 『한국국제정치학회 통일학술회 발표논문』, 1977.

김동춘, 「국제화와 한국의 민족주의」, 『역사비평』, 27, 역사비평사, 1994.

김성경, 「분단체제가 만들어 낸 '이방인', 탈북자 」, 『북한학연구』 10-1, 동국대학교 북한학연구회, 2014.

김성민·박영균, 「통일학의 정초를 위한 인문학적 비판과 성찰」, 『통일인문학논총』 56, 건국대 인문학연구원, 2013.

김성민, 「통일의 인문학적 비전: 소통, 치유, 통합의 통일인문학」, 『한국민족문화』 63, 부산대학교 한국민족문화연구소, 2017.

김성옥, 「북한이탈주민에 대한 언론의 보도경향 연구」, 북한대학원대학교 석사학위논문, 2009.

김일수, 「탈북자 문제에 대한 한국의 입장과 대응」, 『세계지역논총』, 한국세계지역학회, 2004.

김종곤, 「남북 분단구조를 통해 바라본 탈북트라우마」, 『문학치료연구』 33, 한국
　　문학치료학회, 2014.

김종군 외, 「탈북 트라우마에 대한 인문학적 치유방안의 가능성 : 구술 치유 방법
　　론을 중심으로」, 『통일문제연구』 29-2, 통일문제연구소, 2017.

김종군, 「구술생애담 담론화를 통한 구술 치유방안」, 『문학치료연구』 26, 한국문
　　학치료학회, 2013.

김종군, 「탈북 청소년 구술에서 나타난 엄마의 해체와 자기 치유적 말하기」, 『문
　　학치료연구』 44, 한국문학치료학회, 2017.

김종군, 「탈북민의 탈북 시기별 유형과 탈북 트라우마 양상」, 『식민·이산·분단·전
　　쟁의 역사와 코리언의 트라우마』, 선인, 2015.

김종군, 「통합서사의 개념과 통합을 위한 문화사적 장치」, 『통일인문학』 61, 건국
　　대학교 인문학연구원, 2015.

김현경, 「난민으로서의 새터민의 외상(trauma)회복 경험에 대한 현상학적 연구
　　」, 이화여대 대학원 박사학위논문, 2006.

김혜숙, 「대학생들이 중요시하는 가치와 북한 사람 및 대북정책에 대한 태도와
　　관계에 대한 조사연구」, 『한국심리학회지:사회 및 성격』 16-1, 한국심리
　　학회, 2002.

문지영, 「복합적 외상 후 스트레스 장애환자와의 즉흥연주 및 음악과 심상을 이용
　　한 음악치료 사례연구」, 『한국음악치료학회지』 11-2, 한국음악치료학회,
　　2009.

박광득, 「미국 북한인권법에 대한 중국의 대응과 전망」, 『대한정치회보』 13-3,
　　대한정치학회, 2006.

박영균, 「코리안 디아스포라의 민족공통성 연구방법론」, 『시대와 철학』 22-2,
　　한국철학사상연구회, 2011.

박윤순, 「북한이탈청소년의 사회적지지 특성과 남한사회 적응에 관한 연구」, 『청
　　소년포럼』 19, 한국청소년문화연구소, 2008.

박희진, 「김정일 체제의 경제적 유산과 북한경제 전망 : 거점개방과 반개혁의
　　이중주」, 『KDI 북한경제리뷰』, 5월호, KDI, 2012.

서유석, 「남북교류사회와 시민사회」, 『통일인문학』 78, 건국대학교 인문학연구원, 2019.

선우현, 「남북한 사회체제의 '가족 내 의사 구조'의 양상비교: 가족구조 및 가족관계에 대한 고찰을 중심으로」, 『동서철학연구』 29, 한국동서철학회, 2003.

선우현, 「한국인 속의 한국인 이방인 : 국내탈북자 집단의 인권문제를 중심으로」, 『동서철학연구』, 64, 한국동서철학회, 2012.

손애리·이내영, 「탈북자에 대한 한국인의 태도연구」, 『아태연구』 19-3, 경희대학교 국제지역연구원, 2012.

신미녀, 「남한주민과 북한이탈주민의 상호인식-한국사회정착에서 제기되는 문제를 중심으로」, 『북한학연구』 5-2, 동국대학교 북한학연구소, 2009.

신효숙 외, 「시공간적 경험 공유 집단 분석을 통한 북한이탈주민 속성 재해석」, 『통일인문학』 67, 건국대 인문학연구원, 2016.

심양섭, 「탈북이주민의 한국사회 편입양태와 정책적 시사점」, 『사회과학 담론과 정책』 10-2, 경북대학교 사회과학연구원, 2017.

양승태, 「국가적 정체성과 정치학 연구」, 『한국정치학회보』, 40-5, 한국정치학회, 2006.

양운천, 「북한노동당 제 8차 당대회 : 경제부문 분석」, 『세종정책 브리프』 2021-1-1, 세종연구소, 2021.

엄태완, 「북한이탈주민의 남한이주 과정의 외상적 체험에 대한 현상학적 연구」, 『한국사회복지학』 61-2, 한국사회복지학회, 2009.

연응진, 「실천적 북한인권 보장체제 도입을 위한 국제인권법적 고찰: 제도적 차원의 인도적 개입을 중심으로」, 서강대학교 대학원 박사학위논문, 2017.

오원환, 「종편에서의 '탈북미녀'의 등장과 '탈북자' 정체성의 변하를 중심으로」, 『한국방송학보』 30-3, 한국방송학회, 2016.

오윤호, 「탈북 디아스포라의 타자정체성과 자본주의적 생태의 비극성」, 『문학과환경』 10-1, 문학과환경학회, 2009.

유철인, 「구술생애사를 텍스트로 만들기」, 『한국문화인류학』 44-2, 한국문화인류학회, 2011.

윤여상, 「북한이탈주민 급증에 따른 정책대안」, 『국가전략』 9-1, 세종연구소,

2003.

윤인진, 「탈북자의 남한사회 적응실태와 정착지원의 새로운 접근」,『한국사회학』
33-3, 한국사회학회, 1999

윤인진, 「탈북자의 남한사회 적응실태와 정착지원의 새로운 접근」, 『한국사회학』
33-3, 한국사회학회, 1999.

윤인진·송영호, 「북한이주민에 대한 남한주민의 민족의식과 다문화의식」, 『재외
한인학회』30, 재외한인학회, 2011.

이기동, 「북한노동당 8차 대회와 권력구조의 변화」, 『세종정책 브리프』
2021-1-2, 세종연구소, 2021.

이기영, 「북한이탈주민 정착지원을 위한 지역협의회 온영체계의 방향성」, 『통일
문제연구』24, 영남대학교 통일문제연구소, 2002. 이기춘 외, 「남북한 생
활문화의 이질화와 통합」, 『대한가정학회지』38-4, 대한가정학회, 2000.

이병수, 「민족공통성 개념에 대한 고찰」, 『시대와 철학』22-3, 한국철학사상연구
회, 2011.

이병수, 「탈북자 가치관의 이중성과 정체성의 분화」, 『통일인문학』59, 건국대
인문학연구원, 2014.

이재민·황선영, 「북한이탈주민의 남한사회 적응에 미치는 요인」, 『사회복지정책』
33-1, 한국사회복지정책연구원, 2008.

이정우·김현수, 「탈북이주자 사회정착지원 개선방안」, 『보건복지포럼』2, 한국보
건사회연구원, 1996.

이진석, 「탈북자 문제와 사회통합 간의 상관성」, 『통일전략』14-4, 한국통일전략
학회, 2014.

이현재, 「정체성 개념분석」, 『철학연구』, 71-1, 철학연구회, 2005.

이희영, 「사회학방법론으로서의 생애사 재구성」, 『한국사회학』39-3, 한국사회
학회, 2005.

이희영, 「새로운 시민의 참여와 인정투쟁」, 『한국사회학』44-1, 한국사회학회,
2010.

임상순, 「김정은 정권의 북한이탈주민 문제에 대한 대응 : 북한의 대남정책에

기초하여」, 『통일교육연구』 16-2, 한국통일교육학회, 2019.

장인숙 외, 「김정은 시대 정치사회변화와 북한주민의식조사를 중심으로」, 『북한학연구』 10-1, 동국대 북한학연구소, 2014.

전명희, 「탈북청년의 가족관계 경험에 관한 연구」, 『한국가족복지학』 51, 한국가족사회복지학회, 2016.

전영선, 「남북 생활문화공동체 형성방안」, 『통일인문학』 63, 건국대 인문학연구원, 2015.

전우택 외, 「북한이탈주민의 국가정체성 형성과 유형 : 근거 이론에 의한 분석」, 『통일정책연구』 20-2, 통일연구원, 2011.

전우택, 「자원봉사자들의 탈북자 지원 경험분석-설문조사 결과를 중심으로」, 『통일연구』 5-1, 연세대학교 통일연구소, 2001.

전우택, 「탈북자들과 보호경찰관들의 인간관계에 대한 분석 : 보호경찰관들을 대상으로 한 설문조사를 중심으로」, 『통일연구』 4-1, 연세대학교 통일연구소, 2000.

정경환, 「분단체제의 성격과 민족통일 위한 방안」, 『통일전략』 15-2, 한국통일전략학회, 2015.

정용길, 「통일 전 동독인의 서독으로 탈출과 이주」, 『북한학보』 34-2, 북한학회, 2009.

정진아, 「탈북자에 대한 한국사회의 시선」, 『분단생태계와 통일의 교량자들』, 한국문화사, 2017.

조성렬, 「신국제질서의 태동에 대한 미국의 인식과 전략」, 『국제문제연구』 12-1, 국제문제연구학회, 2012.

조영아·전우택, 「북한이탈주민의 우울예측 요인 : 3년 추적연구」, 『상담 및 심리치료』 17-2, 한국심리학회, 2005.

조영아·전우택, 「북한출신 대학생들의 대학생활 적응에 대한 질적연구」, 『상담 및 심리치료』 16-1, 한국심리학회, 2004.

조정아, 「탈북이주민의 학습경험과 정체성 재구성」, 『통일정책연구』 19-2, 통일연구원, 2010.

채정민·김종남, 「북한이탈주민의 상대적 박탈감과 심리적 적응」, 『사회 및 성격』

18-1, 한국심리학회, 2004.

최대석·박영자, 「북한이탈주민 정책연구의 동향과 과제 : 양적성장을 넘어선 '성찰'과 '소통'」, 『국제정치논총』 51-1, 한국국제정치학회, 2011.

최대석·조은희, 「탈북대학생들의 국가정체성 형성과 변화」, 『북한연구학회보』 14-2, 북한연구학회, 2010.

하영수, 「북한이탈주민의 지원정책과 적응실태에 관한 연구」, 『대한정치학회보』 17-1, 대한정치학회, 2009.

홍승아, 「가족관계의 관점에서 본 탈북여성의 정착과제」, 『통일문제연구』 25-2, 통일문제연구소, 2013.

홍창혐 외, 「북한이탈주민들의 외상후 스트레스장애에 대한 3년 추적연구」, 『신경정신의학』 45-2, 신경정신의학회, 2006.

황정미, 「사회적 위협인식과 북한이탈주민에 대한 사회적 거리」, 『아태연구』 23-2, 경희대학교 국제지역원, 2016.

학위논문

공기인, 「북한이탈주민의 생애사 연구을 통한 평양시 노동자의 직업정체성 변화 연구」, 숭실대학교 대학원 박사학위논문, 2019.

권나혜, 「남한 내 탈북이주민 대학생의 정체성과 생활경험」, 연세대학교 대학원 석사학위논문, 2008.

김이경, 「탈북여성의 가족해체 및 재구성 특성과 자녀양육경험」, 서울기독대학교 대학원 박사학위논문, 2019.

김정훈, 「남북한 지배담론의 민족주의 비교연구」, 연세대학교 대학원 박사학위논문, 1999.

성지영, 「탈북 청소년의 삶과 정체성에 관한 예술기반 연구」, 서울대학교 대학원 박사학위논문, 2019.

오원환, 「탈북청년들의 정체성 연구: 탈북에서 탈남까지」, 고려대학교 대학원 박사학위논문, 2011.

이은혜, 「탈북대학생의 커뮤니티 경험을 통한 문화적응 양상」, 이화여자대학 대학원 석사학위논문, 2014.

이혜경, 「북한이탈주민 대학생의 학교생활에 관한 체험연구」, 이화여자대학교
    대학원 석사학위논문, 2003.

이화진, 「탈북여성의 북한, 중국, 한국에서의 결혼생활을 통해본 인권침해와 정체
    성 변화과정」, 한양대학교 대학원 박사학위논문, 2010.

정대일, 「주체사상의 영생관에 대한 신학적 고찰」, 한신대학교 대학원 석사학위
    논문, 2004.

최백만, 「북한이탈주민의 가족체계별 성향에 따른 생활문화 적응실태 연구」, 서
    울 벤처대학원대학교 박사학위논문, 2014.

최정화, 「북한이탈청년들의 정체성변화와 적응전략연구」, 서울대학교 대학원 석
    사학위논문, 2016.

Barker, C. 『The SAGE dictionary of cultural studies』, London : SAGE,
    ; 이경숙, 정영희 옮김 『문화연구사전』, 서울 : 커뮤니케이션북스, 2004.

Berry, John. Immigration, Acculturation and Adaptation, Applied
    Psychology, vol.   46, 1997.

Briere Scott, 김종희 옮김, 『트라우마 치료의 원칙』, 시그마프레스, 2014.

Earnest Ravenstein, The Laws of Migration, *Journal of the Royal
    Statistical Scociety vol.52-2*, 1889.

Erikson, E. *Identity : Youth and Crisis*, New York : Norton & Company.
    1968 : 조대경 옮김, 『아이덴티티: 청년과 위기』, 삼성출판사, 1990.

Joas, Hans, *Die Kreativitat des Handelns*, Frankfurt/M : Suhrkamp,
    1996.

Mead, G. H, The genesis of the self and social control, *International
    Journal of Ethics* 35, 1924.

Mead, G. H, *Geist, Identiat und Gesellschaft*. Frankfurt/M : Suhrkamp,
    1968(1934).

Lewis, J. D. & Smith, *American Sociology and pragmatism : Mead,* 『
    Chicago sociology and symbolic interaction』. University of Chicargo

Press, 1980.

Park, E, Robert, "Human Migration and the Marginal Man", *American Jounal of Sociology*, 33-6(May, 1928).

Safran, 「Diasporas in modern societies」, 『디아스포라』 창간호, 1911.

Simmel, Georg, "The Stranger" excerpt from Donald N. Levine, ed. *On Individuality and Social Forms : Selected Writings* (Chicago: Chicago University Press 1971).

Stephan White 외, *Commmmunist Political Systems : An Introdution*, New York : St. Martin's Press, 1987.

UN Human Rights Council, Report of the special Rapporteur on the Situation of Human Rights in the Democratic Peoples of Korea, February 21, 2011.

도리스 메르틴, 배명자 옮김, 『아비투스』, 다산북스, 2020.

릭 웨렌, 『목적이 이끄는 삶』, 디모데, 2003.

죠지 오웰, 김기혁 옮김, 『1984』, 문학동네, 2009.

주디스 허먼, 최현정 옮김, 『트라우마』, 플래닛, 2007.

폴 케네디, 『강대국의 흥망성쇄』, 한국경제신문사, 1997.

에마뉘엘 레비나스, 서동욱 옮김, 『존재에서 존재자로』, 민음사, 2018.

토마스 쿤, 『과학혁명의 구조』, 까치글방, 2013.

매경기사, 「북한경제 및 투자환경 분석」, 『매일경제신문』, 매일경제신문사, 2018, 6, 8.

매경기사, 「북 곳곳에 스며든 시장경제, 남북경협은 기업중심으로」, 『매일경제신문』, 매일경제신문사, 2018, 4, 23

매경기사, 「북한경제 및 투자환경 분석」, 『매일경제신문』, 매일경제신문사, 2018, 6, 8.

「공정, 실리 우선하는 MZ세대 '스윙보터'로 떴다」, 『중앙선데이』, 중앙일보사, 2021, 4, 10.

「북 MZ세대 보고서」, 『조선일보』, 조선일보신문사, 2021. 6. 11.

조선중앙통신, 2013년 4월 22일

김병연, 「대북투자와 경협의 순서」, 『조선일보』, 조선일보사, 2018. 5. 24

주경철, 「북한사회가 안고 있는 잠재적 위험」, 『조선일보 칼럼』, 조선일보사, 2018. 7. 2.

데일리 NK 기사, 「엄마를 부탁해, 북한의 기모장제 풍속」, 데일리 NK, 2011. 5. 5

박수영, 「안이 스스로 무너질 겁니다」, 『매일경제 세상읽기』, 매일경제신문사, 2018. 1. 15.

연합뉴스 기사, 「남한말 쓰면 6년 이상의 노동교화형... 1월부터 시행」, 『연합뉴스』, 2023. 3. 1